出版理论与实务研究 2014

刘 志/主编

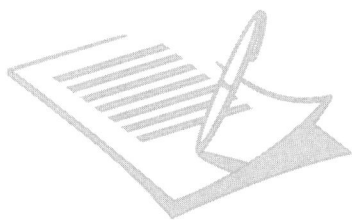

中国人民大学出版社
·北京·

目 录

一、出版工作

二、选题策划

三、书稿审读

四、市场营销

五、书评书介

一、出版工作

从产业集中度看我国图书出版业集团化发展

·郑　铮·

近年来，在国家实行文化体制改革的背景下，我国出版业改革已进入培育市场主体、战略投资者的阶段，出版业要加速发展，必须改变原有布局，整合资源、调整结构，提高产业和资本集中度是一条必经之路。

政策导向——加快出版传媒集团改革发展

2012年2月24日，新闻出版总署印发了《关于加快出版传媒集团改革发展的指导意见》（以下简称《指导意见》），这是总署首次针对出版传媒集团改革发展出台专门指导意见。《指导意见》提出"着力推动联合重组，破除地区封锁和行业壁垒，实现出版传媒集团跨媒体、跨地区、跨行业、跨所有制、跨国界发展"等目标。同时强调，到"十二五"期末，要进一步做强做优国家层面人文、教育、科技三大出版传媒集团，培育多个年销售收入超过200亿元的大型骨干出版传媒集团；推动新华书店跨地区兼并重组，组建全国性国有大型发行集团；基本形成核心竞争力强、主业挺拔、品牌突出、管理科学的出版传媒集团集群。

总署进一步鼓励出版传媒集团深化体制改革、加强管理、应用新技术、进行战略重组以及加大"走出去"力度，《指导意见》提出八条具体保障措施，包括"支持条件成熟的出版传媒集团跨行政区设立有出版权的子公司"、"推荐研发高新技术的出版传媒企业到创业板上市"、"允许条件成熟的出版传媒集团经过批准，探索试行经营管理层股权激励机制"等，并提出"鼓励和支持转企改制到位的新闻出版单位自愿加入各类出版传媒集团"，将合作从此前的单向模式转为双向可选择模式。《指导意见》的出台将进一步推动我国出版产业集团整合与改革的进程，也体现出总署对整合实现速度的迫切性。①

2013 年 3 月 18 日，全国人大十二届一次全体会议批准组建国家新闻出版广电总局，这为出版传媒集团的发展提供了发展机遇，也提出了新的挑战。

"骨干作用"——出版传媒集团稳步发展

2012 年，全国图书出版、报刊出版和发行集团共实现主营业务收入 2 333.9 亿元，较 2011 年增加 239.2 亿元，增长 11.4%，占全国书报刊出版和出版物发行主营业务收入的 57.9%；拥有资产总额 4 202.2 亿元，增加 522.1 亿元，增长 14.2%，占全国出版发行全行业资产总额的 73.7%；实现利润总额 194.3 亿元，增加 21.0 亿元，增长 12.1%，占全国出版发行全行业利润总额的 44.6%。

江苏凤凰出版传媒集团有限公司、湖南出版投资控股集团有限公司、安徽出版集团有限责任公司和山东出版集团有限公司主营业务收入与资产总额均突破 100 亿元，"双百亿"集团数量翻番，另有 8 家集团资产总额超过 100 亿元，较 2011 年增加 3 家。②

数据观点——图书出版产业集中度分析

在市场竞争环境下，企业的使命是通过各种市场手段追求经济利益最大化，而通过扩大生产规模可以增加市场份额，在增加利润的同时带来成本的下降，而成本的下降又为进一步扩大市场份额创造条件，如此循环将导致产业向少数企业集中。集中度是衡量产业结构最为重要的指标之一，它反映了市场的垄断程度的高低。衡量集中度的指标主要包括绝对集中度和相对集中度指标，本文采用绝对集中度指标，即在规模上处于前若干名的企业的市场占有率，或者在某一百分比的市场占有率之内的最大规模企业的数目。

从表 1 中可见，2000—2008 年，以定价总金额衡量，我国图书出版业的集中度逐渐提高，CR4、CR8、CR10、CR20③ 都有较为明显的增长，其中 CR4 从 2000 年的 5.60% 提高到了 2008 年的 9.22%，CR20 由 2000 年的 18.1% 提高到

---

① 参见王玉梅：《总署出台加快集团改革发展指导意见》，见 http://www.chinaxwcb.com/2012-02/27/content_238398.htm。

② 参见《2012 年新闻出版产业分析报告》，见国家新闻出版广电总局网站。

③ CRn 表示市场份额前 n 的企业定价总金额之和占全行业定价总金额的比重。

了 2008 年的 25.1%。然而近年来，我国图书出版业集中度有所降低，与 2008 年相比，2011 年 CR4、CR8、CR10、CR20 均小幅下降。

表 1 　　　　　　　　　　　　2000—2011 年中国出版社市场集中度

年份	出版社数量	定价总金额（万元）	集中度指标（%）			
			CR4	CR8	CR10	CR20
2000	565	4 300 985	5.60	9.27	10.95	18.1
2003	570	5 618 245	8.01	12.32	14.03	21.66
2005	573	7 316 742	7.85	12.33	14.19	21.52
2008	579	8 024 488	9.22	14.74	16.97	25.1
2011	580	10 630 600	8.55	13.65	15.77	24.26

资料来源：《中国新闻出版统计资料汇编》，2001、2004、2006；《中国出版年鉴》，2012。

从出版社个体来看，与 2008 年相比，2011 年定价总金额排名前 20 位的出版社序列没有变化，虽然每个出版社的定价总金额都有大幅增长，但所占总量比重却普遍降低。定价总金额始终排在首位的高等教育出版在 2008 年占全国定价总金额的 3.51%，相对于 2002 年的 2.83% 有明显的提高，然而到 2011 年又降至 2.85%。在排名前 20 的出版社中，除了科学出版社等几家占比略微增长外，其他出版社占比均有一定程度的下降（见表 2）。

表 2 　　　　　　　　　　　　2011 年定价总金额排名前 20 的出版社

序号	出版社名称	定价总金额（万元）		占总量比例（%）	
		2011 年	2008 年	2011 年	2008 年
1	高等教育出版社	302 840	281 336	2.85	3.51
2	人民教育出版社	216 849	172 718	2.04	2.15
3	外语教学与研究出版社	198 034	160 178	1.86	2.00
4	科学出版社	191 516	125 844	1.80	1.57
5	人民卫生出版社	142 868	120 921	1.34	1.51
6	北京师范大学出版社	135 702	116 406	1.28	1.45
7	江苏教育出版社	135 241	103 315	1.27	1.29
8	教育科学出版社	127 698	102 700	1.20	1.28
9	机械工业出版社	115 810	100364	1.09	1.25
10	重庆出版社	109 581	78 281	1.03	0.98
11	电子工业出版社	108 023	77 624	1.02	0.97
12	清华大学出版社	106 509	75 630	1.00	0.94
13	浙江教育出版社	99 512	69 887	0.94	0.87
14	北京大学出版社	99 453	69 154	0.94	0.86

续前表

序号	出版社名称	定价总金额（万元）		占总量比例（%）	
		2011 年	2008 年	2011 年	2008 年
15	广西师范大学出版社	92 453	64 620	0.87	0.80
16	中国人民大学出版社	82 937	63 922	0.78	0.80
17	人民邮电出版社	82 857	59 215	0.78	0.74
18	商务印书馆	79 709	58 437	0.75	0.73
19	湖南教育出版社	77 120	56 981	0.73	0.71
20	化学工业出版社	74 500	56 816	0.70	0.71

资料来源：《中国出版年鉴》，2012、2009。

由以上数据可以看出，进入新世纪以来，我国图书出版业改革与产业化进程不断推进，市场集中度连年持续提高，但近年来这一指标出现回落趋势。

从国际出版业的发展进程看，高度集中是图书出版业市场结构的进化趋势。以图书市场发展较为成熟的美国为例，从表 3 中可以看出，早在 2006 年美国前 10 名出版商总份额就占到了全国的 69%，属于市场高度集中。2012 年美国排名前四名的出版传媒企业占据 30% 以上的市场份额；德国贝塔斯曼出版集团 2011 年销售收入 153 亿欧元，约合 1 238 亿元人民币，超过中国 580 多家出版社的出版总码洋（1 063 亿元人民币）。目前我国最大的出版集团年销售额只有 100 亿元人民币左右，虽然同是出版传媒集团，但与国际大型传媒集团不可同日而语。

表 3　　　　　　　　　2006 年美国 10 家最大出版公司市场份额

序号	公司名称	市场份额（%）
1	Random House	18.0
2	Harper Collins	12.4
3	Penguin Putnam	9.0
4	Simon & Schuster	9.1
5	Warner/Little Brown	5.9
6	St. Martin's/Holt/FSG	4.8
7	Thomas Nelson	4.6
8	IDG books Worldwide	2.0
9	Houghton Mifflin	1.7
10	Andrews Mcmeel	1.5
	合计	69.0

资料来源：郝振省主编：《国际出版业发展报告（2008）》，北京，中国书籍出版社，2008。

出版业产业集中趋势已经不仅仅局限于一国市场的发展，随着资本与市场的流动，全球性的图书出版产业规模效益十分明显，大型跨国企业仍然在通过不断地发展与兼并继续扩大市场份额，提高集中度，巩固垄断优势。从表4中可以看出，2000年8大国际出版集团占到了世界图书市场总销售额的18.6%。2006年美国出版业内涉及金额超过10亿美元的并购案就有四例，其中最大的一项交易是爱尔兰的深河公司（River deep）以17.5亿美元买下霍顿-米夫林（Houghton Mifflin），"深河公司与美国拥有多家教育类软件出版公司，计划结合霍顿-米夫林的内容资源与自己的技术，针对教育市场开发新的产品"①。出版业的高利润率和庞大的市场规模吸引其他行业的企业也开始进入出版产业，进一步导致了集中度的加快。

表4　　　　　　　　国外主要出版集团占世界图书市场总销售额的比例

集团名称	占世界图书市场总销售额的比例（%）
新闻集团（News Corp.）	2.0
贝塔斯曼（Bertelsmann）	4.6
培生（Pearson）	4.0
读者文摘（Reader's Digest）	1.6
麦格劳-希尔（McGraw-Hill）	2.5
里德·艾尔斯维尔（Reed Elsevier）	1.1
沃尔特斯·克鲁维尔（Wolters Kluwer）	1.0
汤姆森（Thomson）	1.8

说明：国际图书出版总销售额按800亿美元计算，各集团图书销售额按2000年集团图书经营业务部分的总营业额计算。

资料来源：郝振省主编：《国际出版业发展报告（2008）》，北京，中国书籍出版社，2008。

可见，我国出版业集中度很低，缺少"巨无霸"型的出版传媒企业。产业化、集团化有利于出版社发展规模，也有利于提高出版产业的集中度。通过上市融资、并购和重组等方式，可促成大型化、现代化、国际化的出版传媒集团。这不仅是我国出版产业发展的客观结果，也是我国文化产业发展的战略需要。

"微利"与"滞胀"——出版业集团化的现实困境

在产业化的背景下，各地出版社不约而同地选择"做大做强"的发展道路，那么"做大"就能"做强"吗？

---

① 郝振省主编：《国际出版业发展报告（2008）》，40页，北京，中国书籍出版社，2008。

2012 年 16 家在上海和深圳上市的书报刊出版和发行企业共实现营业收入499.3 亿元、实现利润总额 56.8 亿元，增长速度均高于出版传媒集团整体水平。然而，沪深两市上市公司同期平均实现营业收入 98.41 亿元、平均净利润 8.1 亿元，远远高于出版发行企业平均营业收入 31.2 亿元和平均利润 3.55 亿元。与国民经济中的支柱产业相比，出版业无疑是一个微利行业。

2012 年，全国图书出版、报刊出版和发行集团共实现利润总额 194.3 亿元，这个数字仅略高于同年中石油实现净利润 1 153.23 亿元的 1/6。这一状况在国外也不例外，即便在文化产业发达的欧美国家，出版社通常是小企业；与其他行业的集团相比，传媒集团的规模也偏小，最大的传媒集团在全球 500 强中排位在100 名之后，而传媒集团中的出版社规模更小。

因此，有业界人士认为，鉴于成长性和盈利水平并不高，出版行业并不属于适合上市的行业，目前上市的出版发行企业中有的并不具备上市的资质与必要。

从另一个层面来看，2012 年全国共出版图书总印数增长 2.85%，定价总金额增长 11.32%，年末库存金额却增长了 9.56%。全国新华书店系统、出版社自办发行单位年纯销售额已从 2005 年的 403.95 亿元增长到 2012 年的 693.59 亿元，而历年累积库存则从 482.92 亿元飞涨到目前的 884.05 亿元，库存跑赢销售，我国图书出版业"滞胀"现象愈发凸显。

"滞胀"的产生与发展与我国图书出版产业化导向有一定联系。产业化强调规模化和市场化，我国图书出版业在这一导向之下获得了数量的发展，但产品严重同质化、传统品牌优势难以保持、单品种效益大幅降低、出版利润被摊薄等一系列问题愈发严重，同时存在忽视文化传播、过度重视多元发展，忽视出版主业、过度重视资本运作等现象。

由此看来，单纯的"做大"并不等于"做强"，片面追求规模的集团化发展路线并不能治愈我国图书出版业中的弊病。

专业化——出版传媒集团发展趋势

现代出版业可以分成三个种类，即教育出版、学术出版、大众出版，其产品相应为教育图书、学术图书、大众图书。三者市场替代性不强，且市场集中度差异很大。教育出版的产业集中度相对最高，国内外教育图书出版市场基本都由少数几家公司掌控。美国基础教育图书市场由四家公司掌控，合计约占市场总量的

70%；高等教育图书市场主要由三家公司控制，合计占比超过80%。英国教育出版排名前五家公司合计占比67%。我国销售码洋排名前列的绝大多数为出版教材教辅的教育类出版社，而与国外相比，我国教育图书市场集中度仍然偏低。学术出版有全球市场特性，无论是在全球市场还是在国内市场，其市场集中度都很高，全球学术出版市场主要由汤普森、里德和威科三大集团垄断。大众出版市场集中度最低，世界上小而分散的出版社多为大众出版社。[①]

从国外出版集团的发展历程来看，出版集团化的方向较为明确，即沿着大众出版、教育出版和学术出版的方向打造专业化出版集团。目前国外传媒集团多是综合性的，但综合性的出版集团越来越少。自从西蒙·舒斯特旗下的学术和高教出版社普蒂斯·霍尔被培生集团以46亿美元收购之后，出版界没有再出现横跨大众出版、学术出版和教育出版的大型综合集团。出版集团以专业化为主，这也是出版集团化的发展趋势。美国的兰登书屋、哈泼·柯林斯、西蒙·舒斯特是典型的大众出版集团；英国的牛津大学出版社、朗文，美国的麦格劳-希尔等属于典型的教育出版集团；加拿大的汤姆森、英国的里德、荷兰的威科、德国的斯普林格是典型的学术出版集团。[②]

从市场集中度的角度来看，与国外相比，我国图书出版业的集团化发展大有潜力。目前，我国出版传媒集团发展方式的转变主要包括对于数字出版、版权经营、服务提供等方面的侧重，而传统图书出版业务所占比重逐渐降低。借鉴国外出版传媒集团发展经验，我国的出版传媒集团在努力实现规模化的同时，应按专业化的思路发展传统图书出版业务，这是其核心竞争力所在。出版传媒集团不可片面追求规模与经济效益、盲目发展"大而全"，而应走专业化的道路，通过专业化做大做强，做专业化的内容提供商与服务商，维持传统品牌，充分发掘优势资源，坚守文化传承者的社会职责。

---

① 参见程三国：《理解现代出版业——兼析"日本出版大崩坏"》，见 http://www.bkpcn.com/Web/ArticleShow.aspx?artid=040155&cateid=B03。

② 参见盛力：《英美大众出版2013经济状况晴雨》，见 http://www.bkpcn.com/Web/ArticleShow.aspx?artid=119781&cateid=A21。

用社会主义核心价值体系
引领编辑职业道德建设

·李 宏·

建设社会主义核心价值体系是新时期党在思想文化建设上的一项重大理论创新，是在我国经济体制深刻变革、社会结构深刻变动、利益格局深刻调整、思想观念深刻变化的新形势下，凝聚和统一社会各阶层、各利益群体思想的有力武器，是社会主义制度的精神之魂，是中国特色社会主义理论体系的重要组成内容。社会主义核心价值体系是社会主义意识形态的本质体现。社会主义核心价值体系为编辑职业道德建设指明了目标和方向，也为编辑道德建设提出了新的要求和任务。

一、用社会主义核心价值体系引领编辑职业道德建设，具有重要的实践意义

党的十六届六中全会通过的《中共中央关于构建社会主义和谐社会若干重大问题的决定》深刻揭示了社会主义核心价值体系的内涵，第一次明确提出了"建设社会主义核心价值体系"，即"马克思主义指导思想，中国特色社会主义共同理想，以爱国主义为核心的民族精神和以改革创新为核心的时代精神，社会主义荣辱观，构成社会主义核心价值体系的基本内容"。党的十七大提出了"建设社会主义核心价值体系，增强社会主义意识形态的吸引力和凝聚力"的要求，强调"社会主义核心价值体系是社会主义意识形态的本质体现。要巩固马克思主义指导地位，坚持不懈地用马克思主义中国化最新成果武装全党、教育人民，用中国特色社会主义共同理想凝聚力量，用以爱国主义为核心的民族精神和以改革创新为核心的时代精神鼓舞斗志，用社会主义荣辱观引领风尚，巩固全党全国各族人民团结奋斗的共同思想基础"，强调"切实把社会主义核心价值体系融入国民教育和精神文明建设全过程，转化为人民的自觉追求"。经过 6 年多的大力建设，社会主义核心价值体系建设进入新的发展阶段，党的十八大报告将"社会主义核心价值观"表述为"倡导富强、民主、文明、和谐，倡导自由、平等、公正、法治，倡导爱国、敬业、诚信、友善，积极培育和践行社会主义核心价值观"。这是对社会主义核心价值观的最新概括。这个表述是分别从国家、社会、个人三个层面进行的。从国家层面看，是富强、民主、文明、和谐；从社会层面看，是自由、平等、公正、法治；从公民个人层面看，是爱国、敬业、诚信、友善。这24 个字既高度凝练、内涵丰富，又通俗易懂，是凝聚全党全社会价值共识作出的理论创新，是我们党在社会主义核心价值体系建设中的一个重大贡献和重大突破。这一论述明确了社会主义核心价值观的基本理念和具体内容，指出了社会主义核心价值体系建设的现实着力点，是对社会主义核心价值体系建设的新部署、新要求。社会主义核心价值观是社会主义核心价值体系的内核，体现社会主义核心价值体系的根本性质和基本特征，体现了社会主义制度在思想和精神层面质的规定性，凝结着社会主义先进文化的精髓，反映社会主义核心价值体系的丰富内涵和实践要求，既是社会主义核心价值体系的高度凝练和集中表达，也是中国特色社会主义道路、理论和制度的价值表达。社会主义核心价值观是"兴国之魂"，正在成为凝聚人心、汇集民智，引领全国人民团结奋斗、实现中华民族伟大复兴中国梦的精神力量。积极培育和践行社会主义核心价值观，用社会主义核心价值体系引领编辑职业道德建设，具有重要的实践意义。

二、树立正确的政治方向和社会舆论导向

编辑工作者要成为优秀文化的生产者和传播者，必须加强自身道德修养，做道德品行和人格操守的示范者。而提高编辑工作者的道德素质，首先要提高编辑工作者的政治素质。出版工作的第一任务就是必须把握正确的舆论导向。不管是图书出版社，还是报纸杂志期刊，每一出版单位，都要高度重视编辑人员的政治素养。图书出版社和报纸杂志期刊是宣传党的路线方针政策、进行学术交流与学术探讨的阵地，其政治倾向也成为读者关注的焦点，图书出版社和报纸杂志期刊出版的作品的政治导向在很大程度上影响着作品的质量及声誉，影响着人民群众的思想、工作和价值取向。树立正确的世界观、人生观、价值观，具备坚定的政

治立场和高度的政治敏感性，自觉遵守编辑职业道德应该是每一个有理想、有抱负、有操守和富于敬业精神的编辑工作者对自己的最基本、最起码的要求。

编辑工作者过硬的政治素质是出版优秀作品的前提。所谓过硬的政治素质就是说编辑工作者要用科学的理论武装自己的头脑，具有较高的马克思主义理论修养，能够自觉运用马克思主义的立场、观点和方法分析复杂的社会现象，有自己的政治鉴别能力，这样才能够让人民群众从出版优秀的作品中受到思想上的启发。现实中，有的编辑不注意提高自己的马克思主义理论修养水平，对党的方针、政策的理解过于片面化、简单化，在编辑过程中往往会犯主观主义、形而上学的错误。

党的十七届中央委员会第六次全体会议通过了《中共中央关于深化文化体制改革　推动社会主义文化大发展大繁荣若干重大问题的决定》，其中第八部分提到了应"加强职业道德建设和作用建设。文化工作者要成为优秀文化的生产者和传播者，必须加强自身修养，做道德品行和人格操守的示范者。要引导广大文化工作者特别是名家名人自觉践行社会主义核心价值体系，增强社会责任感，弘扬科学精神和职业道德，发扬严谨笃学、潜心钻研、淡泊名利、自尊自律的风尚，努力追求德艺双馨，坚决抵制学术不端、情趣低俗等不良风气"。编辑作为文化的传播者理应树立正确的世界观、人生观、价值观，加强职业道德建设，"多出好作品，不出平庸作品，杜绝坏作品"，从而真正为优秀文化的传播做出贡献。

三、全心全意为作者和读者服务

人们常说编辑工作是"甘为他人做嫁衣裳"的工作，编辑是"抬轿子的人"，是"人类灵魂的工程师"，是"为人做嫁衣的无名英雄"，是"优秀作品的助产士"，是"善识千里马的'伯乐'"。这是对编辑工作的一种褒奖、一种肯定、一种赞美，这些称赞彰显出编辑为作者和读者服务的职业特点与优秀品质。

2002 年 2 月 24 日修订的《中国出版工作者职业道德准则》将为人民服务列为中国出版工作者八条道德准则之首，指出："以促进先进生产力和先进文化的发展为己任，坚持正确的政治方向，坚持以民为本，为人民服务、为社会主义服务、为全党全国工作大局服务。解放思想、实事求是、与时俱进、开拓创新，为全面建设小康社会和培育有思想、有道德、有文化、有纪律的社会主义新人做出贡献。"党的十八大报告中从个人行为层面对社会主义核心价值观基本理念的概括，提出了公民基本道德规范即"爱国、敬业、诚信、友善"8个字。这8个字覆盖社会道德生活的各个领域，是公民必须恪守的基本道德准则，是评价公民道德行为选择的基本价值标准，也是编辑工作者职业道德建设的基本价值尺度。爱国是基于个人对自己祖国依赖关系的深厚情感，也是调节个人与祖国关系的行为准则。它同社会主义紧密结合在一起，要求编辑工作者要以振兴中华为己任，促进民族团结、维护祖国统一、自觉报效祖国。敬业是对编辑工作者职业行为准则的价值评价，要求编辑工作者忠于职守，乐于奉献，甘当人梯，爱岗敬业，克己奉公，服务人民，服务社会，充分体现了编辑工作者的社会主义职业精神。诚信即诚实守信，是人类社会千百年传承下来的道德传统，也是社会主义道德建设的重点内容，它强调诚实劳动、信守承诺、诚恳待人。编辑，一头连着"作者"，一头连着"读者"。友善强调编辑工作者之间应互相尊重、互相关心、互相帮助，和睦友好，努力形成社会主义的新型人际关系。

作为精神产品的"生产者"和"参与者"的编辑，首先，要增强服务的意识，包括为作者、为读者服务、为社会主义服务三个方面的意识。其次，要提升服务的能力。编辑不仅应该是道德高尚的人，也应该是知识渊博的人。编辑要热爱本职工作，甘于岗位奉献，更要重视学习，善于学习，终身学习，努力掌握新知识、新技术和新技能。

为作者服务、为读者服务、为社会主义服务体现在编辑工作的每个流程中。编辑要把自己的聪明才智、心血和汗水都融进书稿之中。每本正式著作的出版，编辑都要从浩瀚的书稿中从事挖掘、审校、润色、增删等大量工作；每篇论文的发表都包含着编辑的辛勤劳动，从选题、组稿、审读、加工、核对资料引文到写出版说明或序跋注释、编排、校阅清样，每一步都有许多细致、繁重、琐碎的工作要做。精神产品是无形的，影响却是久远而广泛的。在书稿或论文从选题、组稿、审稿、编发到出版、发行的各个环节中，编辑工作者不仅要有服务作者、服务读者的态度，要有脚踏实地、一丝不苟的科学精神，还要具有服务作者、服务读者的能力。

四、严把出版物质量关，坚决抵制人情书稿、权力书稿和金钱书稿

在我们充分肯定我国出版事业职业道德建设取得较大成绩同时，也要十分清醒地看到我国出版事业编辑职业道德建设所存在的问题。不少有识之士呼吁加强编辑的职业道德建设，并对编辑职业道德建设相关问题作了有益的探讨。但总体上讲这些对问题的讨论还不够深入，没有能够抓住造成编辑职业道德的根本原因，因而也就失去了根治编辑职业道德失范的基本前提。

在我国出版事业发展的历史上，一些编辑的职业道德失范问题，一直是社会各界广泛讨论的话题。应该说，改革开放以来，我国出版事业获得了前所未有的发展，出版队伍不断壮大，被誉为"为人做嫁衣的无名英雄"、"善识千里马的'伯乐'"、"优秀作品的助产士"、"文明使者"的编辑从业人员的职业道德建设成绩显著，广大编辑从业工作者为推进学术繁荣，甘当无名英雄，默默无闻地奋战在出版战线上，他们中的多数人都是热爱编辑出版事业，都是具有强烈的事业心和责任感，都是具有严谨认真的态度、一丝不苟的作风的，可以说，我国出版队伍是一支严谨笃学、潜心钻研、淡泊名利、自尊自律、诚实守信、办事公道的队伍，是一支追求德艺双馨，坚决抵制学术不端和情趣低俗的队伍，是一支忠于党、忠于马克思主义、服务人民的队伍，是一支敬业乐业富有奉献精神的队伍。这支编辑队伍在传播优秀文化、净化社会风气、培育社会主义核心价值观、促进社会主义精神文明建设、提升国家文化软实力等方面发挥着不可替代的重要作用。这是必须肯定的。唯物辩证法告诉我们，任何事物的存在及其发展过程都具有两面性，在我们充分肯定我国出版事业职业道德建设取得较大成绩同时，也要十分清醒地看到我国出版事业面临的问题，随着我国改革的深入，社会的转型，对外开放步伐的加快，经济、政治、文化、社会等诸多领域的深刻变化对出版编辑从业者职业道德建设提出了严峻的挑战。如今出版界出现的人情书稿、权力书稿、金钱书稿等现象挑战着出版界的学术精神，测试和拷问着出版界的道德良知，同时也显露出出版界部分编辑职业道德失范的严重性。对于编辑职业道德失范问题，中国版协、国家新闻出版管理部门早已下文监管与引导，明确提出了编辑职业道德建设的指导方针、原则和基本内容。国家新闻出版总署于 1998 年 1 月转发了《图书编辑基本规程》；1995 年 1 月中国出版工作者协会制定了《出版工作者职业道德准则》，经过修订于 2002 年 2 月 24 日形成《中国出版工作者职业道德准则》；2001 年 9 月 20 日中共中央颁发的《公民道德建设实施纲要》中强调：职业道德是所有从业人员在职业活动中应该遵循的行为准则。另外，2011 年 10 月 18 日党的十七届中央委员会第六次全体会议通过了《中共中央关于深化文化体制改革　推动社会主义文化大发展大繁荣若干重大问题的决定》，其中强调应"加强职业道德建设和作用建设。文化工作者要成为优秀文化的生产者和传播者，必须加强自身修养，做道德品行和人格操守的示范者。要引导广大文化工作者特别是名家名人自觉践行社会主义核心价值体系，增强社会责任感，弘扬科学精神和职业道德"。还有不少有识之士呼吁加强编辑的职业道德建设，并对编辑职业道德建设相关问题作了有益的探讨。

市场经济的建立和完善带给中国社会的影响既是深刻深远的，又是全面全方位的，市场经济的建立和完善不仅提高了中国经济的实力，提升了中国的国际竞争力，提升和改善了中国人的生活质量，变革了人们陈旧的思想观念，时间观念、效率观念、法制观念、信誉观念、民主观念、创新观念等代表人类文明进步的思想观念逐渐深入人心。事物总是有其两面性。市场经济在其释放"正能量"的同时，给社会也带来了负面的影响。市场经济中利益最大化原则空前地将人们的私欲引发出来，由此引起社会价值观紊乱，以经济利益为最高标准，"一切向钱看"，一部分人崇尚人情、权力和金钱，有利则行，无利则止，导致道德领域评价标准的迷失，诱发拜金主义。个别编辑决定是否出版著作或发表文章的标准不是"以质取稿"，而是"以情取稿"、"以权取稿"、"以钱取稿"。"有钱能使鬼推磨"，有的编辑甘心做人情、权力和金钱的奴隶，唯利是图，只要作者肯花钱就能够出版书籍，就能够发表文章，学术问题、精神产品完全金钱化、商品化了。出版编辑行业中有的编辑重经济效益而不顾社会效益、重利轻义、见利忘义、重物质利益而轻精神激励、重目的而不择手段，缺乏爱岗敬业的意识，缺乏为作者和读者服务的意识，完全背离了出版编辑行业中的职业道德要求。

权力书稿、人情书稿和金钱书稿所带来的负面影响是明显的：第一，它制约了学术论文或著作水平的提高。第二，它败坏了社会风气，损害了出版机构和刊物的声誉。第三，它削弱了学术刊物的创新能力和创新精神。第四，它严重影响了出版机构和刊物的质量，完全背离了出版机构的本来宗旨，偏离了出版机构的学术方向。它侵蚀出版机构的学术精神，使学术精神沦丧，学术人格贬值，从而导致以学术兑换权力，以行政权力掠夺学术成果，以金钱换取学术地位。

五、加强编辑职业道德制度建设

培育和践行社会主义核心价值观，加强编辑职业道德建设，离不开制度建设。制度是人类行为规范的总称。制度对人的行为会起到鼓励或抑制的作用，制度建设是编辑职业道德建设的根本保障。"制度好可以使坏人无法任意横行，制度不好可以使好人无法充分做好事，甚至会走向反面。"制度建设更带有根本性、全局性、稳定性和长期性。要把编辑职业道德建设通过一定程序固化为制度，同时依靠制度来促进编辑职业道德建设的健康运行，用制度管权、用制度管事、用制度管人。编辑职业道德制度建设是一项系统工程。

加强编辑职业道德制度建设，一是要增强编辑的自律意识。所谓增强的自律意识，就是将道德知识、道德规范转化为内在的道德信念，上升为编辑的人生哲学，变成人的自觉行为，真正做到"勿以恶小而为之，勿以善小而不为"、"君子戒慎乎其所不睹，恐惧乎其所不闻。莫见乎隐，莫显乎微，故君子慎其独也"的"慎独"境界。当慎微和慎独成为编辑稳定的职业心态时，也就真实践履了编辑的职业道德。要做好编辑工作，首先编辑自己必须是一个正直的人、有原则的人、敢于坚持真理的人。

二是要完善编辑职业道德规范，构筑编辑职业道德体系。现实社会中优亲厚友的"人情稿"、用稿唯官的"权力稿"、见利忘义的"金钱稿"等现象的普遍存在表明编辑道德建设滞后的严重性及加强和完善编辑职业道德规范的重要性。"没有规矩，难成方圆。"我们虽然早已颁布了《中国出版工作者职业道德准则》，但是由于其准则和规范还不够具体，可操作性不强。因此，我们应该从当前出版领域的实际问题出发，在《中国出版工作者职业道德准则》基础上，借鉴国外便于操作的有关规定，制定专门的编辑职业道德规范。通过科学严密的道德规范和制度来规范人、约束人、引导人，达到编辑职业道德建设的最终目的。只有构筑起完备的编辑道德体系，制定了具体明确的编辑行为规则，对编辑过程中规则禁止的不道德行为有了定量的具体标准，制定了具体的、可执行的规范条文，确立了具体的考核标准，形成了责任追究制度，才能使编辑工作者的从业行为有完善的道德规范可循，真正做到以"德"从业，依"制"办事，增强编辑职业道德自律公约执行力，为编辑职业道德建设奠定坚实的制度基础。

三是建立和完善监督机制。监督是人类社会生活领域的永恒话题。加强监督是编辑职业道德建设题中应有之义。建立健全监督体系，是加强编辑职业道德建设的有效途径。本着客观公正、服务作者读者、服务社会的原则，各级新闻出版主管部门、出版行业协会、出版社、作者、读者和舆论构建起全方位、立体层次的完善的监督体系，将编辑的工作置于监督体系内，有效遏制编辑违反职业道德行为的发生，从而推动编辑职业道德水平的提高和编辑道德境界的提升。

四是编辑职业道德建设要与法制建设相结合。编辑职业道德建设和法制建设是对立统一的辩证关系，两者既相互区别，又相互联系。编辑职业道德建设，不仅强调道德认同，强调内在的自我修养，而且强调制度和法律的外在约束与规范，注重完善对法律制度规范的严格遵循，用法律的权威来增强编辑职业道德建设的自觉性。要注重把编辑职业道德规范上升为具体法律规定，充分发挥法律的规范、引导、保障、促进作用，形成有利于培育编辑职业道德建设的良好法治环境。将二者有机结合起来，在编辑职业道德建设和法制建设之间建立必要的张力，促使其相辅相成，相互促进，才能构成完整的编辑职业道德建设方略，最终促成一支优秀的编辑队伍的形成。

紧跟时代，践行使命

——对当代中国好编辑时代使命的认识

· 霍殿林 ·

　　编辑，作为一种古老的与文化有关的职业，在人类文明的传承中扮演了不可或缺的角色。作为作者与读者之间精神沟通的纽带和桥梁，作为文化产品进入大众生活的把关者和传播者，作为出版物完善优化的执行者，编辑发挥着文化生产中的设计、组织功能，文化传播中的选择、引导功能，文化创造中的优化功能。

　　一直以来，编辑的使命主要体现在通过开发优秀的文化作品，满足人民的精神文化需求，并通过传播和积累科学文化知识，为社会进步提供智力支持。然而，这两点均无法脱离时代背景和时代环境。作为社会文化工作，编辑工作带有明显的时代性特征。一方面，时代的发展总是会催生新的文化资源和时代主题，并赋予社会大众相应的精神特征和需求，要求出版物能够反映时代主题，反映大众的精神特征并满足其需求；另一方面，编辑工作的特点之一就体现在通过推出与时代相应的文化作品，反映社会政治、经济、科技、文化的发展状况和要求，起到教育人民、引导社会的作用。编辑工作的这种时代性特征要求编辑要具备时代责任感，对时代赋予的使命有清醒的认识。"编辑要想为读者提供更精更美的精神食粮，首先必须具备与时代发展相适应的思想意识。只有这样，才能站在时代的前列，沉着应对时代的变革，推动出版业的发展与繁荣。"①

　　当前，在继续履行好以优秀的作品满足人民的精神文化需求、为社会进步提供智力支持的传统使命的同时，作为当代中国好编辑，更应该明了自己特殊的时代使命：放眼世界，瞄准前沿，以新的知识、新的技术武装自己，为新闻出版强国梦的实现而奋斗，为中华民族的伟大复兴梦添砖加瓦；通过不断发掘推出好的

---

① 刘远：《时代发展与编辑的意识观》，载《山西广播电视大学学报》，2010（5）。

出版物，为社会传递文化"正能量"，为和谐社会的构建营造积极的精神环境和提供有效的智力支持。

一、中国好编辑与中国梦

2012年11月29日，在新一届中央政治局常委参观《复兴之路》的大型展览时，习近平同志讲到，现在大家都在讨论中国梦，实现中华民族的伟大复兴，就是中华民族近代以来最伟大的梦想。2013年3月17日，习近平同志在当选国家主席后发表讲话，再一次对中国梦作了全面论述，明确了中国梦的核心内容，即"实现中华民族伟大复兴的中国梦，就是要实现国家富强、民族振兴、人民幸福"。

实现中国梦，必须坚持中国道路、弘扬中国精神、凝聚中国力量，这是中国梦的实施路径。而出版业在其中的角色至关重要。在新的历史条件下，出版业既要对国民综合文化素质的提高负责任，对社会主义价值观的深入人心负责任，对整个社会的道德伦理水平的养成负责任，同时也要对作为中国梦有机构成和重要支撑的新闻出版强国梦负责。[①] 同时，出版业还要做好对外宣传弘扬中国精神的工作。"新闻出版产品是向世界人民讲述中国梦的最好载体。要充分利用各种渠道和平台，推动中国梦主题出版物进入国外主流读者视野，让世界了解中国梦是复兴之梦、发展之梦，也是和谐之梦、和平之梦。"[②] 国家新闻出版广电总局党组书记、副局长蒋建国如是说。

人才强，则业强；人才兴，则业兴。出版要发展，人才是关键。那么，作为出版业核心人才的当代中国编辑，面对新时期出版业肩负的使命应该怎样作为，在中国梦的伟大实践中又该扮演什么样的角色？笔者认为，作为当代中国好编辑，结合自身职业特点，应该考虑从以下三方面助力中国梦：

（1）以自觉、踏实的实干为中国出版业的发展贡献力量，助力中国梦。

国家已吹响文化强国的号角，将文化作为我国战略性产业予以扶持，并已推出一系列相关的政策法令，作为切身见证这种变化并参与这一进程的出版人，当

---

① 参见《中国梦与新闻出版强国梦》，见 http://news.163.com/13/0802/10/9591Q5FU00014AED.html。

② 《出版产品是讲述中国梦的最好载体——新闻出版工作座谈会代表畅谈心中梦》，载《中国新闻出版报》，2013-06-09。

代中国好编辑首先要树立的是责无旁贷的信念，继之以自觉、踏实的实干，结合行业特点，多出文化精品，以点滴之力汇聚文化产业发展之海，为文化产业的大发展大繁荣、为中国新闻出版强国梦的早日实现贡献自己的力量。

（2）以时代需要为宗旨，以优秀文化作品助力中国梦，为中国梦的实现提供精神动力和智力支持。

今天的时代已是一个人人有权追求梦想的时代，社会物质财富的丰富已经为梦想照亮现实提供了必备的物质基础，文化精神层面助力的重要性愈益突出。在一个文化愈益多元化，人们的眼界愈益开阔、思维愈益活跃的时代，作为中国好编辑，应该以时代需要为宗旨，针对各行各业追梦者的多元化发展需求提供针对性的优秀作品，为中华民族的复兴梦插上精神的翅膀，为中国梦的实现提供精神动力和智力支持。

（3）发现并推出更多民族文化精品，让中华文化更加走向世界，助力中国梦。

"文化走出去"帮助越来越多的中国优秀作品走出国门，成为世人了解中国的窗口，其中中华传统文化在一定程度上得到了弘扬，而莫言也让世界认识了中国当代文化的力量。然而中华传统文化仍旧有许多宝藏有待发掘，中国当代文化的标签也决非只有一个莫言。中华大地人杰地灵，中华文化博大精深，我们的身边不乏优秀的出版资源，只是需要被发现、发掘，需要得到展示自己的平台和机会而已，而这种平台和机会在很大程度上需要我们编辑去帮助创造，诚如莫言今日的成功在一定程度上得益于好的编辑的帮助。如果没有好编辑当初的发现，就没有莫言的作品面向读者；如果没有好编辑向世界人民的推介，也不会有海外读者对莫言作品的认识，更不会有诺贝尔奖评选委员会对莫言作品的关注，从某种意义上便没有中国历史上第一个诺贝尔文学奖的获得。因此，帮助更多优秀的民族作品呈现在世人面前，让更多的"莫言"成为中国的标签，令世界瞩目、国人振奋，这难道不是为中国梦助力的一种重要表现吗？这应该成为当代中国好编辑义不容辞的使命。

二、中国好编辑与"正能量"

"正能量"是 2012 年起在中国走红的一个词，是一种健康乐观、积极向上的动力和情感，给人向上的信心和希望，鼓舞人不断追求幸福生活。当下，中国人为所有积极的、健康的、催人奋进的、给人力量的、充满希望的人和事，贴上"正能量"标签。"正能量"已经上升成为一个充满象征意义的符号，与我们的情感深深相系，表达着我们的渴望、我们的期待。①

"正能量"与编辑工作实则有着千丝万缕般的联系。编辑工作作为一种为大众提供精神食粮和为社会提供智力支持的工作，本就带有传播"正能量"的色彩，这集中体现在其思想性的特点上。所谓编辑工作的思想性，即保证出版物对消费者、对社会产生先进的思想文化影响，避免落后的甚至腐朽的思想文化影响；坚持先进文化的前进方向，弘扬主旋律，树立社会核心价值体系，引导人们树立正确的世界观、人生观和价值观，起到良好的教化作用。因此，作为当代中国好编辑，理应在传播"正能量"中发挥自己应有的作用。

笔者认为，对于一名当代中国好编辑而言，应当首先着眼于自身"正能量"的培养，其次便是以本职工作带动他人传递"正能量"，让社会充满更多的"正能量"。

（1）严于律己，身体力行，"正能量"从我聚起。

作为社会个体的编辑，其思想言行本也属于个人自由，然而职业特点又决定了该群体自身必须成为道德的标杆，因为其从事的是文化育人的工作，若自身道德有缺陷，又怎能坚守道德阵地、坚持正确的导向，继而产出教化他人的作品？但凡在各自领域获得杰出成就者，几乎无不在做人上也堪为表率，出版界也不例外，如老一辈出版人邹韬奋、艾思奇等人皆为例证。因此，作为一名好编辑，首先必须在做人上成为表率，要做有良知的人，一身正气，严于律己，身体力行，从自身做起汇聚"正能量"，联系到职业上就是要保持编辑良心，"编辑良心是编辑群体中的一种内在的对信息是否符合人民利益、国家利益，是否能推动社会的全面进步和人的全面发展，是否与我国的经济、政治协调发展的理性判断和评价能力，及与此相关的正当与善的知觉，义务与好恶的情感，控制与抉择的意志，持久的习惯和信念在意识中的综合统一"②。

回顾如邹韬奋、艾思奇等老一辈优秀出版人，其严于律己、身体力行的作风，对待出版工作严谨认真的态度，为国家、为民族之进步事业奋斗不息的精

---

① 参见百度百科"正能量"，见 http://baike.baidu.com/view/4318053.htm。

② 何怀宏：《良心论——传统良知的社会转化》，上海，上海三联书店，1998。转引自东红：《论编辑良心》，载《集美大学学报》（哲学社会科学版），2001（4），75页。

神，向世人播撒着不灭的"正能量"，成为后继者永远效仿的榜样。毛泽东同志曾为邹韬奋先生逝世题词："热爱人民，真诚地为人民服务，鞠躬尽瘁，死而后已，这就是邹韬奋先生的精神，这就是他之所以感动人的地方。"这正是对一位身正为范的出版人道德境界的充分肯定，也是对好编辑的道德精神的要求。

（2）坚持正确的文化精神导向，以本职工作传递"正能量"。

编辑工作的一个重要方面是为作品进入大众视野把好精神导向关。一部作品在还未进入大众视野时，其潜在影响尚属有限，而一旦进入大众视野，就意味着势必会在潜移默化中以其内容影响更多人的思想甚至行为。若这种内容是消极的，则可能给接触它的人带来消极的影响，当这种个体的消极影响因作品的传播而扩散开时，可能会带给整个社会消极影响。作为面向消费者的出版物，需要迎合消费者的口味，但决不能无原则地迎合某些思想不健康、导向不正确的口味，对于那些利用关注度较高的社会负面现象做文章、以所谓"真相"为名满足一部分人的猎奇要求，传播消极、负面、导向不正确的内容的出版物，编辑人员要坚持原则，坚决予以杜绝。作为当代中国好编辑，要在自己的本职工作中担负好传播"正能量"、抵制"负能量"的责任，保证自己经手的出版物能够以科学的理论武装人、以正确的舆论引导人、以高尚的精神塑造人、以优秀的作品鼓舞人。

同时，今天的时代也是一个信息爆炸的时代，网络的存在使得人们接触信息量更大、信息面更加广泛，各种信息的获取也更加便利，然而在这种信息获取便利的同时，却由于某些信息提供者的道德缺失或是某些别有用心者的利益驱使以及监督机制的不完善，使得很多不良信息、非法出版资源更加容易地泛滥。当我们的生活中充斥着大量的流言、谣言、奇谈谬论、文化暴力时，当人们的道德价值观因今天的种种负面宣传而陷入彷徨、迷失时，当一批批精神垃圾污染国人的精神世界甚至将涉世未深的祖国"下一代"引入歧途时，作为精神产品把关者和传播者的编辑应该做些什么，应该在这场抵制假恶丑、传递"正能量"的战役中扮演什么角色？

编辑的使命从根本上说就是提供优良的精神食粮，通过提供优良的精神食粮，可以帮助个人唤醒良知、净化心灵、提升自我修养，可以帮助社会构筑良好的精神环境，避免社会道德沦丧。在这一过程中，作为当代中国好编辑，要善于借助优秀的作品关注社会焦点问题，以正确的视角予以客观分析，坚持正确导向；要勇于借助优秀的作品揭露、剖析丑恶的社会现象，抵制不良宣传的侵袭；要乐于借助优秀的作品传递真善美，播撒积极向上的种子，教导人们守住心中的精神净土。

　　"我们认为，当今时代，文化越来越成为民族凝聚力和创造力的重要源泉、越来越成为综合国力的重要因素。为了推动包括出版事业在内的整个中国文化进一步发展繁荣，中国已颁布了《文化产业振兴规划》，加快建立和完善覆盖全社会的公共文化服务体系，努力使 13 亿中国人民的基本文化权益得到更好保障，进一步繁荣社会文化生活，让广大人民共享文化发展成果。"① 今天，社会主义文化大发展大繁荣的号角已经吹响，作为文化兴国的一部分，我国出版业迎来了新的春天，编辑人员也面临着前所未有的机遇和挑战。"推动社会主义文化大发展大繁荣，队伍是基础，人才是关键。"② 怎样才能成为当代中国好编辑，以不辱时代赋予的使命，成为每一个编辑必须认真思考的问题。

---

　　① 习近平：《加强文化交流　促进世界和平——在第 61 届法兰克福国际书展开幕式上的致辞》，见 http://www.gov.cn/ldhd/2009-10/14/content_1438506.htm。

　　② 《中共中央关于深化文化体制改革　推动社会主义文化大发展大繁荣若干重大问题的决定》，见 http://news.xinhuanet.com/politics/2011-10/25/c_122197737_8.htm。

关于数字时代编辑工作的几点思考

·王 昱·

　　随着数字化社会的发展，数字出版成为出版界的关注点。简单地说，数字出版是指利用现代计算机技术、互联网技术、通信技术等，对出版内容进行数字化采收、加工、传播和交易的整个出版流程。把传统出版物以电子文件形式传送上网，或以网络广告、电子邮件进行推销等，都不是实际意义上的数字出版，或者可以说只是数字出版的一些初级的、简单的、局部的形式。数字出版并非单纯涉及出版物的技术加工和最终产品形式的变化，而是依托飞速发展的数字技术，在出版理念和出版行为等方面进行的全面而深入的革新。数字出版源于传统出版，却可以不依附于传统出版而独立存在，二者也可以共存共生，并不矛盾，数字出版的生产行为是对传统出版方式的创新和提升。

　　数字出版在出版界日益成为一种潮流，传统出版社对数字出版的关注和兴趣日益增长，其参与度不断加深，也有越来越多的专业出版人才进入数字出版领域。数字出版依托数字技术但其核心不是数字技术，也不是传播方式，其最终目标仍是满足消费者的需求，而消费者的需求核心和最终选择标准还是产品内容。所以传统出版行业的编辑依然可以在数字出版过程中发挥关键性作用。当然，由于出版媒介和方式的改变，编辑人员也面临许多新的挑战。

一、编辑人员的传统知识结构和技能不能丢弃，而应在保持中不断优化更新

1. 专业知识与文化素养

　　在数字出版行业中，文字编辑人员首先要对编辑加工的对象有充分的认识，应至少具备某一特定学科的扎实的专业知识，具有针对某特定领域出版内容进行审定和编辑加工的能力，成为"专家"，这样才能在相关领域出版中有立足之地。

另外，编辑人员还应掌握多学科的基础知识，融会贯通，具备广博深厚的文化素养，成为"杂家"，这样才能在数字出版的活动中，面对来源复杂、质量不一的编辑材料，在紧缩与加快的编辑流程中迅速而准确地对编辑内容加以判断取舍，作出合理而高效的完善加工。

2. 编辑出版专业基础知识

数字出版过程中，行业分工之间的界限已不是那么严格区分，新时期的出版人才应当熟悉整个出版流程，具备全局观，同时也应具有扎实的出版理论知识和实务技能，并了解出版法规和版权相关知识，特别是涉及数字出版的版权知识和最新动向。

二、编辑人员面对的新要求与新挑战

1. 数字技术

编辑人员必须掌握一定水平的数字技术，了解数字技术的最新发展及其转为己用的可能性。数字技术是数字出版的方式与媒介。编辑人员与作者、同事、消费者的沟通与交流都将在数字平台进行。面对数字时代海量的信息，编辑人员必须具有足够的判断力，利用计算机和网络，对材料进行客观合理的筛选。编辑人员需要将筛选出的原始材料按照数字出版、印刷和传播的特点加以转化、更新、完善，使其满足读者数字化阅读的需求。出版产品的交易和消费也都借助数字媒介实现。这些都要求编辑人员掌握一定的数字技术，熟练运用计算机、互联网等现代化技术手段和各种新型编辑软件，针对消费者需求，对原始材料进行合理而有效的加工、改造，以合适的媒介呈现。另外，编辑人员应对数字内容的管理、存储和传输等都要有一定的了解，从而更好地协调各环节的合作，整合资源，提出有效建议。

2. 编辑工作的延展性

在数字出版过程中，出版方更注重与作者和消费者的互动。为了更好地满足消费者的需求，编辑人员可能会更早地介入作者的创作中，更深入和全面地与作者研讨，以期使其作品更适应数字化形式的展现，方便消费者的使用。编辑人员可以对出版产品和辅助材料进行系统的数字管理，实现资源共享，以方便检索，并为日后新的开发提供便利。通过论坛、即时评论、电子邮件等形式，编辑人员需要随时跟踪消费者反馈，随时解决问题，并对出版材料进行及时更新。在数字出版环境中，编辑人员还需与软件开发人员、网络运营商等多方互动。这些都极大地扩大了编辑人员的工作范畴。

3. 分工界限

在数字出版流程里，编辑的分工界限日趋淡化，呈现出开放性、流动性的特点。数字出版的一个特点是从消费者个性化需求出发，按需定制，按需印刷，传统的整体的书的概念被解构成要素的概念，根据不同的需求进行各种组合，以方便消费者的媒体呈现方式制作。编辑人员也可以如此重新定位，按个人能力与特点做区分，充当编辑出版流程中的一个个要素。出版单位可以模糊部门的概念，而根据出版单位的人员构成、出版物的特点、出版技术的水平等，一切以出版符合读者需求的数字出版产品为出发点，建立大的项目组，实现编辑人员之间的动态合作，这对实现数字出版有非常好的推动作用。

三、数字出版工作中存在的若干问题

第一，在注重形式多样化、个性化服务、按需服务的同时，应注意把握一定的度。一是勿以形式引导内容，盲目追求形式上的花哨而忽略了对内容的合理而完整的体现。二是勿过度迎合消费者，在满足消费者"浅阅读"的同时，要有文化引导者和传播者的自我认识，力争为消费者提供同样方便的深层次阅读。三是面对紧张的时间限制和繁杂的编辑材料，要冷静、客观分析、判断，分辨良莠，去伪存真，有效整合，同时做到不违反出版法规，保护原创者与出版者的权益。

第二，传统的编辑业务流程，在数字出版中应确保存在，以保证出版物在思想上和内容上的正确性。但是旧有的流程会以不同的形式出现，例如编辑加工流程，传统的三审三校工作借助计算机和网络技术，可以在相同时间、不同地点进行，这就涉及如何明确各层次工作记录、如何协调以更加高效的问题。

第三，完全以利润和业绩作为考核的标准，可能导致各部门之间的竞争而非良性协作，阻碍企业整体的发展目标顺利实现。绩效考核不应单纯看结果或者说短期结果，而应把过程和对企业长远发展的影响也当作考核的因素。企业整体与部门、部门之间、员工之间的指标缺乏科学而合理的分析与定位，容易伤害员工的积极性与热情。应根据不同的职责岗位，建立弹性考核制度，根据不同的出版环境条件具体设立相应的考核标准，有所侧重。

第四，版权保护问题。数字时代的一个特点就是信息呈爆炸式增长，多种来源、多种形式。编辑人员需要在繁复而紧张的信息处理过程中保持足够的敏感性和判断力，尊重版权，合理取舍。另外，数字时代的另一个特点是资源与人力共享，这种情况下也要注意保护自身的合法权益不受损害。

第五，复合型人才的培养。编辑人员虽然在数字出版过程中依然发挥重要作用，但就实际情况来看，数字出版比传统出版对编辑人员的要求更高更全面，具备扎实的专业知识功底、熟悉数字编辑业务流程、了解数字出版物的特色、能够熟练掌握计算机技术和软件以及有效的多媒体表达和传播方式的复合型人才还是极为匮乏。员工成长是企业可持续发展的最为重要的因素之一。对此，依靠高校培养后备人才、吸收新鲜血液固然是招聘员工的方向，充分利用原有的编辑力量，对原有的编辑进行持续的在职培训和继续教育也非常重要。继续教育的方式可以灵活多样，例如，延请专家学者和出版领域的成功人士作讲座，分享最新知识成果和成功经验；与出版院校和国内知名院校合作，培养和学习在数字技术、媒体技术、市场运作、经营管理等方面的知识和能力；与相关出版合作单位交流，分析和解决现有问题，了解出版新技术；与国内国外知名出版社合作，学习国外的先进经验，掌握出版新动态。

现在，我国的出版企业已经基本完成了转企改制，并且成立了若干大型出版集团。但是，在出版理念、系统管理与实力方面同国际大型出版集团相比还是有着一定的差距。面对数字出版带来的挑战与机遇，有必要学习和借鉴国际成功出版企业的经验教训，积极革新出版理念，大力培养数字出版人才，走出一条适应我国国情的数字出版新道路，实现绿色可持续发展。

新时代编辑家之我见

· 王宏霞 ·

　　果实的事业是尊贵的，花的事业是甜美的；但是让我做叶的事业吧，叶是谦逊地、专心地垂着绿荫的。——泰戈尔

　　人们常说，编辑是为他人做嫁衣，是成他人之美，就此而言，编辑工作可以称作叶的事业。它甘于奉献、安于宁静、独守角落，孜孜于创造性地将作者的思想和才华呈现于世，用编辑的学问和艺术悉心编织加工一件件作品，扮演着幕后工作者的角色。入职编辑十余年来，从最初的懵懂到现在的驾轻就熟，我的工作状态渐入佳境，对编辑工作本身有了进一步的认知，对编辑职业的感情越发深笃，并且在向古往今来的编辑大家们学习的过程中也有了更加深入的思考。

　　在当今业内，编辑从业人员通常被认为应具有以下一些素质要求，如扎实的专业基础、广博的知识层面、较好的文字水平、较高的政治觉悟、认真的工作态度等等。但这些素质只是从事编辑职业的基本要求，若要称之为编辑家，还需要在思想与实践两个层面具备超出一般水平的过人之处。在我看来，今天的小编们，要想成长为编辑大家，需在以下几个方面发奋砥砺、孜孜以求：

一、职业理想：肩负使命和责任

　　编辑工作是一项高尚的事业。从古到今，编辑家们为社会提供了许多优秀的精神食粮，因为他们的存在，文化的根得以延续、枝得以伸展、叶得以繁茂。孔子、司马迁、刘向、班固、刘知几、郑樵、章学诚、魏源、严复、王国维、梁启超、蔡元培、鲁迅、邹韬奋、叶圣陶、赵家璧、叶至善等等，这些编辑大家见证和参与了中国文化的发展变迁，为中华文明的代代传承立下了汗马功劳。这些编辑史上的旗帜性人物，对后继者释放着巨大的感召力量，召唤着有志之士加入到

这一行列之中。

《易》曰："观乎天文，以察时变；观乎人文，以化成天下。"文化的本意即以文载道、以文化人。作为文化的传播人，编辑工作者负担着弘扬真善美慧、传播爱和文明、出好书、出精品、教育大众、培养子孙、正己化人的使命。历代编辑家正是在这种神圣的使命和责任下，为了理想置个人苦乐、荣辱以至安危于不顾、忍辱负重、发愤以赴，用澎湃的斗志和坚韧的毅力编就了一部部辉煌巨著，为中华文化宝库累积下一笔笔无可估量的财富。"为天地立心，为生民立命，为往圣继绝学，为万世开太平。"宋朝大儒张载的这句光照千古的名言，是对治学抱负的最好描画，也是对编辑大家们理想世界的真实写照。

二、职业精神：勇于开拓和创新

开拓创新是人类特有的认识能力和实践能力，是人类主观能动性的高级表现形式，是推动民族进步和社会发展的不竭动力。诺贝尔物理奖获得者温柏格说过："不要安于书本上给你的答案，要去尝试发现与书本上不同的东西，这种素质可能比智力更重要。"

历史在发展，社会生活在变迁，文化形式也要与时俱进。《大学》有言："苟日新，日日新，又日新。"当前传播技术改变，传播媒介及途径多样化，如何在新形势下发现好选题、好作者，推出更多样的文化产品以满足时下读者的多元需求，应对国内激烈的市场竞争，同时推动更多的本土图书"走出去"以消解外来的文化竞争……这些无疑是对当前编辑工作水平的有力考验。因此，只有牢固树立开拓创新意识，将思想意识从陈旧的不合时宜的原有出版模式下解放出来，以创新的精神研究出版业的新情况、新问题、新特点，以国际化的胸怀和视野，敏锐捕捉蕴藏在社会现实中的潜在出版讯息，乘着政府出台的一系列扶持文化产业的政策东风，推出更丰富、更有传承价值的文化产品。一句话，编辑家应能在时下良莠不齐、充斥各种污染的出版环境下，做大众健康文化消费的引领人。

三、职业素养：讲求严谨和艺术

编辑工作最是要求严谨认真、一丝不苟。严谨是一种工作态度，是一种职业素养，是编辑责任心的最好体现。严谨，就是对所做的事情审慎对待、精益求精，于细微之处展现职业修养，于细微之处显现自身境界，于细微之处体现工作水平。要做到严谨，就是把做好每件事情的着力点放在每一个环节、每一个步骤上，悉心从事，不心浮气躁，不好高骛远，从一件一件具体工作做起，从最简单、最平凡、最细小琐碎的事情做起，循序渐进，慎于始，善于终。

从古到今的编辑家们，对于严谨有着近乎苛刻的要求。鲁迅对《嵇康集》的校勘前后持续了数年之久。1913 年，他从明吴宽丛书堂抄本辑录此书，到 1931 年为止，共校勘 10 遍，亲手抄录的底本就有两个。他校勘的态度非常严谨，只要发现某个版本有不同的说法，就马上写一个小纸条夹在里面，或者注上眉批。经过鲁迅校勘的《嵇康集》，被称为"校勘最善之书"。

编辑既是严谨的工作，又是讲求艺术的工作。编辑工作作为一项复杂的脑力劳动，其劳动成果的优劣、水平的高低、成就的大小，除了与编辑人员的文化素养、工作经验、知识水平等因素有关外，还与编辑工作的表现手段密切相关，从这个意义上说，编辑也是一门艺术。正如一位编辑同仁所说："编辑艺术，是披沙拣金的艺术，是益歉损丰的艺术，是形神兼并的艺术。"相信许多编辑工作者都知晓编辑家叶至善先生的词作《蝶恋花》，叶先生将其对编辑工作艺术的理解、体味和情感通过这首词充分地表达了出来：

> 乐在其中无处躲。订史删诗，元是圣人做。神见添毫添足巨，点睛龙起点腮破。
>
> 信手丹黄宁复可？难得心安，怎解眉间锁。句酌字斟还未妥，案头积稿又成垛。

编辑工作不能"信手丹黄"、画蛇添足，而是要"神见添毫"、画龙点睛，这种恰到好处、增删适宜的编辑加工正是编辑艺术能力的体现。好编辑对于书稿的加工就是要追求这种精准的把握，让书稿在自己的手下增光添彩，臻于至善至美。

四、职业意识：服务作者和读者

首先，为作者服务。编辑和作者是互助合作的关系，一部优秀作品的问世，既凝结着作者的心血，也倾洒着编辑的汗水，所以编辑与作者的良好合作关系是编辑事业和作者事业共同发展的保障。在这种合作关系中，对于编辑而言要着重体现服务意识。一位优秀的编辑要善于发现和涵养优秀的作者，对作者真诚相待，时时为作者着想，从而在自己身边形成一支稳定的作者队伍。编辑《中国新文学大系》的编辑家赵家璧先生可以说这方面的典范。赵家璧先生被人称为"邀约能手"，很多名家学者都是他的作者，拥有这样雄厚的作者队伍，与他的不同流俗的编辑构想有直接关系，但与他对作者的周到服务精神也是分不开的。赵先生在凡涉及作者利益的事项上，都本着有利于作者的原则行事。凡他经手的书稿，稿酬从不拖欠，遇到有困难的作者他还主动预支版税，而且他还积极帮助作者搜集写作资料，从旁协助作者成稿。正是这些微小的服务细节，加深了他与作者的友谊，赢得了作者的信任。我们应该效法编辑家们这种"为作者服务到底"的精神，经营好与作者的关系。

其次，为读者服务。编辑工作的最终目的，就是为广大的读者提供优质的出版物，以满足读者的多层次阅读需求，"为读者服务"是编辑工作的出发点也是归宿。一个好编辑要像韬奋先生那样，时时把读者放在心中。要广泛地、经常地征求读者意见，同读者保持密切联系。在工作中要为读者着想，认真研究市场，注意各层次读者不同的阅读需要和阅读兴趣，充分满足读者的合理需求，并要引导和提高他们的欣赏趣味与鉴赏能力。好编辑无论是在选题的确立、书稿内容的取舍、作者的写作形式选择，还是在出版物的装帧设计、印刷材料的选择等方面，都要从读者的阅读兴趣和阅读需要出发，来进行思考和运作。说到底，编辑的读者意识体现着编辑的责任心和使命感。

学生时代我曾读过一本有关韬奋先生的书——《韬奋信箱》，韬奋先生对读者的热爱、对出版事业的热诚、对国家和民族的拳拳赤子之心在我的心中留下了深刻的烙印。从那时开始，我就为先生的理想和爱心所召唤，并最终选择了同样一份事业。我立志追寻着先辈的足迹，以传播优秀文化、忠诚为读者服务为己任，将文明的火种传递下去。

"果实的事业是尊贵的，花的事业是甜美的；但是让我做叶的事业吧，叶是谦逊地、专心地垂着绿荫的。"愿我们以前辈编辑大家们为榜样，做一个文化园丁，把爱和智慧的种子播撒在每一锄耕耘中。

编辑素质模型在出版社人力资源
管理中的应用与管理

如何提高出版社的编辑人力资源管理水平，是很值得出版界的研究者和实践者探讨的问题，应用编辑素质模型就是其中的热点之一。出版理论界和实践界应对编辑素质模型在出版社的应用作更具体的探讨，即如何在编辑素质模型已经建立的条件下，招聘选拔更适合的新员工、提高员工培训开发质量、优化薪酬管理方式、改善绩效管理效果等，以使编辑素质模型在出版社产生更大的应用价值。以下以人大出版社为例，浅析编辑素质模型在出版社人力资源管理中的应用与管理。

一、编辑素质模型在人大出版社人力资源管理中的应用

编辑素质模型为人大出版社的人力资源管理提供了更广阔的视角和新的技术，可以为人力资源管理活动的招聘选拔、培训开发、薪酬管理、绩效管理等提供强有力的支持。

(一) 编辑素质模型应用的前提

20 世纪 90 年代后，我国的理论界和实践界就开始了素质研究和应用的探索，许多大中型企业或组织相继构建了素质模型，并试图将其运用到经营管理中。不过，应用素质模型也需要组织具备一定的前提条件，否则辛辛苦苦建立起来的素质模型就会"既不适用，又不实用"，最终只能束之高阁。概括来说，素质模型的成功实施和应用需要具备以下保障因素：

第一，建立完备的测评体系。素质模型的应用离不开组织测评体系的支持。组织需要开发出测量各项素质的量表、工具及测评方法等，还要根据素质模型不

同的应用目的及特点选择合适的测评方法组合。第二，建立系统的应用体系。组织要根据素质模型的要求和测评体系的结果，建立有针对性的应用体系，这包括素质模型在人力资源管理方面的具体应用方案及相应的规章制度、表格资料、学习教材等。第三，对素质模型进行动态管理。素质模型构建结束并不意味着一劳永逸，它是一个需要不断完善、不断调整的体系，组织要依据组织环境、员工绩效的变化等对素质模型进行调整和完善。

（二）编辑素质模型的具体应用之招聘选拔

传统的招聘选拔是基于职位需求展开的，多通过工作分析和候选人的背景信息考察对方是否具备所需的知识、经验与技能，有时甚至是凭主观感觉和以往的经验作出决定。由于存在上述弊端和问题，这种方式对候选人未来绩效的预测和判断缺乏准确性。基于编辑素质模型的招聘选拔，就是指人大出版社的人力资源管理者运用编辑素质模型设计并实施编辑的招聘选拔过程，以真正挑选出具备素质同时又能够取得优异绩效的人，而不仅仅是能从事编辑活动的人。

这种招聘选拔能够帮助人大出版社提高招聘选拔的质量，降低编辑流动率和人力资源管理成本，促进编辑和人大出版社的共同发展，从而为人大出版社带来好处和潜在的价值。虽然编辑素质模型的使用并不能确保招聘选拔的候选人一定具有高绩效，但是没有它，选出高绩效员工的可能性会大大减小。另外，编辑素质模型还为描绘人大出版社编辑的核心能力以及高绩效编辑所具备的核心知识与技能提供了一套共同的语言系统，可以广泛应用于编辑的招聘信息发布中。

能在人大出版社的招聘选拔中实际应用的基于编辑素质模型的测试方法是行为面试。行为面试的基本原理与行为事件访谈法相同，它通过一套结构化的问卷对招聘选拔的候选人进行面试，通过询问候选人过去工作、生活中所实际发生的案例，就其发生情境、需完成的任务、所采取的行动以及行动结果等了解应聘者的过去行为表现，探寻其具体素质与人大出版社编辑素质模型要求之间的吻合程度，以此来确定候选人是否能胜任编辑活动。这套结构化的问卷在编制的过程中需要围绕人大出版社编辑素质模型中的成长特征、认知特征、管理特征、人际特征等来进行，以保证其信度与效度。

（三）编辑素质模型的具体应用之培训开发

培训开发的主要目的是为人大出版社寻找并提供实现高绩效所需要的知识与技能，不过并非所有的培训开发都能够始终瞄准最相关或者影响程度最大的素质维度。人大出版社每年要出版图书2 000余种，可谓"日出六书"，在这么繁重的出书任务下，培训开发工作必须遵循的原则就是投入最小化与收益最大化。这也在一定程度上使出版社的培训开发受瞬时业务需要或者解决具体问题的驱使。如果能以编辑素质模型作为人大出版社培训开发系统的基础，将有助于以长远的眼光看待人大出版社的需要，避免目光短浅或追求时尚，保障人大出版社的人力资源管理工作集中精力做正确的事。

　　基于编辑素质模型进行编辑的培训开发，就是指对编辑进行素质差异分析，之后进行培训开发需求的确定，集中精力对编辑从事编辑活动所需的关键素质进行培养，以增强编辑取得高绩效的能力、不断适应变化的环境的能力和素质发展的潜能。这种类型的培训开发，不仅可以为编辑提供分析自我的标准，符合编辑这一类知识型员工不断实现自我提高的特点，也可以帮助人大出版社的人力资源管理者为编辑量身定制培训开发计划，为人大出版社的继续快速稳定发展提供支持。

　　依据人大出版社编辑素质模型，通过对编辑素质的评估，可以找出培训开发的具体需求，将重点集中在管理特征、人际特征、业务特征、认知特征、成长特征上，有针对性地对人大出版社"员工素质提高工程"、"员工学习课堂"、"新员工培训"、"英语培训"等课程进行再设计，有的放矢地进行重点培训，尽可能地确保编辑学习到岗位所需的技能，从而提高人大出版社培训开发工作的效果，进一步开发编辑的潜力，为出版社创造更多的社会效益和经济效益。

（四）编辑素质模型的具体应用之薪酬管理

　　人大出版社现行的薪酬管理体系是基于职位设计的，主要依据职位的工作责任、工作复杂程度、工作强度等因素进行价值评价，以职位评价结果确定职位的薪酬。与这种薪酬管理体系相比，基于编辑素质模型的薪酬管理从编辑的角度出发，解释了绩效优秀的编辑应该具备的素质，并且可以将能力素质要项的等级与薪酬区间进行融合，有效地补充人大出版社的薪酬管理体系。

　　建立基于编辑素质模型的薪酬管理体系的基本思路为：首先，建立基于职业发展序列的宽带薪酬体系。通过建立职业发展序列来对编辑的职业生涯进行管理，并合理地对宽带薪酬体系的等级进行设置，将职业发展序列与薪酬体系融合在一起。其次，依据编辑素质模型对人大出版社的编辑进行素质评估。可考虑采用 360 度评估法帮助被评估人发现自身的优势与不足，同时组建评估小组对评估结果有根据地进行微调，以使之与实际情况更相符。再次，基于素质进行定职、定级和定薪。根据编辑素质的评估结果，结合出版社对每一位编辑的历史评价，对全体编辑进行薪酬调整，即全员定职、定级、定薪。最后，基于编辑素质模型进行编辑薪酬的发放与调整。调整可以半年进行一次，也可以一年进行一次。此外，还要预留出与出版社其他岗位的对接接口。

不过基于目前的实际情况，人大出版社还不具备完全实行基于编辑素质模型的薪酬管理体系的条件，可以考虑将现有的薪酬管理制度与编辑素质模型两者有机地结合起来，使薪酬管理体系不仅体现出对员工的激励，而且能传递出一种管理导向，鼓励编辑不断提升自己的知识、技能或能力，最终实现职位薪酬等级或职位晋升。编辑素质模型的建立，明确了编辑所需的各项成长特征、认知特征、业务特征、人际特征、品质特征、个性特征和管理特征，人大出版社在进行职位评价以确定职位基准薪酬等级时，可以根据编辑素质模型确定相应等级，从而使薪酬设计更加准确、更加公平。

（五）编辑素质模型的具体应用之绩效管理

绩效管理是公认的组织人力资源管理的软肋，在出版行业也是如此。许多出版社的绩效管理系统都以结果为导向，强调考核而不是开发，过于关注短期的绩效。基于素质模型的绩效管理更加强调如何发挥人的潜能、利用人的优势，在扬长避短的前提下提高绩效，实现人岗匹配。这种管理体现了绩效管理的精髓，能真实地反映编辑的综合工作表现，让工作表现好的编辑及时得到回报，让工作绩效不够理想的编辑也能不断改善自身的工作。

可以说，编辑素质模型的建立为人大出版社编辑的绩效管理提供了新的思路和技术基础。建立基于编辑素质模型的人大出版社绩效管理系统时，可以依据编辑素质模型确定绩效管理范畴，根据模型提供的素质要求具体地分析现有素质与应有素质之间的差异，再根据每一位编辑存在的差距有的放矢地组织绩效辅导。虽然编辑素质模型不一定就是解决问题的灵丹妙药，但是以编辑素质模型为基础，找出能够区分出绩效优秀编辑与绩效一般编辑的指标，并以它为核心确立绩效管理的相关指标，的确能够解决很多问题。

在具体的应用过程中，要注意这样几点：首先，基于编辑素质模型的绩效管理在绩效标准的设计上既要设定任务绩效目标，又要设定素质发展目标，即要在编辑的贡献和素质发展、短期绩效和长期目标、人大出版社的目前价值和长远利益之间作出适当的平衡。其次，在进行编辑的绩效评估时，应从目标的完成、任务绩效的提高和素质的发展三个方面来进行，并注意把沟通作为绩效管理的一个关键环节，为绩效沟通增加新的内涵。最后，将编辑素质模型应用于绩效管理，还需要人大出版社建立公正的、具有发展导向和战略性的绩效管理体系。

二、人大出版社编辑素质模型的动态管理

在动态管理理论看来，任何系统都是一个运动着的有机整体，其稳定状态是相对的，运动状态是绝对的，不仅会发生内部的运动，而且会与环境相互作用。随着内外部环境的变化，组织的整个系统以及所有的子系统都会随之发生变化，要想跟上这些变化，就必须对素质模型进行科学的动态管理。

（一）编辑素质模型动态管理的定义

所谓编辑素质模型的动态管理，就是通过对影响编辑素质模型的因素进行分析，根据影响因素的变化适时调整编辑素质模型中素质的类型以及对素质的具体要求，以使其不断适应环境变化的新要求，更好地引导人大出版社编辑素质的发展，实现人岗匹配，促进岗位目标的完成和组织战略的实现。

编辑素质模型中的通用素质与专业素质都和编辑所从事的岗位以及该岗位的要素有着直接的关系。在宏观环境、行业环境和组织内部环境发生变化时，岗位环境也会随之变化，进而导致岗位职责、岗位工作内容等要素发生变化。岗位素质变化了，如果从事该岗位的编辑的素质没有跟上变化，就会导致绩效出现异常。所以要对素质模型进行动态管理，以使其适应变化的环境要求。

（二）编辑素质模型动态管理的分类

编辑素质模型的动态管理可以从编辑素质模型变化的原因和结果两个角度进行。从原因的角度进行的管理称为编辑素质模型的事前动态管理，从结果的角度进行的管理称为编辑素质模型的事后动态管理。事前动态管理是在人岗不匹配产生消极作用之前就进行管理，事后动态管理是在人岗不匹配产生消极作用之后才进行管理。一般认为事前动态管理的效果要好于事后动态管理，但组织并不是对每一个变化都能事先予以察觉，即使能够察觉也不一定能够作出正确的判断，因此，在进行动态管理时要将事前动态管理和事后动态管理有效地加以结合。

（三）编辑素质模型的事前动态管理

编辑素质模型的事前动态管理是跟踪宏观环境、出版行业环境和人大出版社内部组织环境的变化，确定宏观环境、行业环境和组织环境的变化给编辑这一岗位的环境带来的影响，再确定岗位环境的变化对岗位要素的影响，最终确定对编辑素质的影响，修正完善编辑素质模型。在这一过程中，需要遵循及时性、系统

性、科学性三个方面的原则。编辑素质模型的事前动态管理的主体是人力资源部和各出版分社的联席会议，周期可以是每月或每季度进行一次。

对宏观环境的分析主要包括政治法律环境、经济环境、社会文化环境、技术环境四个方面。政治法律环境是指法律法规、人大出版社所在地的政治环境、政府职能倾向等；经济环境是指宏观经济政策、经济运行周期、消费者信心、就业政策等；社会文化环境是指社会稳定性、流动性、收入分布、人口结构、受教育程度等；技术环境是指政府投资、出版产业重点、出版技术革新、出版技术生命周期等。

对行业环境的分析主要包括上游作者队伍、下游读者队伍、潜在进入者、替代品和形成竞争关系的其他出版社等五个方面。出版行业内部的竞争与变革将会直接影响到参与竞争的五个方面，影响到出版行业的每一个组织直至每一个岗位。行业环境的变化会引起组织环境的变化从而导致岗位素质的变化。

对人大出版社内部组织环境的分析主要包括组织战略、组织结构、组织岗位、组织重大决策等四个方面。组织战略的变动将引起组织结构发生改变，进而引起编辑职责、目标发生变化，编辑职责、目标发生了变化，岗位对编辑素质的要求必然会随之发生变化，同时导致编辑素质模型发生变化。组织重大决策如新增分设、开设异地分部等可能会导致组织机构、部门目标发生变化，进而导致对编辑素质的要求发生变化。

（四）编辑素质模型的事后动态管理

编辑素质模型的事后动态管理是从编辑绩效的异常入手，分析出导致编辑绩效异常的原因，如果是由于人岗不匹配造成的，则进一步分析造成人岗不匹配的原因，确定编辑素质的变化，修改编辑素质模型。在这一过程中，需要遵循及时性、科学性、全面性三个方面的原则。事后动态管理的主体是人力资源部和出现异常绩效的岗位所在的出版分社，周期可以适当延长，一个绩效管理周期结束时若未出现绩效异常，也可以不进行调整。

事后动态管理主要包括四个方面的内容：对信息的管理、对编辑素质模型的管理、对事前动态管理的补充管理、对编辑岗位档次的管理。其运作流程如图1所示。

编辑素质模型的事后动态管理的基础是绩效管理体系，其主要信息来自岗位的绩效考评结果，只有有了完善的岗位绩效管理体系，才能够进行编辑素质模型的事后动态管理。

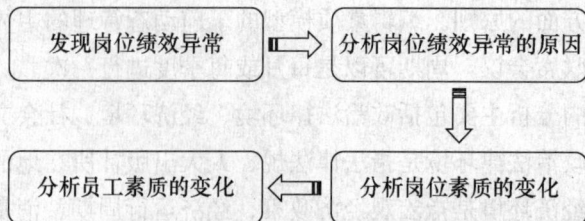

图 1　事后动态管理的运作流程

三、对编辑素质模型应用与管理的几点思考

基于素质模型的出版社人力资源管理就是人力资源管理者利用素质模型的理论和方法来设计并执行人力资源管理各项功能的过程，它是一种以人为导向、能够满足出版社发展需要的现代人力资源管理新方法。编辑素质模型的构建为人大出版社建立和推动以编辑素质模型为核心，包含招聘选拔、培训开发、薪酬福利、绩效管理等基础操作层面，岗位分析、素质模型、职业生涯规划等技术层面，组织结构、企业文化和人力资源管理等战略层面在内的三位一体的程序化、系统化、现代化的编辑人力资源管理系统奠定了基础。

在这一系统中，操作层面的有效性需要技术层面的支持，而技术层面的正确性要以战略层面的前瞻性为指引，三个层面相互支持与关联，构成人大出版社编辑人力资源管理的有机体。编辑素质模型是这一有机体的核心，不过要在人大出版社人力资源管理中顺利应用和动态管理编辑素质模型并非易事，因为对人的管理既是科学又是技术，既要上升到哲学层面又要落实到技术层面。人大出版社编辑素质模型的应用与管理，应该注意以下几个方面：

一是要实现与人大出版社企业文化的完美结合。自 1955 年成立以来，人大出版社秉承"学术沃土，思想摇篮"的理念，始终坚持"做人文社会科学的出版重镇"、"做先进文化的传播者"，形成了具有鲜明社会主义出版产业特色和社会主义出版文化精神的企业文化。因此，在人大出版社应用和管理编辑素质模型，不能脱离人大出版社的特色，两者结合得越紧密，编辑素质模型的生命力就越旺盛。

二是要综合运用，切忌片面使用。编辑素质模型的应用与管理一定要和人大出版社人力资源管理系统的招聘选拔、培训开发、薪酬福利、绩效管理等基础层面的工作有机结合起来，把编辑素质模型作为一个重要的人力资源管理工具来发挥其功能。通过构建基于编辑素质模型的人力资源管理体系，可以为编辑指明工作努力的方向和铺设通向目标的职业发展道路。编辑作为人大出版社的核心人力资源，是人大出版社经营管理的高素质集合体，由人大出版社和编辑共同关注编辑素质的发展，可以实现人大出版社与编辑双赢的局面。与此同时，也要注意不能仅凭素质模型来评判编辑的能力大小、潜能高低，需要利用各种资源、多种手段来进行综合性研究判断。

三是要做好应用与管理的辅助工作。这主要可分为三个方面：领导要重视、素质要提高、宣传要加大。首先，领导要重视。人大出版社高层领导的高度重视和大力支持，是编辑素质模型应用与管理的重要保障，如果没有领导的积极参与和大力呼吁，模型的应用与管理工作势必会遇到极大的阻力，很难取得良好的效果。其次，要提高人力资源管理者自身的素质。模型的应用与管理需要人大出版社的人力资源管理者对出版业务知识、人力资源管理知识、与素质模型相关的基础理论与方法加强学习、深入研究。这不仅包括人大出版社人力资源部的工作人员，还包括直接从事编辑管理工作的各部门领导等。最后，要加大宣传力度，力求取得共识。素质模型是一种新生事物，需要通过大力宣传，才能加深编辑对它的认识与了解，取得编辑的共识和支持。通过集思广益，不断优化、逐渐完善编辑素质模型，它才能更加科学、客观、公正和有效。

完善教材质量保障体系，打造高校文科教材精品

——人大出版社教材建设的经验和做法

·王　磊·

《国家中长期教育改革和发展规划纲要（2010—2020 年）》指出，"提高质量是高等教育发展的核心任务，是建设高等教育强国的基本要求"。提高教材质量无疑是提高我国高等教育质量的重要内容，因为高校教材既是教师教学经验的总结和科研成果的体现，也直接关系到人才培养的质量。作为教育部确定的全国高校文科教材出版中心，中国人民大学出版社 50 多年来涵养、铸造了一大批特色鲜明，成规模、成系列、高水平的高校文科教材，并形成了一套较为完备的"高等学校文科教材质量保障体系"。该体系着眼于战略制定、制度建设、操作流程设计、读者信息反馈等方面，从教材内容质量、编校质量、印装工艺质量方面入手建立全流程的质量保障和监控，搭建畅通的教材质量回馈平台，通过建立这样综合性的质量保障体系打造教材精品，为我国文科教学和文科教材出版保驾护航。

一、建立严格的教材遴选机制，确保内容质量

内容是教材质量的关键，人大社从选题战略、论证制度及机构设置三个层面，以严格的选题遴选机制确保教材的内容质量。

（一）制定科学的教材开发战略

多年来，人大社在教材出版工作中，始终坚持规划领先的工作方法，制定长期规划（五年规划）和年度规划，结合国家政策和各学科教学情况的变化，确定不同时期教材出版的重点和任务，确保出版社持续不断地推出教材精品。例如，

2010 年人大社研究制定了《中国人民大学出版社"十二五"选题规划》，其中确定了"十二五"时期的教材选题开发战略，包括：要继续强化教材的精品战略，打造中国高校人文社科领域教材第一品牌，出版一批具有中国特色、中国风格和中国气派的人文社科教材；要加强教材的教学适用性，以课程为核心，在深刻理解学科发展，了解国内外学科设置与教学改革的基础上，综合考虑课时，案例教学，教材的创新性、实用性、定价等多种因素，开发有适用性、针对性的教材；要加强教材的立体化开发，以精品教材为先导，全方位建立教学资源库，为师生提供整体解决方案；要加强教材的创新性与连续性，教材策划与出版要充分体现国际、国内该领域教育与研究的最新成果，体现该学科发展的趋势，体现"内容新、体系新、方法新、手段新、形式新"，对一些与现实关系密切的教材要随着国家的重大政策和法律的调整随时修订，形成高版本。

（二）建立规范的选题论证制度与选题论证流程

经过严格的市场调研和多年的持续改进，人大社形成了较为规范的教材选题论证文件。例如，本版教材论证必须提供的材料包括教材名称、国内开课情况调研、作者情况（含单位、职称、教学经历、授课信息、详细介绍）、选题特色、配套教学资源情况、书稿情况、交稿进度安排、出版计划等；引进版教材还需提供国外出版情况、主要译者信息等。在论证流程上，人大社所有教材选题都严格执行策划编辑、分社、总社三级选题论证制度。2006 年人大社制定了《中国人民大学选题论证管理办法》，明确了各级职责，规范了选题论证流程。第一级选题论证以策划编辑及其辅助人员为主，职责内容包括：作者情况调研、书稿情况调研、出版计划安排、市场情况调研、社会效益情况、营销计划安排、成本利润核算等。第二级论证以部门月度选题会的形式进行，论证人员包括部门主管领导、部门负责人、策划编辑、部分文字编辑和营销编辑等。第二级论证负责对策划编辑的论证报告进行逐项论证，决定选题是否上报"选题论证委员会"。终级论证由总社组成"选题论证委员会"负责，人员包括总编，副总编，其他相关社领导，总编室、市场部、发行部、国际合作室相关负责人等。第三级选题论证的职责包括：论证选题的政治导向、市场情况，审查教材论证报告。

（三）搭建专业化的教材研发机构、打造专业化的教材编辑队伍

作为出版者，出版社在教材出版过程中所扮演的重要角色是"选择"，要选择好的作者和内容适合教学的教材，而好的选择取决于好的编辑，对于高校教材出版而言，好的编辑要体现出专业性。为此，2007 年人大社就根据学科分工对文科教材开发机构设置进行了调整，成立了经济分社、工商分社、政治与公共管理分社（简称"政管分社"）、人文分社、法律分社、外语分社、学术出版中心。根据我国高校文科专业设置，这些分社所负责的选题涉及高校文科 16 个二级学科门类，基本覆盖了人文社科领域的所有门类。此外，还成立了教育分社，重点负责开发人文社科类的成人教育、远程教育、网络教育、职业教育、中职教育教材。"十一五"初期，人大社就明确了教材研发部门的人才战略。首先是学历要求，学科编辑必须是相关专业重点院校硕士以上毕业生；其次是岗位配比，每个学科策划编辑至少配两个文字编辑。目前，人大社编辑队伍中有硕士 156 人、博士 16 人、在职博士 7 人，硕士及以上学历的编辑占到了编辑队伍的 80％以上。

二、完善教材编校质量保障体系

在各种版本的教材质量评估体系设计中，编校质量无疑都是重要的指标之一。① 人大社打造的编校质量保障体系由制度层面和操作层面两个方面的内容组成。制度建设上，人大社不断强化"三审三校一通读"制度并完善其配套制度建设（见图 1），制定了《文字编辑岗位考核办法》、《关于外编费、外校费发放管理办法》、《封面三审制》、《付印样管理规定》等。操作层面上，"严格执行'三审三校一通读'制度，任务再紧不敢省人工，稿件再简单不敢省流程，把这一制度作为保证编校质量的根本基础"②。在规范编校流程的同时，加强质量监督也是出版社防控质量漏洞的重点，为此人大社以提高图书优良率、消灭不合格图书

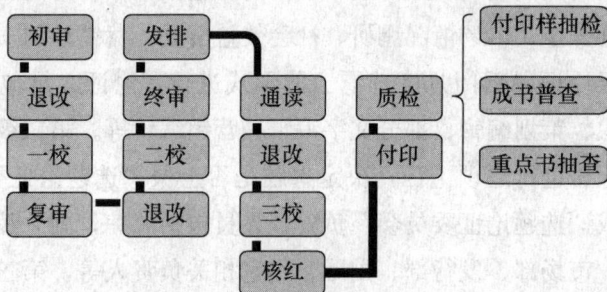

图 1　三审三校一通读流程图

---

① 一些教材评估体系也将之称为"差错率"或"错误率"，例见唐启惠：《教材质量的评估与控制》，载《涪陵师范学院学报》，2004（6）。

② 刘志：《建立完备的质量保障体系，为出版社实施品牌战略保驾护航》，载《出版发行研究》，2013（6）。

为目标，专门成立了质量管理领导小组，设立质管部，组织一批资深编辑对图书特别是教材的质量进行定期检查，实时警醒编辑要绷紧质量这根弦。同时实现流程的电子化控制，形成了流程规范、监控有力的编校质量保障系统。

保证教材的编校质量，文字编辑培养是关键，人大社很早就形成以老带新的优良传统，每年都安排新编辑入职培训，邀请社内最资深的文字编辑和质管部主任授课，使新编辑从一开始就树立起牢固的质量观念。同时还有针对性地组织社内责任编辑培训，鼓励并引导编辑不断学习，社内设培训课堂、举办编校技能大赛，组织相关编辑参加中宣部、总署组织的专业培训，鼓励编辑回学校再学习，通过不断充电的方式提升编辑的专业知识和编校技能。人大社的文字编辑队伍业务功底扎实、政治素质优良，得到了业内的广泛认可，并在 2013 年举办的第四届"韬奋杯"青年编校大赛中，获得了团体一等奖的好成绩①。

三、打造出版质量保障体系，保证印装质量

多年来，人大社一直致力于通过制度建设和过程控制加强对教材装帧、印装的质量管理。在制度层面，先后制定了《装帧设计管理规范》、《版式管理规定》、《重点图书生产管理办法》、《印装材料管理规范》、《排印装质量管理办法》、《印刷墨色管理规定》、《印装质量评价标准》等一系列规章制度，规范了装帧、印装生产流程中社内、社外各环节的管理。

在操作层面，由出版部对印装质量负全责，质管部配合，抓住印装关键环节，把管理落到了实处，主要体现在以下五个方面：第一，印前核片，一本图书在付印胶片送达印刷厂之前，出版部有关人员要对所有胶片进行核查，严把付印前的最后一道关。第二，合理安排印装工序。第三，严格材料采购流程，规定所用大宗纸张和装帧材料须经社领导、策划编辑认可，由出版部对其性价比和生产厂家认真分析比较后确定。第四，样书送检，一本书批量装订之前必须先装 35 册样书送到社出版部、质管部、出版分社和社领导手中，经各方检查没有问题后方可成批装订。第五，入库抽查。出版部每月到书库对本月入库的所有图书进行抽检，并将抽检结果每月以质量简报形式通报给各印装厂，督促其健全制度，整改问题。人大社在不断健全社内印装质量管理机构的同时，还将管理的触角伸进

① 参见《第四届韬奋杯全国出版社青年编校大赛颁奖（名单）》，见新华网，http://news.xinhuanet.com/zgjx/2013-12/23/c132988375.htm。

合作厂家。从 2009 年开始要求合作的各主要印装厂必须设立专门的质量管理员，对人大社教材在出厂前进行严格的质检，竭力防止印装质量不合格的教材流入市场。此外，质管部还对所有成书印装质量进行普查，并进行年度抽检，与出版部共同建立三大质量通报制度，即《样书检查情况》、《库检质量情况》、《排印装质量简报》。这三项通报制度的实施，让合作定点厂能及时了解自己厂子的印装质量问题。人大社还制定了相应的奖罚标准，通过经济杠杆促进合作厂家责任心的提升。①

四、搭建畅通的教材质量反馈渠道，改进完善教材质量

多年来，人大出版社始终致力于搭建畅通的教材质量反馈机制，通过教材用户体验反馈，根据学科发展和师生需求及时对教材内容进行再版修订，对有编校质量问题的教材进行重印修订，对有印装质量教材及时退换。通过各专业分社与市场部开展的教材进校园活动，通过人大社自己的教研服务网络，通过编辑部邮箱和质管部电话、邮箱及时得到教材终端用户的质量反馈，搭建了畅通的沟通平台和机制（见图 2）。

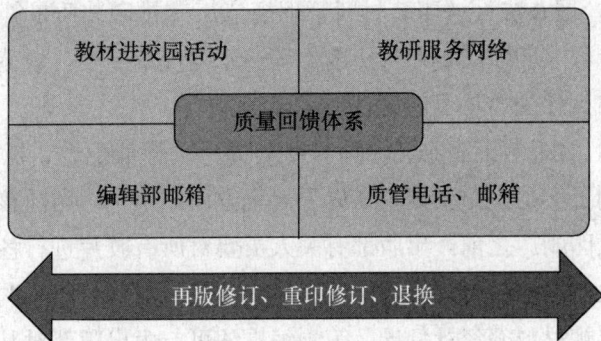

教材进校园活动	教研服务网络
质量回馈体系	
编辑部邮箱	质管电话、邮箱

再版修订、重印修订、退换

图 2　人大社教材质量回馈体系

教材进校园活动是人大社开展多年的为教材用户提供跟踪服务的活动。通过编辑部、市场部、各地院校代表的共同策划，走进全国各文科院校、院系，倾听老师和学生的需求，及时得到教材质量反馈信息。2007 年，人大社推出了进校园活动的"百千万工程"，用一年的时间拜访了上百所高校的上千个院系，拜访

---

① 参见李宏：《关于建立健全图书印刷质量保障体系的探索》，见沈小农主编：《出版理论与实务研究》，北京，中国人民大学出版社，2010。

人文社科类教师上万人。根据多年进校园活动的积累，人大社建立了拥有近10万文科教师会员的教研服务网络（含教研服务网、各分社部门网站），通过相关专业暑期培训、教研网论坛、电话邮件回访等形式倾听一线教师对人大社教材的评价，并及时反馈给编辑部和作者。此外，人大社的每本教材都会印上相关编辑部的电话以及质管部电话和邮箱，为教材用户的反馈提供了很好的沟通渠道。

"教材质量是教材建设的核心，也是教材工作改革的核心。教材的总体质量是由编写质量、编校质量和装帧设计质量及印装质量等构成的。"① 人大出版社从教材质量的这几个方面着手，搭建了较为完备的高校文科教材质量保障体系。多年来，得益于这样的质量保障体系，人大社不断推出文科教材精品，目前已经搭建起较为完备的成规模、成系列、专业门类齐全的文科精品教材，截止到2014年春季已经形成了遍及人文社会科学16个二级学科的260多个系列2 000余种教材，文科主要专业形成一套研究生教材、一套以"面向21世纪课程教材"为基础的面向高端高校的本科教材、一套应用性本科教材、一套引进版教材、一套面向非本专业统开课教材的整体格局。这些教材中，本版教材作者90%以上来自国内"211"院校。翻译版和双语教材都是相关学科领域的经典版本。人大社教材总修订比率达到70%以上，最高教材版次如宋涛教授的《政治经济学教程》已达第10版，成为国内经典教材。人大社有361种教材被评为"十一五"国家级规划教材，71种教材被评为"十二五"国家级规划教材，52种教材被评为"普通高等教育精品教材"，111种教材被评为北京高等教育精品教材，114种教材被评为北京市精品教材建设立项项目。质量是出版企业的生命，通过多年的努力，人大社的教材获得了社会的广泛认可，人大社也成为我国高校文科教材的出版重镇。

---

① 高敬：《教材质量是教材建设的核心》，载《佳木斯大学社会科学学报》，2000（4）。

人大出版社运用信息技术手段对传统出版业务进行创新的一些实践

· 朱亮亮 ·

这两年来，数字出版中心在社领导的指导下，对出版社的数字出版工作进行了各种实践探索和合作。在推进数字出版的过程中，在进行具体业务实践操作时，也面临一些困惑业界的问题：互联网和移动互联网蓬勃发展的信息时代，用户需要什么样的数字阅读产品？传统纸书和"内容＋体验"形成的数字阅读产品，在电子商务、社会化社区、移动互联网盛行的数字生活里，如何进行数字营销？

数字化转型是出版社的全局业务，笔者将这两个问题以及我们相关的一些具体实践拿出来，抛砖引玉，希望有益于大家的认识总结。

一、用户需要什么样的数字阅读产品

（一）环境趋势

2012 年，从海外来看，美国出版业电子书销售额较 2011 年增长了 42％；在中国，《第十次国民阅读调查报告》显示，我国 18～70 周岁国民 2012 年人均阅读电子书比 2011 年增加 65.5％。2013 年，数字出版产业发展势头依旧迅猛，数字阅读正日益成为全球化趋势，加速着阅读模式的变革。数字技术不仅革新了阅读载体、阅读时空、阅读传播速度，也改变着阅读对象、阅读内容提供者。就中国现阶段而言，数字阅读产品以满足人们的时事新闻、休闲需求为主，受众范围广且复杂，共性不明显，内容可替代性强，市场进入壁垒低，产品价格相对较低。随着互联网技术和各种阅读终端（电子书阅读器、手机、平板电脑、台式电脑等）的日新月异，数字阅读市场呈现出移动化、交互化、全媒体化等特征，数字时代的阅读已突破了出版业的范畴，与 IT、互联网等行业紧密相连，读者的需求也日益个性化、社交化和多元化。数字阅读产品已不仅仅是内容这一块，而是技术与需求双轮驱动的结果，它以内容、终端、用户体验为三大核心展示要素，为用户带去优秀的阅读体验，为内容创造新的价值。

（二）部分实践

目前数字出版中心对外运营的数字阅读产品包括实体书数字版和原创数字阅读产品两大部分。

1. 实体书数字版

针对人大出版社出版的实体纸书资源，数字出版中心在版权、文件等方面做了大量的基础工作。版权方面实施数字版权授权解决方案，保证信息网络传播权及转授权的完备，获取合理合法可满足数字产品制作需要的内容资源数字版权。格式方面根据市场需求，按统一标准进行转化、分类、存储，满足数字阅读产品制作的数据要求，积极与各类特色鲜明、优势各异的平台合作，业务涉及运营商手机阅读业务如中移动手机阅读基地等，B2B 市场机构如方正阿帕比等，电商平台类业务如亚马逊等，多终端阅读平台如多看等，在相互认同的基础上，建立起有效的日常合作营销沟通机制，深入研究数字阅读用户需求行为，对渠道进行分级分类管理，制定不同的推广方案来满足用户口味，做好数字图书发行工作。

通过与这些数字渠道的精细化运营合作，一方面，畅销实体纸书在数字渠道得到持续营销宣传并在数字版销售上畅销，获得了新兴阅读市场增量收益。如《毛泽东传》等，数字出版中心与人文分社和国际合作室相关负责人同事一起，首度拿到了此书在国内的数字版权，并且在后期的精细运营中，为作者特里尔带来了丰厚的版税，赢得了他对出版社的更多信任。另一方面，实体纸书新书与数字版的同步发行，还形成了数字版和纸书良好的互动。如大众分社的《何必刻意》，数字出版中心借助季小军《何必刻意》纸书与手机阅读同步上市的契机，与大众分社通力合作，和中移动手机阅读基地相关多个部门和负责人进行了充分沟通与合作方案探讨，达成合作共同推广的共识，顺利评上首发书，同时进入"新书速递包"，收益得以保障。通过中移动手机阅读平台各种重点推荐，得以在千万级的手机阅读用户中形成高度曝光，并结合移动名家读者见面会、人大出版社官微、中移动手机阅读官微、媒体宣传等，使得《何必刻意》在移动手机阅读平台一天点击量迅速升至 20 万，后期持续热销，收益丰厚。此外，一些已出版一段时间的图书在数字渠道也重新焕发活力，如音像分社的《危险青春——中国家庭性教育启示录》、大众分社的《性之罪》等，都给作者带来了丰厚的数字稿酬，赢得了作者对出版社的信任，为后期分社与作者的深入合作打下了良好的基础。

2. 原创数字阅读产品

基于数字阅读市场的大环境，数字出版中心也尝试根据不同平台的特性和优势，考虑到不同渠道目标消费者的独特需求，有针对性地策划了一些数字产品，包括与考试分社合作开发 App 图书应用，定制开发原创纯电子书等。

在苹果 App Store 渠道，阅读类畅销榜以畅销书、多媒体互动图书为主，数字出版中心一方面与多看合作开发了《毛泽东传》精排本，另一方面与考试分社合作，针对考研政治、英语、司法考试等类别，挑选出合适的内容，加工制作成多媒体图书。从销售情况来看，《毛泽东传》是所有图书里面销售最坚挺的，《考研政治速背》上线后一周在苹果 App Store 新品推荐里排第 6 名，都取得了比较理想的结果。

在亚马逊、京东、多看、豆瓣等平台的数字畅销图书中，除了畅销新书外，其持续热销类别包括实用成功励志类、实用商务技巧类、两性婚姻类等。基于此，数字出版中心借 2013 年 11 月 11 日光棍节的契机，在各大电商平台同步推出了纯电子书《脱"光"男女》。在数字渠道发行之前，此书就得到了各个渠道的积极反应和关注，有的渠道甚至希望买断此书的版权。首发推出时，《脱"光"男女》获得了平台渠道众多营销资源支持：电商巨头亚马逊在 Kindle 电子书首页新书预售专区将《脱"光"男女》列在第一位；拥有数千万客户端用户级数的掌阅，专门为此制作了脱离光棍的内容专题，主推《脱"光"男女》并以本书封面做专题图片；精品客户端多看，在拥有全平台一级广告位的"情感生活专场"推荐的第一本书就是《脱"光"男女》；最大的数字生活社区豆瓣，将《脱"光"男女》列入读书首页热门电子书推荐位。从关注和销售情况看，活动已经过去十多天后，该书依然在京东图书最好的推荐位——读书页面热读位上，在多看两性类畅销排行榜列第八名（排在前面的是网络红人不加 V、庄雅婷等情感专家的图书），在豆瓣所有图书周榜列第八名（排在前面的是实体畅销图书《极简欧洲史》以及海明威、冯唐等名家的作品），初见成效。

二、如何进行数字营销

(一) 环境趋势

这是一个技术大爆炸的年代，互联网和移动互联网的发展速度不可想象。

4G 时代即将到来,我们必须要面对一个事实——数字媒体正在成为媒体的核心,而数字营销正在成为营销的核心。新型的数字媒体传播不仅是大众化的,更是个人化的,这要求企业开展精准化、个性化的营销,提供符合消费者个性化需求的产品和服务,而数字营销需要利用先进的计算机网络技术,以最有效、最经济地谋求新市场的开拓和新消费者的挖掘。根据广告巨头 WPP 集团的统计,现在数字营销每年带来的盈利高达一万亿美元。联合国国际电信联盟(ITU)在 2013 年初表示,全球手机用户数量将在 2014 年追上世界人口总量。中国互联网络信息中心 2013 年 7 月发布第 32 次《中国互联网络发展状况统计报告》:移动化时代的快速到来,使用户获取信息的渠道更多样化,时间也越来越碎片化。移动互联网具有不受空间和时间限制的特性,这对于数字营销来说,既是挑战,但同时也会带来新的发展机遇。

(二)部分实践

数字出版中心在数字产品的营销方面,通过合作渠道和社会化平台等也进行了一些尝试。

1. 合作渠道

基于对各个数字渠道营销方式的了解,选择适合的主题并积极参与,抢占最好的营销资源位,基本实现"周周有特价,月月有专题",渠道营销活动积极响应参与和主动创意策划相结合。

(1)积极参与渠道营销活动。

积极开展"名家大讲堂"、揭秘频道、周末阅读日、每周图书自荐、新书首发自荐、好书热书推荐、新书快递、重磅头条书、限时约惠、每周特价、每日特价、限时秒杀、好书重推、编辑力推、图书团购等常规活动的申报工作,争取专题资源如"绽放的书季"、"新春营销——新春送祝福活动"、金色动感专场书"惠"活动、十八大十八本书、周年年度畅销榜专题、年中盘点十宗最专题、畅销电子书特辑等。基于上述工作,在线上,保证在重点渠道适合人大出版社图书的专题中得以入选,并占据靠前的推荐位,另外根据图书的上架时间,数字出版中心依次在预售专区、新书上架、编辑推荐、畅销经典等推荐位进行单本图书推荐,从专题到单本图书推荐,全方位占据渠道好的营销资源位,并在强势宣传下拉动销量,登上数字图书销售排行榜。在线下,数字出版中心与人文、大众分社合作,先后邀请到梁衡、金正昆、季小军等知名作者,成功举办了"名家大讲堂",每次活动的涉及人数超过 500 人。

（2）主动创意策划营销活动。

除了积极参与渠道的营销活动和运营推广以外，数字出版中心还根据图书卖点，借助社会热点，依托渠道的 WAP 网站、客户端、WWW 平台等各种端口以及渠道的官方微博进行推荐，自主发起营销推广。

一是专题宣传，数字出版中心拟写文案和宣传语，按照格式制作背景图，并筛选书目，制作了"人大社社科类数字图书专场"、"人大社国学历史类数字图书专场"、"人大社文学类电子书专场"、"人大社考试类电子书专题推荐"、"智慧人生，轻松阅读"专题、"人大社迎十八大红色图书专场"、"世界读书日人大社专场"、"读好书，光阴慢"、"过了这春没有这价人大社电子书专场促销"、"夯实基础方能厚积薄发——人大社助你备考"、"建党 90 周年与辛亥革命 100 周年专题活动"、"周末读书会"等专题。

二是图书宣传，针对单本图书，数字出版中心根据渠道面对的不同受众找合适的时机向渠道推荐不同的图书，并根据数字阅读的习惯和图书的内容，在原图书基础上进行了适当调整，并辅以宣传语，进行营销。如《财神的名单》，数字出版中心制作了"学点投资理财术，轻轻松松钱生钱"小焦点图，广告语定为"财神给你18 条成功规律"，链接一个小专题，读者可以购买全本，也可以购买 18 个任意独立章节，销售情况显示读者更青睐购买单独章节的形式。针对《2012 年考研政治冲刺点拨 6 套卷》，数字出版中心换为更适合网络展示、更有冲击力的封面，先后命名为《【正版电子书】密卷 2012 年考研政治冲刺内部预测 6 套卷》和《【电子书】密卷 2012 考研政治内部预测 6 套卷（含答案）》，在淘宝网 2012 年 12 月 15 日到2013 年 1 月 1 日（合计 18 天）推出限时特价，销售超过 6 000 册。

2. 社会化平台等

数字出版中心与市场部通力合作，通过网媒宣传、人大社官方微博等进行营销推广，选择合适图书受众的 BBS、QQ 群、微博、豆瓣小组。比如考研类图书，在考研论坛、考研互助群、微博的群组和豆瓣考研小组上发布相关的电子书信息和购买链接。此外，在纸书出版时，以二维码的形式在合适位置提供电子书推荐，让读者可以通过手机相应的软件，读取二维码中的信息，直接上网寻找和购买。

传统出版产业和其他行业一样，都在经受互联网等信息技术的巨大冲击，所谓数字出版产业在发展初期，很多问题众说纷纭，一时难有定论，信息技术的发展又日新月异，今日经验难免成明日桎梏，我们所能做的，只有紧抓用户需求，立足产品创新和营销创新，才能跟上不断变化的数字新时代。

网络环境下电子书著作权困境简析

·张 义·

焦点案例："百度文库事件"

2011年3月15日，发生了引起社会各方关注的百度文库事件，50位中国知名作家包括慕容雪村、刘心武、郭敬明、韩寒、贾平凹、李承鹏等联名发布了《3·15中国作家讨百度书》，指出百度文库收藏有他们的绝大多数作品，并对其用户免费开放下载使用，却没有获得任何授权。百度公司方面辩称"百度文库是百度为网友提供的信息存储空间，是供网友在线分享文档的开放平台。……平台上所累积的文档，均来自热心用户的积极上传。百度自身不编辑或修改用户上传的文档内容"。申讨事件后，数名知名作家联合知名出版界人士与百度展开数次谈判，未能达成任何实质性成果。百度方面仅按照作家们的要求删除了存在版权问题的文章，但百度文库的运作模式并未有实质性的改变，双方商谈无果而终，作家团队声称将继续维权到底，甚至可能走司法诉讼程序。

2011年9月，作家维权联盟正式在北京海淀法院起诉百度文库侵权，要求百度连续7天赔礼道歉，关闭百度文库，同时首批14个作品案件要求赔偿损失76万元。此案在2012年9月17日正式宣判，此次宣判涉及韩寒、好寻和韩爱莲3个作家的14个作品中的7个，法院判定百度侵权成立，百度总共赔偿14.5万元，其中赔偿韩寒4万元。法院同时认为，百度文库是百度公司开发的提供公共信息存储空间服务的平台，按照"避风港原则"，其并不负有对网民上传的作品进行事先审查和监控的义务，所以驳回作家维权联盟此前提出的"关闭百度文库"及在百度首页道歉等诉求。

进入21世纪以来，以计算机技术和互联网技术为代表的新技术革命对社会发展带来了翻天覆地的影响。尤其是在知识产权领域，随着新技术的变革，印刷步入数字化的信息时代，数字技术带来了知识分享的便利，同时对传统著作权保护制度带来极大的冲击和挑战，也客观上促进了著作权制度的变革。近代著作权法的物质技术基础是传统印刷术，法律的任务是控制出版商合法印刷版权作品，读者从书店等渠道付费购买版权印刷作品。在传统印刷年代，由于印刷技术和设备的专有垄断性，授权作品的复制渠道和传播渠道容易得到控制。在复印机发明后，近代著作权法就面临了一次巨大挑战，以德国为代表的大陆法系国家甚至推出了补偿金制度，从复印机设备生产商那里收取补偿金，来弥补作者的版权利益损失。到了现在的数字时代，随着互联网的出现，新的传播技术带来了诸多过去难以想象的著作权难题，不仅表现在新的传播方式创造的新的作品形式，拓宽了著作权客体的范围，而且著作权人也通过这种新传播方式开辟了获取利益的新途径。与此同时，现代传播技术所带来的前所未有的便利的、私人化的复制和传播手段，使得本来就难以控制的数字作品更加容易脱离专有领域，著作权人的权利受到极大的威胁与挑战。总体来看，电子书的著作权在当前的网络环境下的困境表现在以下几个方面：

一、著作权人对权利的控制力削弱

电子书著作权的焦点问题在于作品的信息网络传播权保护，其实也是作品传播的权利的控制和保护，甚至有专家指出著作权本身就是现代传播技术的"副产品"。①

数字化复制技术是电子书著作权人对其权利控制能力减弱的首要因素。在数字化网络环境下，随着出版业与信息技术的融合，电子书作为一种新的文字作品形态出现。相比传统的纸质图书，传统的印刷行为和发行行为因受制于印刷技术与图书实物载体，其传播的规模和传播的方式都可以在一定条件下掌控在作品著作权人手中，著作权人可以掌控作品复制和销售传播的数量，甚至可以部分掌控作品传播的流向。而对于电子书而言，由于其复制与传播通过电脑和网络进行，其数字化特点存在物理上的无形性特征，而且电子书的复制与传播方式更为便利和私人化，因而著作权人无法获知作品的复制数量和传播方向。

互联网的网络化传播方式是电子书著作权人对其权利控制能力减弱的另一重

---

① 参见［日］照男土井：《高技术时代的日本版权法》，载《法学译丛》，1988（1）。

要因素。互联网技术发展到今天，经历了从 Web 1.0 到 Web 3.0 的传播进化，当前的网络传播更容易将其开放性、虚拟性和交互性的特点发挥到极致。B2C、B2B、C2C 等不同的传播方式使得网络信息传播具有裂变式传播特点，电子书的传播也是如此，一旦被拷贝、分享，电子书的传播速度就会呈几何级的方式上升。网络在将传播技术的高效、便捷和普及性的性能发挥得淋漓尽致的同时，也极大地削弱了著作权人对其权利的控制，作品也就"几乎游离于著作权人的掌握之外"①。随着计算机云存储时代的到来，以及互联网、电信网和广播电视网的三网合一技术的发展，电子书的使用方式和传播方式将进一步变化，著作权人的约束能力也将进一步被削弱。数字化复制技术和网络化传播方式的叠加，使得电子书著作权人再也无法像传统印刷时代那样有效地掌控作品的复制和传播，其必然结果就是著作权人对作品著作权的控制能力极大减弱。

二、著作权保护难度更大

上文分析了电子书复制和传播的便利性、低成本性及强隐蔽性，电子书著作权的保护主要指的是著作权的侵权防范和侵权维护两个方面。

第一，从侵权的主体角度来看，一方面是侵权主体认定存在较大困难。我国当前还未采取网络实名制，互联网环境下的行为人主体又广泛具有虚拟性的特点，因而侵权行为人的身份难以被确认。另一方面是侵权行为人主体数量庞大，且侵权主体可能是个人，也可能是某个网络组织或公司法人，甚至每个网络个人都可能成为侵权者。此外，从侵权成本来看，数字技术和互联网技术使得电子书侵权成本极低，甚至趋向于零，侵权方式也极为便利，这样也极有利于发生大规模的著作权侵权情况。

第二，从侵权行为救济的角度来看，电子书著作权维权比传统文字作品的维权更为困难。一方面，著作权纠纷案件的举证责任在著作权人一方，而这一侵权行为具有无国界的强隐蔽性特点，而且电脑信息和网络信息可以随时复制转移或删除，使证据消灭且难以恢复查证，这样将直接影响侵权行为的认定，因而网络侵权的调查取证难度极大；另一方面，在网络环境下，受到侵害的著作权人，通过民事诉讼方式将侵权人起诉到法院，要付出的诉讼成本、时间成本和机会成本

---

① 刘进、卢晓霞：《数字时代作品复制权及其限制》，载《社会科学》，2002 (10)。

过高，且由于取证困难未必能有胜诉把握，更谈不上获得合理的经济补偿，而且我国现行法律对网络侵权赔偿的法定标准很低，这也导致了著作权人缺乏维权的积极性，也难以对电子书的侵权行为予以遏制。

最后，由于存在"避风港原则"①，虽然网站一旦接到权利人抗议，就有义务把侵权作品删除，但在此之前造成的损失和扩散已经无法挽回。而实际上，著作权人也没有充足的精力和时间来关注自己的作品是否被非法上传到具体某个网站。本文开篇例举的百度文库侵权事件便是如此，即便诉讼成功，判定百度文库侵权，但赔偿的数额远不能弥补这些知名作家的作品的潜在市场损失。

三、电子书著作权问题引发了著作权领域的利益冲突

一般情况下，文字作品的创作、传播以及使用流程里，大体存在三类利益团体，分别是作品的创作者（包括作品的原作者、合作作者、委托作者和一些邻接权主体）、作品传播者（如出版社等）和作品使用者（主要指普通大众）。三者的利益各有其来源和存在的现实基础。就文字作品来看，作者是最主要的著作权人，拥有最完整的著作权，其利益来源于作者的独创性的劳动。作品传播者的利益来源于其传播行为将作品的创作与使用联系起来，充分体现了传播作品在社会文化、科技发展中的重要性。作品使用者即最终用户是作品的消费者，同时也是潜在的作者，保障其利益对于社会整体文化科技水平提高与发展有着重要的意义。由于作品创作者权利的专有性、排他性与传播者传播行为的普遍性和共享性之间存在利益冲突，导致了著作权法实质上也在一直协调统一三者之间的利益冲突，也在努力平衡三者间的不同利益，尤其是作品创作者和使用者之间的关系，著作权制度的终极目标就是既要鼓励作品的创作与传播，激励作者的创作热情，保障其著作权的合理利益，又要能满足公众大众对于知识信息索求的合理需求这一公共利益，最终促进社会文化和科学的繁荣。

数字技术和网络技术的发展深刻改变了作品创作与传播的方式，版权作品创作者和使用者之间的利益关系产生了新的变化，技术革命引发了新的利益冲突，

---

① 避风港原则来自美国 1998 年制定的《数字千年版权法案》，指在发生著作权侵权案件时，如果 ISP（网络服务提供商）只提供空间服务，并不制作网页内容，则一旦 ISP 被告知侵权，即有删除义务，否则就被视为侵权。如果侵权内容既不在 ISP 服务器上存储，又没有被告知哪些内容应该删除，则 ISP 不承担侵权责任。

"这打破了过去三百年来所建立的著作权市场价值链"①。在网络环境下，电子书有复制的零成本和传播速度提高的特点，这些都极大地刺激了侵权行为的膨胀，其著作权人在数字时代越发没有安全感，传播者等相关利益群体也开始意识到对版权作品的控制程度直接与其商业利益相关，他们迫切需要有更强硬的法律保障和技术保护。国际版权公约组织及各国版权法对于这种要求也给予了积极的回应，1996 年世界知识产权组织（World Intellectual Property Organization，WIPO）出台了两个条约，美国 1998 年修订了《数字千年版权法》（Digital Millennium Copyright Act，DMCA），以及大多数国家著作权法都对技术措施、权利管理信息等给予了法律保护。作品创作者的权益从法律和技术两方面得到了强有力的双重保护，但与此同时，公有领域的范围不断缩小，有可能会造成严重的利益失衡的情况发生，甚至可能最终形成信息垄断的局面。而激励机制的单方面减弱，使得损害公共利益的行为很可能最终导致作者自身的利益受损，这也有违著作权制度的设计初衷。

总而言之，新时期的电子书著作权面临诸多困境和难题，尤其对于出版社等以内容资源的著作权为核心竞争力的文化企业而言，与传统模式的纸质书出版工作相比，要在网络环境下理顺以电子书为代表的数字作品的著作权关系，是一个极大挑战，也需要出版企业在一开始的内容资源开发和储备工作过程中，不断创新发掘出新的稳定的盈利模式，以便在未来的竞争中占得先机。

---

① 赖文智：《数位著作权法》，40 页，台北，翰芦图书出版有限公司，2003。

浅议国学类出版物对文化复兴的推动作用

·杨松超·

书籍作为最早的出版物，被誉为人类进步的阶梯；音像出版物给人以获取知识直观和形象的效果；网络出版物则以其超越时空限制、实时无缝和成本低廉的优势迅速占领着当今的出版物市场。无论载体的形式如何，传播的方式如何，归根结蒂，是内容的传播，是对文化的传播和积累。我国的文化复兴方兴未艾，出版物厥功甚伟，本文旨在通过对文化复兴与出版物之间关系的论述，阐释出版物对文化复兴的重大价值。

一、中华文化复兴正当其时

近代以来，由于屡遭强敌欺凌，中华民族的先进知识分子们痛定思痛，在寻找问题根源的时候，将责任归集到了中国的传统学术上，亦即我们所说的"国学"，认为是中国传统的学术思想桎梏了整个民族的生机与活力，提出了诸如"打到孔家店"等过激口号，"国学"在五四运动前后经历了前所未有的冲击；新中国成立后，1966 年的"横扫一切牛鬼蛇神"运动及紧随其后的"文化大革命"使得本已式微的传统学术濒临死亡，蕴藏于民间的传统文化被不加区别地消灭和清除，中国的传统学术和传统文化，遭遇了前所未有的浩劫。改革开放后，伴随着对科学知识的渴求，我们全方位地向西方学习，国学当中的经史子集沿袭了西方学科的分类方法，被划分到哲学系、历史学系等不同的专业，我们仅在中学和大学的语文课本中保留了一小部分经典篇章，这些内容对于人文化育是远远不够的。

改革开放三十多年来，伴随着国家经济地位的不断提高、社会的迅猛发展，尤其是民族自信心的空前提高，教育界开始不断反思我们对中国传统学术的态度，才发现儒释道思想在解决人与人之间、人与自然之间和人与自己内心之间的关系方面具有无可替代的作用，尤其是在大中华文化圈。孔子学院已经在全世界建立了435所，老子的《道德经》被翻译成100多种文字，成为翻译文种仅次于《圣经》的经典，西方的哲学家和科学家们在不断地从中寻找启发，获取营养。2005年10月16日，中国人文社科研究的重地——中国人民大学正式成立国学院，成为新中国成立以来第一所专门的中国传统学术教育研究机构，相关的学术成果不断涌现。在实务界，如工商管理方面，大量的国学类高端培训持续兴旺；广大群众对通俗易懂的传统文化知识也如盼甘霖，《于丹〈论语〉心得》销量近千万册，所引起的巨大社会反响即为最好的佐证。这一切都说明，中华传统学术和传统文化伴随着国家经济实力与综合国力的整体增强，正处在一个文化复兴、文化大发展的阶段。需要说明的是，文化复兴与复古是两个不同的概念，器物方面和制度方面，我们不可能回到古代，但理念是不受时空间限制的，而我们需要继承和发扬的也正是理念方面的精髓。而今的文化复兴，需要我们将中国固有学术中的精髓古为今用，发扬光大，这就需要我们在出版物方面积极求索，为文化复兴发挥应有的推动作用。

二、国学类出版物概览

我们认为国学类出版物主要分为书籍出版物、音像出版物和网络出版物。

书籍出版物从内容方面看，又可以分为理论研究类和大众类，理论研究类书籍如中华书局和中国人民大学出版社都出版了大量经学方面的注译本和以儒家思想为主的研究性著作，如《康有为全集》、《黄宗羲全集》等；为配合国学的教学工作，中国人民大学出版社还出版了"国学经典解读系列教材"等。大众类书籍尤以中华书局出版的《于丹〈论语〉心得》为甚，2006年11月出版以来，累计销量近千万册，该书实际上是唤醒了浸润于我们骨髓中的以儒学为代表的传统文化的基因，类似于美感是人的本质力量的对象化，无论我们忘却多久，只要条件具备，稍加点拨，就一定会呈燎原之势。

音像类出版物如《论语》类、《易经》类等所占比例最大，全国数十家音像出版社出版了数以千计的国学类音像制品，典型的如台湾大学哲学系教授傅佩荣读孔子、读孟子、读老子和读庄子等。

网络出版物方面，在网络阅读呈漫天之势的今天，通过电脑和手机，大量的国学知识类内容被广泛传播，很多大的网站都开辟了专门的国学类栏目，如腾讯网中开辟的"腾讯儒学"、"腾讯佛学"和"腾讯道学"栏目，中华儒学网为儒学平民化和现代化提供专门的平台，这些国学类的网络栏目和专门的平台借助网络出版的巨大优势，在宣传、普及国学知识方面正发挥着越来越大的作用。

三、国学类出版物与文化复兴的关系

我们认为国学类出版物与文化复兴是相辅相成、互相推动和促进的关系，二者不可或缺，无法分离。

1. 国学类出版物是文化复兴的主要推动力。国学类出版物在文化复兴之前，由于一些先进思考者的执着和理论勇气，率先提出了相关的观点并提供了大量的文章或出版物，起着点燃文化复兴之火的作用，这些出版物开始逐步地影响一批又一批同时代的人，也必然对后继者产生很大影响，正如五四运动前后，新文化运动中大量的出版物在当时和之后几十年产生的重大影响一样。

文化复兴必然要从我们的国学中汲取大量具有普世价值和人文价值的理念，而这些理念的推广和普及，无论在国内还是走向世界，都需要借助各种形式的出版物去承载，在各种沟通交流手段都极为发达的今天，出版物面世的时间大为缩短，承载的信息量大到难以想象，而传播的速度更是可以做到须臾即到，出版物对文化复兴自然起到了巨大的推动作用。

2. 文化复兴也必然带来国学类出版物的繁荣。文化复兴意味着我们要从中国传统学术——国学中去提炼和发掘大量的文化财富，这种财富虽然无形，但其价值无法估量，在浩如烟海的文化典籍中甄选、去粗取精、古为今用，需要太多的学者去写太多的文章，去出版太多的书，去在网络上传递太多的知识了。因此，无论是纸质或电子版的文章及书籍，必然在文化复兴大背景下得到空前的发展，当今在出版大发展、大繁荣中，国学类出版物在数量、形式、质量等各个方面都呈现蓬勃之势，应该说是文化复兴大背景下的结果之一。

四、我们如何更好地通过出版物推动文化的复兴

从整体来看，我们认为，我国国学类出版物目前还处在发展的初级阶段，主要表现在以下方面：

1. 过分集中于部分原典的出版。从目前已经出版的纸质书籍看，绝大多数

集中在儒家的基本经典，如《论语》和《易经》等，一些国学大师的书占据重要的位置，如南怀瑾的《论语别裁》等；儒家十三经中的其他典籍，如《尚书》、《左传》、《孝经》等相对较少。从出版单位方面看，主要是在中华书局和上海古籍出版社出版。按照经、史、子、集的分类，目前出版最多的是经学类和"集"类中的部分文学作品，而诸子百家中的道家、墨家、法家、名家等的书籍很少看到。

2. 图书质量参差不齐。吉林文史出版社出版过的"国文珍品文库"，因其选版一流、编译者注释一流和编辑加工一流，一版再版，广受欢迎。我们注意到，这些年，我们国学类图书的出版是存在很多问题的，具体表现在：作为文化方面将会产生深远影响的图书，缺少统一规划，粗制滥造现象明显，甚至在一些超市能看到定价统一为 9.9 元的《论语》、《易经》之类成系列的国学类书籍，文中缺少权威解释，错讹之处较多，显然是个别出版社直接抄袭或挪用其他出版社的注释或译文所致，产生的社会影响是很不好的。

3. 适合于普通大众理解和消化的书仍旧不多。仔细查找，会发现全国出版国学类书籍的出版社有上百家，但大家都是在国学热的大背景下跟风出书，目的是抢占尽可能多的市场份额，致使此类图书在市场上遍地都是，但真正适合大众阅读和理解的图书还不多，倒是一些幼学类的国学书籍有着很好的编排体例，如市场上很受欢迎的《三字经》等，图文并茂，有原文，有解释，有图，还有相关的小故事，读起来轻松愉快，会给人留下较深的印象，真正起到传播文化的作用。

4. 与现实生活较为脱节。时代的变迁使我们的语言习惯已经和古代有了极大的不同，古文对于我们现在的绝大多数人而言，晦涩难懂，看完后不知所云，且不说有那么多的典故需要从之前的典籍中去寻找，即使是字面一样，表达的意思也已经不同；背景和思维习惯的不同又造成了我们理解上的困难，很多书中配编的译文要么过于专业，要么随意发挥较多，极少能看到"相当于我们现在的什么什么"之类的解读。所以，现在看到的很多出版物让我们有很强的距离感，总觉得离我们的生活太远太远，与现实生活是脱节的。

按照上述对我国目前国学类书籍出版的粗浅分析，我们认为，我国国学类出版物的现状实际上给我们提供了非常好的机会，因为还处在初级发展阶段，因为还有众多不完善的地方，所以，我们才有机会。我们认为，可以通过以下策略，使出版物对我国的文化复兴事业产生积极的推动作用。

1. 建议人大出版社借助中国人民大学在中国人文社科研究领域的优势，争取更多的国家资助，联合国内在此类书籍出版方面有深厚积淀的出版社，如中华书局、商务印书馆、上海古籍出版社和其他一些地方出版社，共享优秀的学者资源，分类别、成系统地出版国学类著作，类似于我们已经出版的"国学经典解读系列教材"，出版一批高端的、经典的、权威的国学类书籍，成为该领域未来引用最多的文本。

2. 出版适合大众阅读和普及的一般出版物。适应国家文化复兴的需要，组织起一流的专家委员会，选择和确定哪些经典书籍或是哪些篇章对我们今天的文化发展和社会进步仍有积极意义，确定好后，不拘一格，从社会上广泛寻找写作风格适合广大群众，善于将经典中的营养传递给普通民众的作者，请他们写出内容适当、便于理解和消化、对我们大众有积极借鉴意义的书，无论是以纸质书的形式出版，还是网络出版，都会产生广泛而良好的社会影响。

3. 多媒体多介质综合立体出版国学类出版物。如前所述，时代无论如何变迁，上升到智慧层面的众多理念是有永恒价值的，如"和而不同"的理念、"无为而治"的理念等等。适应当今人们阅读的习惯和获取知识途径的多元化，我们在做好纸质书籍出版的同时，对网络出版的巨大发展前景也必须重视，如腾讯网等一些国内大型的门户网站，在文化类栏目中对儒释道文化通过文章、访谈和专家讲座等形式的推广，所带来的社会影响很可能超过了纸质书籍；出版与电视媒体的结合也必将更加紧密，中央电视台"百家讲坛"节目经久不衰，已经成了一个很大的品牌，相关的书，我们也出了不少，而《于丹〈论语〉心得》一书的出版同电视媒体的互动与结合却是非常成功的典范，即多种媒介立体出版和推介国学。

国学是中华民族固有的学术，其土壤和受众需要我们出版更多更好的东西来振兴，来推动中华文化的伟大复兴。"路漫漫，其修远兮，吾将上下而求索。"

中国人民大学出版社"2012年国家哲学社会科学成果文库"出版工作总结

·钟 馨·

国家哲学社会科学成果文库由全国哲学社会科学规划办公室设立于2005年，集中推出反映当前我国哲学社会科学研究前沿水平的成果，充分发挥哲学社会科学优秀成果和优秀人才的示范引领作用，推进学科体系、学术观点、科研方法创新，鼓励广大专家学者以优良学风打造更多精品力作，推动我国哲学社会科学进一步繁荣发展。入选成果由全国社科规划办统一组织出版并公开表彰，作品充分体现马克思主义的立场、观点、方法，具有原创性、开拓性、前沿性。自2011年起，中国人民大学出版社共承担了26种"成果文库"（截止到2013年12月）图书的出版工作。本文以"2012年国家哲学社会科学成果文库"出版工作为例，简要总结人大出版社在"成果文库"出版工作中的经验。

一、出版情况

"2012年国家哲学社会科学成果文库"于2012年12月评审完成，要求各出版社2013年3月出版，人大出版社共承担"成果文库"图书8种，全部按时、保证质量地完成出版任务，具体出版图书如下：

1.《大金融论纲》 陈雨露　马勇

2.《地方人大监督权论》 任喜荣

3.《国家哲学社会科学成果文库概要（2012）》 全国哲学社会科学规划办公室

4.《国家调整农民工社会政策研究》 潘泽泉

5.《信赖保护原则及其在民法中的构造》 朱广新

6.《建设公正高效权威的社会主义司法制度研究（全四卷）》 陈卫东

7.《中国对外直接投资与全球价值链升级》 张宏　王建

8.《制度、市场与中国农村发展》 陆益龙

"成果文库"图书具有编辑加工周期短（2 个月）、印制要求高（精装）等特点。针对这些特点，人大出版社在各个环节安排专人协调流程，取得了较好的管理效果。

1. 针对编辑加工周期短的特点，总编室与编辑共同承担了催稿工作。由编辑向作者催稿，总编室配合编辑的催稿进度将收稿情况每周一次向全国社科规划办公室汇报，规划办配合出版社与作者沟通催稿，目前来看，这种多方合作的催稿方式得到了作者的重视，也取得了较好的效果。其次，在稿件分配方面，总编室尽量按学科分稿到分社，并得到了综合编辑室的大力支持，做到稿件分配尽量不集中于某一部门，合理的稿件分配为编校进度争取了时间。

2. 在流程管理方面，总编室将"成果文库"的出版书单打印发给各个环节，包括排版、印制、设计、选题申报、教育部备案、书号申领等。每个环节的负责人都会核对书单查看有无遗漏。总编室做到备案先行、选题申报确认无遗漏、提前办理编务系统流程、催促编辑填报 CIP 数据及申领书号模版。出版科、美编室协助编辑将清样发同一排版厂（避免版式错误）、印刷用纸提前备料（使用同批次纸张，避免色差）、设计文字反复核对。此外，由于本套书要求封面必须出现中英文书名、目录要有中英文对照，总编室协调了国际合作室，对"成果文库"的英文书名及英文目录进行了统一的规范和编校，获得了作者的认可，提升了图书质量，得到了规划办的表扬，并将此做法推广到了其他出版社。

3. "成果文库"图书较人大出版社日常出版图书还有一些特殊性。首先，图书为统一外印，且指定印厂与人大出版社无合作关系。当全部出片完成时，出版科都会尽早将印刷文件送印厂，同时需要派专人跟进印刷进度和质量。其次，图书为精装书，且封面用的特种纸极易划伤，因此采取独立塑封，并且为防止打包带勒得过紧损伤封面，采用特制包装箱打小包入库。第三，图书印装周期较长，但规划办要求送样书时间较短，需要协调印厂随印随装，提前装订出样书。最后，作为获得资助的图书，人大出版社财务部门还需要设立专项资金账户，总编室按时将收到的款项登记入账、分配到部门，并与规划办结算，做到专款专用、支出明晰且符合财务制度要求。

作为人大出版社重点图书，本套图书得以按时、高质量地出版，与出版科、

美编室、国际合作室、各编辑部、财务部、总编室等各部门的通力协作密不可分，每一位参与者都秉持了严谨认真的态度，付出了巨大心血。

二、销售情况

2013 年承担出版的 8 种"成果文库"图书，取得了较好的销售业绩，究其原因，除了人大出版社多年积累的学术品牌优势，还仰仗于人大出版社发行公司的大力配合和良好的发行渠道、馆配渠道。8 种学术著作在当年的 9 个月时间内就销售了 8 000 多册、销售码洋达 100 万元，其中《大金融论纲》销量突出，共销售 1 599 册，实现销售码洋 30 万元。值得一提的是，往年出版的成果文库图书在 2013 年度仍有销售，部分品种还有重印，这在学术书销售中并不多见。

具体销售情况如表 1 所示。

表 1　　　　　　　　　2013 年 8 种"成果文库"图书销售情况

序号	书名	数量（册）	码洋（万元）
1	大金融论纲	1 599	29.7
2	国家哲学社会科学成果文库概要（2012）	556	11.1
3	地方人大监督权论	794	6.2
4	信赖保护原则及其在民法中的构造	1 060	6.4
5	中国对外直接投资与全球价值链升级	1 050	7.2
6	国家调整农民工社会政策研究	647	10.2
7	建设公正高效权威的社会主义司法制度研究（全四卷）	634	22.2
8	制度、市场与中国农村发展	977	8.6

说明：本表中的销量及码洋数据截止到 2013 年 12 月，销售周期 9 个月。

三、获奖情况

1. 本年度文库图书获奖情况

（1）《大金融论纲》入选北京市"三个一百"原创出版工程。

（2）《大金融论纲》入选"中国高校出版社书榜"9 月榜单。

（3）《中国对外直接投资与全球价值链升级》入选 2013 年国家社科基金中华学术外译项目（第二批）。

（4）《制度、市场与中国农村发展》入选 2013 年国家社科基金中华学术外译项目（第二批）。

2．历年出版的文库图书获奖情况

（1）《马克思经济学数学模型研究》入选 2013 年度总署第四届"三个一百"原创图书出版工程。

（2）《中国地方政府规模和结构优化研究》入选 2013 年度总署第四届"三个一百"原创图书出版工程。

（3）《中国地方政府规模和结构优化研究》入选 2011 年第二批国家社科基金中华学术外译项目。

（4）《中国通货膨胀新机制研究》入选 2011 年第二批国家社科基金中华学术外译项目。

（5）《中国宏观经济分析的理论体系》获北京市第十二届哲学社会科学优秀成果经济学二等奖。

（6）《明代佛教方志研究》获北京市第十二届哲学社会科学优秀成果历史学二等奖。

（7）《中国宪法学说史研究（上下）》入选 2013 年国家社科基金中华学术外译项目（第一批）。

四、媒体宣传

良好的销售业绩与人大出版社市场部门的宣传工作密不可分，自承担"成果文库"的出版工作起，总编室就通过市场部在多家纸质媒体购买版面广告、发布书评，同时，在 20 多家大型门户网站、专业网站发布了新闻稿、书讯（见表 2）。

表 2　　　　　　　　　　　"成果文库"图书媒体宣传情况

序号	媒体名称	类型	涉及图书
1	《中国人民大学学报》第 4 期	广告	全套 8 本
2	《经济理论与经济管理》第 6 期	广告	《大金融论纲》、《制度、市场与中国农村发展》
3	网络媒体：光明网、搜狐财经、新浪财经、网易财经、21CN 财经、环球财经、央视网、金融博览、和讯财经等	书讯、书评	《大金融论纲》
4	纸质媒体：《光明日报》、《经济日报》、《深圳特区报》、《第一财经周刊》、《环球财经》、《证券日报》等	书评、访谈	《大金融论纲》

续前表

序号	媒体名称	类型	涉及图书
5	《光明日报》、光明网、凤凰网	书讯	《国家调整农民工社会政策研究》
6	中国民商法律网	书讯、书评	《信赖保护原则及其在民法中的构造》
7	《法学家》杂志8月刊	广告	《信赖保护原则及其在民法中的构造》、《建设公正高效权威的社会主义司法制度研究（全四卷)》
8	《新华文摘》11月刊	广告	《信赖保护原则及其在民法中的构造》、《建设公正高效权威的社会主义司法制度研究（全四卷)》

五、书展推广

与发行公司合作，通过各类图书展会推广"成果文库"图书，共计8场次（见表3）。

表3　　　　　　　　　　　"成果文库"图书书展推广情况

1	第23届全国图书交易博览会	书目、灯箱、独立推介展台
2	北京台湖图书馆馆配会	书目、易拉宝展架、重点陈列
3	江苏凤凰集团图书馆馆配会（4月）	书目、易拉宝展架、专架陈列
4	深圳文博会（7月）	书目、重点陈列
5	香港书展（7月）	书目、重点陈列
6	2013上海书展暨"书香中国"（8月）	书目、重点陈列
7	2013年南国书香节暨羊城书展（8月）	书目、重点陈列
8	2013第二十届北京国际图书博览会（8月）	书目、灯箱、专架陈列，重点展示两本入选中华外译项目的图书

六、对外推广

1. 人大出版社利用版权输出优势，成功输出两种图书，并获"2013年国家社科基金中华学术外译项目"立项，分别为：

（1）《中国对外直接投资与全球价值链升级》入选2013年国家社科基金中华

学术外译项目（第二批）。

（2）《制度、市场与中国农村发展》入选 2013 年国家社科基金中华学术外译项目（第二批）。

2．往年成果文库图书入选中华外译项目情况：

（1）《中国地方政府规模和结构优化研究》入选 2011 年第二批国家社科基金中华学术外译项目。

（2）《中国通货膨胀新机制研究》入选 2011 年第二批国家社科基金中华学术外译项目。

（3）《中国宪法学说史研究（上下）》2013 年国家社科基金中华学术外译项目（第一批）。

七、发行工作

人大出版社出版的"2012 年国家哲学社会科学成果文库"8 种图书均列入人大出版社学术著作重点发行产品，总编室与发行公司密切合作，图书付印后即通过"新书快递（新华书店）"，"全国图书馆目录"，亚马逊、当当、京东三大网上书店图书信息发布等形式，提前将图书的封面、内容简介、作者简介、ISBN 号、书摘等信息发布到几大发行渠道，争取订单。主要发行渠道如下：

1．书店卖场、专业书店、网上书店（见表 4）

表 4　　　　　　　　　　　"成果文库"图书渠道发行情况

序号	渠道名称	类型
1	新华书店及其下属连锁门店	主发渠道
2	全国各大中城市重点书店 80 多家	主发渠道
3	北京图书大厦	实体书店及网上书店
4	新华文轩及下属文轩网	实体书店及网上书店
5	中国图书网	网上书店
6	当当网	网上书店
7	京东商城	网上书店
8	亚马逊	网上书店
9	苏宁易购	网上书店
10	专业书店（法律、财经、社科类书店 10 余家）	专业书店

2．图书馆馆配

2013 年度全国性的几场馆配活动，人大出版社馆配部门均重点展示了"成果文库"样书,对现场订购的客户给予折扣优惠或赠品。通过馆配集采购买"成果文库"图书的图书馆总数达100多家。

此外,还有30多家专业图书馆通过人大出版社与渠道合作的馆配活动采购,包括:北京大学、北京航空航天大学、北京化工大学、北京师范大学、成都信息工程学院、东北大学、东南大学、贵州财经学院、哈尔滨工业大学(威海)等高等院校的图书馆及广州图书馆等。

八、社会反响

中国人民大学出版社自2011年起,承担"成果文库"出版工作,共计出版成果文库图书26种(截止到2013年12月)。2012年度评选出的成果文库图书,其学术水平、出版质量都有较大提高。

人大出版社通过媒体广告、书评、市场活动、书展等多种方式对"成果文库"图书进行了营销宣传,共有30多家媒体对人大出版社出版的"成果文库"图书进行了报道、转载,取得了良好的社会效益,提升了"成果文库"图书的社会影响力,也提升了人大出版社学术出版的品牌。其中,《大金融论纲》一书表现尤其突出,早在出版之前该书就进行了专业领域研讨,在行业内取得了较大影响,出版后又举办了专家访谈、发布了书评,并开展了一系列推广活动,作为一本专业的学术著作,不但取得了良好的社会效益,也取得了较好的市场效益。

2014 年伦敦国际书展考察报告

·谢晓春　黄丽娟　宋义平　贾涵钧·

2014 年 4 月 8 日，第 43 届伦敦国际书展在伦敦西区的伯爵宫会展中心拉开帷幕。伦敦书展为期三天，在时间上与秋季的德国法兰克福书展遥相呼应。伦敦书展经过数十年的发展，已成长为拥有来自一百多个国家和地区的近一千五百个参展商的国际大型书展。书展展场分为综合出版、儿童教育出版、学术出版、国际展区及出版技术研讨区等，参展图书涉及面广、影响力大，包括人文、科技、教育、美术、医药、地图、军事及儿童出版物等。英国参展商约占参展商总数的 70％，如兰登书屋、企鹅集团、牛津大学出版社、剑桥大学出版社等知名出版公司一直是伦敦书展的积极参与者。整个书展专业气氛浓厚，版权交易活跃，是全球出版业最具影响的交易平台之一。

英国作为世界上出版业最发达的国家之一，目前共有两千四百多家出版公司。伦敦国际书展是英国乃至世界重要的国际性书展之一，它将全球图书出版业及印刷业的专业人士汇聚在一起，展会期间出版人互相交流讨论，进行有关图书印刷、出版以及电视电影和数字频道的谈判与商业合作。伦敦书展是出版商进行书籍版权交易、书品贸易及产品服务交流的平台，每年吸引世界各地的业界人士齐聚于此；同时，研讨会及其他活动项目贯穿于整个展会。伦敦书展作为全球性的大聚会，已发展成为国际性的出版业中心，是行业人士进行商务往来、与客户进行交流、招揽新业务、学习新技术的绝佳平台，来此观展更是一次愉快的经历。

人大出版社谢晓春、黄丽娟、宋义平、贾涵钧四人参加了此次全球书业最重要的春季盛会，感受了伦敦悠久的历史文化。纵观此次书展，有以下几个突出的特点，谨供社内各位同事参考：

第一，版权交易洽谈热烈，成果显著。

版权交易历来是国际书展的重头戏，也是国际书展的重要功能之一。本次伦敦国际书展，我们看到世界知名出版社的版权谈判和版权交易非常火热，一些著名的出版社如剑桥大学出版社展台前门庭若市，在没有预约的情况下很难与版权经理说上话。版权交易的火热，说明文化交流在当今世界占据着越来越重要的位置，发挥着日益重要的作用。书展期间，人大出版社分别与培生教育集团、剑桥大学出版社、泰勒弗朗西斯集团、F＋W Media 等多家国际知名出版机构进行会谈，收获颇丰。版权引进方面，培生教育集团向人大出版社推荐了一套其与BBC

合作的低幼英语学习图书，内容丰富有趣，非常适合培养儿童的基础英语能力，现已推荐给相关分社审阅。人大出版社一直与 F＋W Media 保持良好的合作关系，今年，人大出版社大众分社出版的"创意写作书系"中，就有几本图书选自这家出版社。版权输出方面，人大出版社与以色列康坦图国际出版社就《大国的责任》希伯来文版的出版内容和形式进行了深入讨论，并表示将在今年下半年出版此书希伯来文版。此外，以色列康坦图国际出版社还表示将继续关注介绍中国现状及未来的优秀著作，将更多反映中国各业发展、中华传统精粹的杰出作品介绍给以色列读者，加强、深化中以两国和人民的友谊与合作。

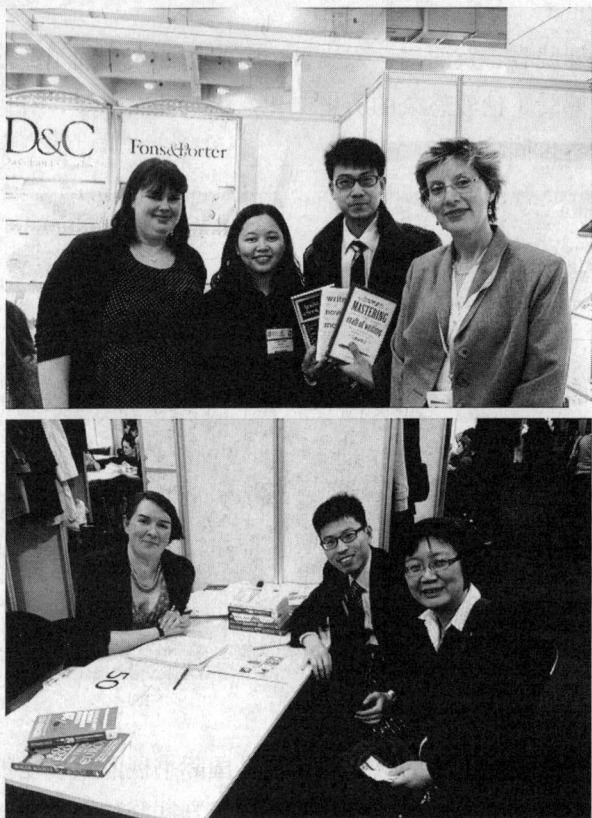

第二，中国图书"走出去"工作异彩纷呈，独具特色。

中国此次参展的单位共有三十多家，各家都带来了具有自身出版优势和特色的"走出去"推介图书。其中弘扬中国梦、中国道路、中国特色社会主义核心价值观的图书非常抢眼，表现中华人文社会科学文化、中医、中国语言文字、中国历史文化精粹及中华美食的图书也深受国外出版人的喜爱。这些证明，海外对中国内容的出版物怀有浓厚的兴趣，也有实际的需要。中国正在崛起，越来越多的海外友人希望了解中国，不仅是中国的历史、文化、经济，还有中国的现状、中国的发展和中国的未来。中国的出版人需要深入分析这些兴趣，并根据国际市场的规律，提供符合海外读者阅读兴趣的出版物。此外，我们还要学习和把握国际图书出版市场的内在特性，在选题策划、图书装帧、营销推广等各个出版环节都进行自我提升，以达到国际化水准。随着中国文化"走出去"工作的飞速发展，中国出版业的"走出去"工作也必将迎来重大发展契机。

第三，"市场焦点"——韩国主宾国活动抢人眼球。

伦敦书展设立"市场焦点"主宾国活动始于 2004 年。主宾国家或地区借助书展平台，展示本国优秀的出版物，宣传、推介本国的知名作家，扩大图书版权贸易，开展具有国际影响力的文化交流活动，全面提升主宾国家或地区的文化影响力，是每届书展的焦点和亮点。作为本次书展的主宾国，韩国开展了多项丰富多彩的活动，包括作者访谈活动、数字出版推介展览、多种形式的儿童图书展等等。作为东亚文化的重要组成部分，韩国不遗余力地推广本国文化，展示了韩国文化的独特魅力和丰富内涵。

第四，出版上、中、下游业态融合趋势明显。

本次国际书展，除了参展出版社，还有分销商、创意产品开发商、数字出版商、数字技术支持商、设计公司等涉及出版上、中、下游的多种公司参展。传统的出版产业链条被逐渐打破，新的业态融合趋势加强。出版业本质是以内容为主的产业，但我们看到出版内容在获取、加工、展现形式、销售渠道等方面呈现多样性以及弥合产业链的历时性的特点。例如，一本小说从一开始策划选题，可能就要考虑以什么样的方式来呈现，在哪些渠道进行销售，采取何种方式进行销售，是否需要开发相关的创意产品，等等。

第五，文化创意产业发展迅猛。

围绕出版产业的文化创意产业发展迅猛，我们看到，有专门生产创意产品的公司前来参展，如有专业生产书签的公司、专业制作日历和记事本的公司、专业的游戏和玩具公司等。这些文化创意产业，都是围绕着传统图书的内容生产而产生的，它们丰富了图书的阅读体验，提高了读者的阅读参与度，丰富了图书的呈现形式，为出版业带来了鲜明的时代特色和时尚感。

第六，数字出版占据重要位置。

随着数字技术的发展及阅读器的发展，数字出版方兴未艾，正引领传统出版实现转型。本次书展，为数众多的数字出版商、数字分销商、数字技术支持商前来参展。如今的电子书在交互设计上有了很大的进步，而且有很多专业的公司从事这些业务，它们也占据了书展很大一部分展区，适应各种电子设备的电子书开发都极为充分。人大出版社教材的立体开发，如果能在这方面多作尝试应该会有很好的前景，如能成功进行教材配套的移动平台 App 开发，会更方便教学使用，提升纸质教材的销量。

第七，童书出版异彩纷呈。

我们看到，越来越多的出版社开始涉足童书出版，童书出版已成为国际出版的一项重要内容。童书形式多样、内容丰富，满足从学前儿童到少年的不同读者，包括从纸板书到互动图书的不同形式，涵盖图画书和小说等不同品种，尤其是低幼类童书出版链条非常完整，这也是保证童书出版的最有效的动力，值得我们学习和借鉴。

第八，国家汉办/孔子学院——中国文化"走出去"的重要窗口。

国家汉办和英国孔子学院的展台很显眼。展台的中国小伙子说，会汉语在择业上非常有优势，英国在不久的将来会将汉语纳入必修课程。过去，英国政府设立必修课，要求每名小学生至少学习一门外语，选择学习法语、西班牙语和德语的学生一直占据大多数。目前英国学生选择学习汉语的人数越来越多，甚至超过了学习德语的人数。如果按目前的增长速度，不出 3 年，学习汉语的人将比学习西班牙语的人还多。21 世纪的现实之一就是中国成为世界上经济增长最快的国家之一。英国将汉语纳入必修课程，也说明英国人在逐步适应这一现实。与此同时，有关汉语学习的教材需求量也会急剧增加。学习汉语难，"难于上青天"。对于中国出版者来说，研发如何以外国人能接受的方式教授汉语这样的书是我们面临的一个难题。

第九，员工心路。

谢晓春："英国人也很爱读书，地铁里、飞机场都能看到捧着书本的英国人。令我印象深刻的是在博物馆里，一个镜头是一位父亲席地而坐，怀里坐着个两三岁的小孩，手里拿着一本书，书上的插图正对应着眼前的展品，父亲轻声慢语耐心地给孩子讲解；另一个镜头是一位上了年纪的女人，坐在轮椅上，有一个助手在边上，手里捧着书，对照着展品指认图片和介绍。"

黄丽娟："飞越西伯利亚冰原，感受了大不列颠的阴雨和明丽，传统但不乏生机的古城，田园牧歌的郊外，风光旖旎的古老大学，瑰丽灿烂的文明宝藏，发展充分之后的从容与秩序，令人心生向往。"

宋义平："我们在伦敦的几天，天气晴朗而湿润，城市中弥漫着一种温馨而宁静的气氛。行走在伦敦的大街小巷，好像行走在历史当中，那斑驳的砖石、高耸的教堂、雄伟的博物馆以及古老的地铁，似乎都在诉说着一段段历史。在这样一座充满文明与历史的城市举办书展，使得伦敦书展平添几分厚重的历史气息与人文精神。"

贾涵钧："书展期间，伦敦各处弥漫着书的味道。在街角的咖啡店里，一杯下午茶，一本书，别有一番风味。"

关于大学出版社转企改制后
图书编校质量的再思考

·龙明明·

对于图书出版业来说，编校质量是决定产品质量的关键。中国人历来就有尊崇文化和书籍的传统，所谓"文章千古事"。在现代信息社会，图书更是信息和知识的载体，关涉到文化的积累、传承和发展，也关乎一个民族的兴衰。但是，随着图书出版市场的竞争日益激烈，图书编校质量大不如前。造成当前图书编校质量问题频出的原因，主要是出版企业为追逐利润，盲目扩张品种，压缩出版周期和编辑成本，忽视甚至牺牲质量建设，以换取短期的经济效益。

图书编校质量与经济效益二者必然矛盾、不可兼得吗？以大学教材、教辅资料、学术专著为主要选题范围的大学出版社，在完成转企改制、成为市场竞争主体后，应如何对待图书编校质量问题？

一、图书编校质量应被提至更高的战略地位

我国大学出版社至 2010 年 8 月已基本完成了转企改制，按照我国《公司法》的要求，成立了有限责任公司，但从实际运营情况看，大学出版社作为市场主体在竞争激烈中生存相当不易。当初，作为我国高等教育改革和发展的一个重要环节，大学出版社的成立主要是为了解决高等院校出书难、用书难等问题，因此，大学出版社的传统选题集中在大学教材、学术专著以及教辅资料。随着出版社的改制，大学出版社的传统选题范围正在被各地方出版社甚至各私人出版机构蚕食。对于大学出版社来说，市场发行渠道并非其所长，在捕捉市场需求的敏感度上也不及地方出版社和私人出版机构，稍胜一筹的是长期出版教材、学术专著、教辅资料所锤炼出来的图书质量。

在出版企业与读者的短期博弈中，忽视图书质量、快速抢占市场的手段虽然可以暂时"劣币驱逐良币"，看起来似乎是"优质图书叫好不叫座，劣质图书反而获得赢得高额码洋"，随着市场经济的发展、图书市场成熟度的提高，读者会更加理性，信息不对称的状况会发生根本性改变，出版企业与读者之间的交易行为必然会转变成一种长期博弈，优质图书才能满足读者的需要，给读者创造价值，在广大读者中产生好的口碑，引起读者的持续购买行为，从而为出版企业带来稳定的长期经济效益。因此，大学出版社不能因为转企改制成为市场主体而被市场竞争态势盲目地牵着走，放弃自身的传统优势——图书编校质量，急切地增加品种数量、缩短出书周期。市场经济是过剩经济，必然优胜劣汰，优质图书与劣质图书的对决必然引导图书市场走向质量竞争。作为出版人，我们应当清醒地认识到，追逐短期经济效益是一种投机行为，只有主动加强质量建设，树立企业品牌形象，才能获得竞争优势，取得持续的经济效益。"提高图书质量必然带来经济效益，获得经济效益绝不能牺牲图书质量"应是大学出版社面对市场竞争不可放弃的宗旨。

二、保证图书编校质量的几大举措

（一）树立"零缺陷"的质量目标

不知从何时起，"书中难免有差错和缺漏，请广大读者不吝指教"不再是作者的谦辞，"无错不成书"、"常在河边走，难免不湿鞋"成为编辑自嘲的常用语。要获得好的图书质量，必须摒弃这类消极借口，树立"零缺陷"的高目标，用规范的生产流程赢得好的图书质量。

"零缺陷"理论是美国质量管理大师菲利浦·克劳士比于20世纪60年代提出的，其基本内涵可概括为：要以缺陷等于零为最终目标，每个人都要在自己的工作职责范围内努力做到零缺陷。应用到图书出版中，即要求整个出版流程各环节的人员都尽职尽力做好本职工作，并自觉把追求优质、无差错作为自己的职责。质量管理学常提到一个观点：检验不能产生质量。在图书质量管理中也是如此，仅依赖后期的质量检查不能获得图书的优质，只有全员在生产全过程中树立了全程把关、全程纠错、环环无差错的思想，才能建设起有效的图书质量保障体系。

（二）打造标准化生产流程

所谓标准的流程，可以简单分解为科学的工艺顺序、明确的操作步骤、正确的规范要求。经过标准的工艺流程生产出来的产品，往往是合格的乃至优质的。图书作为一种精神文化产品也不例外。对图书编辑而言，就是要在完成编辑工作的过程中，严格遵循《图书编辑工作基本规程》，按照规范的编辑流程与要求，把该履行的程序履行到位。

人大出版社的图书编校涉及策划编辑和文字编辑两个岗位，这两个岗位都必须按规范工作，严格落实如下环节，才有可能实现图书的"零缺陷"。

1. 交稿前策划编辑的把关不可少

选题质量是出版社整体出版质量的基础。策划编辑收到作者交来的稿件，进入编辑加工流程前，首先要做的是认真审读书稿的前言、目录，抽查部分章节，判定书稿符合选题要求、达到出版水平后，才能将书稿交给责编进入编辑加工环节。如果忽略这一步骤，直接将书稿送入编辑加工流程，遇到下列情况时会造成退稿：其一，书稿与选题设计明显有偏差，或写作质量达不到出版要求，作者的水平又不足以承担修改任务；其二，观点过激，不宜出版，而作者固执己见，不愿意作出删改；其三，观点过时老旧，没有出版的价值；其四，书稿中大量引用别人的成果、著作，且未得到合法的授权许可。这类书稿若睁只眼闭只眼地促成其出版，图书质量自然难以保证，而经编校后才退稿给作者，又可能会伤害与作者的合作关系。所以，策划编辑应该按照选题要求，认真审读书稿，作出取舍，不可马虎。

2. 交稿必须遵守"齐、清、定"原则

策划编辑收稿后，确认书稿已达到出版要求，还应检查书稿是否"齐、清、定"。如果书稿交稿时达不到"齐、清、定"要求，而待边编辑加工边增删、调整内容，很容易因为流转程序不周全或者把关不到位，出现这样或那样的错误。例如，作者交稿后改动书名和作者名单，责编在编校中改了封面、扉页，却漏改了版权页，或忘记更改总序、前言、正文中出现该书名和作者姓名的地方，造成不一致，更有甚者，因为改动书名、作者名而导致已经申报的书号作废，耽误了出版进度。又如，在编辑加工过程中，因为书稿没有"齐、清、定"，作者不断改动书稿内容，使得有些改动没有经过三审，以致出版后发现一些不能随意刊载的内容或不应该刊载的内容被刊载出版。再如，书稿的不断改动，使得责编无法正常对书稿进行编校，常常乱中出错，而作者方面也会将一些内容上的增删不当（包括他自己的）归罪于编辑，认为编辑胡乱改动了他的心血，导致合作关系恶化，严重的甚至会对簿公堂。书稿的"齐、清、定"是图书编校质量的基础，这

一基础没有打牢，书稿质量就难以保障。

3. 编校过程坚持"三审责任制"和责任编辑负责制

书稿的编辑加工要坚持"三审责任制"。书稿进入编辑加工流程后，首先由初审编辑对书稿原稿进行第一遍审读。在实际操作中，由于在职编辑人员的专业所学有限，难以做到对所有学科的书稿在专业内容方面进行把关和纠错，所以初审工作往往从外部聘请相关专业人士担任，主要梳理书稿的专业知识。在初审编辑加工完毕后，复审编辑即接手进行第二遍审读，其主要对初审编辑的改动进行核实，以防出现误改，并在此基础上查缺补漏。终审编辑在复审编辑的工作上对敏感内容和书稿的水平做最后的把关。三审人员经第一遍审读后形成书稿能否出版的最终意见。书稿原稿经过排版和校对后，初审、复审、终审再分别通读一遍清样，并交作者通读清样，经二次校对和核红后，书稿才经印刷成书。三审三校环节虽然繁复，却是编校质量保障的支柱，省掉其中任何一个步骤，都会造成质量漏洞，乃至酿成质量事故。

在三审中，责任编辑（一般为初审编辑）是其中最为重要的一环，可以说，责任编辑是一本图书的质量担保人。责任编辑要想做好自己的本职工作，实现图书编校"零缺陷"，在以下工作环节不可马虎了事：

首先，熟悉并在编校过程中遵守相关技术性规范，如几种有关编辑加工的国家标准：《文后参考文献著录规则》、《出版物上数字用法的规定》、《有关量、单位和符号的一般原则》、《标点符号用法》等。

其次，培养全局意识，掌握相关编校技巧。例如，以下一些常见错误若具备全局意识就能轻易避免：一是改动章题时，没有相应改动书眉、目录以及前言中对章节的介绍部分；二是改动版权页的项目时，如丛书名、题上项、作者名及其编著方式等，没有相应改动封面或扉页；三是忽略正文中的配图，造成图文不符，或在调整图的位置时忘记相应调整图题；四是图表中的数据与正文中提及的不一致；五是人名、公司名和文件名，在正文中多处出现时前后不一致。

最后，对于作者不能全盘信任和放任。对书稿中有疑问的地方，除了请教作者，还应自己查询，确认作者的答复无误。对于书稿中有大量引文的，如法条、经典作品等，核对工作不能全部交给作者，否则会导致处理不准确或不彻底的情况。作者和编辑，是职责不同的两个主体，对于作者处理完的内容，责任编辑必须再亲自核查一遍。

（三）图书质量检查环节不放松与前移

图书质量检查是对编校过程的检查和补救，一般而言，封面、扉页、版权页、总序、前言、目录、书眉等重点部件是必查部分，然后从正文中随机抽读连续的 10 万字，严格按新闻出版署颁布的《图书编校质量差错认定细则》与《图书质量管理规定》中规定的标准来认定差错和计算差错率，最后确定被检图书的编校质量级别。图书质量检查又可分为付印样检查和成品书检查。在实际出版活动中，付印样检查更具价值。因为付印样检查出的种种问题，可以在印前一一订正，奉献给读者的则是优质的精品图书；成品书检查固然可以作为对该书的责任编辑的考核手段，发现错误时给责任编辑提个醒，却无法追回已上市到达读者手中的带问题图书。虽然付印样检查比成品书检查要花费的人力和时间更多，但"事前诸葛亮"总比"事后诸葛亮"有效得多！

（四）编辑业务培训不间断

图书市场的竞争，说到底是编辑人员素质的竞争，编辑人员的专业水平与图书出版质量有着至关重要的联系。而目前由于图书市场竞争的白热化，编辑从业人员已不再能像多年前那样有"十年磨一剑"的条件磨砺自己，青年学子进入编辑行当后被要求迅速上岗并仅经过短时间的适应期便成长为独当一面的责任编辑。在这种现实形势下，出版社对新手编辑进行岗前培训固然是必要的，而更重要的是必须制定定期、有效的培训计划，不断提升编辑人员的专业水平。须知编辑工作是需要长期积淀、厚积薄发的，没有十年八年的经验积累，无法成就一个优秀的编辑，因此出版社的编辑人才培养计划应是长期的、可持续的、不间断的。

三、结语

以质量赢得的尊重永远是持久的。美国著名出版家小赫伯特·S·贝利在《图书出版的艺术和科学》中说得好："出版社并不因它经营管理的才能出名，而是因为它所出版的书出名。"提升图书编校质量，对出版工作者来说，注定是一项繁重而艰辛的工作，但是我们要相信，把握住"编校质量"的杠杆，你可以撬起地球。

参考文献

1. 张小沫，王颖. 论出版物的质量管理. 辽宁经济管理干部学院学报，2010（6）.

2. 卢旭. 提高出版质量应当处理好的几个关系. 出版发行研究，2010（5）.

3. 金鑫荣. 强化制度落实. 建立图书质量保障机制. 科技与出版，2011（6）.

4. 吴飞. 编辑学理论研究. 杭州：浙江大学出版社，2001.

5. 张国宏. 职业素质教程. 北京：经济管理出版社，2006.

中国人民大学出版社质量
保障体系建设总结报告

·邹　莉·

中国人民大学出版社是新中国成立后建立的第一家大学出版社。自成立以来，人大出版社始终坚持"出教材学术精品，育人文社科英才"的办社理念，出版了一大批高水平、高质量的人文社会科学著作和高校文科教材，深受广大读者的欢迎和好评，在业界也赢得了很好的口碑。在日常工作中，人大社始终把提升出版物质量作为增强企业核心竞争力重要环节常抓不懈，建立了完备的质量保障体系，为人大社创建自己的品牌，实现跨越式发展发挥了保驾护航的重要作用。

一、领导重视，制度规范，机构健全

人大出版社领导班子历来十分重视出版物的质量管理工作，反复强调质量对于出版社实施精品战略的重要性，强调质量是出版社的生命线，要求各部门协调配合、齐抓共管，进一步加强员工的质量意识，进一步提升全社的质量管理水平。由于领导重视，组织到位，全员参与，人大社内部已经形成了人人讲精品、处处重质量的良好氛围，质量第一的理念已经深入人心。

人大出版社在图书出版过程中，结合本社的实际情况，制定了一套比较完整的质量管理规章制度，主要包括：《中国人民大学出版社质量管理规定》、《中国人民大学出版社图书排印装质量管理规定》、《中国人民大学出版社装帧设计管理规范》、《中国人民大学出版社付印样管理规定》、《中国人民大学出版社编辑加工基本规范（第五版）》。同时，为了适应出版社改革发展的需要，出版社对有关规章制度及时进行了补充、修订和完善。这些规章制度明确规定了每个部门、每个环节、每个岗位的质量管理责任，在其实施过程中，实行奖优罚劣、奖励为主、惩罚适度的原则。

多年来，人大社形成了质量管理领导小组—质管部—各分社质量管理员三级质量管理体制，全方位监督检查本社质量管理规章制度的落实和实施情况。质量管理领导小组是出版社实施质量管理的决策机构，组长由总编辑兼任，全面负责出版社的质量管理工作。质管部是出版社质量管理的职能部门，负责出版社质量管理的日常监督检查工作（如样书普查、编校和印制质量抽查、提供质量统计分析报告等），并及时解决工作中出现的质量方面的各种矛盾和问题。为了适应改革发展的需要，从2002年开始人大出版社在每个出版分社或出版中心设立1～2名质量管理员，负责分社或出版中心内部的质量管理工作。质量管理员实行双轨制，在行政隶属关系上归各分社或出版中心领导，在质量管理业务上则由质量管理部统一协调，保证了出版社在质量管理方面的规定能够"政令一致"和有效实施。与此同时，人大出版社还在出版部设置专职责任印制员，从印前核片、印装工序、材料采购、样书送检、入库抽查五个关键环节直接对纸张和出版物的制作质量进行实时监控。

二、实施全流程管理，全面提升出版物质量

（一）严格执行选题论证制度，确保出版物的政治质量和内容质量

在长期的质量管理中，出版社领导首先强调的是出版物的政治质量和内容质量。人大出版社在出版物政治质量方面实行"一票否决制"。在强化政治质量的前提下，出版社对出版物内容质量的要求越来越高。现在，人大出版社所有出版物在正式列入选题计划之前至少要经过三关。第一关是策划编辑的选题立项报告，其中重点内容是论证说明选题的政治质量和内容质量。第二关是出版分社论证，结合专家学者意见对选题的内容质量进行深入分析，以确定选题能否上报总社。第三关是出版社选题审批委员会召开会议，对上报选题进行审查批准。

由于建立了一套严格规范的选题论证制度，从源头上严把了质量关，使编辑从选题策划开始，就牢固树立了质量意识和把关意识。多年来，人大出版社在出版物的政治质量和内容质量方面没有发生过任何问题，为出版社的快速发展打下了坚实的基础。

（二）抓住中心环节，严把图书加工质量关

编辑工作是整个出版工作的中心环节，只有抓住编辑工作这一中心环节，才

能保证多出好书，提高图书质量。

多年来，人大社严格执行"三审三校一通读"制度，将其作为保证编校质量的根本基础。出版社总编室负责对三审流程进行监控，重点审核三审人员的资质与三审报告的完整性，并对稿件付印样和三审报告进行分类存档。

近年来，为了实现快速发展与保障出版质量的协调统一，人大社在落实制度的具体做法上作了一些改革变通。其中比较重要的一项改革就是实施总编辑委托终审的制度，由总编领导的编辑委员会在各分社部门内依据专业技术职称、编校经验、技能、业绩、质量等指标的综合考评情况，聘任最优秀的编辑担任该部门的终审编辑，并颁发委托终审聘书。这些社聘的终审编辑能够对书稿进行全面审读，根据初、复审意见，对稿件的内容作出整体评价，这样就大大加强了原有的终审功能，把终审制真正落到了实处。对于重点选题或个别终审人员有疑问的书稿，总编、副总编再增加一个审次，严格把关。同时，人大社还定期聘请专家对终审人员进行业务培训、考核，对终审人员进行动态管理。

多年来，人大社还对担任责任编辑的初审编辑实行严格的考核制度。一名员工要担任责任编辑，除了须通过总署统一考试获得执业资格外，还必须接受由社编辑委员会主持进行的业绩情况考评，考评合格由人力资源部备案，方可正式担任责任编辑。

（三）注重生产流程管理，确保出版物的印装质量

多年来，人大社在不断强化出版物内容质量、编校质量的同时，也把出版物的印装质量放到一个突出重要的地位。出版部作为人大社负责印装质量的专职部门，在实践中主要负责以下五个方面工作：

1. 印前核片。一本图书在付印胶片送达印刷厂之前，出版部有关人员要对所有胶片进行核查，严把付印前的最后一道关，一方面检查核改是否完全准确，另一方面检查胶片质量是否合格，检查出片环节是否发生错误。

2. 印装工序。印装过程中要求各合作厂家严格按照国家和行业的有关规定与标准操作。每道工序上下监督，下一道工序对上一道工序发生的质量问题有责任监督和纠正，否则将受到连带处罚。为充分保证读者利益，出版社不惜增加成本，要求重点图书、70 克胶版纸以上图书或较厚图书必须锁线胶订。

3. 材料采购。纸张材料的质量直接影响着图书印装质量。人大社历来对材料采购十分重视，所用大宗纸张和装帧材料都是经社领导、策划编辑认可，由出版部对其性价比和生产厂家进行认真分析比较后确定的。对油墨、版材、胶订用胶、覆膜等的品牌质量也都有明确要求。

4. 样书送检。样书检查是图书印装质量监管中一项重要的工作。人大社要求，凡一本书批量装订之前必须先装 35 册样书送到社出版部、质管部、分社和相关领导手中，经各方检查没有问题后方可成批装订。这样做，一方面能够在大批书入库和发行之前及时发现某些遗留问题，抓紧改正；另一方面，也可以为出版社减少一些不必要的损失。

5. 入库抽查。评价图书印装质量的好坏，仅凭几本样书是不够的，大批入库书的质量状况，才能真正说明问题。因此，人大出版社历来把图书印装质量的控制重点放在入库图书的检查方面。出版部每月都要到书库对本月入库的所有图书进行抽检，并将抽检结果每月以质量简报形式通报给各印装厂，督促其健全制度，整改问题。

三、通过多种渠道进一步促进人大社的质量管理工作

（一）借助现代网络手段，进一步完善质量管理工作

人大社在出版社局域网上设立"质量论坛"，定期通报出版社的质量管理工作情况。例如，出版部每月在论坛上发布一期《排印装质量简报》，质管部每季度发布一期《质量简报》，总结质量管理中发现的有代表性的问题，提供各种有借鉴意义的案例，对于出版流程中出现的质量问题，提出有针对性和实效性的改善措施。"质量论坛"的设立，进一步促进了新时期出版社的质量管理工作。

（二）定期组织编校业务培训，举办编校技能大赛

青年编校人员编校技能的培训和提高一直以来都是人大出版社事业发展的一项重要基础工作，关系着出版物质量的提高和出版社的图书品牌建设。人大社在编校人员业务水平培训和提高上，做了大量工作，例如：定期组织员工进行编校业务培训，邀请社外专家或者社内资深编辑讲授编校知识；实行优秀中青年编辑选拔制度，举办编校技能大赛；等等。

多年来，在出版社领导的高度重视下，人大出版社形成了制度规范、机构健全、责任明确、措施得力的质量保障体系，为出版社的快速发展和品牌建设打下了坚实的基础。当然，质量管理是一项长抓不懈的工作。为了进一步保证人大社出版物的整体质量，确保出版社在出版业激烈竞争中的优势地位，在今后的工作中，还要从以下三个方面进一步规范和完善人大社的质量保障体系：第一，结合

人大社质量管理工作出现的新情况、新问题，进一步修订和完善质量管理规章制度，持续提升全社的质量管理水平。第二，为适应人大社出版规模扩大的新形势，进一步加强质管部的监督检查力度，加大检查覆盖面，提升质管部的质量管理工作水平。第三，进一步加强各分社质量管理员的监督检查作用，提升各分社质量管理工作水平。

图书质检工作中的常见问题及改进建议

· 戴文瑞 ·

现代管理大师彼得·德鲁克认为："工商企业并不是为着自身的目的，而是为着实现某种特别的社会目的并满足社会、社区或个人的某种特别需要而存在的。"根据这种理论，出版单位的社会责任，落实到实际工作中就是对图书质量负责，提供的图书都应该内容健康，境界高尚，观点准确而有新意，体例周密而有深度，编校严谨，印制精良，体现时代特色，反映时代水平，真正使读者阅读后能够有开卷有益之感。

人大出版社自成立起始终坚持"出教材学术精品，育人文社科英才"的办社理念，凭借多年建立起来的完备的质量保障体系，较高的出版质量，创建了自己的优质品牌。但是理想与现实总是有距离的，特别是近年来在图书市场竞争日益激烈，出版节奏不断加快的情况下，图书质量仍有不尽如人意之处。本文仅归纳了一些日常图书质检工作过程中比较常见又不易引起大家足够重视的问题，尽管这些问题不像政治性问题那样会造成严重的后果，估计也不太会影响读者的阅读效果，但是此类问题的频繁出现还是会使人有书稿的编校不严谨之感。

一、常见问题及成因

（一）常见问题

1. 字词问题

如：2012 年出版的《国际市场营销》（第二版）第 18 页："消费不仅仅是购买有用的东西，而且成为消费者用来表达自己的手段。人们要买的已不止是商品本身，而是附加在商品上的象征意义。"

由于读音相同，上述案例中的"不止"显然是与"不只"混用了。"不只"是连词，表示不但、不仅之意。而"不止"是动词，表示继续不停、超出某个数目或范围之意。反之，该用"不止"而错用"不只"的情况也时有发生。

2. 成语问题

如：2012 年出版的《顾客情绪与顾客忠诚——基于展望理论的视角》一书的第 45 页第 18 行："如果小刘接受了一次成功的服务，发型师温和、发型好看，那么小刘有可能再次光顾；但是，如果她遭受了一次恶劣服务，比如发型师冷漠、发型差强人意，那么小刘就不会再次光顾了。"

文中"差强人意"这个成语用错了。这之前，已有数种书稿出现过相同的错误，看来，"差强人意"是一个极易被用错的成语。"差强人意"的"差"读 chā，是程度副词，表示"稍微"、"比较"、"大体"等。"差强人意"就是表示"大体上还能使人满意"（《现代汉语词典》，第 6 版，133 页）的意思，这与案例中该段文字所要表达的意思正好相反。

3. 数字问题

如：2012 年出版的《油价 30 元/升》中第 63 页倒数第 2 行"……5～6 亿……"。

"5"和"6 亿"明显不是一个数量级的，放在一起不合乎常理，单从表面上看就应该引起编校人员的质疑，再结合上下文的叙述，就不难看出这样的表述明显有误了。

4. 前后不一致问题

如：2012 年出版的《连锁经营实务》一书中第 70、89、110、131 等页是"……浙江好又鲜……"，而第 101、117 页则为"……浙江好新鲜……"。

此类问题也不是个别现象，以往的书稿质检中也时常出现，在各审读环节和校对环节中均未引起大家的注意。

5. 书名号扩大使用问题

如：2012 年出版的《国际贸易实务》中第 9 页倒数第 8 行"……《国际贸易实务》这门课……"；2012 年出版的《中级微观经济学》的内容简介中"……《中级微观经济学》课程……"。

按照人大出版社《编辑加工基本规范》（第五版）第 115 页第三十三条"例如：物质产品名、商品名、商标名、课程名……均不能使用书名号"，这里使用书名号显然犯了书名号使用范围扩大化的错误。

6. 图表问题

如：2012 年出版的《国际营销学》（第二版）第 59～63 页表 4—1 至表 4—4 为竖折表，栏与栏之间使用的是单线。

人大出版社《编辑加工基本规范》（第五版）第 56 页明确说明："……为了节省版面和美观，常把它分栏排成横折表或竖折表，栏与栏之间须用双水线隔开，重复排表头"。

7. 翻译稿中的问题

（1）人名。

如：2012 年出版的《中国模式与中国企业国际化》中第 38 页倒数第 12 行"……斯蒂格列茨……"。

约瑟夫·斯蒂格利茨是世界著名的经济学家，而且人大出版社也出版过其多部著作，使用的均是"斯蒂格利茨"。所以，对于知名科学家和知名人士已有习用的中译名的，还应遵循其译名。

（2）机构名称。

如：2012 年出版的《中级宏观经济学教程》第 44 页案例中"经合组织"的英文简称为"OCED"。

经济合作与发展组织（Organization for Economic Co-operation and Development），英文缩写为"OECD"，这一机构名称出现的频次相当之高，也算是基本常识了，而且也很容易查到。

（3）外文字母的正斜体。

如：2012 年出版的《微观经济学》（第十一版）第 37～43 页"消费者 A，B，C，D；商品 X，Y"，英文字母都是斜体。

根据文中叙述可知，这里的 A，B，C，D，X，Y 分别是指 A 消费者、B 消费者、C 消费者、D 消费者、X 商品、Y 商品。根据中国人民大学出版社《编辑加工基本规范》（第五版）第 62 页《关于外文正、斜、黑体在图书中常见的特定用法》，"正体的使用范围"中第 17 条规定了："用拉丁字母作为序号或代号的，如图 a、图 b，A 方案、B 方案，A 厂、B 厂等"。因此，这里的英文字母应该用正体。另外，相反的例子也时常出现，即该用斜体的用成了正体。

8. 标题回行问题

如：《全球化中的东亚法治：理论与实践》第 218 页（见图 1）：

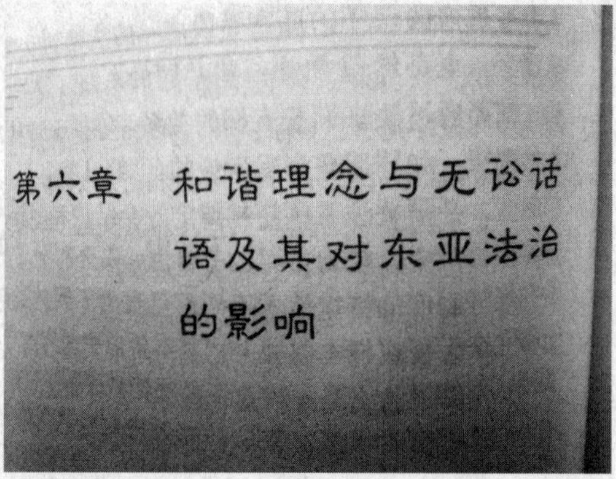

图 1　标题回行不规范示例

日常质检中，标题回行不规范的问题比较突出，标题回行不当属于文字排列不规范，虽算不上编校"硬伤"，但读起来别扭，而标题又是"脸面"性的文字，还是应该规范一些。

（二）问题出现的主要原因

1. 编辑方面

由于编辑的工作量不断增加，出版周期不断缩短，编辑为了完成工作任务，有时候在时间非常紧迫的情况下，匆忙地付印出书。另外，一些编校人员的责任心尚有待加强，相关的专业知识尚有待提高，工作态度尚有待进一步细致认真化。如果编校人员能够严格贯彻执行出版行业内的各种法律法规和规范，加强质量意识和责任心，不断提高自身的业务水平，使自己具有丰富而广博的知识面，工作认真细致，图书质量就有了根本保证。

2. 质检方面

人大出版社经过多年的快速发展，目前出版品种和规模不断扩大，质管部门的工作量也成倍地增加，有时容易放松质量监管，使制度执行力度欠缺，或者往往以不影响阅读为由或为达到一定的优良率而忽视了出版社规定的情况。质检环节处于图书出版整个流程的末端，属于最后一道关，因此可以说责任重大。质管部门应清醒地认识到，监督检查不是目的，而是一种确保图书编校质量的手段，因此，质管部门要切实负起责任，本着对图书质量负责的精神进行检查，坚持"在质量面前人人平等"的原则。

当然，书稿中常见问题的出现还有许多原因，如书稿本身质量不高、排版厂录入环节出错、校对公司的校对环节不到位等，本文在此不一一赘述。

二、加强质量管理，提升质检工作水平

（一）严格贯彻执行行业的法规、标准、规范等

为了加强图书出版的质量管理，不断提高出版物的质量，新闻出版广电总局领导多次就图书质量问题作出批示，要求各级出版管理部门、出版单位务必采取有效措施抓好图书质量这件大事，每年召开有关图书质量的研讨会，举办质量管理方面的培训班等，足以说明出版物质量的重要性。质检人员必须严格贯彻执行出版行业内的各种法律法规、规范，将各项工作落实到位。

（二）加强质检者的责任心

所谓责任心是指一个人对自己所负使命具备的忠诚和信念，因此，责任心是质检者应该具备的最基本且最重要的素质，更是做好工作所必需的条件。一个人具备了强烈的责任心就会拥有十足的自信心与使命感，会不断进取，对工作投入极大的热情，会自觉按时、按质、按量地完成工作任务。责任心不仅是一种习惯、一种素质，更是一个人所应必备的品质。首先，责任心是做好本职工作的前提。有一句话说得好，"在本位，尽本分"，这应该是每个人对自己最基本的要求。其次，责任心是做好本职工作的重要保证。如果团队中每个人都是极富责任心的，那么每个岗位的工作必然能做到让自己满意、同事满意、领导满意，团队的执行力、工作水平、工作质量就会不断地得到提升，从而使团队的执行力得到强化。

（三）提高质检者的思想水平和业务水平

常言道："质量就是效益，质量就是生命。"在社会经济高度发达的今天，这个理念已经深深地扎根于每一个企业。因此，为了更好地把好质量关，无论是在思想方面还是业务方面，出版社都应高度重视质检队伍自身的管理和建设。

在思想方面出版社要重视培养质检人员热爱质检工作、认真负责的工作精神，这是做好一切工作的必要条件。同时，质检人员既要做好辨析书稿的工作，还要树立服务意识，急编辑之所急，履行好自己的服务职能，同时还应具有奉献精神。

在思想上有了一定高度的认识还不够，还要注意不断地提高自身的业务能力和业务水平。质检人员只有把建立在丰富、广博知识面基础上的辨错能力充分地

发挥出来，真正地解决实际问题，才是做好本职工作的根本保证。质检人员要注意把好两个关口：一是图书审读关，做到"精审"图书，质检到位；二是质量认定关，做到客观公正。

（四）加强质检人员的业务学习和沟通交流

充分利用社内网，使之成为质检工作的平台和业务培训的基地，逐步配齐与编校质量相关的主要法规、标准、规范，以及对这些法规、标准、规范的介绍、解说和相关测试材料，建成一个以图书质量为主题、基本涵盖编校规范、具有常规业务培训功能的信息库，从中可以解决编辑工作中涉及的常见质量问题，特别是编校质量问题。此外，为了提高质检队伍的整体素质，可建立定期集体学习制度。

（五）图书质检与业务培训双重保障

在加强质检人员的基本功，提高质检队伍的专业化水平的同时，对图书质量检查与管理应给予高度重视，严格执行《图书质量管理规定》，落实奖惩，提高全员的质量意识、责任意识。坚持全员覆盖的抽检制度，以成品书质检为主，兼顾非成品书质检。对编校质量问题比较突出的人员、部门分别实行质量跟踪和质量整改。实行以质量指标为工作指标中心内容的考核制度，使奖惩进一步制度化、规范化。

对于整个图书出版流程来说，质检工作是流程的末端，无法总揽全局，汇总的问题也只能挂一漏万，因此，只有增强全员的质量意识、责任意识，完善管理机制，把各项制度落实到位，才能使图书质量不断得到提高。

浅议图书印制成本的控制

· 廖　斌 ·

图书的印制成本，占图书全部成本的比例最大。印制成本的高低，高度关联地影响着图书的利润乃至出版单位的经济效益。在保证图书印装质量的前提下，有效控制印制成本，在合理范围内降低印制成本费用，对出版单位的可持续良性发展十分重要。

一般而言，图书成本包括装帧设计费、排版制作费、印刷费、装订费、后期工艺费、纸张材料费、稿费、管理费和发行费等。本文仅针对印制成本范畴内的排版制作费、印刷费、装订费、后期工艺费、纸张材料费，从印制成本的构成入手，分析印制成本的构成，提出控制印制成本的有效措施。

一、图书印制成本的构成

与图书印制过程中的排、印、装环节相对应，图书印制成本大致包括以下几项：

（1）排版制作费：一般包含内文的排版、制作、出片、打样等费用。

（2）印刷费：一般包含封面、内文等图书构件的拼版费、晒上版费和印刷费。

（3）装订费：按照传统的分项计价方式，装订费一般包含以下项目：装订费、胶价，以及装订零件费（如勒口、塑封、粘环衬、腰封、光盘、防伪标等）等。

（4）后期工艺费：一般是指对图书封面表面进行整饬处理发生的费用，比如覆膜、UV、过油、压纹、烫印等工艺费；特殊情况下，对图书内文进行整饬处理也属于此类费用。

（5）纸张材料费：包含护封、封面、环衬、扉页、正文等其他构件使用的纸张费和精装面料、荷兰板等装帧材料费。

二、图书印制成本的构成分析

下面以社科类正 16 开（185mm×260mm）、20 个印张、封面 200 克铜版纸、覆亚膜、内文 60 克普通胶版纸首印，不同印数对应下的印制成本为例，分析图书印制成本的构成（参照中国人民大学出版社 2014 年工价，纸张材料价格参照 2014 年 4 月的采购价格，见表 1）。

表 1　　　　　　　　　　　　　　　　不同印数对应的印制成本

印数（册）	总印制成本（元）	排版制作费		印装及后期工艺费		纸张材料费	
		金额（元）	百分比（%）	金额（元）	百分比（%）	金额（元）	百分比（%）
1 000	134 41.45	3 200.00	23.81	6 669.45	49.62	3 572.00	26.57
2 000	16 799.45	3 200.00	19.05	6 819.45	40.59	6 780.00	40.36
3 000	20 100.95	3 200.00	15.92	6 969.45	34.67	9 931.50	49.41
5 000	28 259.75	3 200.00	11.32	9 319.75	32.98	15 740.00	55.70
8 000	40 825.32	3 200.00	7.84	12 533.12	30.70	25 092.20	61.46
10 000	49 303.40	3 200.00	6.49	14 805.40	30.03	31 298.00	63.48
20 000	91 205.60	3 200.00	3.51	25 562.60	28.03	62 443.00	68.46
30 000	129 959.00	3 200.00	2.46	33 243.00	25.58	93 516.00	71.96

由上表大致可以看出：

（1）一本书的排版制作费一般是固定不变的，占总成本的比例随着印数的增加而下降。排版制作费一般只在首次印刷时产生，重印不再产生此费用。

（2）印装及后期工艺费占总成本的比例随着印数的增加而下降。印刷行业里，印刷费和装订费都有一个起码印数，低于起码印数，印刷费和装订费是按照起码印数计价的，就如同我们在北京打出租车，不足 3 公里，都得付费 13 元钱一样。在起码印数范围内，印刷费和装订费是固定不变的；超过起码印数，印刷费和装订费随印数的增加而增长。后期工艺费一般随印数的增加而增长（部分出版单位的工价设定有 200 元的起码价）。

（3）纸张材料费随印数的增加而增长，占总成本的比例随着印数的增加而增加。

（4）印数较少时，对图书成本构成影响最大的因素是印装及后期工艺费；随着印数的增大，对图书成本构成影响最大的因素变成了纸张材料费，并且纸张材料占总成本的比例会变得越来越高。

三、控制图书印制成本的有效措施

（一）建章立制，让印制成本的控制制度化、规范化

印制成本控制首先要确立的一个制度，就是制定一套针对排、印、装全环节的合理工价体系。工价体系建立后，结算时就要按此严格审核工价，认真核算计价单。其次，还要建立和完善供应商的准入与退出机制、纸张材料的采购规范等相关制度，让印制管理工作制度化、规范化。对大部分出版单位来说，排印装工价体系、供应商准入与退出机制、纸张材料采购规范相对比较成熟，但对超工价标准、超规范的情形可能认识得还不够。在大部分图书都按照统一的工价和规范印制时，少部分超工价标准、超规范图书的成本成为影响图书印制成本、出版单位利润的重要因素。要控制图书印制成本，除了在常规的制度方面要加大执行的力度外，还应该严把超标准、超规范的审批关，尽量减少例外情形的出现。

（二）从大处着眼，重点控制纸张材料成本

从图书印制成本的构成分析中可以看出，印数在 3 000 册以上时，纸张材料成本对图书印制成本的影响是最大的。控制图书印制成本，从控制纸张材料成本方面着手，效果会更为明显。纸张材料成本的控制可以从以下几个方面着手：

1. 控制纸张材料的采购成本

控制采购成本的措施有：

（1）按照印装材料采购制度进行采购。

制度化、规范化管理，是印制管理工作应该始终坚持的一个最基本的原则。制定和完善材料采购方面的制度，对材料采购原则、供应商准入、采购方式、采购程序等作出明确的规定，把采购活动限定在制度框架内。采购一般分为计划采购和临时采购。计划采购一般是针对常备纸张定期进行的备货和补货采购，一般由采购人员提出采购，填写《采购审批单》，按照印制部门负责人、单位领导的流程进行逐级审批；临时采购一般是对个别需求的特种纸、高克重纸（高于 70克）、高品质纸（纯质纸、雅致纸等）、装帧辅料等特定用纸进行的一次性的定向采购，一般应由用纸的编辑部门填写《材料申购单》，经编辑部门负责人、单位领导审批后执行采购。特种纸、高克重纸、高品质纸、装帧辅料等特定用纸的申

购，属于管理例外的情形，应该从严审批。

（2）实行供应商的分级管理。

出版印制部门在实际工作中，要根据厂商信誉、纸张质量、价格、交货期、售后处理、紧缺时期对本单位的支持力度等方面的情况，对材料供应商进行评估，把材料供应商划分为主要供应商和机动供应商进行分级管理。主要供应商提供本单位大部分常备纸张材料，为所需纸张材料的及时、充足供应提供基本保障；机动供应商作为主要供应商的替补，可以对主要供应商形成一定的压力，增强出版单位对主要供应商的讨价还价的谈判能力，降低采购价格，达成对主要供应商的有效控制。

（3）建立科学合理的安全库存，少占压资金。

出版单位根据自己的资金状况、调动材料供应商的能力，以及出版单位抗风险的能力，制定常备纸张材料库存量的上限和下限作为安全库存。按照行业经验，安全的月平均常备库存量一般应保证 3 个月左右的常备纸张材料的供应。对于以教材为主的出版单位，还要考虑季节性因素——在春秋季教材印制高峰期应参照库存上限适当加大采购量，在非印制高峰期应参照库存下限适当减少采购量。

（4）优化纸张结构，增大常用纸张的备货比例。

在纸张材料的采购中，增加一个常备品种，就会有一定量的库存，也就会产生一定量的零头纸。通过优化纸张结构，对常用克重、常用规格纸张的结构进行规范和调整，使纸张结构趋于合理，减少常备纸张材料品种，可以有效减少零头纸的产生，降低沉冗库存，减少资金占压，节约资金成本。

（5）了解市场行情和趋势，把握合适的采购时机。

时刻关注市场行情，广泛搜集供应商信息，判断纸张价格的涨跌趋势，适时调整采购时机。最近这几年，对于以教材为主的出版单位，每年的 7 月到 9 月、12 月到次年的 2 月，因教材在这个时间段集中印制，纸张供应相对趋紧，厂商基本都会按照每月 100 元/吨的价格涨价。在这个时期，在进入涨价周期之前适当加大采购量，可以有效节约采购成本。另外通过打时间差，在厂商下一次涨价通知发出之前下订单，也可以节约采购成本。

（6）在保证质量的前提下，追求纸张的性价比。

印制部门要建立自己的信息收集网络。在每次采购下订单前，通过向主要供应商和机动供应商分别询价，通过其他渠道向其他厂商询价，通过向其他出版单位同行的比价，向主要供应商和机动供应商施加压力，洽谈价格，再决定采购，力争使采购的性价比达到最优。

（7）消耗零头纸和呆滞纸，把沉冗库存降到最低。

纸张材料的采购一般是分批次进行的，同一品种的不同批次，纸张颜色会不可避免地存在一些差异，纸张的纤维方向也可能不一样。纸张使用过程中，同一品种同一批次的纸张刚刚好用完的情况很难碰到，每个批次使用到最后几乎都会或多或少地留点零头。这种零头纸如果不及时使用，时间一长就成了呆滞纸，变成沉冗库存。这种沉冗库存，大部分出版单位通行的做法是每隔几年报废一次，造成很大的浪费。其实除了报废之外，对于零头纸和呆滞纸，在日常的印制工作中，如果有针对性地使用，有意识地消耗，制定相应规则指导印厂消耗已有的零头纸和避免产生新的零头纸，这种浪费会在很大程度上得以避免。通过打结断版印刷、印零件、大纸小用、高克重低用等方式可以有效消耗已有的零头纸；通过严格的先进先出使用纸张、控制调拨产生新的零头等方式可以有效避免产生新的零头纸。解决好零头纸问题后，可以释放沉冗库存，出版单位的安全库存量也可适当调低，这样也可以减少资金占压，节约资金成本。

2. 控制特种纸、高克重纸、高品质纸的使用

图书的用纸用料，一般要根据图书的不同类型来选用：教材的使用次数有限、学生的购买力有限，对纸张材料的要求不用太高，一般使用普通的 60 克胶版纸就能满足要求；学术、大众图书一般要保存和收藏，在定价较高的情况下可以使用优质的、更高克重的纸张。同时，在选用纸张材料的时候，还要考虑成本与收益的匹配问题。预期收益高，就可以选用较好的纸张；预期收益不太可观，选用普通纸张更合适。

在纸张材料的选用上，要避免过度装饰的现象。适度的装饰是必要的，过度的、博取眼球的装饰是一种对资源的极大浪费。我们注意到，学术、大众图书的装帧设计、用纸用料越来越高档，特种纸、高克重纸、高品质纸的使用越来越多。客观理性地看，这些装饰中大部分都属于内容不足靠外观博眼球的过度装饰，严重偏离了图书内容为王的本质。特种纸的价格一般都很高，按张计价，低的几块钱一张，高的十几二十块钱一张。高克重纸、高品质纸价格也很高，再加上不常备货，是少量临时性的一书一购，供应商也都是按整"件"出售，一次用不完的剩余的零头纸，别的图书基本无法再利用，成为"废纸"，造成一定的浪费。特种纸、高克重纸、高品质纸的使用会对图书的印制成本带来较大幅度的增

加，应该严格控制。

3. 控制特殊开本的使用

为了实现规模采购降低采购成本，尽可能地充分利用纸张，稍有规模的出版单位都会根据本单位常用开本所对应的最经济的规格定制常备纸张。特殊开本的使用，可能相差的仅仅是几毫米，由于用量不足，无法大宗定制采购，再加上是临时采购，无法保证到货时间，印制的时候一般只能选用大规格的纸张来代替。这种情况下，纸张的利用率会很低，会造成较大的纸张浪费。以 170mm×230mm 开本为例，其对应的最经济的纸张规格应为 720mm×965mm，纸张的利用率能达到 90.04%（纸张要去毛边，还要留出拼版余量、裁切余量等，纸张的利用达不到 100%）。如果没有 720mm×965mm 规格的纸张，用 720mm×1 000mm 规格的纸张替代，利用率为 86.89%；用 787mm×1 092mm 规格的纸张替代，利用率只有 72.79%。

（三）从细节入手，挖掘降低印制成本的潜力

1. 尽可能减少成书页码

排版环节，在字数固定的情况下，以下措施可以减少成书的页码数，达到降低印制成本的目的：

（1）增加每面容字量。

在不影响图书美观的前提下，排版的时候通过增加每面的行数和每行的字数可以增加每面的容字量，减少页码数和印张数，可以节省排版费、出片费。因为印张减少，还可以节省印装费用和纸张费用。

（2）减小字号。

在不影响图书阅读的前提下，对于一些读者对象相对年轻的图书，比如考研类的图书，排版的时候可以考虑用小半号的字体，也能达到通过减少页码数节约排版、印装、纸张费用的目的。

（3）换大开本。

开本增大，意味着每面的容字量增加，全书页面就会减少，印制费用会减少，降低印制成本。

2. 适度使用后期工艺

后期工艺即封面工艺，其主要的作用是保护和装饰图书。不同类型的图书，后期工艺的需要有所不同。教材突出实用性，后期工艺保护的作用强于装饰的作用，因此后期工艺不宜多，一般仅覆膜就行。学术、大众图书，后期工艺装饰的

作用多于保护的作用，为实现装饰的主要目的，后期工艺可以适当多采用一些，但也要适度，要避免片面追求豪华、高档，堆砌多种特殊工艺。

3．控制小构件的使用

勒口，腰封，护封，单独的环衬、扉页、插页、单页等构件，虽属小构件，但给印制带来的却是大困难。小构件的使用，不但增加图书的印制成本——材料成本增加、加工费增加，而且还增加了派活安排的难度——小构件都是手工活，印厂不愿意承接；大勒口只有特种设备才能做，同时还增加了印装周期——工序增加，工序转换和停滞的时间增加。

4．增强印数界限值的概念

印装工价通常与一些印数的界限值直接关联。在科学预测销量的情况下，有意识地把握和控制印数也能在一定程度上节省印制成本。

（1）与印刷有关的印数。

根据印刷行业的惯例，印刷工价一般都设定有一个起码价，有 3 令纸起码计价的，也有 5 令纸起码计价的。一本没有折口的不是太厚的 16 开图书，如果按 3 令纸起码计价，封面的起码印数是 12 000 册，正文的起码印数是 3 000 册；如果按 5 令纸起码计价，封面的起码印数是 20 000 册，正文的起码印数是 5 000 册。

（2）与装订有关的印数。

装订按照传统的分项计价方式（还有一种按印张计价的方式），装订费用的短版（印数少于 30 000 册称为短版）加价率与印数有一个对应关系：印数少于 8 000 册，短版加价 50%；印数为 8 000～20 000 册，短版加价 40%；印数为 20 001～30 000 册，短版加价 30%；印数多于 30 000 册，不再有短版加价。

5．尽量避免使用专色印刷

封面、正文增加一个专色印刷，增加的成本基本相当于增加一个四色印刷。在可以通过四色印刷实现设计思想的情况下，要避免使用专色印刷。

6．套书、系列书封面尽量同时下厂

套书、系列书的封面，一般风格相同，不少还是同一个色系。如果同时下厂，多个封面就可以拼在一个对开大版上印刷，这样一般可以节省 3 本书的封面印刷费，同时还能保证墨色的一致性。

四、处理好成本与印装质量的关系

图书质量，包括印装质量，是一个出版单位长期可持续发展的根本。控制印制成本，不能一味地降低成本。排印装任何一个环节出现质量问题，返工或修补的成本都会很大。比如排版，如果出版单位一味追求低价，排版厂要生存必然转嫁成本，牺牲菲林的质量几乎就是排版厂的不二选择。菲林质量低劣，软片上的文字就会不实，出现缺笔断道。如果印刷、装订完毕再返工，会得不偿失。返工或修补的损失或许在经济上还能弥补，但因此造成的对出版单位品牌形象的损坏却是无法弥补的。降低印制成本，必须建立在印装质量有充分保障的基础上。

成本核算在编辑出版中的实践与应用
——以精装图书《国家哲学社会科学成果文库概要》为例

· 徐谋卿 ·

加强成本意识，就是对图书进行成本核算，从图书制作的每一个方面、每一个环节精打细算，减少浪费，求得图书内容与装帧设计的协调，以取得经济利益和社会效益的统一。这里就以人大出版社精装图书《国家哲学社会科学成果文库概要》为例，从该书的材料、排版设计、印刷、装订等方面，来谈一下笔者的体会及图书成本核算的具体方法，希望能对编辑同仁们提供一点参考，同时欢迎提出宝贵意见，一起学习，共同提高。

一、材料成本核算

材料成本是图书成本的重要组成部分，一般图书的材料，主要包括封面用纸、扉页用纸、正文用纸三个方面。有的图书还会有前衬页、后衬页；精装书还要有板纸、壳面用纸、前后环衬纸等。比如精装图书《国家哲学社会科学成果文库概要》，就是由护封、壳面用纸、板纸、前后环衬用纸、正文用纸等材料组成的，比较齐全，具有一定的代表性。

1. 护封用纸

《国家哲学社会科学成果文库概要》，其护封采用 230 克白色雅梭纹特种纸，这种特种纸表面有珠光效果，具有凝重华贵的质感，同该书的内容比较相配。该书护封展开尺寸为 248mm×610mm，用 889mm×1 194mm 的大纸可以出 6 个护封。3 000 册用纸正数就是 3 000÷6＝500 张，再多给 150 张作为加放，500＋150＝650 张，每张纸价格是 4.00 元，护封用纸费用为：4.00×650＝2 600.00 元。

2. 壳面用纸

该书书心成品尺寸为 170mm×228mm，精装图书的硬壳封面比书心上下各多出 3mm，硬壳的厚度是 2.0mm，上下包边 30mm，这样算来一个书壳的高度为：240＋(3＋2)×2＋30＝280mm；该书书脊厚度为 30mm，左右包边 30mm，压凹 5mm，书壳宽 170mm，那么书壳展开宽度是：170×2＋30＋30＋(3＋2)×2＝410mm，也就是要按照 280mm×410mm 来计算。壳面装帧布的规格是1 092mm×100m/卷，一卷布可以出 843 个壳面用料。

3 000 册书，因工艺有烫印、压凹等，加放为 200 册用料。那么就是 3 200÷843＝4 卷（保留整数），该装帧布价格是 31 元/米，壳面用纸费用为：31×400＝12 400.00 元。

3. 环衬用纸

《国家哲学社会科学成果文库概要》的环衬也采用特种纸。环衬展开的成品尺寸是 340mm×240mm，加上裁缝 6mm，实际规格为：346mm×246mm。环衬用纸的原纸规格是 787mm×1 092mm，可以出 8 个环衬，每一册书有两个环衬，3 000 册书有 6 000 个环衬，因为环衬没有印刷工艺，给 200 个环衬作为加放来用，要有 6 200 个环衬才能做成 3 000 册成品。

刚才算出一张原纸出 8 个环衬，那么环衬用纸数量：6 200÷8＝775 张，每张 5.50 元。环衬费用是：5.50×775＝4 262.50 元。

4. 正文用纸

《国家哲学社会科学成果文库概要》的正文用纸，选用了一种比较柔和的高档上东玉龙纯质纸。这种胶版纸价格较贵，大约 8 000 元/吨，规格为 720mm×1 000mm，定量 70 克。该书 35.5 个印张，印数 3 000 册，单色印刷，需要纸张正数是：35.5×3 000÷500÷2＝106.50 令，其中 35.5×3 000 是该书用纸总印张，总印张÷500＝印令数，因为每张纸要印 2 面，所以印令数÷2＝用纸令数；单色及后期工艺加放率为 5%，加放数量是：106.5×5%＝5.325 令；正文用纸总量＝用纸正数＋加放数：106.5＋5.325＝111.825 令。

关于纸张的吨与令的换算，是因为正文纸张材料在购买时，一般按照吨为计量单位，而在使用中却是以令为计量单位，这就需要把吨转化为令，也就是说 1 吨纸可以出多少令。这就必须明确下面两个概念：（1）令，纸张计量单位，500 张为 1 令；（2）定量，也称克重，纸张定量单位，每平方米重量。

该书正文用定量 70 克、规格 720mm×1 000mm 的胶版纸，令重为：定量 70 克×(720×1 000÷1 000 000)×500 张＝25 200 克，即 0.025 2 吨；1 吨可出令数：1÷0.025 2＝39.68 令。该书共需用纸 111.825 令，转换成吨：111.825÷

39.68≈2.82 吨。每吨纸价格是 8 000 元，该书正文纸张费用为：8 000.00×2.82＝22 560.00 元。

5. 纸板

精装图书《国家哲学社会科学成果文库概要》，书壳采用了厚度 2.0mm 的进口荷兰板。这种进口荷兰产的纸板质地平整，即使在恶劣气候的影响下也不会变形，但是价格相对国产纸板来说略高点。我们采用的荷兰板规格为 800mm×1 100mm，图书规格为 170mm×240mm，精装书的书壳每个边长略大于书芯 3mm，所以书壳实际规格应为 176mm×246mm。

一张 800mm×1 100mm 的荷兰板可以出 19 个单个书壳，3 000 册精装书有 6 000 个书壳，加放 200 个书壳，共需荷兰板正数：6 200÷19＝327 张（进位保留整数）。纸板单价为 10.00 元/张，纸板共花费：10.00×327＝3 270.00 元。

那么，精装图书《国家哲学社会科学成果文库概要》的所用材料总费用为：护封费用 2 600.00 元＋壳面用纸费用 12 400.00 元＋环衬纸费用 4 262.50 元＋正文纸费用 22 560.00 元＋纸板费用 3 270.00＝45 092.50 元。

二、印制成本核算

图书印制成本，也是图书成本核算的重要组成部分。编辑一般对印制了解比较少，笔者刚开始核算印制成本的时候，也有点不知所措。其实掌握了工艺流程、计价方式，就比较容易计算了。

印刷工艺流程，主要由拼版、晒版、上版、印刷组成。印刷主要有单色、双色、四色印刷。一般图书封面，只印刷一面，印刷一色要一块版。正文纸张的正背两面都要印刷，所以一个印张印一色要有两块版组成。单色每面 1 块版，一个印张 2 块版；双色每面 2 块版，一个印张 4 块版；四色每面 4 块版，一个印张 8 块版。

计价方式，拼版的单价是 15 元/每块，晒版 50 元/块，上版 10 元/块，关于制作印版这一相关方面拼晒上版合计单价 75 元/块。

印刷计价的单位是色令，也叫印令，一令纸印一面就是一色令。比如一令纸，印刷双色，两面都印，就是 4 色令。单色印刷单价是 11 元/色令，双色印刷单价是 15 元/色令，四色印刷单价是 25 元/色令。

在此，还必须要了解一个概念：短版。所谓短版，简单地说就是机器印刷的起印量，一般为 3 000 册，若不足 3 000 册，按 3 000 册来计算。

明白这些基本要素，就可以按部就班地来计算了。

1. 封面印刷

精装图书《国家哲学社会科学成果文库概要》，封面有护封，护封采用单面四色印刷。根据上面提到的工价，4 色晒上版费：75 元/块×4＝300 元；单面四色印刷费：单价×色数×用纸令数，用纸 650 张，不足 3 令，按 3 令计，即 25×4×3＝300.00 元。

封面印制费用＝封面晒上版费用＋印刷费用，即 300.00＋300.00＝600.00 元。

2. 正文印刷

正文印制费用也包括两部分，正文晒上版费用和正文印刷费用。上面谈到，一个印张是 2 块版，那么不足 0.5（含 0.5）个印张按 1 印张计算，大于 0.5 不足 1 个印张按 2 印张计算。

图书《国家哲学社会科学成果文库概要》，有 35.5 个印张，正文单色印刷，需要制版数量是：印张数×2 面×色数，即 36×2＝72 块；那么该书正文晒上版费用是：75×72＝5 400.00 元。正文印刷费用是：11×2×35.5×3＝2 343.00 元。

正文印制费用＝封面晒上版费用＋印刷费用，即 5 400.00＋2 343.00＝7 743.00 元。

精装图书《国家哲学社会科学成果文库概要》一书的印制费用合计为 7 743.00 元。

三、装订费用

按照工厂计价方式，一般图书的平胶订、锁线胶订，不太容易掌握。现在编辑在成本核算时，可以采取按印张数量计价的方式来进行，比如平胶订大约 0.04 元/印张，锁线胶订大约 0.06 元/印张。

精装图书《国宗哲学社会科学成果文库概要》一书的装订，比一般图书的平胶订、锁线胶订要复杂一些。精装图书，印好的书页，要进行锁线、卡纱、裱糊书壳、烫印、上书壳、上堵头布、上丝带、上环衬等环节。诸如此类总的算起来要 6 元/本，该书印数 3 000 本，精装费用为：6×3 000＝18 000.00 元。

塑封，精装书做好以后，为了更好地保护图书，一般有塑封的工艺，该书塑封每本 0.5 元，塑封费用是：0.5×3 000＝1 500.00 元。

精装费用为：18 000＋1 500＝19 500.00 元。

四、设计排版核算

图书的封面、正文版式设计，是非常重要的开端环节。精装图书《国家哲学社会科学成果文库概要》，封面设计排版费用 3 000.00 元；4 色印刷正文，排版设计每面 15.00 元，该书 568 面，共需要 15.00×568＝8 520.00 元。

该书的设计排版费用为：3 000.00＋8 520.00＝11 520.00 元。

五、管理综合

综合管理费用，包含间接成本的一部分。从实际操作来看，归为管理类费用是为了核算便捷。不同的图书，由于图书的厚薄、印数、市场销售情况等各不相同，故一般采取参考平均值大致估算的方式，《国家哲学社会科学成果文库概要》的管理费用约为 20 000.00 元。

综上所述，精装图书《国家哲学社会科学成果文库概要》，印数 3 000 册的总费用是：材料费 45 092.50 元＋印制费 7 743.00 元＋精装费 19 500 元＋设计排版费 11 520.00 元＋管理费 20 000.00 元＝103 855.50 元。

通过成本核算，可以使我们做到心中有数，为该图书相关项目的顺利进行打下了基础。

为何数码快印呈现色彩如此不同？

·樊海燕·

最近几年，媒体一直在宣扬着个性图书时代的来临，笔者并不想讨论此观点的对错，只叙述亲眼目睹的一个现象：北京街边大大小小的快印店如雨后春笋，层出不穷。它们的产品从图书、直邮目录、摄影作品、台历日历到广告招贴等等，不一而足。

笔者从事出版行业，曾经经手过一本稿子，四色印刷，铜版纸正反数码快印，同一份电子文件，在 A 店出的 2 本书和在 B 店出的 2 本书色彩差距很大。更特殊的情况是，传统印刷出来的四色图书，有某一页的错误要订正，需要做一本正确的样书。即使使用完全一样的纸张，数码快印出来的色彩还是与正式图书不匹配，笔者曾经看着原书色彩进行调图，一遍遍实验，经五六次修改原稿电子文件，才打印出正确的色彩。

我们首先来分析下造成这种结果的原因：

1. 针对第一种情况，原因是数码快印机型不同，呈色原理不同。数码印刷是由印刷系统接收全数字印刷信息，直接控制输出印张。在数字印前阶段，页面上的文字、图像、图形通过拼版软件生成数字文件，再通过光栅图像处理器将印刷图文的输出信息传输到数字印刷系统中，进行成像和印刷的工作。根据不同的物理化学原理，数字印刷技术包括许多不同类型的成像技术，例如静电成像、喷墨成像、热成像、离子成像、电子成像、磁成像和感光照相成像等。市场上的主流数码印刷机公司有惠普、东芝、柯尼卡、理光、佳能、施乐、奥西等，每家公司有自己的独有核心技术，所使用的墨粉（或油墨）和印刷机是一一对应的，而且对数码印刷系统作出调整时，只能求助于公司维修技术人员，它是一个所谓的封闭操作系统。

2. 针对第二种情况，原因是传统印刷工序和数码快印工序不同。数码印刷是将各种原稿（文字、图像、数字文件、网络文件）输入到计算机中进行处理后，无须经过电分胶片输出、显影、打样、晒版等一般意义上的传统印刷工序，而直接或通过网络传输到数字印刷机进行印刷的一种新型印刷方法。简单来说，数码印刷就是纸张一步到成品；而传统印刷即使采用先进的 CTP 技术，也只是省去了胶片输出一步，依旧要制作印版上传统胶印机，才能印刷出成品。

其次我们来尽可能想一下解决问题的办法：

1. 针对第一种情况，每次印刷只能选择同一种快印机型。数码快印的报价一般是包工包料，无论哪一家门店，正规数码印刷机的操作都是由卖机器的公司统一提供用纸用墨，客户只能在对方提供的纸张样本中进行有限的选择。每种机型呈现原理不同，导致同一原稿输出色彩的迥然不同。建议顾客每次要产品报价的时候要求制作者提供机器型号或照片，留待下次备查。在多次尝试，心中有数的前提下，同样机型，针对不同类型的原稿可以选择不同的纸张。

笔者曾经在一家门店的施乐 iGen3 数码印刷机上使用印刷检测用标准样张，分别输出在铜版纸和哑粉纸两种纸张上。机器属于静电成像干式色粉的一种，静电成像是利用有机光导体材料（OPC）作为感光体，用激光或发光二极管扫描，形成静电潜影，然后用带电液体成色剂或色粉显影剂显影，并使其转移到承印物上。

iGen3 应用的是图像到图像的转移方式，简称 IOI，在光导体上四色分色处理先于单次转移，即 CMYK 四色成像系统是顺序排列、集中转移、一次通过系统（见图1），先将墨粉图像转移到中间载体（感光带），再利用两个压印滚筒组成的间隙完成转印。施乐 iGen3 数码印刷机采用了带缺口的色粉聚集显影系统，称为 HSD（Hybrid Scavengeless Development）。

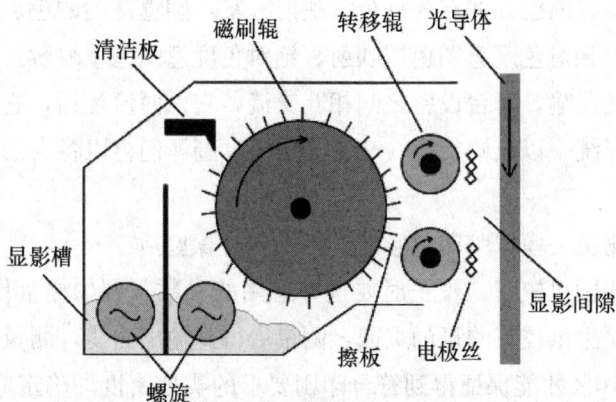

图1

经过笔者的多次检验和对比分析，得出以下结论：

如果数码图像是亮色调为主，推荐使用铜版纸进行数码输出；如果图像以人物为主，推荐使用铜版纸输出；如果数码图像是红花、黄叶等鲜艳、饱和度高的色彩，推荐使用铜版纸输出；如果画面多是蓝天、绿地这种使人具有强烈记忆感的颜色，推荐使用哑粉纸输出。

当然这只是针对一台机型，对顾客而言，数码印刷种类浩繁，如果门店没有指导意见，还是无从着手。希望将来的数码快印分工更加精细化，操作者了解机器，什么机器接什么活，以高品质吸引客源。

2. 针对第二种情况，从微观角度进行分析，研究传统图书和数码图书上的网点还原进行对比，制作设备的印刷特性文件，以数码印刷去模拟胶印。大型高速数码印刷机与胶印机的共性是：都是采用 C、M、Y 作为色料三原色；都采用减色法复制；都是采用半色调复制技术。

简单地说，数码印刷机和胶印机色域空间不同，先定义一个与任何具体的设备、材料、工艺无关的色空间——CIE 1976 Lab 色度空间。

ICC 色彩管理的工作过程就是把任何输入设备的颜色信息转换成 CIE Lab 色空间内的颜色，再将 CIE Lab 色空间的颜色转换到输出设备的色空间。

这个过程包含着三个重要的要素：一是标准颜色空间；二是色彩特性文件，它表示该设备的颜色描述数值与"通用的"颜色空间的色度值的对应关系；三是色彩管理模块，即色彩转换运算方式。不同设备选用不同的工艺和材料，都具有其色彩再现的能力范围，称"设备色域"。色彩在不同设备之间匹配转换和传递涉及具体运算，目前已知的有四种色域映射方案：感觉意图的色域映射、饱和度意图色域映射、相对色度意图色域映射、绝对色度意图色域映射。

打个形象的比喻，每台设备之间相互交流，它说西班牙语，它说汉语，各设备中间选出翻译统一以英语交流，交流完毕后，翻译们再以各自的本土语言向内部传递。

用数码印刷机去模拟胶印色彩的具体操作步骤包括：

（1）数字印刷机校正。校正时要选择适用的参数，例如测量仪、纸张类型、加网方式等，输出供校正测量的页面，测量后得到输出曲线，测量值应高于目标值或不低于其 10％才能保证得到符合印刷要求的实地密度。确定应用测量值后，第一步校正完成。

（2）制作 lCC。将印刷测试用标准 IT8 色标发送至服务器，输出 IT8 后在

Color Profiler 软件中用分光光度计逐一测量色块并生成数字印刷机的特性文件。通过色域映射可将设备色域压缩至胶印色域，从而使数字印刷机模拟传统印刷的输出效果。

（3）色域匹配。在输出特性文件（output profile）选项中调用定制的 ICC，再一次输出 IT8 色标测量，从而比较色彩管理情况下数字印刷机的输出效果对印刷的模拟。使用定制的 ICC 文件，数字印刷机的色域范围与胶印有较好的匹配。

这是一个庞大的工程，除了要求操作者有专业知识，还要求一遍遍地反复试验。由于代价甚大，所以目前快印市场上并没有人提供这项服务，依旧是靠着调整原稿色彩，几经波折去努力还原胶印图书色彩。

本文只是试议数码图书在实际推广中遇到的问题，图书是批量复制的产品，尤其多次再版的图书强调前后的一致性。期待将来的技术发展，可以真正实现按需出版。

培训反哺出版，定位铸就蓝海

·李慧慧·

一、培训业及出版业现状

培训是指由雇主向雇员提供其完成本职工作所必需的基本技能的学习活动，以弥补雇员当前的知识技能能力和态度等与其所从事的职务要求之间的距离。目前，根据培训的举办主体、主管单位、形式内容等方面的不同，可将培训作如下分类：（1）教育系统的培训；（2）劳动系统的培训；（3）公立高校中的培训；（4）中小学举办的文化体育艺术补习辅导培训；（5）政府部门举办的培训；（6）各类社会团体举办的培训；（7）各类公司企业举办的培训。

中国的培训行业经过十几年的高速发展后，自 2010 年开始，进入了一个新的发展阶段——全面提升阶段。培训机构从一盘散沙变得逐步有了一些清晰的脉络，一些大的培训机构渐渐形成了自己的品牌和发展模式，有的培训机构已经开始从多元化向专注于某一个领域方向发展。广大的受众人群也在向"挑品牌买单"的方向发展，这就驱使培训机构向品牌化日趋集中。各大培训机构品牌在自己的领域内不断圈地扩大，将标准化和专业化的运营模式向全国推广，这也是中国培训业未来的发展格局。

按照现行行业统计和政府行业管理体制的分类，出版业主要包括：（1）出版书报刊、音像、电子出版物的报刊社、出版社；（2）提供印刷、复制、加工、服务的印刷厂、光盘公司；（3）出版物销售系统的新华书店、外文书店；（4）出版外贸公司和印刷物资供应公司。另外，按照现行出版业管理体制，中国的出版业除了上述四个基本组成部分外，还包括与之相配套的行政管理机关、教育和科研机构以及行业协会等。

当前，媒介融合不只是一场技术革命，更是由技术变革引发行为、消费习惯等变化，进而催生新产业的复杂过程。受其影响，新闻出版业呈现出自己的发展趋势，表现为移动阅读将成为主流阅读方式，社会化阅读蓬勃发展，数据的共享与开放成为生存发展的必需，服务个性化及体验精致化，以社交化黏结用户和通过提升服务、控制能力等措施争夺用户（读者）将成为关键，新闻出版业平台化发展倾向明显，网上阅读付费时代到来等。与此同时，数字出版产业链现状及数字出版对纸介出版产业链的影响，决定了出版产业链中需要一家乃至几家能覆盖市场的大型出版企业，实行真正的现代化管理与全流通。强势企业做大做强，就能发挥出版业的主导作用，将分散的市场资源集中起来，提高整个行业的效益。

二、出版培训的他山之石

因为教育改革的压力，教育工作者需要领会教改精神，不断补充新的知识，改进提高教学方法与思路。美国出版业把握了这个微妙的机遇，一些大的教育出版集团利用自身的强大人才资源优势和其他优势条件为教育工作者提供培训，通过这些培训教育使受训的教师更好地适应本职工作的需求，出版社也通过这个机会发展了新的业务，增加了新的利润点，大型出版集团甚至建立了培训教育服务品牌。这一方面表现较为突出的有培生集团和约翰-威力出版社，培训教育服务与出版业在这些出版社得到了完美的结合。

培生集团自 1920 年转入出版业，距今将近 100 年。在这些年中，专心致力于英语词典的朗文品牌、开发高品质低价位小说的企鹅品牌及哈珀柯林斯教育出版公司相继加入培生集团。目前，在其管理团队的努力下，培生集团转型为专心致力于教育的媒介集团，对于出版业务进行了大力扩张，立志成为全球最大的教育出版商，并推出了教育培训业务。培生集团对集团进行了全教育的服务定位，通过自身的努力，利用知识、教材、教师等资源优势，配合时代发展利用新技术，积极在世界各地开展培训教育服务，通过这些努力，这个大型的出版集团成功转变为教育集团。

作为全球历史最悠久最知名的学术出版社之一，约翰-威力出版社在业界享有很高的声誉。该社凭借着自身的学术优势，开设了面向不同学员的培训班，这些培训班一年开设两次，分为春季培训班和秋季培训班，针对不同的职业人群开设相应的培训项目，比如针对大学系主任的培训，分为基础系列和实践性系列，前者主要面向刚入职的系主任，帮助其尽快熟悉岗位工作内容或方法，使其尽快进入工作状态；后者则主要为有实践经验的系主任提供工作中问题的解决方案或思路，使其进行职业提升。

三、趋势愿景及启示建议

近年来，国外发达市场也加紧了进军中国教育培训市场的步伐，这些国外教育培训机构大多采取的是教育连锁经营的模式，比如加盟授权和特许经营等。与此同时，国内教育培训机构在学习借鉴国际先进的教育模式和教学科技基础上，借助本土的优势研发国内教育产品，也在提高与国际教育集团的竞争力。未来的培训市场将从以前的以培训师为中心转为以学员需求为中心。培训行业在中国还是朝阳产业，随着行业整合力度的加大，未来的培训机构将趋向专注化、品牌化；设置培训课程要想让学员达到预想的效果，必须向个性化、系统化方向发展。

目前国内出版业和国际出版业一样面临着多种挑战，如行业竞争激烈、阅读市场下降、阅读要求提高等问题。面对全球出版业的激烈竞争，国内出版业需要积极面对市场，开发和调整经营思路，为下一步的复杂竞争做好准备。国外出版业的前行经验以及国内出版业的实践行为的指向是，培训教育服务可以使出版业态获得新的活力和利润点。由此带来的启示和建议如下所示：

1. 定位明晰，综合业务

他山之石，可以攻玉。如培生集团，以全教育为定位，把出版和培训教育、开发新技术等作为教育战略中的环节来看待。或者是利用企业的优势资源，进行业务面上的拓展，如霍顿出版社利用作者资源进行培训教育业务等。或者是整合学校的品牌优势，进行多元经营的探索，如人大出版社结合人大学科优势和自身平台资源，构建培训反哺出版的社会效益和经济效益兼顾的商业生态系统。

2. 行业跨界，技术先行

我国正在走新型工业化道路，随着电子信息技术的广泛渗透及融合，不仅出版业的技术基础发生变化，而且现代电子介质出版物将大幅度增长。在出版行业，电子书、数字出版在国内外得到了广泛的应用。伴随着行业边界的模糊化和跨界营销的如火如荼，如果开展培训教育服务能够充分利用新技术进行跨界推广，将对于此项工作的开展和普及有着极大的推动意义。

3. 国际视野，区域整合

培训教育服务作为一种特殊的商品服务，具有课程标准化、可复制性强的特点，基于这个特质，培训教育服务相比较其他行业来说，更要具有前瞻性和远视的规划。对于各项工作的规划也要具有国际化眼光和区域化角度，不能仅仅局限于国内市场或某一地理区域。对于潜力巨大的培训教育服务，国内出版在谋划时也要充分考虑这一点，在技术推广、教材资源方面进行高标准的要求。

4. 立足优势，客户联动

培训教育服务应结合出版社的自身优势进行服务和推广，如培生在英语教材方面的优势等，这使出版机构在开展相关的培训教育服务时具有良好的资源基础和发挥空间。对于国内的出版业也是一样，开展培训教育服务时也要结合其自身的优势特点，如以教辅教材为主要产品线的出版社可以进行教师的教学提高培训，以技术学科出版为专长特色的出版社可以充分发挥作者的专业技能进行专业人才的培训等。只有通过自身优势的发挥，才能最终实现出版机构内部业务上的互补与促进。

参考文献

1. 董建稳. 美国出版业培训教育服务对我国的启示. 编辑之友，2013（5）.
2. 杜建华. 媒介融合背景下新闻出版业发展趋势. 编辑之友，2014（3）.
3. 贺耀敏. 北京推进数字出版产业发展的现实路径. 前线，2014（1）.
4. 蒋士强，杨晓明. 北京培训业发展状况分析. 北京社会科学，2007（5）.
5. 罗紫初. 出版学基础研究. 太原：山西人民出版社，2005.
6. 王伟兵. 培训业进入提升期. 新财经，2014（4）.
7. 吴新林，王仲君. 我国出版业与城市化的相关性研究. 科技管理研究，2013（12）.

关于发挥作者资源开发教育
培训领域的一些思考

·乌 兰·

出版作为传媒产业链条中的一个环节，除了开发优质产品，还可以充分利用自身出版资源进行产业延伸，而拥有一个国内外作者组成的优秀作者群，是出版社作为精神文化产品传播者所独有的优势。人大出版社可以依托自身丰富的作者资源，结合产品策划、产品营销等多环节进行产业链延伸。就教育培训而言，人大出版社的作者众多，文风各异，作品独具特色，资源总量和类型十分丰富，英语培训、考研培训、技能类培训等都能成为培训的入手点。目前，AP（Advanced Placement，即美国大学预修课程）考试培训领域极有发展潜力和空间，发展 AP 考试培训业务有利于带动人大出版社相关纸书和电子书的销售，并进一步优化人大出版社现有的产业结构。如何利用人大出版社已有的 AP 考试的作者资源？如何将 AP 考试类图书及电子书的销售与相关培训业务结合起来？如何着手开展 AP 考试类培训业务？上述问题都值得我们思考。

一、AP 考试及 AP 考试培训的现状

人大出版社有一套 AP 考试复习指导丛书（书单详情请见附录），该丛书由北京王府学校的老师编写，全套共 10 本。AP 课程及考试始于 1955 年，是由美国大学理事会（College Board）主办、在高中阶段开设的具有大学水平的课程，共有 22 个门类、37 个学科。AP 课程及考试可以为高中生达成减免大学学分、降低大学教育成本、缩短大学教育时间的目的，同时 AP 考试成绩可以作为申请大学的一个重要筹码，例如：申请美国 Top30 大学的学生基本都有 2~4 科 AP 成绩。

目前，AP考试培训在我国国内只有新东方较为全面，其他一些民营培训机构尚未大规模开展此项业务。王府学校是人大出版社的出版合作对象，拥有较强的留学培训师资力量，较之其他一些民营培训机构，在 AP 培训方面尤为专业。且目前市场中的大多数民营培训机构在 AP 培训方面所使用的师资力量均很薄弱，往往以兼职、家教式小规模培训为主。AP考试培训在当前的国内市场上有一定容量，尤为难得的是这是一个尚未被各大培训机构瓜分完毕的领域，其专业性和对师资的要求无形之中提高了行业门槛。此外，AP考试的重要性目前在国内留学市场上未得到充分重视，但各方对它的关注已经在逐步升温。可以预见，AP考试的影响力在不久的将来应能媲美目前在国内大热的几项留学考试。

二、人大出版社开展 AP 考试培训业务的优势及积极影响

人大出版社与王府学校合作出版的 AP 考试培训丛书品类较全，除了比较常见的微积分、物理、化学、生物，还有较为少见的科目如美国历史、艺术史等。现已出版的 AP 考试类图书以引进美国原版图书和新东方系列培训图书为主，其他出版机构的 AP 考试类培训图书大多不成体系和规模。人大出版社作为全国知名的大学出版社，可以利用人民大学与自身已树立的口碑进行宣传和推广。据了解，本套图书销量尚可，但在宣传和推广方面还有进一步加强的空间。从近些年培训教材市场的发展来看，考试培训品牌、培训教材二者之间无疑是相辅相成的关系，做强品牌，教材就能畅销，相关业务领域就能很好地拓展开来；教材口碑打响，培训品牌的影响力也能得到大幅度提升。人大出版社与王府学校合作，可以参考近年来培训教材市场的一些公开经验，通过大规模普及教材使用，带动该系列教材的品牌力量提升，在推广中率先树立起 AP 考试培训领域的一个强势教材品牌，抢占这块待开垦的沃土，同时带动人大出版社 AP 考试纸书及电子书的销售，达成双赢的效果。

三、关于可行性的一些思考

综上所述，AP考试培训是一项极有发展潜力的业务，发展 AP 考试培训业务对于人大出版社相关图书销售及产业结构的进一步优化都极为有意义。关于如何利用现有的作者资源，着手开展 AP 考试类培训业务，笔者有下面两点不成熟的思考：

第一，与王府学校合作，利用王府学校现有的师生资源，开展培训业务。北京王府学校是 AP 教学示范学校，在 AP 考试方面师资力量雄厚：已有 35 名教师获得美国大学理事会 AP 课程资格认证，18 名认证 AP 教师获得哈佛大学"新教法"总教练资格，3 名 AP 教师被美国大学理事会授予 ETS 专业阅卷资格。在初期，人大出版社可以和王府学校商谈合作，扩展招生地域，创立 AP 培训品牌，拓展人大出版社在 AP 考试培训行业的知名度和美誉度。具体可以通过制作 AP 考试类图书小册子和课程样章，在 SAT 考场外免费发放，并在考场外发放问卷，通过电话顾问访问等方式，以达到吸引新的生源的目的。

第二，与留学申请机构合作，推广 AP 考试类培训课程。目前，AP 考试类培训机构很少，以新东方发展得最为全面。一些规模较大的留学申请机构，虽也尝试开始培训 SAT 及 AP 培训课程，但缺乏成熟的 AP 培训老师并且学科不完整。人大出版社可以利用王府学校的师资力量和现已出版的 AP 考试类图书，与一些较大的留学申请机构联系洽谈合作（如啄木鸟、天道、太傻、美加百利、启德和金吉列等），提供纸书样书、电子书、宣传册以及高水平的师资力量，以联合招生、利润分成的方式开展较大规模的培训业务。

附录：人大出版社已出版的 AP 考试培训丛书

序号	书全名	作者	ISBN	出版日期	价格（元）
1	AP 物理	赵杰　张云魁	978-7-300-15072-7	2012/3/9	40
2	AP 微积分	余瑶　王劲松	978-7-300-15071-0	2012/4/5	38
3	AP 经济学	傅莹	978-7-300-14803-8	2012/1/6	35
4	AP 艺术史	苏晓佳　余瑶	978-7-300-14804-5	2012/1/6	50
5	AP 宏微观经济学基础教程	李世杰　刘胜利	978-7-300-16713-8	2013/6/1	48
6	AP 微积分基础教程	吕小康	978-7-300-16521-9	2013/1/8	48
7	AP 统计学基础教程	吕小康	978-7-300-16602-5	2013/3/18	45
8	AP 美国历史	惠春琳	978-7-300-13804-6	2011/6/30	38
9	AP 化学	张珊　杨圣婴	978-7-300-13871-8	2011/7/1	35
10	AP 生物	严俊　曾津晶	978-7-300-13810-7	2011/7/1	36

论构建出版社有效的绩效管理

· 苏玉宏 ·

绩效管理是企业人力资源管理的中枢，是企业人力资源管理中的重中之重，在企业的发展战略中具有重要的地位。有效的绩效管理能够促进企业内部管理机制有序高效运转，实现企业的各项经营管理目标；有助于调动员工工作积极性，营造良好的工作氛围，培育和谐向上的企业文化，达到提高竞争力的目的。作为文化企业的出版社也应该从出版社发展的战略高度来认识有效绩效管理的重要性。正确认识和实践有效的绩效管理，增强出版社的科学发展能力，已成为出版社管理的重要内容。

一、出版社有效的绩效管理的重要意义

（一）有效的绩效管理对推动出版社发展，提高管理水平，实现出版社和员工的共同成长具有积极意义

1. 有效的绩效管理能够强有力地推进出版社战略目标的实施。绩效管理是通过将员工个人目标和出版社目标相结合，提高员工绩效来实现出版社发展目标的一个不断循环往复的过程，是出版社实施战略管理的重要载体。

2. 有效的绩效管理能够提高各级管理者的管理水平。绩效管理是管理者与被管理者持续沟通的过程，在这个过程中能够促使管理者对员工进行指导、培养和激励，不断提高管理者的工作水平。

（二）有效的绩效管理对个人的成长具有重要作用

1. 有效的绩效管理，可以使员工充分全面了解自身的工作情况，发现工作中的问题。同时还可以甄别员工的特点，通过绩效沟通和反馈使员工了解自身的优势和劣势。

2. 有效的绩效管理，可以及时对员工作出准确的评价，使员工找到适合自己的岗位，通过扬长避短，发挥自身的优势；能够充分发掘员工潜力，促使员工不断进步，成就自己的职业生涯。

二、出版社在绩效管理中存在的主要问题

1. 片面强调绩效管理的某一环节，缺乏科学、系统、完整、可持续发展的绩效管理思想。许多出版社往往只抓住了绩效管理的一个环节——绩效考核，把绩效考核等同于绩效管理，而在绩效考核中又将重点放在针对眼前追求的目标来设计考核指标上，存在头痛医头脚痛医脚的短期行为，不能对出版社战略作通盘考量，缺乏科学的绩效考核的整体思考，甚至有的出版社更将绩效管理简化为对考核表格的设计、填报和认定工作，而更进一步能够体现现代出版社管理理念的绩效分析、绩效反馈与沟通、绩效改进与提高等工作并没有展开，绩效管理的环节严重缩水，严重影响绩效管理发挥应有的作用。

2. 绩效管理定位不准，所追求的目的存在偏差。在绩效管理中，许多出版社往往把目的仅仅建立在给员工分级、奖金分配上，绩效管理的目的定位过于狭窄。在绩效管理过程中忽略了理清绩效管理流程的工作，放弃了通过绩效管理工作增进出版社和个人进步的功能，使绩效考核的效果大打折扣。绩效管理的不当定位忽视了实现绩效改进与提高这一最终目的，导致绩效管理的真正目的无法实现，从而大大降低了绩效管理的功能和作用。

3. 绩效指标设计不当，绩效考核流于形式。一些出版社在设计绩效指标时与出版社战略发展目标脱节，甚至与出版社当年的工作目标缺乏匹配性，不能将出版社的发展目标有效地分解到部门，二者之间不能实现有效的承接；员工的绩效指标也不是从部门的工作目标逐层分解得到，而是根据各自的工作内容提出。实际的操作中大多采用一些无准确定义的指标来考核员工，导致绩效管理流于形式。

4. 绩效管理标准不规范，考核行为不够科学合理。没有科学的对工作岗位的分析，绩效考核标准模糊，定性化指标太多，即使设计了量化指标，也缺乏对量化指标的准确把握，考核执行难。在绩效考核过程中，考核者在考核时常以个人的主观感觉为主，通常根据自己对被考核者的主观印象来进行，存在你好我好大家好的好好现象，甚至考核者的个人偏见也融于考核之中，缺乏客观的判断和

评价，以致考核不公正，考核结果指导性不强，影响了绩效考核的公平性和科学性。

5. 员工对绩效管理疏离，主动参与度低，甚至产生抵触心理。由于绩效管理程序的不完整性，员工认为绩效管理仅仅是人力资源部门的工作，各级管理者和职工的参与度不够，积极性不高，成为绩效管理的被动接受者；绩效管理定位的局限性也导致员工认为考核只是填填表打打分走走形式而已，并不能触及工作的改进、效率的提高和个人的成长等较深的层面。但实质上员工参与和支持的程度才是绩效管理工作成败的关键。

三、构建有效的绩效管理体系的重点工作

绩效管理的重要性和现实性要求出版社必须摆脱传统人事管理思想的束缚，重新认识现代人力资源管理理念。要实现从绩效考核向绩效管理的提升，应按照现代出版社管理思想，建立起完整科学有效的绩效管理体系，不断提升出版社的绩效水平，推动实现出版社的战略目标。

首先，要做好绩效管理的基础性工作——进行科学的工作分析。科学的工作分析，第一步要了解所有岗位的工作目标、工作任务、工作内容、工作联系的范围、工作中的上下级关系、任职资格等因素，具体操作时可以采用一些工作分析方法，如工作日志法、访谈法、问卷调查法、实际观察法等，取得详尽的资料。第二步，根据所获资料，先确定每一个部门的职责，再将部门职责分解到部门的每一个岗位，明晰各岗位间的工作分工和相互关系，确定岗位职责，形成岗位工作说明书。第三步，根据准确明晰的岗位工作说明书，确定绩效标准。如果说工作说明书明确了员工该干什么，而绩效标准则是解决干到什么程度的问题，如此才能将对员工所做工作的要求完全确认下来。

其次，准确定位绩效管理，提升绩效管理水平。绩效管理的定位也就是要解决绩效管理的目的与方向的问题。绩效管理以评价当前工作业绩为重点，兼顾未来绩效改进，并定睛战略目标的实现，其根本目的是为了持续改善个人和出版社的绩效，最终实现出版社目标。因此，出版社要根据自己发展的阶段和业务的特点、自身文化等来组织实施绩效管理，努力确保员工的工作行为和工作成果与出版社目标保持一致。

再次，要加强培训，确保绩效管理的实施。出版社绩效管理之所以出现上述

问题，其中一个主要原因就是各级人员的观念、技能跟不上绩效管理的要求。必须对上至高层领导、下至基层员工进行各有侧重的引导和培训，努力促成考核者、被考核者观念的转变、态度的端正、理解的正确和执行的有效。对出版社管理者而言，需要更新绩效管理观念，提升绩效管理能力，充分理解绩效管理方案，组织员工实施绩效管理。对基层员工而言，通过绩效管理，要及时了解自己工作中存在的问题和不足，明确改进的方向和目标，从而让个人的能力随着绩效考核的推行而不断得到提高。

第四，科学设计绩效指标，客观制定考核标准。绩效指标的制定必须是在出版社发展战略的指导下，将出版社的各项指标由出版社到部门，由部门到个人，层层分解下去。第一，要根据个人的年度工作目标，结合岗位的工作内容、性质，初步确定该岗位绩效考核的各项要素。第二，要综合考虑个人在工作流程中扮演的角色、责任以及同上下游之间的关系，来最终确定各个岗位的绩效指标和考核标准。

最后，梳理绩效管理流程，建立完整的绩效管理体系。一个完整的绩效管理流程应该是绩效计划、绩效辅导、绩效评价与沟通反馈和绩效结果应用四个步骤的循环。制定绩效计划时要结合部门工作重点和目标，设计考核体系，确定岗位绩效指标。在实施绩效辅导阶段，要帮助员工不断改进工作方法和技能，随时纠正员工行为与目标的偏离，并对目标进行跟踪与修改。在绩效评价与沟通反馈阶段，绩效评价要客观公正，并及时反馈，使员工了解自己的绩效状况，明确下一步的奋斗目标。完成考核后，要将绩效考核的结果应用于薪酬、晋升、调配、培训、辞退等各项具体的人力资源决策中，同时还要为员工的职业生涯设计提供建议等，形成有效的绩效激励体系。

四、构建有效的绩效管理还需关注的问题

1. 培育和谐向上的出版社文化，为构建有效的绩效管理体系营造良好的氛围。中国人自古讲究和追求和为贵，有着不愿得罪人的文化积淀，在企业文化中体现出的就是"老好人"文化，具体反映在绩效考核中的现象就是考核者一般不愿作出负面评价。这样做的结果是，员工认为考核不公平，他们的上级并没有真正客观准确地评价他们的绩效，而是想方设法，努力寻找平衡。

和谐向上的出版社文化，能够带动员工树立与出版社一致的目标，并在个人

奋斗的过程中与出版社目标始终保持协调一致，能够为员工提供有形和无形的道德约束与行为准则，形成一种具有激励作用的工作气氛，实现正确有效的引导。因此，一个出版社的绩效管理体系想要顺利实施和有效运行，必须建立一种摒弃"好好先生"、"你好我好大家好"的老好人现象，营造绩效激励导向的文化氛围。

和谐向上的出版社文化应包含以下内容：（1）以人为本。着力营造以依靠人、关心人、激励人、塑造人为核心的人本文化氛围，搭建一个实现自我价值的平台，激发员工的潜力，最大限度地发挥人的自觉性和创造性。（2）奖惩分明。创造一种公平的绩效考核环境，营造一种积极沟通的氛围，根据绩效的优劣实施符合实际的赏罚。（3）鼓励员工学习，创建学习型组织。积极为员工创造工作和岗位必需的学习、培训机会，不断提高员工素质和知识能力水平。（4）健全和完善制度，使制度与文化相一致，提高员工的认同感。一方面通过文化认同，对员工形成心理契约，进行约束；另一方面相关理念可以在制度中体现，通过制度进行贯彻。（5）创造良性竞争的工作氛围，使员工互相学习，互相帮助，在比学赶帮超中成就自己的职业生涯。

2. 塑造主动沟通的出版社氛围，建立有效的绩效沟通和绩效反馈机制。有人把沟通称作绩效管理的"灵魂"，沟通的重要性可见一斑。可以这么讲，不善于沟通的管理者不可能带出一个高绩效的团队，再完美的绩效管理制度都无法弥补管理者与员工缺乏沟通带来的消极影响。沟通要贯穿绩效管理的各个环节，在绩效管理的整个过程中都应发挥积极的影响。在制定绩效计划时需要管理者和被管理者就下一阶段的目标充分沟通达成一致；在绩效辅导环节，如果绩效计划的实施中出现了偏差而需纠偏时更离不开沟通交流；在绩效评价环节，双方在对照标准后需要沟通交换意见；而绩效反馈面谈时更是离不开沟通——"谈"的内容。

建立有效的绩效沟通和反馈机制，主要包括两方面内容：一是绩效考核信息的及时反馈。绩效考核的重要目的之一是员工技能的开发与提高，因此绩效考核的结果要及时反馈给员工，让员工及时了解对自己工作的评价，以发挥自己的优点，及时改正缺点；这也有助于增强考核工作的透明性和公开性，以利于激励员工，并推动考核目标的实现。二是绩效考核后期的追踪管理，没有有效的追踪，员工很难觉察自身存在的问题，也不可能通过自觉自律完善自己的工作。

所以，出版社要塑造一种上下级之间无缝沟通的文化氛围。要塑造这种文化气氛围，首先，出版社高层领导应该身体力行，养成主动沟通的好习惯。作为出版社文化的建设者，也是出版社文化的传播者，高层领导的一言一行都将直接影响下级的行为和对文化的认同。只有将沟通这一绩效管理的精髓思想和方法深刻领会并切实运用到管理之中，才会真正理解沟通将会为一个出版社发展所带来的深远的影响。其次，出版社的中层管理者，要在绩效考核的整个过程中都与员工保持顺畅的沟通，在员工表现优秀的时候给予及时的表扬和鼓励，以扩大正面行为所带来的积极影响，强化员工的积极表现，给员工一个认可的机会；在员工表现不佳，没有完成工作的时候，也应及时真诚地予以指出，以提醒员工要改正和调整。

　　总之，利用有效的绩效管理来推动企业战略目标的实现，增强企业的竞争力，已经成为众多企业家面临的最为迫切的任务之一，出版社也应为构建有效的绩效管理体系积极努力。

出版社法务工作岗位分析与设计

·李剑坤·

2010 年 12 月 30 日，人大出版社正式在工商局注册为"中国人民大学出版社有限公司"，这一事件既是人大出版社前期公司化治理、市场化运作和转企改制工作的阶段性总结，也应当对以后的发展和管理产生持续的影响力。同时，数字网络使信息海量膨胀，市场经济中各种现象纷繁复杂，人大出版社在加大出版力度、探索多种出版业态和开展多种经营时，也不可避免地遇到各类著作权纠纷和诸多法律事务，且有上升的趋势。这将出版社法务工作提上了议程。2014 年工作布置会上，李永强社长也提出了关于法务工作的设想。

现对出版社设置法务工作岗位的必要性、岗位职责和职能定位作一些初步的分析与设计。

一、出版法律事务的总体概况和基础分析

1. 重要性：管理的要素与线索

首先要澄清一个概念：认为法务工作只是消极、被动地应对诉讼和纠纷事宜的观点是不全面的，这只是其中一个重要方面；对于公司法务的职能定位来讲，规避风险、规范管理、规制流程是更根本的职能。从这个角度讲，法律事务工作是一个组织内部管理工作的重要构成要素和贯穿整个管理流程的重要抓手。

对于传统型组织来讲，针对人有人力资源部，针对财有财务部，针对物有行政部，这些都是综合管理或服务部门，其职能涉及组织内的各个职能部门，是按照"条"来划分的，不同于按照"块"也即业务领域划分的部门，比如销售部、市场部、发行部、数字部和各分社等职能业务部门。一个组织的整体管理规范程度，往往取决于这些综合管理部门的规范程度。

相对于行政部、财务部、人力资源部等综合管理部门，在现代企业组织和市场环境中，尤其在现代企业制度和公司治理结构中，法律事务是更为基本的一个要素和抓手。比如，人力管理涉及人事仲裁和劳动保障等法律事务，财务管理涉及税法和财会政策等法律事务，行政办公事务也涉及采购、招标、租赁、物业、消防等法律法规和规范文件。其他职能业务部门也越来越多地涉及法律业务，比如出版合同履行、版权纠纷、侵权纠纷、维权诉求等等。但正因为法律事务更加基本，也更易被忽略，还没有引起组织的足够重视。

结论是：相比较而言，对于管理规范潜力的挖掘，法律事务的专门化和专业化是一个很好的切入口。相比较财务偏重后期的监督和规范，它更加注重全流程；相比较人力和办公等管理，它涉及面更全。

2. 必要性：行业、企业与事业的需要

从行业的层面来说，出版业的法律事务管理是滞后于其他行业发展的。总体来讲，出版业市场化水平在起始时间和进展程度方面是赶不上其他行业的，事实上，出版产业化也是国家近年来提出和大力推动的，出版企业和集团在这一阶段更加注重法人规范治理，一些拟上市集团更对法律治理提出了更高要求。所以，出版行业尽管在著作权等方面一直存在各类纠纷和法律诉求，但出版业内部的法务工作专门化程度并不高。人大出版社现在年码洋超过 9 亿元，在职员工超过500 人，但未设专门的法务部和法务岗位。而其他行业相同规模的公司，大多是有专门法务部门或者法务岗位的。

从企业的层面来讲，出版法律事务的专门化和专业化已经成为一种趋势。根据现在掌握的信息，一些大型出版集团和出版社，已经设立法务部或者法务工作岗位。比如，高等教育出版社设立了法律事务与版权管理部，仅打击盗版的相关工作人员便有约 3 人，这是因为高教社估计其每年在各种渠道尤其在互联网上出现的盗版图书销售码洋达到 3 个多亿。人民出版社作为一家事业单位，也在 2012年专设法律事务部，据目前掌握的信息，其有工作人员 2 人。全国大学出版社目前还没有设立专门法务部的，一般将其职能放在社办、总编室、版权部。不论是专门设立法务部门，或者将其职能放在其他综合部门，各出版社都会涉及法律事务，而且设立专门的法务岗位或部门已经成为一个发展趋势。

从事业的层面来说，出版法律事务专门化也提上了工作日程。以人大出版社为例，出版社新业务不断开展，如数字出版中心的数字版权业务、培训中心的培训业务、合资公司的业务开展和治理探索，以及日益增多的侵权、盗版、人事法律诉讼类纠纷和非诉法律业务处理，对出版法律业务提出更高、更多的要求。尤其是社内很多工作流程还有待规范，内部规章制度的合规与理顺、各类重要合同和文档的归档等内部管理方面还有大量细致工作要做。

结论是：法律事务工作已经成为出版社的一个短板，某种程度上不利于出版社的进一步规范和发展。设立法务工作岗位或法务部成为一个必然的选择。

二、出版法律事务工作的模式分析与选择

1. 出版法律事务工作的理论工作模式

我们按照一个组织处理法律事务的专业性和独立性程度从高到低的顺序，可以粗略地把出版社法律事务工作分为下列三种模式：

（1）专设法务部，部内专设法务岗位。法务部负责处理本组织一切简单或复杂的法律事务，并与律所合作，聘请咨询律师，就重要法律纠纷和重大法律事项，邀请固定合作律所咨询律师提供建设性专业意见，并共同商议对策，主持处理。法务岗位视业务情况和人员数量分工负责各自的法律业务。该模式对法务部的业务量和专业水平要求较高。

（2）专设法务岗位，不设法务部。招聘具有法律专业背景或工作经验的人员，专人统一负责公司日常法律业务，负责处理常规性和规范性法律事务，并与合作律所沟通协调，重要法律诉讼和事务主要由合作律所专业律师主导，公司法务人员积极参与、协助、督报。

（3）不设法务部，也不设法务岗位，法律业务职能挂在相关科室。出现法律性事务和纠纷时，由不特定相关工作人员联系合作律所法律顾问予以处理。法律事务全部外包给公司外部法律顾问处理，公司内部相关工作人员和非专职管理法律事务的人员仅提供相关的业务信息和知识，不有效参与专业法律过程。

需要说明的是，某种程度上讲，设立法务部或法务岗位只是称谓的不同，以及公司法律事务处理的专业水平和独立性程度不同。同一种工作模式下，因为不同组织的法律事务专业性和独立性程度不一，与专业律师对法律事务的主动性、主导性也不一样。但任何一种模式下，与专业律师的合作是必不可少的，这也是任何一个组织法务工作的必然选择。

2. 人大出版社目前采用法律业务外包的工作模式

自新世纪以来，人大出版社采取与律所签订法律顾问合同，通过法律业务外

包和借助外部专业人才即"外脑"的方式，对出版相关法律事务开展工作。这期间，合作律所不仅代为人大出版社处理涉诉业务，代为追偿欠债欠款，维护人大出版社合法权益，也代为审核合同，尤其是规范了出版合同、劳动合同等系列范式合同，争取了包括著作权合同中的数字权益、整理权益等延伸权利，最大程度保障了出版方的利益。总体来说，通过法律顾问的方式开展出版社法律相关工作对人大出版社法律风险控制、法律权益维护、法律问题咨询、法律事务处理水平的提高都很有裨益。

人大出版社专门负责与合作律所对口的职能放在社办公室，主要负责协助续签《法律顾问聘用合同》并按年度结算费用，作为出版社与律所的连接桥梁转送法律文书、沟通业务信息与法律信息，经手、参与总社或各部门的部分法律事务与纠纷。

3. 对合作律所的过度依赖和内部合规管理的缺失

目前人大出版社无专人具专业背景专职负责法律事务，法律业务完全外包给合作律所，导致法务工作独立性不足，对律所依赖过度。因为没有专门岗位负责，已多次出现相关业务部门提出侵权线索或对人大出版社权益和声誉有损的事件诉求时，总社层面得不到有效反应和持续关注的情形。在既有律所合作模式中，出版社法律权益保障属于单向、被动保护模式。所谓单向，即其他组织和法律实体向人大出版社提出法律诉求时，合作律所方代为处理相关业务；对其他组织和法律实体侵害人大出版社法律权益时由律所代为维护权益，根据现有合作协议是要另外收取费用的。所谓被动，即对相关法律事务合作律所遵循"不告不理"的原则，对出版社内部事务与制度流程规范，律所专业律师因为不常驻在组织内，很难起到作用，而这种作用是日常、内敛、制度和防范性的，有利于规范公司治理制度的成型。

同时，法律业务量也在不断扩大，不仅已有法律案件不断增多，而且新的业态层出不穷。比如一些图片公司专门以各出版社图片侵权为由设置钓鱼销售，一些网络侵权与盗版蚕食出版社市场和利润的情形正在加剧，等等，都需要有组织内的法务专门、持续、主动负责维护组织法律权益。

4. 选择设置法务岗位的经济分析和专业分析

根据现有情形，人大出版社可采用设立法务岗位＋专业律师的工作模式。

专业律师提供咨询指导和处理重要法律事务必不可少。虽然内部法务和专业律师都致力于专门法律事务，但专业律师为很多出版企业服务，处理相关法律业务的面和量都大于公司法务，累计法律专业经验和水平通常高于公司法务。律师对重要事宜展开团队研讨，其提供的建议和应对策略、辩护策略更严谨，在重大法律事项中可以更充分地维护出版社的利益。另外，专业律师收入高于公司法务很多，这也导致人才的流动，一些专业律师具有注会证、律师证等多种证照，具备多领域多年的阅历和经验，是出版企业难得的法律和专业智库与外脑。

从经济的角度来看，人大出版社 2013—2014 年度全社律师咨询费为 8 万元，而这个数目的费用很难支付一名初级公司法务的全年人力成本。该项支出是较为廉价的。这是因为一名专业律师不用坐班，可以为多家出版社提供法律服务，而各出版社法律事务和纠纷也不是天天有，从而出现"公地利益"。这是一个双赢的选择。但这不能成为不设立法务岗位的理由。如前所述，出版社已经出现了很多法律业务空白区，迫切需要设立至少 1 个法务岗位，以提高自身法律事务处理的主动性和独立性，统一处理相关事宜，与专业律师密切配合，相互促进，共同提高人大出版社的法律事务处理能力和法律纠纷应对能力。

三、出版社法务岗位的职能定位与岗位职责分析

定岗定责才能落实工作，否则，就会出现不知道要干什么，知道要干什么但知道不干没坏处，知道要干什么但知道干了没好处的情形。总体来讲，法务工作不创造利润，但可以减少损失，这就是利润；法务工作不处理数据，版税、折扣是业务部门的策略，但法务工作可以审核条款、规避风险、防患于未然；法务工作应参与流程、制度的制定，力求合乎规范；应参与法律纠纷处理，维护组织法律权益。从设计上，法务岗位职责应与专业律师的定位互补，提升本组织法律业务处理的延续性、独立性和专业水平。下面根据笔者在社办兼职处理相关事宜的体会，大致汇总一下法务岗位的岗位职责应该包含什么：

（1）整理案卷。案卷不是死的历史，对于法律工作而言，它就是与出版高度相关的经验和案例的累积。比如近期处理一起劳动人事奖金纠纷，实际上在 3 年前人大出版社就有一个法律判例，法院判决列出了各类依据，我们可以直接参照处理。社办目前收到法律传单、起诉状、证据原件、法院判决原件和律师函等，都会收集整理在一起。这项工作需要参照律所的归档制度予以细化，同时应加强与律所的信息沟通，将涉及人大出版社案件的律所的答辩状等体现专业律师策略和水平的文档备份给出版社。这是一项重要的基本工作。

（2）代理出庭。目前，出版社工作人员在庭审过程中旁听，但是不参与。在相关证据的提供方面，社办会加以积极协调，参与过程，但出庭应诉的经历还没有。其实在法律程序方面，本单位工作人员提供劳动合同可以代理出庭。法务人员在没有其他更紧迫工作的情形下，应该作为诉讼代理人与律师一起出庭，一来可以累积经验，二来法庭对出版社实际情形和专业内容也会更了解，更有利于全面保障出版社利益。代理出庭包括出庭应诉和出庭起诉，在一些非关键案件或审判中，公司法务可以单独代理出版社出庭起诉，从而不用额外支付合作律所代理费用。

（3）维权打盗。这是人大出版社现在的职能薄弱点，上面也提到，已经多次出现失声局面。维权侧重于其他出版社对人大出版社利益的侵犯，这样的案例客观存在，而且有时赔付额还较大；打击盗版更多是配合文化执法的行政行为，但目前网络的盗版方式多样、形势严峻。这两项工作都是见效慢、难度高的法律问题，尤其在新兴的网络打击盗版方面，涉及取证、执行、查办等很多问题，需要专人持续跟踪。而对于维权工作，如果开展好了，不仅可以让侵权主体停止侵权行为，而且可以让其依判决支付大额赔偿金，打破法务只花钱不挣钱的定律。但人大出版社现在连出具律师函的基本威慑和诉求功能也未能实现。

（4）统一管理、审核合同。目前出版社合同管理还不是非常完善。总体来说，总编室的出版合同制式和备案存档历来就是完善独立的，人力资源部劳动合同的制式和归档管理也是很完善的，国际合作部也有专门的格式合同和合同存放管理体系。除此以外，其他业务部门的合同是零散的、变动的。有的会提交律师审核再予签订，有的直接就签订了，还有的合同盖章时还没有负责人甚至经手人签字。这些合同的统一审核制度、规范管理制度，应该是法务工作的一个重要方面。法务岗位应统一经手非制式合同，予以审核，或者委托给律师审核，并按部门、日期归档电子版，统一打印纸质版。对于重要合同的审签，应有相关的流程的责任人签字制度。对于非制式合同的存档，也应该明确责任，统一保存。

（5）内部规程制度流程合规审查。就现代企业法人来说，法律对于内部管理与流程的合规性、规范性与风险防范制度设计也非常重要。专业律师因为不常驻出版社，对出版社内部情况了解不深入，不可能深入参与设计规章制度与各项流程。公司法务应该通过参与制定与更新制度、理清办事流程的方式，提高组织内部管理的合规性。比如，关于各业务合同签订权限的研究与规定、人事劳务制度的公示方式与途径等，公司法务都应付出自己的劳动、做出自己的贡献。这是一个渐进的探索过程。

（6）统一汇报制度。各部门各自为政，全社范围没有统一的制度，而专业律师因顾及多个出版社，不能为一个出版社提供专门服务，导致很多法律事务口径不一、信息涣散，全社并没有一个机构或部门可以掌握这些信息。法务岗位应以季度或半年，就内部制度事宜、法律纠纷事宜等向社领导提供各部门法律业务情况统计表，提供数据信息参考，并开展适度分析，提示风险，提出改进意见，让社领导对全社法律事务做到心中有数。

法务岗位的职能还远不止上述提到的方面，在业务部门法律咨询、律师函处理、参与谈判、调解或和解纠纷、取证、办理公证、申请财产保全或强制执行等方面，法务岗位都可以承担一定职责。初期调研阶段，笔者找了两家公司的法务部工作制度规范，但多是概要性规定。出版社设立法务岗位，其岗位职责和定位也需要在实际工作中进一步探索、完善。总体感觉，目前阶段应该设立该岗位，由专人负责专事。以上意见和设想不代表任何部门，仅为个人学习的结果。

对维权打盗工作的情况分析及建议

·李六中·

随着中国文化产业快速发展，国内出版物市场迅速扩大，竞争日益激烈。与此同时，寄生于出版物市场中的各种盗版活动也越加猖狂。盗版活动违反法律，损害版权所有权人的利益，对以创新推动社会进步的国家战略造成极大破坏，严重损害我国国际形象，必须给予坚决打击。

有效打击盗版，捍卫法律法规尊严，维护权利人的合法权益，首先要了解国内盗版活动的大致状况，然后分析盗版活动的特点和变化，理清打盗维权工作的各种措施，进而深入探讨，提出较为切实有效的建议。

一、国内盗版活动概况

盗版是偷窃盗取他人版权的活动之简称，是一种侵犯知识产权的严重犯罪。盗版犯罪行为侵犯的对象都是合法出版物。按照出版物的不同形态，可将盗版活动大致分为实物盗版与网络盗版。

1. 实物盗版

实物盗版，指以印刷品，音像制品，各种电子出版物如光盘、电子书、iPad等摸得着、拿得起的出版物为侵犯目标所进行的盗印、盗制、盗运、盗销和库房窝藏等项非法活动。最常见的是书刊盗版和光盘盗版。

书刊盗版活动主要指向图书，包括教材和一般图书。教材，包括大中小学各科课本和学习辅导书，各类成人教育、职业教育、在职培训和各种职业考试用书。一般图书，指教材之外的各类书，略分为文学（虚拟作品）和非文学两大类。被盗版书刊基本上是热门教材和一般图书中的畅销作品。教材、教辅和考试类的书被盗版的品种最多，数量最大。

盗版光盘大多涉及黄色淫秽内容，以及进口影视作品中代表西方没落文化渗透、入侵类的东西，偶尔也查出有政治上反动或宣扬宗教迷信等落后内容的光盘。

2. 网络盗版

网络盗版包含多种方式，一是利用网站，从网上搜索到合法出版的音频视频内容，然后通过非授权链接或复制发到网上，任上网者随意使用，盗版分子借此获得大量点击人群关注，向他们推销其产品，或是靠很高的点击量直接获得广告客户的报偿，使网上合法出版物的权利人利益由此而遭受损害。二是利用淘宝网等网站提供的电子商务平台，以低价、超低价兜售各种盗版图书和光盘。

一直以来，盗版犯罪为害最深的是实物出版，伴随网络信息技术和电子商务迅速发展，网上盗版正逐渐成为盗版分子的主要作案方式。

从发案地域看，盗版现象分布于全国城乡，几乎每个省份都存在。最严重的省市有河南、山东、广东、河北、辽宁、北京、江西、湖北、湖南、四川等地。

从盗版物的类别观察，教材、教辅、考试等类盗版物多泛滥于高校及周边区域；一般图书和音频视频光盘的主销地比较分散，通常在各地文化图书批销市场和人口集中的车站、码头等交通枢纽，以及商业街区、旅游景点附近。

近年来，国内法律法规针对盗版犯罪的惩治越来越严厉，各地文化市场行政执法队伍也一再加强巡查，但盗版现象还是屡禁不止、打而复生，大有野火烧不尽之势。从北上广深等一线城市到二线省会城市和计划单列市，从二三线大城市到中小城镇，买卖盗版物的现象到处可见。虽然全国每年都有破获盗版大案要案的辉煌纪录，但盗版活动总体状况仍然相当严重，不容盲目乐观，应该引起社会各界高度关注。必须像关心环境保护那样，关心我国文化的存在与发展环境。

二、盗版犯罪的特点及变化

1. 盗版活动的主要特点

盗版活动最突出的特点是唯利是图、铤而走险，为了赚钱不择手段。很多盗版分子的文化水平不高，但感觉敏锐，作案经验丰富，能根据市场情况变化紧紧盯住最畅销和最常销的出版物不放，一有动静就立即出手，力求抢先推出盗版物。

从事盗版活动的人，大都知道自己所干勾当属于违法活动，所以大规模的盗版活动一般都隐蔽进行。那些在街头公开零售的书摊小贩，多为入行时间不久、经营规模不大者。公开售卖风险大、本小利微，但人数众多、分布很广，难以彻底管住。而善于隐蔽活动的正是大规模盗版的惯犯，一般不易被发现或很难抓住证据。

目前，盗版活动已呈现出向电子商务和网络销售平台转移的趋向。盗版商很快便适应了电商环境，在网页上以低价、超低价推销产品，一律自称正版，实际上是挂羊头卖狗肉，乘机销售盗版物；也有人打着出售二手书或旧书的旗号公然销售盗版物，或者将正版物与盗版货掺和在一起卖，增加了查处难度。

归纳上述情况，可见盗版分子具有贪婪、狡猾等基本特点。

2．近年来盗版活动的主要变化

（1）纵向整合，从个体分散售卖到上下游联动系列化作案。

国内盗版活动由来已久，从改革开放之初国内放开图书发行渠道伊始就产生了。几十年来盗版与打盗版之间的搏斗一直没有停止。早期盗版活动多是某一印刷厂盗印，或是某个书店盗销，印厂与书店之间并没有形成一体。

发展到今天，盗版活动已经形成生产与储运、销售等各环节协同一致、密切配合，编印储运销一条龙作业的系列化经营模式。很多盗版公司内部不再是单一地印制或销售，而是集中了出版行业的多道工序于一体；或者是由几个盗版团伙联手作案，这家负责印刷，那家专做销售，另一个经管库房，勾结为分工协作的专业化犯罪组织。

（2）横向拓宽，从局限于地区活动到跨越省市集团犯罪。

盗版团伙做大之后，必然要求冲破地域限制，由本地向外乡延伸，从本省到搞跨区域联动。这样做一来企图侥幸躲过打击，二是能充分利用不同地区的优势，求得资源共尝、利益共享，可以降低作案成本，提高盗版成功率。

现在通信发达，即使远距离作案，也可以通过手机、网络等新技术手段保持信息互通，更便于闻风而逃，及时避开追查。

3．网络盗版成为来势汹汹的犯罪新形式

随着网络科技的迅速发展，电子商务、网络营销异军突起，逐渐成为现代商业、服务业新兴的经营模式。追逐利润而动的盗版书商看到这种变化，立即开始频频活跃于淘宝网等电子商务平台上，网络盗版由此出现，且较快便成为盗版活动的主要形式。这是近年来国内盗版活动最显著的变化。

三、目前常用的打盗措施及其实施效果

看到盗版分子猖狂活动的情况及其不断变化的过程，人们可能会产生疑问，我们的法院、检察院和政府部门到哪去了？实际上，不仅政府部门、公共机构，而且作为版权权利人的出版单位和作者，都始终在同盗版分子进行坚决的斗争，并且取得了很大成绩和丰富经验，掌握了多渠道、多方法打击盗版的成熟工作模式。这些模式主要有以下几种：

1. 频繁巡查图书文化批销市场和案件高发区域

各省份的图书音像批销市场是重要的出版物集散地，由于批销量大、货源丰富，便成为盗版商频繁活动的地方。巡查图书音像批销市场是各地区文化市场行政执法队伍的日常工作方式。这样做可以起到震慑犯罪、监督文化市场销售内容健康有益的出版物的作用，因而是行政执法队伍不可缺少的基本执法手段。

但是不容讳言，这种方法存在着两个缺陷：一是反应被动，不能主动及时地发现盗版。盗版分子闻知检查人员要来，会立即把赃物隐藏起来，而用正版书敷衍检查人员，以躲避查处，待检查者一离开，就照样售卖盗版物。二是不能全面监控市场，容易给盗版留出较大时空。检查者不可能把全部时间都花在一处，这样一来被管理者就会钻空子，伺机图谋不轨。

2. 通过举报线索寻查

现在有很多读者和知情人通过电话、短信等方式来举报盗版，也有人来电要求对他们购买的图书辨别真伪。这些都是发现盗版活动线索的重要来源，很多大案要案的侦破，就是从读者举报入手的。

现有举报方式存在的不足是：举报者所反映情况可能早已发生，延迟或错过了办案良机；有时报来的证据不足或真假难辨，有些信息捕风捉影，严重失实；有时仅凭只言片语举报，导致判断失误；还有竞争对手之间捏造证据，故意构陷。

3. 网上追踪与监控

对付网络盗版活动经常采用的做法是网上追踪，即派人每天上网搜索，重点盯住那些对本单位产品传播冲击较大的网站；上网时，特别注意查找政治性强的书籍和重点教材、重点图书，发现问题立即向执法机关举报，或向网络服务商投诉。这是目前打击网络盗版的常用方法。

这种办法的缺陷是：投入时间和精力较多，而实际效果不很好。人总有离线

的时候，不可能时时刻刻待在网上，一旦离线很容易漏过盗版网页。而如果要求 365 天每天 24 小时都有人盯着电子商铺的活动，那样会增加太多经费，也会因人员精力消耗过大而难以产生满意效果。

四、对维权打盗工作的建议

了解分析了盗版活动的大体情况、特点和目前常用的各种打盗方法之优势与不足后，笔者有针对地提出以下几点建议：

1. 完善与知识产权相关的各项法律法规，为维权打盗工作提供有力的法律保障

法律法规是打盗维权的尚方宝剑，是法院办案和公民行为的准则与依据，如果缺少针对性明确、详细的条款，会使盗版分子有机可乘。由于现行法律法规对网络服务商有义务监管签约网店经营并对其违法活动承担相应连带责任缺少指向明确、规范详细的条款，会使权利人和执法机关在查处此类案件时因找不到适用的依据而难以维权或办案。亚马逊网就曾针对权利人让其消除该网第三方平台上的疑似盗版页面的要求而提出，如果你们能举出具体的法律规定，我们美国公司肯定会遵照执行。但遗憾的是现行法律法规缺乏有针对性的相应内容，致使不法商贩得以在该网横行无忌。权利人对此只能束手无策、被动应付。

相信随着国家法治建设的持续推进，有关保护知识产权的法律法规会不断完善，对网络服务商的经营行为会有更为明确的约束与规范。由此网络经营将严格依法而行，逐渐将网上盗版活动肃清。当然，这很可能是一个相当漫长的过程。打击犯罪，时不我待，不断完善法律法规是打盗维权工作最基本的保障，国家立法与行政部门必须抓紧进行。

2. 加强行政执法力量，更好地保护版权利益

对目前国内快速扩展的图书文化事业，各地文化行政执法队伍无论从数量还是素质方面都尚难适应。文化市场在扩大，执法队员的数量本应按比例增加，而更重要的是执法人员的素质要不断提高。专业执法者的道德水平与职业素质，是决定执法水平和工作效率的首要环节。如果执法人员素质不高，则增加再多的人手也不会收到良好效果，这早已在实际中得到证明。有些地方新闻出版局的领导和下属人员与盗版分子互相勾结、狼狈为奸、串通作案，致使当地盗版活动猖獗，成为远近闻名的盗版基地。像这样的腐败分子虽然是少数，但其影响极坏，

破坏力至大。对此决不能掉以轻心，要防微杜渐，经常对执法队伍加强教育，使警钟长鸣在执法人员的耳边，以保持执法队伍的纯洁性与高效率。

我国现有的行政执法制度与组织应具备更强的灵活性与快速反应能力。文化行政执法干警闻报而动、及时出击，方可拿到有力的人证物证；而拖延时日、作风稀松，则会错失良机，减少和削弱打盗力度。

为了更好地促使行政机关担负起本职重任，于提高政府人员责任心，加强其思想教育、业务考核和纪律规范的同时，当前尤其应重视落实政务公开，以方便广大群众随时随地监督政府工作人员的态度和表现，动员全社会的力量投入保护知识产权的大业。

3. 出版单位要自觉提升维权打盗的自觉性和工作的主动性

专业行政执法队伍是打击盗版的主力军，但因专业队伍编制有限，不可能轻易增加，而盗版分子却在加紧活动，当此之际，各出版单位作为著作权权利人，应该也必须挺身而出，积极参与打盗维权行动，与政府执法队伍密切配合，有效地增加全社会维权打盗队伍的总体实力。

中共十八届三中全会进一步提高了国内市场的地位，要求政府逐步下放行政权力，这就给广大群众参与社会活动提供了更大的空间。尽管我们不是法定执法者，但按照党的三中全会依靠全体人民来管理社会的总体要求，遵循打击盗版人人有责的精神，每个公民与法人单位都有义务和权利同盗版分子作坚决斗争。即使仅仅是为了维护自身的利益，出版社也没有理由不自觉地投入维权打盗事业。

问题是现在不少出版社的领导，对维权打盗工作的认识还存在着较多误解，甚至存在错误认识。他们以为打击盗版是政府的事，与自己没有多大关系，本单位不应该拿出更多经费，挑选更多的人员进行这项工作。这种认识之所以错误，因为它是放弃国有企业积极承担社会责任和轻视本单位产品安全的表现。以这样的认识和表现怎么可能搞好维权打盗工作呢？

有些维权打盗工作比较出色的出版社，譬如高等教育出版社、外语教学与研究出版社、人民卫生出版社等之能够取得优良业绩，其最重要的经验就是领导重视。这些单位的领导参加维权打盗活动积极热心，能够及时了解打盗工作情况；对打盗部门同志们的辛勤工作经常给予切实鼓励与关心；在经费使用、人身保险等方面都投入了足够力量，由此才结出了丰硕成果。这些经验值得各出版社与所有著作权权利人单位认真学习和虚心效仿。应该采取如下具体有效措施：选派有生力量加强维权打盗队伍，适当增加经费投入，进一步完善各项考核管理制度等等。

4. 强化监管和教育措施，规范网络服务商的经营行为

电子商务正在成为国内发展最快的业态，要使之稳定而健康地成长，需要对网络服务商进行严格的管理。除了督促、指导各个网站建立一套能依法操作和管理的规章制度之外，还要组织其经常学习知识产权法等法律法规，使之依法经营。如果电商服务平台管理规范、制度完善、要求严格，网络店铺就不敢无序经营，更不能进行盗版活动。有了依法搭建的网上平台，盗版分子必无容身之所。

淘宝网作为国内最大的电子商务平台，在加强电商管理、不断强化网络规范方面投入了很大力量，经过数年努力取得了比较显著的成效，为国内电子商务行业树立了一种可行范式。建议国家版权管理部门将淘宝网的管理规范——淘规则，作进一步修改完善，作为网络商务的管理标准向全行业推广。

5. 建立更为务实有效的出版物经营管理制度，采用高科技手段防止盗版分子染指教材出版和网络出版领域

盗版教材是国内盗版活动的主要目标，之所以会这样，是因为教材使用量大，购买力稳定，采购时段集中，书款回收比较快。教材盗版主要集中在高等院校所使用的课本上，因政府对基础教育课本的采购供应有严格要求和固定的发行渠道，盗版分子很难插手。但自从教育部明令取消学校强制性统一购买教材之后，高校教材销售方面便产生很大空间，这个空间被盗版商迅速抢占。

难道学生们就不怕购买盗版教材会影响自己学习吗？原来学生们为图方便，喜欢在学校周边开的小书店里买教材。那里离学校近，不用从大老远往回扛书，图个省力省时，而且老板服务很热情，价钱还便宜。多数学生可支配的钱都不太多，为了少花钱，宁愿购买盗版货，认为只要它不耽误上课、考试就行，而教材又不会长期使用，考试完毕一般就不再用了，他们何乐而不为呢？殊不知盗版教材质量差、差错多，不仅影响学习成绩，而且会妨碍学生们身体健康。

我们经常接到各地学生的来电来信，要求鉴定自己所买的教材是真是假。也不断有学生举报，称自己从班级，甚至从老师那里买了盗版书。经过鉴定，确实发现了盗版教材。这可能是老师或者班委为图便宜而上了盗版商的当，结果受害的还是学生。为了及时打击盗版，出版社接到举报后，会立即配合当地行政执法部门前往查办。可往往取证困难，无法查办，因为书店老板一般不给学生开收据，更不可能给开正规的发票。盗版教材危害大，治理起来又这样难，那就没有方法惩治了吗？笔者认为，比较好的办法是适当恢复由学校教材科统一购买教材

并发放给学生的成熟做法。如学校教材科人手短缺，可由政府与学校共同选定一些信誉好的社会书店，作为高校教材的指定供应点，这样就从源头上堵住了盗版教材，使其无法混入校园。对贫困学生，出版社可以按比例提供一些低价教材。对使用过的旧课本，出版社应该设法回收或限定差价以旧换新，以杜绝盗版商假借二手货、旧教材之名举着盗版物招摇入市。

网络打盗正渐渐成为维权打盗的工作重点。对网上盗版活动，仅靠派人上网跟踪是远远不够的，既不能保证上网时间不拉空，也不能保证上网者不漏掉每条重要信息。取而代之的最好方式是，选用网上追踪软件，如电子狗之类。把它安装在电脑里，就可以保证全天候在网上进行严密跟踪，而不放过每条重要线索。使用这种软件还有一个优点，就是一旦在网上搜到线索，它便可以按照编好的程序直接向网络服务商的维权部门发起投诉，或者向执法机关报警。这样就可以把盗版活动限制在最小的时空里，令其无法构成更大的危害。

6. 持续开展宣传教育活动，向全民普及知识产权法，提高全民族保护知识产权的基本素质

姚明为动物保护而作的公益广告中有这样一句话：没有买卖，就没有杀害。把这句话化用到反盗版上就是：不买盗版，就没有盗版。盗版活动在国内出版物市场上之所以会如此长期而广泛地存在，其根本原因之一是广大民众对购买盗版的行为持无所谓的放任态度。因为我们缺乏保护知识产权的自觉意识，不认为尊重作者，依法享有版权和其他知识产权对于提高全民族的创造力和创新积极性具有多么重要的作用。

从客观上论，可以说因市场监管不力才导致了盗版泛滥，给买盗版者提供了占便宜的机会。但盗版泛滥与民众自觉意识的强弱就没什么关系吗？虽然我们并不否认，有个别外国人也在中国的地摊上购买盗版光盘，因为的确太便宜了。可回到主观上论，外国人确实有购买盗版的，但到底很少见，这就不能只从客观上找原因了，而要从提高整个民族的法律意识与文化素质的角度去认真思考。

我们的确需要不断加强保护知识产权的宣传教育，提高全民族保护版权的自觉性，从根子上打击盗版活动，这是十分重要的一项事业。要从中小学开始就进行包括普及法律在内的公民基本素质教育，从新生一代着手抓起，坚持不懈、持之以恒地致力于提高全体人民保护版权的觉悟，才能彻底挖掉盗版活动存在的社会基础。

营改增的意义和对出版企业的影响

营改增即营业税改增值税，是指将以前缴纳营业税的应税项目改成缴纳增值税，仅对服务或者产品增值的一部分进行缴税，以减少重复缴税的情况。

2011年，经国务院批准，财政部、国家税务总局联合下发营业税改征增值税试点方案。从2012年1月1日起，在上海交通运输业和部分现代服务业开展营业税改征增值税试点。自此，货物劳务税收制度的改革拉开序幕。自2012年8月1日起至年底，国务院将扩大营改增试点至10省市，截止到2013年8月1日，营改增范围已推广到全国试行。国务院总理李克强2013年12月4日主持召开国务院常务会议，决定从2014年1月1日起，将铁路运输和邮政服务业纳入营业税改征增值税试点，至此交通运输业已全部纳入营改增范围。自2014年6月1日起，将电信业纳入营业税改征增值税试点范围。①

2014年3月13日，财政部税政司发布营改增试点运行的基本情况，2013年减税规模超过1 400亿元。②

营改增是当前财政领域的一项重大改革举措，也是广受社会各界关注的一个重要话题。各大出版社大多实行企业化管理，依法照章纳税，营改增对作为一般纳税人的出版社，具有直接的纳税影响，能产生实实在在的利益变化。

一、营改增的重大意义

营改增的意义，应放在当前整个经济社会发展进程之中加以仔细审视。营改增是当前我国宏观调控的主战场，关系着此轮宏观调控的成败，是以结构性减税

---

① 参见《财政部、国家税务总局负责人就营业税改征增值税试点答记者问》，见国家税务总局网站。
② 参见《财政部：2013年营改增试点减税规模超过1 400亿元》，见人民网。

促进经济结构调整的关键点，也是深化财税体制改革的重头戏，因此，有必要全面充分认识营改增的重大意义。

（一）营业税改征增值税，将带来经济发展方面的变化

1. 企业税收负担的变化

原增值税纳税人向营改增纳税人购买应税服务的进项税额可以得到抵扣，税负得以下降。营改增纳税人中，小规模纳税人由于 3％ 征收率的降低以及增值税价外税特征导致的税基缩小，税负得以下降。部分一般纳税人由于增值税的先进计税方法及 11％ 和 6％ 两档低税率，税负得以下降；部分一般纳税人则由于制度和自身业务等因素，税负相对增加，有待于通过完善相关配套措施加以解决。

2. 产业结构的变化

原增值税主要适用于第二产业，原营业税主要适用于第三产业。营改增统一了第二产业与第三产业的税收制度，平衡了第二产业与第三产业的税收负担，特别是解决了第三产业重叠征税问题，将加快第三产业的发展，进而对扩大就业、增加居民收入、提高消费水平产生间接的影响。通过税制改革，加大对第三产业的扶持力度，也为现代服务业发展提供空间；同时降低出口企业成本，提高我国劳务和货物的国际竞争力。在营业税制下，出口不会进行退税，因此增加了出口劳务和货物的成本，不利于出口企业参与国际竞争。采用增值税制后，就能有效地避免上述问题。

（二）营业税改征增值税，将带来财政税收体制方面的变化

1. 中央与地方收入分配关系的变化

营业税主要是地方税，增值税主要是中央与地方共享税，营改增后，需要重新调整中央与地方的收入分配关系，推进分税制财政体制的改革与完善。

2. 税收征收管理体制的变化

增值税由国家税务局征收管理，营业税由地方税务局征收管理，营改增后，需要重新整合税收征收管理体系，推进税收征收管理体制的改革与完善。

二、营改增对企业总体运行的影响

（一）税负影响

纳税人最关心的问题，就是自己的税负加重了还是减轻了。如果实行增值税制度，则对两部分的人群有绝对好处，第一是小规模的企业的纳税人，因为这类企业以前的营业税税率为3%或者是5%，而采用增值税可以使税负降低2%。第二是增值税一般纳税人，对于这类的服务行业营业税是不能抵扣税额的，而增值税就存在抵扣税额额度与范围，值得注意的是用运输费用抵扣税额，由原来的7%变为11%，抵扣的比例增加了4%。营改增之后，不再计提营业税，所以营业税金及附加大幅减少，导致利润总额增加，直接导致了所得税的增加；营改增后减少了营业税，但是增加了增值税。由于企业增值税税率固定，销项税一般易于预计，所以应纳增值税金额在很大程度上取决于可抵扣的进项税范围及对应税率；取消营业税、改征增值税，流转税税额必然发生变化，以流转税税额为计税依据的城建税和教育费附加也必然会发生变化，进而也会影响企业税负。

（二）财务审核影响

营业税制度改为增值税制度，最直接的影响就是财务审核，由于营业税中并没有销项核算，所以营业税核算相对比较简单，仅需要企业收入或收支差额和税率就可以计算出税金。对于增值税，其计算相对比营业税要复杂一些，所以一旦企业实行营改增，那么必须要对企业的会计审核作出调整。因为增值税在我国分为试点和非试点，所以对于跨试点和非试点的企业将会使得在企业内有两种税收制度，税收的衔接和调整很是麻烦，加大会计核算的难度，这对该类企业是一种挑战。还有就是在试点内的企业由于税收制度的改革，企业会计人员需要付出更多的努力来适应这种新制度的冲击。

（三）发票的影响

税制的改革必然也会引起发票的改革，例如，在营业税税收制度下，服务企业仅仅需要开具服务行业的税务发票就可以了，但由于增值税存在进项税和销项税，以前的税务发票不能满足税制改革的需求，所以对发票的改革已不可避免。对增值税发票的改革首先应该区分小规模纳税人与一般纳税人。对于小规模纳税人，其发票和营业税的发票的差别不是很大；对于一般纳税人，应该有两种发票，一种是专用的发票，一种是普通的发票，针对这两种发票的使用范围，税务部门提供了一个明确的规范。这是由于增值税中存在税收抵扣，两种发票不正规的使用会造成税金上缴不对应，从而使企业面临承担法律责任的不利局面。随着营改增的实施，有的企业既有销售类业务，又有服务业业务，属于混合经营，原来划分得很明确，销售类业务归国税管，服务业业务归地税管，营改增后统一全部由国税管辖，那么在采购货物、获得服务的时候，取得的增值税专用发票如何划分不同类型抵扣就成了一个问题。还有的快递服务企业，因为抵扣项目很少，向国税申请了 3％的增值税销项税率，那么这样的快递公司就应该根据国家税务局的批文开具增值税普通发票。所以采用增值税制度，发票的改革和规范使用是各个企业必须重视的一个环节。

（四）企业管理的影响

营改增后，企业的管理也在提升，为了实现给企业减负，企业加强了管理，在上游和下游都形成了一个环环相扣的产业链条。企业在管理中效果越好，则抵扣的税额也就越多，提升企业经济效益的同时还给下游的企业增加了抵扣额，使各个企业在转型升级上的动力得到了有效的加强。

总体来说，随着税收制度的改革发展，为了能更好地适应这个税收制度，企业不应只在财务制度上进行改革，还需在经营模式、市场营销、对外服务、对内管理和生产组织方式等多方面进行改革。如从商业链的构建开始，对财务管理、合同管理、合作伙伴的选择上等等都建立明确的标准和企业机制，使得企业管理水平大幅度上升，再鼓励企业的科技创新，加速企业资产更新，降低税收，最终提高企业经济效益。

随着我国社会经济的持续快速发展，营改增是符合我国经济发展的税收制度，对调整我国的经济结构和企业结构有着显著的作用，同时也会为我国的经济发展做出重要的贡献。

二、选题策划

高校引进版教材的发展困境与对策

——以"工商管理经典译丛"为例

· 于 波 ·

在我国高校教材出版领域，国外引进版教材已成为一条重要的产品线。尤其是来自欧美等地的教科书，自 20 世纪 90 年代开始引入我国以来，在今天已占据了相当大比重的市场份额和相当高的地位。随着我国高等教育教材质量意识强化以及整体的加快发展，引进版教材所代表的西方先进的理念和方法，被一些一类院校（如"985"和"211"院校）以及一些合作办学院校大量使用和推广。

人大社"工商管理经典译丛"是国内最早大规模引入的西方管理类高等院校教科书，经过数十年的打造，已成为国内最具品牌影响力的一套管理专业译著，系列中的各个版本，如罗宾斯的《管理学》、德斯勒的《人力资源管理》等已成为学习相关专业学生的必读书目。该套书的影响力缘于如下几点：

第一，引入国内时间最早，体系最完整，涵盖了管理类各专业所有的专业核心课程。

第二，版本经典，大多出自欧美顶尖学校或学者，也是国外高校在用的教科书。

第三，版本和国外同步。在信息化的今天，国内的学者有多种渠道获取国外的最新资料和学科发展前沿，国内出版社和国外出版公司的合作模式，缩短了国外版权图书在国内的出版周期，使得国内高校和国外高校可以在同一时间使用同一版本教科书成为可能。

第四，配套教辅资源丰富，形式多样，相对于国内教材教辅资源不足的情况，引进版教材丰富的教辅资源加快了其在国内高校的推广速度。

第五，英文影印版教材成规模配套推出，在一定程度上也适应了国内高校英文授课的发展需要，适应了高校合作办学的需要，国外教材在这一点上具有天然的优势。

引进版教材自身具有这些优势，同时，在我国高等教育快速发展的大形势下，其得以迅速推广确实有其必然性。人大出版社作为最早运作引进版教材的出版社之一，也无疑获得了品牌效益与社会效益的双丰收。

但是，正是由于引进版教材占据了越来越大的市场份额，我们才必须要清醒地认识到引进版教材在未来可能出现的发展困境。

首先，版权的不确定性。一方面，版权输出商对中国市场寄予厚望；另一方面，其对中国市场知识产权保护等的不健全表现出的不信任和疑惑也导致了国外出版商政策的不断变化和调整，进而导致版权的授权出现了较大的变数。例如，自 2012 年起，Pearson 公司停止了其英文版图书在中国内地的授权，其一些最重要图书的当前版的翻译版也有了更严格的授权限制条件。Cengage Learning 公司对于含有第三方版权内容的图书的授权条件可谓苛刻，进而导致运作周期加长。版权授权的不确定性，必然加大国内引进版较多的出版社的风险和市场变化。从教材产品的角度来看，不利于高校师生对此类图书的持续使用，也不利于出版社的后续推广。

其次，版权授权的不规范性。近年来，随着电子媒介的快速发展，在欧美许多国家，纸质教科书的品种明显减少。相对于国内引进版权来说，优质版权资源已属相对稀缺，一些出版商在中国的代表机构或者办事处，经常会采用不规范的做法，对一本书相近的多个子版本，分拆授权，或者对同一个版本，重复授权。在我国，由于没有法规明确对此加以规范，故此举在一定程度上导致了国内出版资源的浪费，重复引进，重复出版，以及行业内的不良竞争等。从另一方面，也抬高了引进的价格。

再次，电子出版物的大量推出、电子平台产品的导入，以及网络和计算机的普及，都使得国外出版商有可能在我国加大出版平台产品的推广，纸质图书将成为平台产品的一个组成部分。一旦国外出版商的电子平台产品在国内高校大量推广，其很可能抛开国内出版商，选择独立运作，或者单方面抬高出版门槛，届时，引进量大的国内出版社将面临巨大困境。

那么，面对可能出现的困境，我们该如何应对呢？

第一，我们要加强自身的出版地位，形成明显的品牌优势，让引进版的图书的影响消融在我们自身的品牌优势中。形成读者对出版社的口碑和市场认可，进而对终端用户以及渠道产生影响。在一定程度上对引进版出版商形成威慑力。

第二，学习引进版图书的优势，加快本版原创图书的开发，形成替代产品线。毕竟，引进版教材无论多么成熟，仍有许多水土不服的内容，尤其是案例的选取方面，国内原创教材的优势可能更明显一些。以原版教材的开发形成替代产品线，这一点虽然难度较大，但也有其成功的可能。

第三，加强自身销售渠道的拓展，增加版权交易中的谈判筹码。相对于国外出版商或者其在国内的办事处，国内出版社在渠道方面的优势是非常明显的，抗风险能力也明显强于国外出版商，其发展更具有可持续性。国内出版社可以依托此优势，强化版权交易中的谈判筹码。

高校教材的市场在不断发展变化，教材的呈现方式也在不断进步和适应读者需要，国内出版社对此要有清醒的认识。我们都知道，自 1999 年高校扩招以来，高等教育的发展给了高校教材出版社以空前的发展机遇，很多出版社抓住了机遇得以发展壮大。目前，我国高等教育也在由精英化向大众化方向转变。要想赢得市场，必须要适应市场变化，顺应高等教育新的发展思路。以高校教材出版为主的出版社有机会在新一轮竞争中引领出版行业的发展方向，拓展新的发展空间。

厉以宁《中国经济双重转型之路》策划体会

· 刘 晶 ·

厉以宁教授的《中国经济双重转型之路》一书于 2013 年 11 月出版后，在 5 个月的时间内销售 8 万多册。其在由国家新闻出版广电总局全民阅读活动组织协调办公室组织的有 730 万网民参与投票的评选中，被选为 2013 年度"大众喜爱的 50 种图书"之一；在由中宣部部署、中国图书评论学会和中央电视台联合主办的活动中，被评为"2013 中国好书"；入选中央国家机关工委和新闻出版总署联合举办的"强素质·做表率"中央国家机关读书活动书目；入选北京市新闻出版局举办的 2014 年度首都出版发行联盟"贺岁书"；获得《中国新闻出版报》2013 年二十种年度好书、《京华时报》2013 年度京华书榜十大畅销书、《中华读书报》2013 中国好书；在百道网、光明书榜、中国高校出版社书榜以及《黑龙江晚报》、《钱江晚报》等地方性报纸的书榜上也都榜上有名。

在不到半年的时间里取得这样优异的成绩，值得我们认真总结，概括起来有以下几个方面。

一、长期的优质作者资源的积累和敏锐的市场洞察力

能否出版一本好书，首先要看是否能找到优秀的作者，要找到优秀作者，必须要有优秀作者资源的长期储备，长期跟踪作者的研究动态，努力和作者建立良好的关系。当依靠内部的力量达不到时，就要借助外力以及社会资源，所以平时要多积累人脉。厉以宁教授是我国著名的经济学家，他的学生在中国各个领域也都身居要位，他的社会活动非常繁忙，普通编辑很难联系得到，我们有幸和厉先生信任的资深出版人以及厉先生的秘书都建立了良好的关系，才促成了该书的出版。

策划这本书时正值党的十八届三中全会开幕前夕，历届三中全会通常会推出中国深层次改革政策，而且以经济体制改革政策为主，也涉及重大政治体制改革内容。重量级的作者在此时写书都会对我国今后改革和转型的重大问题有所研究和探讨。这时要密切关注党的十八届三中全会的任何信息，关注很多专家作者的观点。透过这些信息，能够更接近十八届三中全会要讨论的重大问题。这些问题也是读者关注的热点。而此时出书的书名也很重要，《中国经济双重转型之路》作为书名切中了十八届三中全会转型的主题。

二、适时有力地把握住各种时机

1. 出书时机

牢牢把握十八届三中全会即将召开这个大的主题和方向。厉以宁教授长期调查研究中国经济改革的若干重大问题，在十八届三中全会召开前成书也是非常有意义的。2013 年 7 月作者交稿后，马上进入出版流程，赶在十八届三中全会 11 月份召开前出书，出书时间进入倒计时。经过缜密的安排，该书 10 月底付印，11 月初见书，恰逢十八届三中全会前夕出版，被读者普遍认为是学习、领会十八届三中全会精神的重要参考读物。

2. 营销时机

图书的准时出版为营销布局打下了基础。该书取得成功的另一个很重要的因素就是，在营销节奏上，我们选对了几个关键的、恰当的时间节点，因此，取得了良好的宣传效果。

（1）在三中全会《决定》公布的第二天召开了新书发布会，引起媒体的极大兴趣和高度关注（2013 年 11 月）。

出书的同时安排新书发布会，计划的时间是 11 月 16 日，党的十八届三中全会闭幕（11 月 12 日）的那个周末。巧的是 11 月 15 日新华社授权发布了《中共中央关于全面深化改革若干重大问题的决定》。第二天我们就开了新书发布会，真是太及时了。《中共中央关于全面深化改革若干重大问题的决定》是在我国社会主义市场经济改革与发展的又一关键时刻，党中央作出的重大战略部署，为我们进一步改革开放作出了整体战略规划，描绘了未来一个时期全面深化改革和对外开放的宏伟蓝图。这是具有历史意义的一个《决定》，受到外界高度关注。厉以宁教授在此时召开新书发布会，被媒体看作对《决定》中提到的重大问题进行解读，引来电视台、网站、报纸杂志各路媒体的极大兴趣。

新书发布会上，厉以宁教授发表了长达 40 分钟的精彩演讲，对产权改革、国企改革、城镇化等热点问题都有所回应。我们还邀请了几位知名专家学者对该书进行了评介。现场座无虚席，听众热情高涨。

中央电视台经济频道《经济信息联播》以《改革再出发》为题报道发布会，相信不少观众都屏息凝神地收看了厉先生在发布会现场的精彩发言，他指出："在中国的改革一定要有信心，而且还要有耐心，还得经过讨论、研究、统一思想，来做很多协调工作。在《决定》指明了大方向之后，详细的一些做法、细则，以后会陆续见分晓。"这番讲话给期待改革的民众带来很大鼓舞。

纸媒和网站也竞相报道发布会盛况。《第一财经日报》刊发专访《厉以宁教授在书出版前夕畅谈中国双重转型之路》；《北京青年报》在要闻版刊发文章《厉以宁国企改革建议被三中全会吸纳》，报道了厉以宁提出设立国家资本投资基金的观点；《中国证券报》摘录登载本书部分内容并以《厉以宁：继续以体制转型带动发展转型》为题；《新京报》以《厉以宁：中国经济双重转型的五个问题》为题，推荐本书；《北京晨报》发表文章《厉以宁谈中国道路》；《新华财经》刊发文章《厉以宁教授解码中国经济双重转型之路》；《中国企业家》以《厉以宁谈改革：民营企业为什么不用改革》为题，对本书作了解读；《齐鲁晚报》持续关注，并在微博中推荐本书；《深圳特区报》刊发文章《厉以宁出新书　力推"就地城镇化"》；人民网刊发文章《厉以宁新书〈中国经济双重转型之路〉纵论经济改革热点话题》；中新社和中新网持续报道发布会，刊发文章《厉以宁：对国企改革要有信心》和《经济学家厉以宁出新书　力推"就地城镇化"》；新华网和搜狐网设置专题，现场直播新书首发式；搜狐网在财经频道头条报道本书，同时在读书频道设置专题追踪报道；新浪网关注本书，刊发部分内容并以《展开农村土地流转工作的四大迫切问题》为题；凤凰网登载文章《厉以宁：中国别学西方城镇化　把有钱人迁出》，报道本书。

媒体的报道和推介，使读者普遍知晓了该书的出版，更想先睹为快，了解这位知名经济学家对十八届三中全会的解读。

（2）借 CCTV 年度经济人物评选宣传（2013 年 12 月）。

在举行新书发布会之后，我们立即将发布会上发言嘉宾对该书的评介在《学习时报》等报纸杂志发表，同时着手邀请人民大学、北京大学、厦门大学等多所学校的专家学者撰写书评，准备对该书进行深度报道。

2014年12月12日，第十四届中国经济年度人物获奖名单揭晓，厉以宁教授荣获中国经济年度人物"终身成就奖"。我们适时掀起了第二轮宣传热潮，在《人民日报》、《光明日报》、《经济学家》、《学习时报》、《中国新闻出版报》等报纸杂志发表了多篇深度书评，对书中阐述的产权改革、城镇化、国企改革等问题进行了深入分析讨论。围绕此热点形成新的宣传冲击点，通过网店焦点位置推荐、实体店面重点海报宣传、媒体消息、书评重点推送等，进一步传播新书信息。

（3）"两会"期间，借势宣传（2014年3月初）。

2014年3月，全国政协十二届二次会议在人民大会堂新闻发布厅召开记者会，厉以宁教授作为全国政协委员回答了中外记者的提问。他在记者会上尖锐地指出"利益集团和制度惯性是改革中的硬骨头"，"中国现在收入分配主要是第一次分配就不公平"，"信用是最大的社会资本，要让失信者无利可图"，引起媒体广泛报道。我们努力借势，在主要网络媒体的相关报道中，加入了《中国经济双重转型之路》这本书的链接，使关注"两会"、关注厉以宁见解的网民都能通过链接进一步了解到这本书。

（4）国家部委公务员培训宣传（2014年3月末）。

2014年伊始，该书入选中央国家机关工委和国家新闻出版广电总局组织的中央国家机关"强素质·做表率"读书活动推荐书目，3月26日，我们成功邀请到作者为四百余位中央国家机关局处级干部进行了一次"中国经济双重转型之路"的讲座。在讲座开始之前，中国新闻出版研究院院长郝振省代表中央国家机关工委和国家新闻出版广电总局向广大公务员隆重推荐了《中国经济双重转型之路》这本书，起到了很好的宣传效果。

主讲后厉以宁教授紧接着又参加了中央国家机关工委宣传部和《紫光阁》杂志共同主办的第五届紫光阁论坛，并发表演讲。紫光阁论坛作为中央国家机关贯彻落实党中央、国务院重大决策部署，破解改革发展难题的高端研讨平台，是党员干部学习交流的重要阵地，是推动中央决策部署贯彻落实的重要载体，厉教授的演讲进一步宣传了《中国经济双重转型之路》这本书。

（5）入选"2013中国好书"（全国25本）（2014年4月）。

2014年4月，《中国经济双重转型之路》入选"2013中国好书"。该活动是在中宣部出版局部署下，由中国图书评论学会和中央电视台联合主办的。从

2013 年中国海量出版的图书中，参考 2013 年全国 32 家图书出版机构的好书榜、47 家报纸杂志好书榜、15 家门户网站好书榜，结合开卷统计的销售数据、新华书店销售数据、各大网站书店销售数据，以及中国最优秀的图书出版机构报送的优秀图书，在此基础上形成了 115 本图书的候选名单，经过评选团队多轮投票和论证，甄选出了 25 本图书。4 月 23 日 "世界读书日" 当天，在央视一套黄金时间播出了 "2013 中国好书盛典"，向全国观众推介 "2013 年度优秀图书"，引导并推动全民阅读活动，隆重发布、嘉奖、推介入围好书，厉以宁教授应邀参加了节目录制。我们掀起又一轮宣传高潮，重新制作各大书店宣传海报、突出宣传 "2013 中国好书" 和入选领导干部必读好书。节目播出后短短两天时间内，该书就销售了将近两万册。

三、成功的经验

1. 书好，作者学识水平高，社会影响力大

厉以宁教授在经济学理论与实践两个方面均做出了杰出的贡献，他是我国最早提出股份制改革理论的学者之一，他提出了中国经济发展的非均衡理论，并对 "转型" 进行理论探讨，这些都对中国经济的改革与发展产生了深远影响。近期由于他的学生在我国身居要职，他的社会影响力进一步提升。他的作品很受学界、政界和媒体关注。而《中国经济双重转型之路》确实让大家感觉到是一本值得理性购买不可多得的好书。正如北京大学王志伟教授所说，这本书是厉以宁教授几十年以来关于中国改革开放的最全面、最系统、思想性最深刻的著作，是厉以宁教授经济思想创新的一个新的高峰。从出版人的视角说，该书目标读者和潜在读者范围宽泛，紧密结合当前实际和改革热点、社会热点，既有学术水平又接地气，高屋建瓴，深入浅出。

2. 顺势、造势，营销各个节点的把控到位

适时地根据社会热点把握时机，不断掀起营销高潮，使书和人始终不间断地出现在大众面前，成为舆论的中心。从最初十八届三中全会《决定》公布时召开新书发布会，到作者被评为中国经济年度人物，再到作者在 "两会" 上答记者问，我们都借势展开了宣传。同时，我们也积极造势，通过不懈的努力，说服作者配合我们做了不少宣传工作，包括到新闻出版总局给公务员作讲座，到中央电视台录制 "2013 中国好书盛典"，直接带动了图书的销售。

　　总之，除了面市时间赶在十八届三中全会召开前夕外，《中国经济双重转型之路》的营销特色和亮点在于：突出作者在中国经济界的影响力，强调该书对中国经济发展的前瞻性。在营销节奏上，适时地选对了几个关键的、恰当的时间节点，不断顺势、造势宣传，因此，取得了良好的宣传效果和销售业绩。

试论教材策划编辑的必备素质和意识

· 牛晋芳 ·

在出版业体制改革的大背景下，出版行业的市场化进程不断加快，出版企业间的竞争日趋激烈。出版社要想在市场化的浪潮中立于不败之地，做好选题策划是基础。也就是说，谁把握住了策划关，谁才能真正具有生命力。因此，选题策划成为出版社编辑工作的重中之重。策划编辑承担着确定稿件方向、指导作者稿件的写作、把握写作进度、审定稿件质量的任务，需要其在写作方向上具有前瞻性和全局观念。另外，出版物具有精神产品属性，要紧扣读者需求，因此，策划编辑的知识结构需要时刻更新，明晰当前社会、人文、读者的心理倾向，洞察市场前景。可见，当代出版社的策划编辑要适应出版业生存与发展的需要，必须具备一定的素质和意识。

具体到以教材出版为重点的出版社而言，教材策划编辑的主要工作就是开发有读者需求与市场潜力的教材产品，用自己的创造性劳动为出版社带来良好的社会效益和经济效益。可以说，教材策划编辑的必备素质和意识是一种基于长期的编辑工作实践及理论学习而形成的职业本能性反应。这些素质和意识可以根据教材编辑、印制和发行的全过程简单划分为两个层面：静态层面的质量意识和精品意识，即强调在生产过程中，教材策划编辑将教材纯粹视为一种产品时的意识；动态层面的市场意识，即教材策划编辑围绕教材是为市场需要而生产的特殊商品的观念而在教材编印发全过程中始终贯彻的意识。前者主要涉及生产各个环节，包括了教材选题策划、作者写作书稿、书稿加工以及教材的排版制作、印刷装订等内容；后者更多指向教材的市场营销，同时也包括为选题策划而进行的市场调查，按照市场需求而进行的编辑加工、制作。主要围绕教材产品形态而强调的精品意识和质量意识更多地是偏重于教材的生产。但是，精品意识和质量意识还必须和市场发生关系，也就是同时也要强调教材的商品属性。市场意识是贯穿于教材选题策划、编辑制作和市场营销各个环节的。特别是随着出版行业面临着更加严峻的考验和激烈的竞争，要求教材策划编辑要具有更强烈的市场意识。根据具体的编辑实务，市场意识又主要地体现在以下若干方面。

一、爱岗敬业，学习意识强

爱岗敬业并不是泛泛而谈，一个具有较强的综合素质与能力以及深厚的相关学科基础知识的教材策划编辑，如果缺乏爱岗敬业、务实的精神，那么他将很难发挥出自身的主观能动性，挖掘出自身的潜能，实现自我超越。

对于教材策划编辑而言，要做到思维敏锐，善于抓住问题的关键点，不是一日之功，需要自觉地提高自身的专业积累和职业素养，做一名"学习型"出版工作者。对此，教材策划编辑必须树立强烈的学习意识，不满足于目前的知识结构，与时俱进，通过各种学习渠道提升自身综合素质，与出版业高速发展同步前进。教材策划编辑应该切实把学习作为增长个人才智、提高自身修养的重要手段，把学习当作一种人生常态、当作一种精神追求，在出版实践中持续不断地学习并获取新知识。

二、积极应变，创新意识强

当前，随着高等院校教学改革的不断深化，课程设置和教材建设发生了很大的变化，与此相应，教材出版市场得到飞速发展，竞争日趋激烈。这就要求教材策划编辑积极应变，从宏观上充分研究和掌握教材出版市场的变化，从微观上了解自己所负责领域的读者需求、教学特点与规律，充分掌握教材的编写方法与知识点的组合规律。在变化中善于找到和发现新的市场需求，创造适应市场需求的新产品，开拓教材出版工作的新境界。在教材策划过程中，要以导向为前提，市场为依据，产品为核心，效益为目标，使教材策划具有独创性和开拓性。独创性是指在教材的选题、内容、编校质量、封面设计、印装风格等各个方面都有一定程度的创新；开拓性是指开发新的教材选题领域或者在原有的教材选题领域中拾遗补缺。做到每一个教材选题都有新的创意，形成鲜明的特色，避免和已有教材的雷同，做到创新内容与创新形式的有机统一。在选题策划工作中，强调创新内容与创新形式的统一是由教材产品的特殊性决定的，只有内容与形式的完美统一才能在市场上形成自己的品牌，从而最终实现以"整体产品"的观念来扩大同类教材产品的市场份额，实现品牌的创新。

三、注重沟通，协调意识强

可以说，教材策划编辑的沟通和协调工作贯穿于教材产品从策划到出版的整个过程之中。在选题策划阶段，策划编辑就需要和作者进行深入沟通以达成共识，争取作者在写作理念、编写周期和营销资源上的支持。在编辑出版阶段，策划编辑需要就提高书稿编校质量、把握教材篇幅和确定产品生产周期与责任编辑和终审编辑进行有效沟通和协调，以突出教材产品特色，确保教材准时上市；还需要与作者方和意向用书方保持密切联系，确保教材出版后顺利发货。在教材发行阶段，策划编辑需要与专门的营销人员沟通和协调，根据教材产品的特点和定位，按照适用、高效的原则，结合多种手段开展具体的营销工作。在教材修订阶段，教材策划编辑应与已有的用书教师联络沟通，一方面获取修订意见和建议，另一方面使用书教师体会到关注感和尊重感。

沟通和协调既有原则性又有艺术性。教材策划编辑应通过整合教育出版的相关资源，做到战略、品牌、规模的有效匹配与统一，这样出版的教材才能真正达到引导教学并占领教材市场的目的。

四、服务优先，营销意识强

教材策划编辑在工作中应不断强化服务优先的理念，强化和提高自身的营销意识。就服务优先理念而言，首先是指服务好作者。教材策划编辑应充分、主动地与作者沟通交流，了解作者对于教材内容与表现形式的设想和具体要求，根据自己前期对选题策划进行调研得出的教材产品的定位、特色等具体内容，提出对书稿写作的明确要求，并帮助作者收集相关信息和资料，帮助作者解决写作过程之中的问题和困难。其次是指服务好读者。教材策划编辑应秉承服务优先理念与用书客户进行良好高效的联系和沟通，这样一方面可以使用书客户加强对教材乃至出版社的认同感，树立出版社的服务品牌和市场认可度；另一方面可以获取用户对于产品的意见和建议，以及来自教学一线的市场需求信息。针对用户反映的有关教材的问题，教材策划编辑要积极与作者沟通协调解决，从而发挥策划编辑在作者与读者之间的桥梁和纽带的作用，形成良性互动。

就营销意识而言，在当前教材出版市场激烈竞争的态势下，营销意识已经成为教材策划编辑工作中的应有之义。具体来说，首先是指教材策划编辑应该在教材产品从选题策划之初到上市再到推广的全流程之中，贯彻全程营销的意识，并根据不同阶段的特点，制定不同的营销工作重点，将营销和策划纳入出版的大系统加以统筹考虑。其次是指教材策划编辑应根据选题开发的不同层次，将教材产品区分为不同的类型。对于不同类型的教材产品，制定不同的营销工作侧重点。例如，对于权威型教材产品，营销工作的重点是信息的广泛发布和传递，确保市场影响；而对于校本型教材产品，教材策划编辑应与作者方保持良好的联系和沟通，以巩固其所在院校的基本用量为基础，加大对其周边院校和同类院校的推广力度，争取更大的教材用量。

随着知识经济的不断发展和数字化时代的来临，教材策划编辑的主体定位已经发生了很大的转变，由传统的产品策划主体转变为产品策划与营销推广兼重的主体，这一点是由策划编辑的工作内涵和教材出版市场的变化所共同决定的。因此，教材策划编辑应在工作中不断提高和强化上述必备素质和意识，努力提高综合素质，承担起出版高质量、适合教育新特点的教材的社会责任，为教育的发展做出应有的贡献。同时，也应看到，一方面，教材策划编辑的必备素质和意识的培养是一个长期而艰苦的修炼过程，教材策划编辑需注重自我修炼，并善于吸收他人的经验教训。另一方面，出版社的管理工作者必须关注员工素质的提升与职业意识的培养。

法学教材修订的若干思考

·方　明·

　　作为教育部文科教材出版基地，高校教材出版是中国人民大学出版社的重要工作任务。经过六十多年的发展，出版社的高校教材按照经济、工商管理、法学、人文、政治等人文社科专业的整体规划，形成了专业全面、质量精良、层级分明的高校文科教材体系，为我国的高等教育做出了突出的贡献。

　　法学专业教材一直是中国人民大学出版社教材产品的重要组成，从建社之初苏联专家教材的油印出版，到高等学校文科教材的规划出版，再到目前在全国具有重要影响力的"21世纪法学系列教材"的出版，人大出版社的法学教材的出版一直走在全国法学教材出版的最前面。目前已经形成了以"21世纪法学系列教材"为品牌的法学专业教材系列，为全国高校提供了各种选择。

　　作为高校教学的重要载体，教材在教学中有着举足轻重的作用，高品质的教材能给学生提供准确的知识，拓展其学术视野，并为教师提供重要的教学思路。一本教材从选题开发到作者遴选，再到大纲确定，直至编写完成，凝聚了作者的大量心血。好的教材能够不断延续作者的研究习惯，体现学界的研究成果，为读者展现最新的知识、最前沿的研究成果，对读者的作用是不言而喻的。

　　进入21世纪以来，我国的高等教育实现了高速的发展，在办学规模、招生人数等各个方面都达到了一个前所未有的高度。同时社会发展日新月异，新的概念、新的知识不断产生，这对高等教育教材的出版提出了更高的要求，上世纪一本教材吃遍天下的局面一去不复返了，只有高品质的、不断得到学生认可的教材才会在市场上得到追捧。具体到法学专业来说，社会发展对法学的教学提出了更高的要求，最近几年来法学专业毕业生的就业率令人不忍直视，在法学教学改革的潮流呼声中，对法学教材的出版提出了更高的要求。

　　就目前法学教学的发展状况来看，法学教材仍然以传统的16门核心课程教材为重要支撑，人大社、北大社、高教社、中国政法大学出版社、法律出版社的几套重点教材在全国高校中占有主要的市场。根据近几年的出版情况分析，原有的品牌教材的修订及时程度对教材的销量具有重要影响。

教材的出版对于高校出版社的重要性不言而喻，对于一些在市场上占有重要份额的出版社，如何保持市场占有率是需要重点关注的问题。教材在终端使用者心中的形象将影响到教材的最终份额。教材的出版重点在两个方面：第一是新教材的研究开发，编写适用的精品教材；第二是原有教材的修订，不断地巩固原有的市场份额，培育读者的忠诚度。教材出版的两个方面并行不悖，对于出版社的发展都具有重要的战略意义。对于在市场上占有重要份额的出版社，必须重视对原有教材的不断升级。加强教材的修订工作具有重要意义。

第一，教材的修订能够保证教材的新颖性和知识的及时更新。近年来，我国社会飞速发展，法治建设成为社会关注的重要话题，为了适应社会的发展，立法机关近年来制定修改了大量的法律法规，2011 年，我国基本建成了社会主义法律体系，包括宪法及其相关法、刑法、民商法、经济法、行政法、诉讼及非诉讼程序法、社会法等七大法律部门，向世界展示了中国的立法成就。为适应中国特色法律体系的发展，必须对原有教材进行知识更新。

第二，高等教育行政机构对教材的使用提出了新的要求。根据教育部及有关高校的教学要求，本科教学要求尽量选用 3 年以内的教材，3 年以外的教材尽量避免使用，以确保知识的更新换代。在此形势下，必须对现有教材进行及时更新。

第三，教材的更新能提升读者的忠诚度，增加更多的新的读者。国际上优秀教材一般都是经过了多次修订才达到经典的程度，受到学生的喜爱。我国的法学教育历史不长，更应该在内容上精雕细琢，才能不断提升教材的质量，提升读者的忠诚度。

第四，教材的修订能保证出版社教材码洋规模的保持。及时地修订教材，利于营销人员加强宣传力度，增加定量，提高教材的发行量，对于出版社的经济效益具有重要意义。

法学教材的修订对于读者以及出版社具有重要意义，出版社的编辑对于教材的修订必须高度重视，必须从教材使用市场调研、修订意见的及时反馈、修订会议的召开、修订质量的全面提高、新版教材的全面推广等各个方面制定全面科学的修订计划，提升教材的质量。

修订计划的执行：

第一，全面评估教材的市场影响力和社会影响力，提高门槛，必须是优秀的教材才能执行修订计划。优秀教材的标准一般如下：国家级规划教材、获奖教材、发行量较大的教材，满足这些标准的教材，基本能纳入修订范围。同时一些在成长期的教材虽发行量一般，为对教材进行适当涵养，也会进行适当修订。从经济角度考虑，一般教材年销量达到 2 500 册以上都应该及时监测销售数量，及时进行修订。

第二，及时收集教材的使用意见，以方便作者在修订时有的放矢。一般教材经过几轮的使用，终端读者都会对教材提出一些针对性的意见，如课时安排不合理、内容篇幅太大、个人观点较多等较为常见的问题，也有的读者会提出一些学术问题跟作者探讨，这些意见应及时收集，在修订时一并向作者提出。

第三，调取教材之前三个年度的销售数据，分析教材的销售情况，如出现教材年度销售变化较大的情况则应深入分析变动原因。根据年度的销售情况，及时制定作者的交稿时间、出版时间、基本印数等基本计划，保证新旧教材的衔接，不影响教材的销售。

第四，编辑对需要修订的教材需要有专业认识，提出初步修订计划。教材修订是一项系统工程，不仅仅是作者的工作。对教材制定初步的修订计划后，编辑首先必须通读全书，了解现有教材的基本框架体系、基本内容。同时全面了解该科目近年来的发展变化，如是否有立法变更、是否有重大案例出现、是否有重要司法解释出台等，把这些基本情况了然于胸之后，编辑跟作者商谈修订计划的时候更能得到作者的支持，有利于教材质量的提高。

第五，与市场上同类教材进行比较，特别是在编写体例和内容设计上，吸收其他教材优秀的内容，如案例的适当设计、阅读材料的适当增加、实践内容在教材中的涉及、图片内容的增加等，都能提高教材的可读性，实现比上一版教材的进步。

第六，邀约主编召开教材修订会议。教材的修订起主要作用的还是作者，编辑如果能将一些编写意见提前做好准备，会给作者提供一些方便，但是教材一般都是由多人撰写，虽然编辑能与主编充分沟通，但与各位撰写者沟通则没那么方便，如果能与主编一起召集撰写人会议，对教材的修订集体研讨，对作者上一版的遗留问题充分解决，则能充分发挥作者的主观积极性，实现对原有教材的精细化修改，这样认真的修改才更能得到读者的认可。

第七，制定科学的编辑出版计划。根据教材的销售时间，最佳的出版时间在秋季教材征订期之前，如能在当年5月份之前出版，并做好库存的衔接，就是比较好的出版计划。有些教材根据销量可适当推后，如春季教材的征订期之前等。根据这个时间，可倒推作者的交稿时间，给作者留出充分的修改时间后，收取高质量的修订稿件。

第八，各位编辑的配合是教材质量提高必不可少的重要推动力。作者交稿后，文字编辑的加工修改工作极为重要，责任编辑应对该修订教材的专业知识有更详尽的了解，编辑加工不应仅仅针对作者修改的地方。很多法律的修订是牵一发而动全身，有些地方作者修改了法律条文，却并没有修改理论叙述，有些地方修改了案例，却并没有照顾到新法的精神，所以对全书还应该全面通读，并跟作者充分交流。只有这样，才能保证比上一版教材有所提高。

以上只是从教材修订的意义和教材修订的一些工作步骤根据一些经验进行了总结，当然还有很多的方面需要总结，如新教材推广方式的创新、新版教材教学资源的及时制作、终端读者的增值服务等等，都需要在工作中不断地提升，需要编辑与作者共同的努力。只有这样，优秀教材才能不断地修订延续下去，教材以及出版社的光辉品牌形象才能始终高高矗立在读者心中。

作为产业的创意写作

· 杜俊红 ·

一、创意写作在中国的现状

创意写作即 creative writing，是创造性的文本创作，包括我们通常所说的文学创作。目前，英美国家很多大学都开设了创意写作课程学位项目（MFA），美国当代作家几乎都获得了创意写作学位或接受过相关培训，许多知名作家也在大学任教于创意写作课程。我们所熟悉的白先勇、严歌苓、李翊云、闾丘露薇等，都曾系统学习过创意写作，著名作家哈金也在大学教授创意写作。

在中国，创意写作正处于起步阶段，并日益变得活跃起来。高校方面的动作尤其频繁。上海大学中文系率先开展了创意写作教学，并于 2012 年招收创意写作理论研究方向的硕士研究生。该校中文系还主持了系列的创意写作研讨会，提出要展开创意写作学研究。复旦大学中文系于 2009 年设置了国内第一个创意写作学位，由王安忆、陈思和等人负责教学，目前已有学生毕业获得学位。北京大学于 2014 年开始招收创意写作硕士。中国人民大学成立了国际写作中心，将于 2015 年招收创意写作硕士。北京师范大学设立了国际写作中心，由诺贝尔文学奖获得者莫言牵头，相关活动十分活跃。

官方机构也有越来越多的相关举措。中国作家协会与美国大学的创意写作工作室建立了长期合作关系，陆续派出国内作家赴工作室进修。在作协指导下，国内首家网络文学大学成立，由莫言担任名誉校长。

民间机构也逐步参与进来，各类写作网站都十分活跃。作为中国最大的社区驱动型网络文学平台，盛大文学网罗了国内最主要的几家文学网站，在创作、出版、影视剧改编等领域都有很大规模。此外，盛大曾连续举办编剧训练营，邀请美国著名编剧及教练来中国授课，许多知名编剧都参与其中。盛大文学与上海视觉艺术学院合作，设立文学创作艺术类专业，并联合创办国内首个网络文学本科专业，在北京、上海和成都三地招生。

在与创意写作相关的图书出版上，随着国内文化创意产业的推进，特别是影视业与网络文学的快速发展，关于创意写作的指导书越来越多。其中大多为引进美国的图书，比如《写作这回事》、《21 天搞定电影剧本》、《我如何成为一名畅销书作家》、《故事》、《作家之旅》、《救猫咪》系列等。在这些图书当中，由中国人民大学出版社推出的"创意写作书系"比较独特，品种全面、指导性强，首次将创意写作作为一套系统的方法引进国内，从专业学科、创作实践的角度，结合落地活动和线上活动加以推广。本文透过对"创意写作书系"的介绍及总结，梳理创意写作与文化创意产业的关系，在相关图书的出版和活动基础上，对创意写作从产业角度作出分析。

二、"创意写作书系"的引进

(一) 丛书概况

自 2011 年 1 月出版第一批 4 本以来，在将近 4 年的时间里，"创意写作书系"已经出版 17 本，获得读者广泛好评。作为第一套系统引进国外创意写作成果的丛书，这套书在引进创意写作理论与方法的同时，为国内的读者打开一扇学习写作、练习写作、提高技巧的窗户。这套书目前出版的品种主要可以划分成四个大类：虚构类、非虚构类、一般指导类和练习类。其中以涉及小说创作技巧和方法的虚构类品种最多，也最受读者欢迎。

具体来看，书系中有畅销美国 80 多年的《成为作家》，属于一般指导类图书，侧重于帮助读者解决心理上的问题，让其明确自己能不能写作、能不能成为作家，并帮其避开许多作家经常掉入的陷阱。这本书出版于 1934 年，风行美国文学界，可说是经典之作。

极具操作性和指导性的《小说写作教程》、《故事技巧》，分别针对虚构、非虚构的创作过程和技巧，给出系统的讲解和方法的分析。它们无疑是读者打开文学创作这一黑匣子的钥匙所在，把曾经让人可望不可即的创作大门打开。只要勤加练习，每个人都有可能成为作家。

作为激发创意、强化创作实践的《开始写吧!》三本写作练习，涉及虚构、非虚构和影视剧本的创作。书中收录大量作家、写作教练、编剧的创作秘籍，对于寻找灵感、进行特定写作环节的训练都有很大帮助。

此外，书系还包括了非虚构写作圣经级指南《写作法宝》，针对性极强的《畅销书写作技巧》、《情节！情节！》，以及其他众多国内外专家的权威写作指南。

书系自上市以来，销售情况比较稳定，读者反馈十分热烈，在"创意写作"板块占据了较大的市场份额，也得到很多高校相关课程教师的推荐。

(二)"创意写作书系"相关推广活动

这套书的读者对象十分广泛，既包括普通意义上的写作爱好者，也包括专业作家、网络写手，涵盖了文学院、外语学院、新闻学院、艺术学院与文学创作、编剧相关的专业，以及广告、文案、设计等需要文字创意的行业。

在宣传推广上，针对不同读者对象，主要做了以下推广活动。这些推广活动一方面让更多的读者知道"创意写作书系"，另一方面也让他们对作为文化创意产业重要组成部分的创意写作加深了了解。

1. 新书发布会，邀请知名作家就与写作相关的话题展开讨论。阎连科、张悦然等均出席过发布会，并给予这套书肯定与支持。从发布会的后期报道看，这套书在职业作家、高校相关专业师生、民间写作爱好者中引起反响较大。

2. 写作沙龙，采用写作坊的模式让读者亲身体验创意写作。我们注意到，参加沙龙的人有很多来自影视领域。

3. 国外作者来华系列讲座，由国外知名写作教练现场讲座，指导创作。很多讲座与文学院、新闻学院、外语学院合作，在高校取得热烈反响。面向社会的讲座也得到各界的欢迎。

4. 写作赛、写作节等互动活动，让读者参与到创作中来，为他们提供开始写作、表达自我的机会。主要由高校学生参与。

5. 微博、微信、豆瓣等线上互动平台，让读者有与出版方、作者交流的平台，帮助他们坚持写下去。线上平台为各界关注写作的人士提供了交流的渠道，在这一平台上的主要是更广泛的普通写作爱好者。

6. 专题讲座，公开的讲座活动让较多的读者对具体的创作问题有进一步了解。

7. 培训活动，举办比较系统、深入的训练活动，由老师手把手带领参训学员进行创作。参加人员有高校老师、普通写作爱好者、影视从业人员等。

知名作家参加的新书发布会、由国外作者现场召开的系列讲座、小班的写作坊都是效果非常好的活动方式，影响大、内容深入、针对性强。写作赛、微博微信等平台、专题讲座等，则覆盖面广、参与人数多、互动比较灵活。

（三）影响与意义

2013 年，国家新闻出版广电总局将这套书列为向全国青少年推荐的百种优秀图书。同年，此套书入选 2013 年度"影响教师的 100 本书"。可以说，这套书在取得较好的市场效益的同时，也产生了比较广泛的社会影响。

作为国内第一套系统引进美国创意写作成果的丛书，"创意写作书系"在最开始引进时带有一定的试探性。中国读者在阅读与学习的过程中，表现出一定程度的文化与语言上的"水土不服"，但更多的是对创意写作的认识和自身写作水平的提高。在几大网店及各种论坛的留言中可以看出来，这套书正在影响到越来越多的中国读者，创意写作也在这一过程中逐步得到接受。

传统的职业作家、高校中文院系、普通读者、文学网站等，都对这套书系给予了肯定。陆续有高校把这套书作为教材和指定参考书。其在当当网和卓越网文学理论类图书中销量一直名列前茅，在国内创意写作还处于起步阶段的情况下，取得了比较稳定的销量。此外还有大量的书评、网络评论、报刊专稿。由此可看出，书系出版后取得了很好的社会效益和影响，同时反映出这一领域存在较大的市场潜力，各方面都大有可为。

在当前文化创意产业大发展的格局下，"创意写作书系"从实践角度推出这样一种写作实践的理念与方法，无疑具有特别重要的意义，它将有力推进产业的发展，为其提供源源不断的创意文本和创意人才。

这套书提供的写作技巧和训练方法，作为对写作灵感的激发、对写作技巧的训练过程、对文本创作的操作化程序控制，它的特点就在于其实践性和可行性，这就在很大程度上打破了作家原有的神秘感，而使得包括文学创作在内的各类创造性文本创作变得可行。也就是说，通过一系列的训练，人人都可能成为作家。这就使得众多有志写作的人特别是网络作家能够切实可行地提高自身写作水平，规划一个更加良性的写作生涯。在这个基础上，必然有越来越多的优秀文学、影视剧本涌现出来，转化为产业力量。

从几年来图书的出版、活动的实施看，"创意写作书系"被广大读者接受的过程，集中反映出"创意写作"在国内被了解和接受的过程。图书的销售、读者的反馈让我们看到这一板块的市场正在形成和壮大。各种宣传推广活动也取得很好的效果，这些活动和图书的发行一起，将选题策划、图书出版、职业作家、网络写手、影视编剧、官方机构、高等院校以及普通写作爱好者联系起来，让我们通过一套书看到创意写作在国内的推广、接受、发展过程，以及它与文化创意产业之间紧密的关系。

三、作为产业的创意写作

（一）创意写作与文化创意产业

创意写作与文化创意产业相紧密联系。创意写作是文化创意产业的一个部分，并且是构成其基础性、实体性内容的重要部分。影视剧、动漫、游戏、旅游、表演、出版等，都是创意产业的组成部分，其中大多都需要创意文本的支持，特别是出版、影视领域，文学作品及创意人员是它们的最基础的资源。

文化经济理论家凯夫斯（Caves）对创意产业给出了以下定义：创意产业提供那些宽泛地与文化的、艺术的或仅仅是娱乐的价值相联系的产品和服务，包括书刊出版、视觉艺术（绘画与雕刻）、表演艺术（戏剧、歌剧、音乐会、舞蹈）、录音制品、电影电视，甚至时尚、玩具和游戏。[①] 另一位经济学家霍金斯（Howkins）在《创意经济》（*The Creative Economy*）一书中，把创意产业界定为其产品都在知识产权法的保护范围内的经济部门。知识产权有四大类：专利、版权、商标和设计。每一类都有自己的法律实体和管理机构，每一类都产生于保护不同种类的创造性产品的愿望。每种法律的保护力量粗略地与上述所列顺序相对应。霍金斯认为，知识产权法的每一形式都有庞大的工业与之相应，加在一起，"这四种工业就组成了创造性产业和创造性经济"。在这个定义上，创意产业组成了资本主义经济中十分庞大的部门。有版权的产品（书籍、电影、音乐）带来的出口收入超过了像汽车、服装等制造业。[②]

凯夫斯的定义侧重的是产业所提供的产品或服务，其中书刊出版、电影电视等都与创意写作有直接的关系。霍金斯的定义从知识产权保护的角度而下，其中所指"有版权的产品"也与创意写作的作品直接相关。概括来说，创意写作与文化创意产业的关系如下：

1. 创意写作为文化创意产业的发展提供基础性的创意文本。创意写作创作的作品种类繁多，用途广泛，有包括小说、剧本、诗歌在内的各种文学作品，也

---

① 参见 ［美］理查德·E·凯夫斯：《创意产业经济学：艺术的商业之道》，北京，新华出版社，2004。

② 参见 ［英］约翰·霍金斯：《创意经济》，上海，上海三联书店，2006。

有包括广告文案创意在内的各类文本创作，这些都是文化创意产业的基础性文本素材。文学类图书是出版界主要品种，剧本创作为电影电视业提供脚本，灵动的广告语让宣传文案栩栩如生。

2. 创意写作为文化创意产业的发展提供各类创意人才。举例来说，在美国，随着电影业的不断发展，好莱坞模式的故事创作经过创意写作人员的总结与整理，以图书、培训课程等形式广泛传播，使得很多人通过创意写作的学习提高了剧本创作水平，这就为好莱坞储备了大量具备相当写作水平和创意的编剧人才。

3. 发展创意写作是文化创意产业的内在需要。当今世界各国之间的竞争可以说是文化的竞争，文化创意产业的发展也成为各国发展的重头戏。美国是目前世界上第一大文化输出国，其文化创意产业在国内是支柱产业之一。文化创意产业的发展需要各类创意文本，这是形成产业实体性内容的基本素材；文化创意产业的发展还需要各类创意人才，这是形成产业创意性内容的基本单位。由此可见，发展创意写作是文化创意产业的内在需要。

4. 创意写作与文化创意产业互为因果，二者相互促进、共生共荣。创意写作为文化创意产业提供了大量基础性文本和人才资源，形成对产业有力的内在支撑；文化创意产业从各个角度和层面为创意写作提供支持，使得创意写作能够获得持续、强劲的发展，比如出版界、教育界、政府机构对创意写作的肯定与扶持，是创意写作得以存在和发展的必要条件。

（二）创意写作产业链

在文化创意产业的视角下，创意写作的领域包括图书出版、电影剧本创作、数字出版、广告等。创意写作的成果和人才是许多创意产业的内容基础、人力资源。下面试着从产业角度对创意写作进行分析，为创意写作在中国的进一步推广和发展提供助力（见图1）。

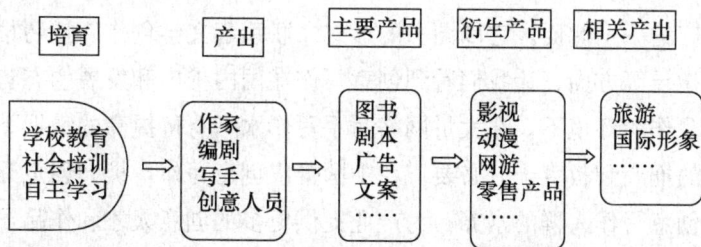

图1 创意写作产业链

从图1可以看出，与创意写作相关的教育或培训，为想要进行文学创作的人们提供了技能准备。这部分涉及有相关专业的高校、作协、民间培训机构、出版创意写作图书的出版单位等。

经过学习，在创作水平、职业规划、创意激发上得到提升，相关人员可以更有效率、更长久地进行创作，从而成为作家、编剧、相关行业从业人员等，成为文化创意产业的重要人力资源。这部分主要涉及出版、影视、需要创意文案的各商业单位。

这些人力资源从事创作，产生小说、剧本、回忆录、传记、诗歌、散文、各类大众畅销书，还有广告等商业创意文案、动漫及游戏的基本故事架构，以及各种需要创意的文案。

在各种创意写作产品基础上，还将衍生出影视剧、动漫、网游、零售产品等，形成更大的产值。美国有一个品牌的鸡肉卖得特别好，在它的包装上，有一个关于这个品牌鸡肉的故事，十分感人，无疑为品牌增添很大价值。

此外，通过文化创意产业的输出，为旅游业的发展、国家形象在国际上的提升、文化价值的传播，都将产生持久而深远的影响。比如某部畅销小说中提到的地方，会成为旅游胜地。儿童小说中的人物形象，能够带动玩具制造业。一些体现中国传统文化、体现中国人特有价值观的文学作品及影视作品，都会在国际上带来潜移默化的影响。

四、总结

从文化创意产业的角度看，目前国内有关方面对影视制作、动漫等投入巨大，动漫城、影视城、集聚区等都侧重于这些方面，而对于作为其源头活水的创意写作领域的投入还远远不够。

透过"创意写作书系"及相关活动，我们可以看到创意写作在国内被接受并逐步得到推广的一个侧面。它以图书的形式，联系起文学创作、技巧培训、高校教育、官方指导等方面，让我们看到创意写作在国内推广和发展的态势。特别是在当前全民写作的环境下，在大量网络写手写作水平有待提高的情形下，大力开展创意写作的推广和教育十分必要。在中国推广创意写作，扩大创意写作人群的数量，提高创意写作人群的素养，为产业提供更多的创意人才和作品，乃是当务之急。

童书出版策略浅析

·黄 颖·

一、为什么童书出版这么热？

在当今的中国出版界，"童书"是一个"热词"。从出版格局看，全国580多家出版社，有520多家出版童书。从出版规模看，童书年出版品种4万多种，位居世界第二。从出版增长看，2000年至2014年间，童书出版年年"领涨"全国图书出版。

出版社为什么这么热衷于出版童书，原因可能有以下几点：

1. 童书陪伴孩子成长，是刚需

研究显示，人一生的阅读量，学龄前反而是个高峰期。而已经出台的单独二胎政策和未来要出台的全面二胎政策，会使童书的读者群进一步扩大。近些年社科类、经管类、养生类图书起起落落，只有童书是其中唯一不降反升的板块。

2. 童书出版门槛低，内容简单

童书政治敏感度低，内容相对简单，专业性不强，一般的编辑即可把握，而且不是专属出版，有资质的出版机构都可以出版。

3. 童书购买者广泛

除个别图书由孩子自己购买外，童书多由父母挑选和购买，中国父母望子成龙心切，尽管自己的阅读量有限，也希望孩子不要输在起跑线上。而且购买者还有亲戚朋友，童书形式多样，容易成套系，作为礼品赠送比其他礼品更有价值和意义。

二、童书出版真的容易吗？

随着社会文明程度的提升，童书出版规模会持续增大，这块蛋糕炙手可热，谁都想来分一杯羹。蛋糕很诱人，但能吃到却并不容易。

1. 原创书周期长，引进版成本水涨船高

专门为孩子创作和出版童书在国外历史悠久，很多专业的童书出版机构有着百年历史。目前引进版童书以其图文的高质量，在中国进入全盛时期，但随之引进版的版税率也动辄 10% 及以上，图片费另付，还要有预付，按印数结算。为引进支付了大量版税或者固定成本，最后因水土不服或达不到预期而血本无归的，也不在少数。

原创童书制作周期长，图和文常常不能由一个作者完成，说教成分较多，成本高质量没保证。中华经典文学低质扎堆重复出版严重，多拼低价。

2. 市场已经初步瓜分，无特点和实力很难挤入

如果说十几年前，还是几家少年儿童出版社独占儿童图书市场的话，现在已经是接力、二十一世纪等出版社还有童趣等民营机构群雄逐鹿的局面。渠道方面更有当当少儿一家把持少儿图书网上市场，上下游结合做定制图书，长期盘踞市场。

3. 童书市场高速发展，节奏快变化大

目前童书每年出版一万多个新品种，你所能想到的品种几乎都有了。而且童书形式多样，和多媒体及新技术结合紧密，随社会信息爆炸和技术跃进而日新月异。但儿童纸书江山也只增不减，礼品书、玩具书、综合书也很受欢迎。

三、童书分类

1. 当当网上童书是这样分类的

科普/百科馆、中国儿童文学馆、外国儿童文学馆、精装图画书馆、平装图画书馆、婴儿读物馆、幼儿启蒙馆、益智游戏馆、玩具书馆、卡通/动漫馆、少儿英语馆、励志/成长、进口儿童书馆、少儿期刊馆、阅读工具书。

2. 按适读年龄分

大致可分为 0～2 岁、3～6 岁、7～10 岁、11～14 岁。标示时根据图书内容有下限没上限，如 3 岁以上、6 岁以上，还有的以文字描述说明，如学龄前、青少年等。

3. 按不同的阅读方式分

可分为亲子共读、自己阅读、教学时全班共读。

四、中国童书的引进与原创之路

原中国出版协会少年儿童读物工作委员会主任海飞在《中国少儿出版的现状分析》一文中指出：近年来，中国每年引进国外少儿图书版权近 4 000 种，仅排在美国、英国、日本、韩国、法国、德国之后。少儿图书的引进在全国整个版权贸易中占 20％以上，比重大，分量重，成功案例多。如"哈利·波特"系列、《丁丁历险记》、"林格伦"系列、"冒险小虎队"系列、《不一样的卡梅拉》、"暮光之城"系列、《窗边的小豆豆》、"彩乌鸦"系列、"纽伯瑞文学奖"系列、DK科普系列等。从博洛尼亚到法兰克福，从伦敦到纽约，无论是专业的国际童书展，还是大型综合书展，都有中国童书出版人的身影。

但不可否认的是，目前国内出现的这些超级畅销童书多半还是以版权引进为主，真正火爆的原创童书尚不多见。在畅销书运作方面还存在内容、形式选择和营销方面的问题。国内原创童书主要集中在儿童文学书领域，绘本主要集中在经典传统故事方面，大师级的绘画师还没有产生。

回顾我国童书出版的发展历程，其经历了由自主开发到版权引进，再到原创与引进并重的三个重要发展阶段。在经历了引进版童书在我国童书畅销书榜单独占鳌头，各出版社纷纷大量引进版权，国际版权市场上简体中文版权竞争尤其激烈的时代之后，中国童书出版人开始注重发掘和培养本土作家、开发原创儿童文学作品，而在童书版权引进上则回归理性，趋向更为专业化的运作，打造属于自己的品牌。

五、各出版机构的童书出版策略

面对激烈的市场竞争，各出版机构根据自身资源和优势，八仙过海，各显神通。

1. 盯童书国际大奖

国际儿童读物联盟（IBBY）1967 年起把每年的 4 月 2 日（安徒生诞辰日）定为"国际儿童图书日"，以唤起人们对读书的热爱和对儿童图书的关注。而为奖励世界或本国儿童文学的创作者，激励他们创作出更多的优秀作品，很多国家和国际机构设立了儿童文学奖项。

（1）美国的纽伯瑞儿童文学奖（Newbery Medal）是第一个儿童文学奖，也是童书界的最高荣誉，已有 90 年历史。

（2）英国卡内基大奖（The CILIP Carnegie Medal），已有 77 年历史。

（3）美国凯迪克图画书金奖，已有 74 年历史。"凯迪克奖"是美国最具权威的图画书奖，该奖评选最强调的是插图，而不是小说或文本内容。这个奖项和"纽伯瑞"奖由同一个人创设，都是由美国图书馆协会主办。

（4）英国凯特格林威奖，已有 57 年历史。美国有了图画书奖，英国也跟进了，并且打破了上面三个大奖只颁发给本土创作者的传统，开始有了国际视野。

（5）国际安徒生奖。终于在 1956 年，被称为"小诺贝尔奖"的"国际安徒生奖"来了，和前述奖项不同，这个奖是针对作者的。

（6）德国青少年文学奖，创立于 1956 年。

（7）意大利博洛尼亚国际儿童书展最佳童书奖，创立于 1963 年。

（8）布拉迪斯国际插画双年展大奖，创立于 1967 年。

（9）林德格伦儿童文学奖，这是奖金最丰厚的世界儿童文学奖，创立于 2002 年。

（10）国内，2005 年《父母必读》杂志推出年度童书排行榜，开创中国自己的媒体童书排行榜以来，每一年的"优秀童书排行榜 Top10"已经成为国内颇具公信度的童书大奖，越来越成为中国家长选择童书的风向标。不过上榜的基本都是国外作品。

2009 年，第一个国际级的华文儿童图画书奖——丰子恺儿童图画书奖终于诞生了。该奖旨在鼓励更多优秀人才投入创作、出版优质华文原创儿童图画书，提升社会大众对华文儿童图画书的重视与了解。

2. 盯国际著名童书出版机构

目前几家在全球享有盛誉的童书出版社，既有跨国集团，也有规模较小的独立出版社。

（1）兰登书屋。

kids @ Random

兰登书屋是世界上最大的儿童图书出版商。最早出版了最受欢迎和最畅销的苏斯博士的书籍，还有其他流行的图书角色，包括亚瑟、大象巴伯、芭比娃娃、贝贝熊、迪士尼、芝麻街和托马斯。兰登童书还最早推出了分级读物，出版了著名的 step stone 和 step into reading 系列书。兰登书屋拥有包括金色童书、迪士尼童书、蜻蜓、芝麻街、阶梯石等超过 10 家分支机构出版童书。

（2）学士公司（Scholastic）。

学士公司专注于童书出版，是美国最大的儿童图书出版商，每年出版超过750 本新书。其中包括广受欢迎的"哈利·波特"系列、"神奇校车"系列、"鸡皮疙瘩"系列、"小屁孩日记"系列和"老鼠记者"系列等畅销童书系列。

（3）哈珀柯林斯（HarperCollins Children's BooksGroup）。

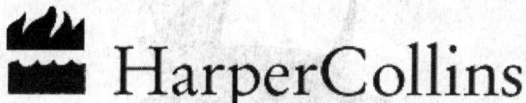

哈珀柯林斯是较早进入国内市场的国际顶级童书出版社之一，拥有绿柳、EOS、哈珀青年等 12 个童书部门，出版图画书、桥梁书和章节书等不同类型的童书。哈珀柯林斯的知名童书品牌还包括 I can read 系列、Amelia Bedelia、Biscuit，还有国内已经出版的《又高又丑的莎拉》《印第安人的麂皮靴》《亲爱的汉修先生》《杜立德医生》《夏洛特的网》等获得纽伯瑞奖，以及《精灵鼠小弟》、"猫武士"系列等畅销儿童小说。

（4）企鹅童书（Penguin Putnam）。

企鹅普特南出版集团有 11 个独立出版各类童书的品牌出版公司，包括 DK、道顿、ladybird 等。企鹅在我国也有分支机构。

（5）麦克米伦。

（6）西蒙与舒斯特儿童部（Simon & Schuster Children's Publishing）。

西蒙与舒斯特的童书部门旗下的阿拉丁、小西蒙、雅典神庙和西蒙聚光灯都是很有名的儿童图书出版社。西蒙舒斯特童书出版了很多低幼的触摸书、纸板书，还有《爱探险的朵拉》、《海绵宝宝》等电视节目图书。

（7）利特尔·布朗青少读物部（Little, Brown Books for Young Readers）。

2006 年，时代华纳图书集团把小布朗出售给法国出版商阿歇特集团；现在小布朗出版社是由阿歇特美国出版公司所有。LB 童书中最有名的是亚瑟，获得 2010 年凯迪克金奖的《狮子与老鼠》。

（8）布鲁姆斯伯里童书部（Bloomsbury Children's Books USA）。

布卢姆斯伯儿童图书最知名的童书莫过于"哈利·波特"系列了。在国内出版的包括《别让鸽子太晚睡》、《鸽子捡到了一个热狗》等莫里·威廉斯的作品，以及包括《一口袋的吻》等作品的"聪明豆"系列。还有芭芭拉·库尼的作品《花婆婆》、《艾玛画画》等，以及汤米·狄波拉的图画书作品。

（9）艾阁萌（Egmont. co. uk）。

艾阁萌是一家丹麦公司，成立于130年前。知名的童书包括"小熊维尼"、"奇先生和妙小姐"、"丁丁历险记"、"巴布工程师"等系列。

（10）掌灯人（Candlewick Press）。

CANDLEWICK PRESS

掌灯人出版的《猜猜我有多爱你》在国内是最受欢迎的图画书之一，还有登上美国和英国邮票的"小鼠波波"系列。另有《图书馆的狮子》、《鸭子农夫》、《小猫头鹰》、《小熊你睡不着吗》、《老虎来喝下午茶》等，以及带领孩子了解全球的"威利的世界"系列、"小猪梅西"系列桥梁书等书在国内出版。

3. 盯优秀的原创作者

原创儿童文学图书作者分为三级：

第一级是杨红樱、曹文轩、郑渊洁、张之路、秦文君、伍美珍、沈石溪等，他们的作品一般都可以轻易地发行10万册。

第二级的童书作家，其作品单册销售量一般在5万册到10万册之间，他们包括孙幼军、周锐、常新港、黄蓓佳、葛冰、冰波、汤素兰、郁雨君、郝月梅、牧铃等。

第三级是彭懿、董宏猷、彭学军、范锡林、薛涛、赵静、萧袤、王一梅、保冬妮、汤萍等一批年轻的后起之秀，以及葛翠琳、金波、张秋生等儿童文学前辈名家的作品，他们的作品一般都可以发行3万到5万册。

4. 围绕动画片批量出版

《铁臂阿童木》是日本第一部电视连续动画，也是中国引进的第一部国外动画。另有根据原作品改编的电影和游戏。米老鼠是1986年引进，阿童木是1980年引进，所以阿童木是第一部引进的动画片。动画片一般体量较大，抓帧或从国外引进图书可快速出书，借助电视播出的影响力可保证销量。像童趣出版公司依靠迪士尼的动画片站稳了在童书出版市场中的地位，其出版的围绕动画片的图书有以下系列：迪士尼经典故事、赛车总动员、托马斯火车、摩尔庄园、喜羊羊、天线宝宝等。

六、人大出版社童书出版思考

人大出版社涉足童书领域应立足本社的资源和优势，借助有鲜明特色的强势产品攻坚市场，以引进开路，以原创立本，系列开发多媒体综合运用，开创童书品牌，做好衍生品，打造产业链。以大数据技术和新媒体互动创新传统传播体系，深挖细做经营新型读者关系，提高产品的黏性和持续性。只有真抓实干和不断学习创新，才是唯一出路。

"人大附小七彩教育成果丛书"
系列图书策划案

· 张宗芳 ·

中国人民大学附属小学是享誉中外的著名小学，是京城众多学生和家长心向往之、梦寐以求的学校。2014 年人大附小建校 60 周年，在这个重大庆典来临之际，人大出版社联合人大附小计划推出代表国内小学教育最高水平的"人大附小七彩教育成果丛书"。

"人大附小七彩教育成果丛书"将集中分批推出，首批推出 7 本，作为人大附小 60 周年校庆的重要贺礼；后续选题根据人大附小稿源的组织情况进行集中出版。系列图书的书名均采用"人大附小的××××"格式。

小学是人生的关键阶段，是培养孩子良好学习习惯和生活习惯的重点阶段。该系列图书是众多家长和孩子的期盼，我们希望通过此系列图书全面推广人大附小的先进教育教学理念，帮助全国小学生家长和小学生解决小学阶段面临的各种学习与生活问题，帮助全国的小学教师转换教学理念、提高教学质量，从老师和家长互相配合的角度让全国的小学生度过幸福的小学时光。

一、系列图书策划思路

(一)《人大附小的学生质量综合评价手册》

人大附小毕业的学生综合素质很高，发展潜力很大，平时学校都是用什么质量评价体系对各年级的学生进行学期综合评价呢？本系列的第一本书将全面介绍人大附小各年级的学生质量综合评价手册，对全国的小学评价体系有很好的参考价值。

（二）《人大附小的可爱作业》

人大附小的可爱作业闻名北京城，此书既解答家长关心的如何快速、高质量地完成家庭作业的问题，更着重介绍非常规听说读写的激发孩子兴趣并学到东西的可爱作业。

1. 常规作业：如何培养孩子又快又好地完成作业。

2. 主要介绍人大附小各学科的特色可爱作业，老师布置这些作业的初衷，学生做作业的过程以及家长和学生的心得，还包括一些优秀的作业范例等等。

（三）《人大附小的"诺贝尔奖"》

人大附小的创新教育闻名教育界，附小的"诺贝尔奖"更是每个孩子最期待的奖项。附小的每年寒暑假不给孩子布置常规的寒暑假作业，而是让每个孩子自己立项作一项小课题研究，开学的时候进行严谨的课题汇报，课题研究作得最好的孩子可以获得人大附小的"诺贝尔奖"。本书将收录人大附小历年获奖的课题研究，给所有喜欢科学研究、动手实验的小学生及其家长和老师一些适合小学生课题研究的主题与做法。学一千次科学知识不如亲手做一次，希望通过此书在孩子心中播种创新的种子！

（四）《人大附小的毕业课程》

人大附小的毕业课程深受六年级孩子的欢迎，是人大附小为孩子们小升初科学合理衔接特意设计的课程，包括：

1. "中学生活体验课程"涵盖课堂体验、选修课、社团活动、专题讲座、自我管理五个领域，侧重在学生的自主学习、自主管理及自适应与调整能力的提高，消除学生对中学生活的畏惧心理，使其对未来的中学生活充满向往。

2. "毕业旅行课程"打破了以往教师统筹安排整个行程的局面，此次研发为一门课程，转变了学生传统的思维模式，侧重学生未来领导力、自我规划管理等能力的培养，增强学生意志品质，给予学生生命的体验。

3. "关注社会问题课程"侧重学生发现、调查、分析、解决问题的研究性学习意识的提升。毕业展演环节向家长展示学生小学六年的综合素质。演出中孩子们表现出合作分工、团结协作的精神……独特的社会感悟被表现得淋漓尽致，不仅提升了孩子们的综合素养，更增强了学生走出小学校门的一份社会责任感。

人大附小的毕业课程还包括"学业水平课程"、毕业生特色考核等多方面的设计。

（五）《人大附小的老师对家长说》

人大附小向来重视家校合作，即家庭和学校共同对孩子的培养，《人大附小的老师对家长说》重点介绍人大附小着重培养的孩子习惯，以及人大附小和家长如何才能更好地配合。对于不同阶段的孩子家长焦虑的点也不同：对于孩子即将入读小学的家长而言，让孩子如何更快地适应小学生活最为重要；对于二、三年级的孩子而言，如何养成好的学习习惯家长很关心；对于高年级的小学生而言，如何顺利地实现小升初是家长关注的问题。总之，通过"人大附小的老师对家长说"这本书，希望告诉小学生的家长，如何陪孩子更好地度过小学六年级的学习生涯，如何高质量地完成小学阶段的学习任务。

（六）《人大附小的孩子对校长说》

人大附小的孩子和校长的关系在所有的小学中别具一格，孩子都亲切地称校长为"校长妈妈"或"'笑长'妈妈"。孩子与校长的关系更能体现学校的管理思路和水平，本书从各年级的孩子与校长互动的角度来全面解析人大附小的管理，这样与校长进行互动的不仅仅是品学兼优的学生，也包括犯错的孩子，还包括特殊孩子等等。

（七）《人大附小学生的校园生活》

这是一个绘本，用人大附小孩子们稚嫩的画笔描述人大附小的学生校园生活，从书中可以看到孩子们喜爱的"巴学园"，看到七彩教育留给孩子的印记，看到孩子们在笑着成长。

二、系列图书出版思路

1. 系列推出，便于营销推广，形成品牌。
2. 采用图文并茂的形式，行文活泼，适合孩子和家长阅读。
3. 图书厚度在 150～200 页之间，定价在 30～40 元。
4. 建议人大附小成立专门的编写团队，统一风格，统一体例。

三、系列图书营销思路

1. 名人推荐

拟邀请教育部、北京市教委、海淀区教委、人大、人大附中、人大附小等的相关领导推荐。

2. 新书发布会

通过多种场合的新书发布会发布新书出版信息，提高系列图书的社会影响力。

（1）正式的新书发布会。

（2）中央电视台的《开学第一课》重点推荐。

（3）当当网、亚马逊等网上新书首发发布会（重视网上书店）。

（4）人大幼儿园的毕业典礼。

（5）人大附小的新生家长会。

（6）北京国际书展、北京订货会或其他书展（根据出书时间来定）。

3. 媒体信息发布

通过在《中国教育报》、各省教育报、《小学生学习报》、《学习方法报》、《少年智力开发报》、《新世纪小学生报》、《家庭教育》、《中国少年儿童》、《小学生》、《人民日报》、《新京报》、《北京晨报》、《中国新闻出版报》、《中国图书商报》、新华网、人民网、新浪网、凤凰网等多家报纸、期刊、网站上进行系列图书出版信息发布和部分连载。

4. 网上书店营销

第一轮：

新书预售：提前一周新书预售，提前在网店曝光，并在图书首页"预售专区"主推荐。

单品推荐：图书首页或教育书店单品位置展示。

网络书店微博新书推介及转发赠书活动。

第二轮：

名人访谈：邀请人大附小郑瑞芳校长做客网店谈七彩教育。

专题推荐：图书首页或教育书店专题宣传——人大附小这样教孩子，展现人大附小现行的教育方式，解密人大附小先进的育人理念。

邮件直投：通过筛选购买记录，向母婴、少儿及文教类图书购买者推送邮件。

让利秒杀：让利秒杀 3 小时，限量 100 套参加活动。

5. 其他思路

（1）争取入选"中小学图书馆（室）推荐书目"、"向全国青少年推荐百种优秀图书"等等。

（2）样书赠送，组织征文活动。

● 七彩教育同盟学校赠书；

● 选取山东、湖北、上海、广东等教育大省的部分小学进行赠书活动；

● 组织一些读书会活动，同时发布面向老师和学生的征文活动，提高此系列图书的社会影响力。

（3）购买套书者赠送附小币一张，颜色随机。

"超酷的科学探索漫画书"系列策划案

·凌　江·

市场调查

根据科技部 2012 年底公布的数据，2011 年全国共出版科普图书 0.57 亿册，仅占全国图书出版总量的 0.74%。然而与此对应的却是，在网店销售的情况看，科普类图画书日益受到青睐。这表明家长愿意让孩子在感受大自然的同时，提供更能吸引孩子去探索自然的介质，而一本以图为主的科普图画书更能激发孩子的探索精神。

一本有趣的儿童科普童书需要具备哪些素质呢？经过调研，我们发现，一本好的科普童书，至少需要具备如下元素：（1）既有知识性又有趣味；（2）用吸引人的故事讲科学。

系列介绍

本系列科学探索漫画书由国内知名科普漫画家宋海东创作，2009 年由台湾大自然出版社出版，原系列名为"大自然科普漫画系列——奥林和奥克的科学探索之旅"，共出版五本，分别为：《太空探险》、《火星计划》、《空气王国历险记》、《能源保卫战》、《分子原子的奥秘》。由于原系列名没有突出本套图书特色，现将其改为"超酷的科学探索漫画书"。

作者介绍

宋海东，1993 年毕业于哈尔滨工业大学，学的是理工科，但感兴趣的是艺术。毕业后独立办过军事杂志、做过艺术设计，职业漫画人。2002 年至 2004 年在中央电视台《天天快乐》栏目做现场漫画主持人；2004 年出版由英达情景喜剧改编的漫画书《网虫日记》；2006 年与中国科技馆合作，其制作的"漫画科技馆"在北京市海淀区少年宫常年展出；2007 年与国家知识产权局合作，制作 100 集动漫节目《发明故事》；2007 年为中国科技馆制作多款互动游戏；2008 年成立"儿童创意漫画课堂"。多年来在《足球之夜》、《东方日报》、《青年体育报》、《中国新闻周刊》、《南京日报》、《中国航务周刊》等开设新闻漫画专栏。2009 年至今，专职从事少儿科普漫画创作。科普系列图书"蛋蛋学校"入选国家新闻出版广电总局"三个一百"原创工程。

本系列图书特色

1. 作者本人的工科背景，使得本套图书的科普知识相对于其他科普童书含金量更高，读完收获更大。比如在《太空探险》这本书里，作者讲述了两个小主人公奥林和奥克的爸爸由于执行火星任务而失踪，奥林和奥克踏上登陆火星寻找爸爸的太空之旅。作者由于有过航天工作背景，因此在书中不仅描述了火箭发射的知识，还详细地画了火箭的手绘图。

2. 作者为国内知名科普童书作家，拥有一定的知名度。宋海东老师曾在中央电视台《天天快乐》栏目担任现场漫画师，该栏目全国收视率颇高。后又出版了大量的科普方面的作品和出版物，在国内家长心中累积了很好的影响力。

3. 画风活泼，故事精彩，非常适合 6～12 岁儿童的阅读趣味，这一年龄段的孩子正处在探索自然世界、获取科学知识的最佳阶段。这种类似探险的故事，生动引人地向孩子们介绍太空、能源、原子（物质构成）、空气（空气构成）等各方面的知识，使其可以在获得故事乐趣的同时，轻松掌握科学知识。

本系列图书营销方案

1. 本套童书在国内科普童书里质量属于上乘，可以跟网店谈包销合作，例如童书销量最大的当当网。

2. 在各大亲子论坛、青少教育论坛、亲子阅读 QQ 群、妈妈群发布图书出版资讯。

3. 委托童书推介人在亲子阅读活动中推荐本套童书；委托童书推介人在其微博中介绍图书，用名人效应影响家长购买。

4. 邀请作者到人大附小举办赠书活动，现场讲述太空探险的故事，并现场画漫画，同时邀请孩子们一起创作。

5. 作者近年正在力推其重点打造的童书"蛋蛋学校"系列，销量不错，本系列图书可借力营销；如果销量很好，可同时将其主打童书品牌"蛋蛋学校"引入人大社出版。届时，营销就不是在一套产品上下功夫，而是要宣传"宋海东"作品，产生类似"杨红缨"作品的品牌效应，在科普童书领域树立可信的品牌形象。

本套图书单册内容介绍

《太空探险》

奥林和奥克的爸爸老奥是火星科学考察队的队长。他在执行第二次登陆火星的任务时，被火星沙尘暴所袭击，与地球大本营失去了联络……本书通过奥林和奥克在火星蛋帮助下自己制造宇宙飞船飞跃太空的故事，讲解了很多关于火箭、飞船、太阳系、星系等的太空知识。

《火星计划》

《火星计划》为《太空探险》的续篇。奥林、奥克为了寻找在火星尘暴中失去音讯的父亲，踏上了去往火星的太空之旅。在漫长的星际旅途中，他们遇到了奇怪的巨石挡路，从宇宙扑克中学习宇宙知识。经历了一次不算成功却很幸运的飞船着陆之后，他们终于登陆火星。本书在精彩故事中详细介绍了火星的各种环境，火星和地球环境的对比，同时对人类建立火星家园的计划作了科普介绍。

《空气王国历险记》

奥林和奥克去参观空气博物馆，他们看到了许多证明空气存在的实验，但仍然从心里怀疑：空气不就是空空如也吗？奥林没带氧气瓶就进入了真空罩，渐渐地，他闭上了双眼，脑子里一片空白……等到奥林睁开了眼睛，他发现自己正身处一个美丽而多彩的世界里，而眼前，一个自称是氧气的男孩正在给他做人工呼吸！接下来的事情，让奥林更是大开眼界：他看见了有着独特爱好的氮气国王，结交了性格怪僻的惰性谷六山人，还有令氧气神魂颠倒的漂亮的宫廷护卫长氢气姑娘。这里是个神奇的世界——空气王国。通过本书，孩子会学习到空气的主要成分和构成比例、空气中主要成分的化学性质、有害气体种类等，可以帮助孩子们培养环保意识。

《能源保卫战》

奥克是一个不懂得节约能源的小学生，他独自在家时总会打开所有的电器和所有的灯。邻家女孩琳琳约奥克一起去看一场关于争夺地球能源的科幻电影，电影里外星人浪费博士和贪心小子为了他们不断膨胀的私欲，开始了对地球所有能源的掠夺。奥克认为这又是大人们编排的老套教育片，无趣地打起哈欠……突然电影院停电了，在一片慌乱中，奥克被卷入了一场离奇的能源争夺战。奥克他们为了对抗浪费博士，找到了水姑娘、煤精、石油军团和海洋巨人等。然而他们还是无法打败浪费博士，直到有一个神秘人物出现……通过本书可以让小读者了解地球上重要的能源物质，告诉小读者如何节约能源、减少浪费。

《分子原子的奥秘》

原子要比分子小，比原子更小的是什么？百种元素性质各不同，相互碰撞会有什么新发现？微子星是一颗很普通的星球，它和地球很相似，但却拥有一些很奇特的居民。这些居民就是微子，即微观粒子。它们自称为原子或分子，拥有发达的技术，并在微子星上建立了繁华的都市。这里有善良的居民，有奇异的设施，有瑰丽的景观，有险恶的山峰。小读者将跟随奥林和奥克两兄弟，探索这个陌生而新奇的世界，揭开隐藏在微子星那神秘面纱下的真相……

策划感悟

作为 6 岁孩子的妈妈，笔者深知孩子对于探索自然、探索世界乃至探索宇宙都充满了缺水海绵般的吸收力和超出我们想象的热情。但如果只是枯燥地将知识理论教授给他们，不符合这一阶段孩子的特点。怎样才能将童书做得让孩子们爱看呢？

做好童书首先要了解孩子的需求，这样我们才知道应该做什么、怎么做。按照成年人了解问题的思维肯定是不行的，于是笔者想起来向女儿请教。连续一周多，笔者每天晚上给她读这套童书，《太空探险》、《火星计划》，孩子都喜欢得不得了。讲到《原子分子的奥秘》这本书时，笔者想对于一个 6 岁多的孩子，这个问题似乎太深奥了，分子和原子都既看不到也闻不到啊！没想到，作者将分子和原子都幻化成小朋友的形象，然后通过微子星的冒险故事讲出来，很吸引女儿。通过书中的人物关系，女儿模模糊糊地了解了分子原子指的是什么，虽然 6 岁的她肯定没有清晰地明白这些知识，但看到她兴致勃勃地听故事，并参与到故事的讨论中，就明白科学的兴趣孩子们都会有，而保有这种兴趣，也许哪一天孩子们就会成长为大树呢！

　　做好童书还要找到好的作者。准备策划科普童书后，笔者进入各大论坛和妈妈群，了解谁是这个领域的专业作家，最后幸运地找到了宋海东老师。宋老师具有丰富的理工科学业和从业背景，科普知识积累丰富，同时他也是一位了解儿童、保有童心的可爱父亲。在他的笔下，枯燥和高深的知识被化为具体而有趣的人物形象，通过奇幻的故事、搞笑的对话，轻松传授给了孩子们。

　　编辑的任务就是出版优秀的图书，很荣幸，笔者遇到了一套这么酷的科普漫画童书。

三、书稿审读

如何做好图书编辑加工工作

·毛术芳·

新闻出版总署 2004 年发布的《图书质量管理规定》是图书质量管理的部门
规章，明确规定了图书的质量标准。文字编辑在编辑加工书稿时应以此质量标准
为底线，在守住底线的基础上，不断精进，追求卓越。下面结合《图书质量管理
规定》和文字编辑实践，从几个方面谈一下如何做好图书编辑加工工作。

一、树立责任意识

编辑的责任意识根源于图书的特殊性。图书的使用价值主要不在于它的物质
性，而在于物质载体上的思想内容。图书作为出版物的一种，是传播文化、积累
文化的重要工具，因而图书编辑所从事的是塑造人的灵魂的工作。高质量的图书
能够弘扬民族优秀文化，传播和积累有益于提高民族素质、推动社会进步、促进
国际交流的科学技术与文化知识。劣质图书则相反，传播谬误，混淆视听，甚至
毒害人的心灵。认清了图书的本质属性，就会意识到编辑的社会责任之重大，从
而树立责任意识。

图书出版流程包含诸多环节，每个环节对于图书质量保障而言都不可缺少，
因而每个环节的工作人员都要树立责任意识。严格按照出版流程来说，进入编辑
加工阶段的书稿，前期已经过选题论证和审稿，是确定要采用的稿件。但选题论
证和审稿都是从大的方面着眼对书稿进行取舍，更为关注的是书稿的文化传播导
向和价值取向，即图书的内容质量。《图书质量管理规定》第三条指出："图书质
量包括内容、编校、设计、印制四项，分为合格、不合格两个等级。""内容、编
校、设计、印制四项均合格的图书，其质量属合格。内容、编校、设计、印制四
项中有一项不合格的图书，其质量属不合格。"经过选题论证和审稿的书稿，整

体而言，其内容质量是有保证的。编辑加工阶段的任务是对书稿进行全面深入检查，从小处入手消灭细节上的缺陷和差错，有时也要解决审稿阶段遗漏的大问题，因此它是保证书稿编校质量的重要环节。在这个阶段，编辑要对书稿进行全面整理，既要消除政治性、科学性、知识性差错，又要辨别并纠正字词、语法、逻辑谬误；既要保证标点符号用法、数字用法、量和单位用法、参考文献格式等符合国家标准，又要保持全书体例格式规范、统一，辅文以及图表、公式等与正文相对应。诸如此类，不一而足。因而编辑加工工作包含着艰苦、细致的劳动，需要文字编辑具有严谨认真的态度和一丝不苟的作风，没有强烈的责任意识，是很难高质量、高效率地完成的。

二、牢记图书内容质量的判定依据

《图书质量管理规定》第四条指出："符合《出版管理条例》第二十六、二十七条规定的图书，其内容质量属合格。""不符合《出版管理条例》第二十六、二十七条规定的图书，其内容质量属不合格。"在根据 2011 年 3 月 19 日《国务院关于修改〈出版管理条例〉的决定》修订后的《出版管理体例》中，这两条分别改为第二十五条、第二十六条，其具体内容在此不再详述。

《出版管理条例》是我国出版管理的重要行政法规，《条例》根据宪法和有关法律对出版物内容作出了上述禁止性的规定。符合这两条规定是对图书内容的基本要求，是图书内容质量的底线。图书编辑必须牢记这两条规定，任何时候，无论以何种理由，图书内容都不能违反这两条规定。

从文字编辑实践来看，严格按照出版流程进入编辑加工阶段的书稿，从大的方面而言内容是可取的，但在细节方面会或多或少地存在政治性差错。涉及党和国家的方针政策、政治体制、国内民族关系、宗教信仰、领土主权、对外关系等方面内容的表述和用语，有严格的规范，不遵守这些规范，就会在不经意间违反了《图书出版管理体例》上述两条规定。因而，文字编辑在牢记这两条规定的内容的基础上，还必须牢记相关政治性表述和用语规范，从细节方面发现、消除书稿中的政治性差错，保证图书的内容质量。

三、熟悉图书编校质量的判定依据

《图书质量管理规定》第五条指出："图书编校质量差错的判定以国家正式颁

布的法律法规、国家标准和相关行业制定的行业标准为依据。"图书编校质量的判定依据同时也就是书稿编辑加工的依据。具体而言，这些依据包括：

1. 法律法规及行政规章：《中华人民共和国产品质量法》、《中华人民共和国国家通用语言文字法》、《中华人民共和国著作权法》、《出版管理条例》、《图书质量管理规定》。

2. 标准和规范：《第一批异体字整理表》（1955 年发布，后分四次共恢复了29 个字）、《简化字总表》（1986 年）、《现代汉语通用字表》（1988 年）、《第一批异形词整理表》（2001 年）、《通用规范汉字表》（2013 年）、《汉语拼音方案》（1958 年）、《汉语拼音正词法基本规则》（2012 年）、《中文书刊名称汉语拼音拼写法》（1992 年）、《中国人名汉语拼音字母拼写规则》（2011 年）、《中国地名汉语拼音字母拼写规则》（1984 年）、《标点符号用法》（2011 年）、《出版物上数字用法》（2011 年）、《量和单位》（1993 年）、《文后参考文献著录规则》（2005 年）、《图书书名页》（2001 年）、《图书在版编目数据》（2001 年）、《中国标准书号》（2006 年）、《中国标准书号条码》（2008 年）等。

此外，还有国家有关部门和出版行政管理部门下发的意见、通知等规范性文件，如《关于使用全国自然科学名词审定委员会公布的科技名词的通知》（1990 年发布，1996 年全国自然科学名词审定委员会更名为全国科学技术名词审定委员会）、《关于进一步规范出版物文字使用的通知》（2010 年）等。

这些法律法规和行政规章、标准和规范以及相关文件的内容，是文字编辑对书稿进行编辑加工的依据。在实践中，文字编辑在关注、消除政治性和知识性差错之外，所做的工作大部分是使书稿细节符合相关标准和规范。具体可以分为两类：

第一，用字、用词规范，表述符合语法和逻辑。书稿中的用字、用词以及语法和逻辑问题虽然形式多样，但有其内在的规律。规范中所列举的错误类型，很好地总结了实践中出错的规律。熟悉、掌握这些规律并熟练运用于日常工作，就会有效降低错误率。

第二，标点符号、数字、量和单位用法以及参考文献著录格式等符合国家标准。此类内容相对简单、固定，是文字编辑必须熟练掌握和应用的。熟练掌握了这些标准，才能保证编辑加工时既不在形式方面留下太多疏漏，又可以将时间和精力放在更重要的书稿内容方面。

熟悉图书编校质量的判定依据，就是熟悉编辑加工的规则。只有清楚什么是正确的，才能发现并消除谬误。很难想象，一个不清楚规则的人能够游刃有余地处理书稿中形形色色的问题。因而，熟悉图书编校质量的判定依据并按照这些标准和规范对书稿进行编辑加工，是文字编辑的一项基本功。

四、养成勤动手、多核查的习惯

熟悉法律法规以及行业标准和规范不是能一蹴而就的，需要经过在实践中学习、在学习中实践的反复的过程。编辑加工时的核查就是在实践中学习的重要形式。遇到什么问题，就去核查相应的规范要求，严格按照规范来处理。开始的时候可能会有费时费力之感，但坚持一段时间会发现，需要核查的越来越少，常用的规范已经了然于胸了。这时，对书稿进行编辑加工会从容很多。

在编辑加工实践中，勤动手、多核查的方法还适用于知识性、事实性问题以及语言文字规范中的用字用词问题。知识性和事实性内容涉及的领域非常广泛，可以说漫无边际，没有人能够记清所有的事实，通晓所有的知识。同样，语言文字博大精深，完全知晓每个字每个词的用法也是不可能的。因此，在我们一字一句通读书稿的时候，要有这样一种观念：不放过任何一个自己没有把握的知识点和事实性陈述，不放过任何一个自己没有把握的字或者词。"取法乎上，仅得其中；取法乎中，仅得其下。"由于平日时间紧，任务重，秉持这样的观念，也不能保证没有疏漏，没有这样的观念，疏漏会更多。

在进行书稿编辑加工时，既不能盲从作者，也不可自负妄改。一般而言，已经确定采用的书稿，其作者是有一定的思想深度和专业水准的，但作者对其学术观点的表述不见得明晰，为了论证其观点所引述的知识性、事实性资料也不见得完全准确。文字编辑应该核查作者使用的相关资料，排除疑问，纠正差错。同样，编辑也不可过分相信自己的知识储备，过分相信自己的记忆，知识储备有盲区，记忆也可能已经不适合变化了的形势。多核查权威资料，编辑对原稿内容的质疑和改动才有根据。文字编辑应该养成勤动手、多核查的习惯，养成好习惯，才能练出好身手。

五、善于总结经验

在编辑加工实践中，存在这样一种现象：对于同一个初审编辑，复审和终审在这部书稿中纠正了的差错，在下一部书稿中依然存在。这种现象的出现源于初审编辑没有及时总结经验，不及时总结经验，也就丧失了重要的学习和提高的机会。完成三审的书稿其实是最好的学习材料，文字编辑应该就此用心总结复审和终审编辑所提疑问和改动之处，从中发现自己的不足，避免相同错误的出现。在这部书稿中所遗留的问题在下一部书稿中不再出现或者有所减少，这就是进步。但做到这一点，所获得的只是碎片化的记忆，只是"知其然"，更为重要的是"知其所以然"，从而寻找规律，举一反三。

因此，面对一份三审完毕的书稿，要明了复审和终审编辑改动之处，更要用心揣摩为什么要这样修改，背后的依据和规律是什么，自己遗留此问题是偶然的疏漏还是对这一大类问题存在盲区。这样才能找到自己遗留问题的原因，从而有的放矢地加以弥补，在以后的工作中就不但可以避免相同的错误，而且可以举一反三，避免同一类错误。这个过程把握好了，事半功倍，每一部经手的书稿都会成为业务能力提高的阶梯。

知其然更知其所以然，对于理解和掌握图书内容质量的判定依据与图书编校质量的判定依据同样适用。法律法规和行政规章、标准和规范中的规定是有内在规律和体系的，理解了背后的规律和体系，才能真正掌握规定的内涵，从而在实践中灵活运用。

总之，文字编辑要有敬业乐业的责任感，要熟悉图书行业的标准和规范，要养成严谨踏实的职业习惯，要善于总结经验、举一反三，这样才能不断提高编辑加工质量。在此基础上，通过与策划编辑以及与作者的沟通交流，协商处理书稿中的问题，使书稿质量符合出版要求，顺利进入出版流程的下一环节。

书稿编辑加工中的编辑思维

· 毛润琳 ·

书稿的编辑加工是指编辑按照出版社要求并考虑读者的需要，对作者的原稿进行修改和调整。编辑加工力求提高原稿的思想性、科学性、知识性和文字水平，消除内容与形式上存在的缺陷和差错，并在原稿上加各种必要的技术性标注，为排版、制版和校对提供方便，以确保图书出版质量。经过认真编辑加工的书稿从内容到形式都有较大提高，是保证图书出版质量的关键。人们能读到的优秀图书，无不包含了编辑的细致工作和创造性的劳动。

在日常工作中，编辑会自觉不自觉地形成自己所惯用的、格式化的思维方式，并由此去对书稿进行编辑加工。这种惯用的、格式化的思维方式，有时可能会变成"思维枷锁"，阻碍编辑的发展。因此，我们必须认识思维定式，大胆创新，从而积极冲破思维定式，形成有利于对书稿"再创造"的编辑思维方式，形成个人的编辑风格。编辑风格的形成，是编辑成熟的标志。

在书稿编辑加工中要形成有利于工作的编辑思维，编辑应当做到以下几点：

一、具有创新意识与批判精神

任何作者写的书稿，都与出版要求有着或大或小的差距；任何一部书稿都要经过编辑人员或多或少的修改加工，才能达到出版水平。这就是图书区别于互联网上众多供人阅读的资料的最大特征，并且能够成为有益于社会的文化商品供人购买的一个原因。笔者认为，作为一名文字编辑，必须具有创新意识和勇于批判的精神。

编辑的创新意识，不仅是指技术或外部形式的，更重要的是思维观念的创新。批判精神是编辑的基本素质。美国著名编辑家佩因说，文稿编辑是勇于批判的第一位读者。这说的就是编辑在工作时要能够看出文稿存在的问题并有毫不讳言地向作者提出的勇气。这也是很多老编辑经常提到的,要存疑并要敢于质疑。这就要求编辑不仅要具有扎实的文字功力、广博的知识面,而且还要善于与作者沟通。具有良好沟通能力的编辑能采用正确的表达方式向作者提出发现的问题,能够委婉地表达对部分内容的不同看法,观点鲜明,态度谦和,这样才能让作者以客观的心态认真对待编辑提出的问题,乐于接受编辑的帮助,从而共同为提高书稿的质量而努力。美国著名编辑家韦克斯曼说:"编辑不能为一本书添加任何东西,他最多只能扮演一个受制于作者的好仆人。编辑只能激发作者发挥他原本已有的才华。"他这样描述编辑工作:"编辑不断提出问题,作者也一一回答,直到双方都觉得已经创作出一本好书为止。"编辑工作就是协助作者找到最有效的方式来表达他想表达的内容,让作者的才华发挥得淋漓尽致,使作者的作品放出最耀眼的光彩。

创新意识及批判精神,是图书编辑手中的两把利器,依靠它们,在时下竞争激烈的图书市场上才可以出奇制胜,推出具有社会效益和经济效益的畅销书。

二、具有作者意识

一部书稿,从它开始创作到出版发行,进而在社会上产生影响,主要有三种人起了作用,即作者、出版者和读者。由于出版者的主体为编辑,因此可以说是作者、编辑和读者对作品的产生与传播起了作用。作者是作品的原始创作者,是创造作品的人;读者是作品的消费者,是使用作品的人。

关于编辑与作者的关系,有各种各样的说法。有人认为,编辑和作者的关系是父亲和母亲的关系,图书是作者和编辑共同生下的儿子;有人认为,编辑和作者的关系是导演和演员的关系。在社会文化大厦的建构中,编辑与作者分工不同,作者侧重零部件的创造,编辑侧重整合组装。编辑离开了作者,编辑劳动就成为无源之水;作者离开了编辑劳动,其作品将不能进入信息传播系统,不能得到社会的肯定。编辑和作者良好的合作关系,是保证出版物质量的基础。在《编辑人的世界》一书中,主编格罗斯指出:编辑其实是一群热情地献身于工作,富于爱心的专业人士,他们关怀作者,愿意全力以赴协助作者找到最有效的方式来表达他们想表达的内容,以及尽可能触及最广大的读者。其中顶尖的专业编辑以深刻的洞察力和坦率的笔触,写出在各种编辑专业领域中所需要的特殊要求和技巧。因此编辑应当强化作者意识，牢固树立为作者服务、甘于"为他人做嫁衣"的观念。

第一，编辑要"眼高"，努力成为编辑杂家，对众多学科的前瞻知识要有所涉猎，"知其然"，了解最新领域的研究动态，建立起丰富的知识资料库，养成良好的职业习惯。只有经过不断的学习和实践，达到相当的学术水准，具备较高的鉴赏能力，保持敏锐的知识触角，编辑才能对作者的个性风格、特长及作品的特色有充分的认识，才能在平凡之中发掘出杰出的作者和优秀的作品。这样才能准确预测和把握未来的受众市场。

第二，编辑要把握好"度"。编辑通常是根据自己的文化素质、学识功力、专业水平、思维方式等对书稿进行润色加工，尽可能地将书稿进一步优化。但由于编辑和作者思维角度、社会经验、专业水准等的不同，可能会产生这样或那样的偏差，甚至会出现编辑对书稿的修改适得其反。难怪有些作者感叹："最怕那种自以为是的编辑，经他们'斧正'过的书稿，我很怀疑是不是自己的东西。"这样的话，编辑的工作就没有点石成金，反而点金成石；不是画龙点睛，而是画蛇添足。这无异于给维纳斯接上断臂。鉴于此，编辑要慎重行事，要尊重作者的个性风格，尊重作者的行文风格，尊重作者的观点和视角，不要强行地胡增乱删，信手涂抹，更不能不尊重作者的思想，以专家的态度来进行编辑性的操作，将自己的思想强加于作者的作品中。当然这并不是说书稿不能动，不能增减。但"凡是作者的学术观点，编辑不应改动；凡是作者的语言风格，编辑不应改动"。我们通常所说的"文责自负"和贯彻"双百"方针，就主要表现在对这个问题的处理上。

对于"文责自负"的问题，有时候也会导致另外一个极端，一些原本该由编辑做的事情，都被编辑以"文责自负"为由，或敷衍应付，或不予过问，为作者服务、对作者负责的观念被认为是多此一举的事情。编辑在审读书稿的过程中，要具有作者意识就要重点把好以下几个"关"：

一是"政治关"。编辑要确保书稿不得有重大失实的内容，不得有存在政治性或政治导向性问题的内容，以及中国法律、法规禁止的其他内容。编辑应该有这样的职业敏感，应该能迅速判断出书稿哪些内容是有重大失实问题的，哪些内容是存在政治性或政治导向问题的，哪些内容是中国法律、法规所禁止的。如果一时难以判断清楚，也应及时查找有关法律法规加以甄别，或请教有关专家加以指导。

二是"版权关"。编辑要确保作者书稿中的文字、图片没有侵权行为，对书稿中的文字、图片具有著作权，或受他人委托具有使用权。在这个问题上，编辑要尽到法律规定的注意义务。一方面可以在网上搜索有关内容，加以甄别；另一方面可以与同事们进行讨论，集中大家的力量和智慧来辨别，同时向作者提出质疑。

三是"内容关"。编辑要看书稿的思想逻辑顺不顺、结构逻辑顺不顺、表述逻辑顺不顺等。就思想逻辑而言，作者在一部书稿中主张什么不主张什么，支持什么反对什么，要旗帜鲜明，态度坚定，而且要始终如一，贯穿全文，不能左右摇摆，举棋不定。就结构逻辑而言，一部书稿的结构应该是完整的、严谨的、科学的。就表述逻辑而言，作者在一部书稿中的表述方法应该是一致的，不能由于书稿资料来源的不同，而导致表述方法千差万别，时而像张三写的，时而像李四写的。表述逻辑还有一层意思是，通篇体例层次的安排也应该是一致的。此外，编辑还要修改书稿中的不当提法以及思想性、知识性、科学性等方面存在的差错；订正事实和数据等方面的差错；根据可靠资料，核对原文，查对资料；等等。

四是"文字关"。编辑要按照出版要求和有关规定，全面深入地检查书稿质量，消灭差错，弥补疏漏，润饰文字等。文字加工是一件很艰难的事，从某种意义上讲，加工比写作还要艰难。古人说过："改章难于造篇，易字难于代句。"难在哪里？难在"字易而意留"，既不改变作者的原意，也不改变作者的风格，却使作品的内容和形式和谐完美。没有相当的文字功底，是做不好文字加工的。

五是"形式关"。需要把关的方面包括：书稿的文字与图表的位置是否对应；书稿中使用的图片像素能否达到出版要求；书稿的书眉、脚注、页码是否符合规范要求；书稿排版的版式、字体字号是否符合要求；行首是否有不该出现的符号；一个数字是否被分在了两行；是否有不合理空行；各级标题的字体、字号是否正确；等等。

麦卡锡认为："编辑在手稿上画下第一个修改符号之前，作者和编辑就已经展开创造性的合作过程。作者的责任是尽最大的努力写出一本最好的书，编辑的责任是帮助作者达到这个目标。"

三、具有读者意识

如今书稿编辑加工中的读者意识颇受人们冷落，这种误区是不应存在的。作者大部分情况下是依照读者的反馈、根据市场需求来编写书稿的，编辑对书稿编辑加工完毕、出版之后是要提供给读者阅读的，这一过程决定了读者是一切编辑工作的出发点和归宿。因此，编辑工作要紧紧围绕读者需求，并贯穿和强化读者意识。

编辑要以第一读者的眼光来判断书稿，而这个读者的眼光就是编辑进行读者调研积累的结果。在编辑的心目中一定要明确书稿的主要读者是谁。例如，教材的主要读者，即服务对象是学校师生。编辑不仅要了解教师的教学需求，还要了解学生的学习需求以及学生对知识的理解能力和接受能力。编辑在加工书稿的过程中，要时刻想着读者，要考虑书稿的内容主次是否安排得当，是否满足了读者需求，是否能使读者看得懂、用得上等。此外，编辑还要考虑读者群体的阅读习惯和需求，力求从设计上满足读者的视觉满意度以及审美感观，方便读者阅读，从而有效地刺激受众消费。

作家蒋子龙把编辑比作"水泥柱里的钢筋"，"光使劲，不露面"，"把自己的心血藏在别人的作品里"。正是无数"水泥柱里的钢筋"，支撑着日益繁荣的出版大厦。

怎样做好书稿初审工作

·徐海艳·

　　编辑是一种工作，也是一类职业身份。从事编辑工作八年余，我几乎一直在与文字打交道，挑错改错、随时查证，似乎成了工作的全部。经过多年的磨砺，我从一个菜鸟编辑逐渐趋于成熟，对编辑工作尤其是文字编辑工作有了较深刻的认识。

　　文字编辑的主要职责就是对稿件进行编辑加工，通过编辑耐心、细致的审阅，使图书得以高质量地付梓。文字编辑工作入门确实不难，一般经过两三个月的在职培训，大致就能够入门，难的是要在长期的审稿过程中培养出对内容、文字、语法、标点等的敏感性。这个过程是漫长的，要做一名资深的文字编辑并不是一件容易的事。成熟的文字编辑，需要知道错字、别字的正确写法，需要知道哪一个字是推荐字、哪一组词是首选词，需要知道图表的正确编排方式，需要知道数字、标点的正确用法，需要知道注释和参考文献的正确格式，等等。同时，成熟的文字编辑还要具有高度的政治敏感性，能够把握书稿的政治方向，能够从出版专业的角度，对书稿内容由表及里、由浅入深、全面反复地进行审视，以作出取舍的正确判断。另外，文字编辑也要通过高质量的书稿审读加工和得体的待人接物方式，尽力维护好作者资源。

　　作者的稿件交来后，初审、复审、终审三个环节缺一不可。下面，我仅就初审工作谈谈自己的体会。

　　初审是三审的基础，初审编辑必须逐字逐句地认真审读全稿，对书稿的政治倾向、思想品位、学术或艺术价值、科学性、知识性、结构体例、文字水平等各个方面进行把关，对其质量、社会效益和经济效益进行评价，并提出取舍意见和修改建议。我认为，要做好初审工作，需要注意下列两点事项：

　　第一，态度和心境——要有细心认真负责的态度和积极乐观向上的心境。

编辑工作是一项高尚、光荣的职业，又是艰苦、细致的劳动。尤其是文字编辑，其工作就是和语言文字打交道，处理各种各样的语言文字问题。作者交来的书稿，在内容、体例、引用材料、语言文字、逻辑推理等方面难免存在一些问题，需要进行加工整理，使内容更完善，体例更严谨，材料更准确，语言文字更通达，逻辑更严密。这是一项深入具体的工作，要求编辑认真细致，一句一字一符地推敲修改，不能放过一个疑点。况且，语文本身就是充满着严谨性的学科，所以，编辑工作的完成，最重要的是细心认真负责的态度。

另外，相信很多编辑都会有这样的经历：作者交来的稿子质量很差，在内容、体例、引用材料、语言文字、逻辑推理某个或多个方面存在严重的问题，但由于某些原因，退稿困难，且作者修改不利，需要编辑在审读加工时进行处理。此时，编辑难免会有抵触情绪，而这些情绪一旦被带入工作，不仅会影响编辑加工质量，也会进一步降低改稿速度，从而影响编辑工作绩效。所以，积极乐观向上的心境对编辑来说非常重要。既然需要经手的书稿质量差已经成为不可改变的事实，那么就要用乐观的心态去面对，不要有畏难情绪，而是把它当作一次磨炼，当作对自己工作能力的一次考验。从积极的角度看问题，我们会发现，当认真细致地审阅完这样的书稿后，我们处理疑难问题的技巧会有一定程度的提高，驾驭疑难书稿的能力也会得到增强，这些都将是我们的收获。

第二，方法和技巧——要正确使用编辑加工方法和技巧。

众所周知，编辑在审读加工书稿时，常采用的编辑加工方法有：修饰，即对文字作修改润色，使意思表达更清晰、准确；改错，即改正不当提法和错别字，改正数字和标点符号的不当用法等；校订，即根据可靠资料，订正人物、时间、事实、引文、数据等方面的差错；增删，即经作者授权对书稿内容进行少量的增删；整理，即为使书稿符合排版要求而进行的技术性加工，包括统一体例、描清字符、标注说明有关事项等。编辑在使用每一项编辑加工方法时，都有一定的技巧。

一是修饰。在编辑加工过程中，编辑对于文字的修改润色不应该仅仅针对文字本身，而应该建立在全面理解文本的基础之上。对于意思表达不清晰的，忌擅改，应向作者求证，如此才能避免主观臆断，歪曲作者的意思，从而不错改，保证编辑工作的质量。

二是改错。在改动书稿中的错误之处时，要勤于查证，养成随手查阅工具书的习惯。对于一些常见的不当提法和错别字，可随手记录在小本子上，通过长期积累，我们对这些常见错误的敏感度就会得到提升，审稿时更易发现这些错误，改动起来也会更准确、更容易。数字和标点符号的使用不当之处，要按照国家标准核改。《出版物上数字用法》（GB/T 15835—2011）和《标点符号用法》（GB/T 15834—2011）已经出台，在编辑加工过程中应严格遵守新的国家标准。

三是校订。对于书稿中的人物、时间、事实、引文、数据等要进行核查和订正。人名，尤其是外国人名，经常会出现前后不统一的问题，因此，若书稿中出现人名，应随手将人名及出现的页码记录在纸上，以便后文再次出现时进行核对；对于外国人名，译法要统一规范，可根据商务印书馆出版的《英语姓名译名手册》进行修改。时间和事实叙述容易有出入，凡书稿中出现相关内容，应仔细核查，与权威网站或书籍进行比对，若发现存在不一致之处，应存疑，提请作者核对修改。引文容易出错，加工整理时，对于马克思、恩格斯、列宁、斯大林等经典作家的著作，毛泽东、邓小平等我们党和国家领导人的文献，党中央、国务院公开发表的文件，法律、法规，重要古籍等，需一一核查，确保与权威网站或书籍一致。数据易存在计算错误，如果书稿中出现的数据存在逻辑运算关系，应核查。审读书稿时，应保留作者交来的 Word 原稿，如遇到需核查的法律法规名称、事件时间和事实性问题，可据原稿在浏览器中采用复制粘贴的办法，以减少输入错误，加快核查速度；如遇到需核查的表格、数据，可将原稿中的表格复制进 Excel，通过 Excel 强大的数据运算能力进行核算，这样既方便快捷，也能避免用计算器核算时出现的输入错误。另外，凡核查过的内容，应标记清晰，以便为后续工作提供方便。

四是增删。编辑工作不仅仅是改改错别字和标点符号，还要对书稿的内容进行整体把握。对于书稿中的政治性错误、重复段落、陈旧观点或数据，应提醒作者修改或删除；对章节篇幅不均、前后文自相矛盾等，应建议作者修改或增删。编辑应尊重作者的劳动成果，凡大段增删，应首先征得作者的同意。

五是整理。书稿的篇、章、节、目层次应清晰。编辑加工书稿时，可按章审读，审读前先统翻该章的标题层次，这样既可整体把握该章书稿的内容，又可发现不统一、不适宜之处，从而及时提出修改意见。对于丛书类书稿，应与丛书中已出版书稿进行对照，统一规范整理书稿要件、体例格式，避免技术规格混乱等问题。插图、表格、计量单位等要规范。图表序号要连贯；插图要绘制准确，缩放比例要恰当；一些已经废止使用的计量单位要换算成法定计量单位。引文要有注释，引同一种书的版本应当统一，注释的版式、格式、注码符号及其位置应当统一；如有不统一之处，可在不缺项的前提下以简便、不易出错为原则进行处理。例如，注释中的译本有的标注了译者项，有的则未标注，可统一删除译者项；带有副书名的图书，有的标注了副书名，有的则未标注，可统一删除副书名。参考文献要根据《文后参考文献著录规则》（GB/T 7714—2005）统一著录格式，其中与正文注释相同的文献，各项信息应对照一致。书稿中的模糊之处和难以辨认的笔画要描清，例如汉字"一"、一字线、短横线应注明，英文字母大小写、正斜体宜标注清晰，以便排版和校对人员能准确辨认，减少不必要的错误。

如果编辑在初审过程中能采取细心认真负责的态度，保持积极乐观向上的心境，正确使用编辑加工方法和技巧，书稿中存在的大部分问题就会在初审过程中被消除。这样一方面可以为复审、终审编辑减轻审稿负担，使他们将更多的精力放在查漏补缺上，进一步提升书稿质量；另一方面也可以减少清样中遗留的问题，减小清样审读难度，提高在清样审读阶段发现新问题的概率。

浅议对翻译书稿的编辑加工
应注意的几点问题

· 商晓辉 ·

在现在的出版工作中，翻译书稿所占的比例越来越大，由于翻译书稿具有不同于一般本版书稿的特点，所以在编辑加工中要根据翻译书稿的特点进行有针对性的处理，以便达到事半功倍的效果。

一、对翻译书稿进行编辑加工前的工作

由于翻译书稿翻译质量的好坏对之后的编辑加工工作影响很大，所以我们对翻译书稿进行审读之前要进行宏观判断，分析书稿的翻译质量是否可以接受。由于一部书稿可能是由多个译者完成的，不同的译者翻译水平存在差异，或者由于同一个译者的翻译态度有所变化或对不同专业的掌握程度不同，都会造成译稿的质量参差不齐。经过初步的判断，合格的稿件即可进入编辑流程，不合格的稿件要及时退回，由译者修改，以免在已经开始编辑加工之后，发现稿件质量太差，导致既耽误编辑自己的宝贵时间，又会对出书造成延误，从而有可能使翻译书稿在版权合同期内不能及时出书造成损失。

翻译书稿出书周期较长，包括以下几个阶段：寻找译者，译者翻译书稿，交稿后编辑加工书稿，印制图书。而对于一些大部头的书稿，翻译周期较长，如果策划编辑没有及时催稿，译者经常会出现拖延交稿的现象，这就使得留给编辑加工的时间较为有限，其中如果再因为某种原因而有所延误，就会造成在版权合同期内不能出书，需要向外版公司再交一笔费用，从而增加成本，在现在利润考核越加严格的情况下，势必增加策划编辑的压力。同时，国外教材更新换代的速度较快，出书越晚，与新一版图书的出版时间越接近。而对于读者来说，由于两本

版次不同的图书大部分内容不会变化，但是新一版图书根据前一版的反馈对书稿的体系进行了更加合理的调整，并且增加了学术前沿的内容以及最新的实践案例，读者肯定更倾向于购买最新版的图书，这又相当于在无形中缩短了图书的销售周期，使图书从出版之后就处于落后的地位，容易造成库存积压。所以要从源头抓起，从催稿开始，并把握翻译质量，从而减少编辑加工的难度。

对于合格书稿，由于翻译书稿大多部头较大，图表较多，排版时间较长，在拿到翻译书稿之后，要第一时间和策划编辑沟通，确定翻译书稿的版式。同时外版书本身版式较为灵活多样，排版活泼，色彩较为丰富，而相应的中文图书则出于成本考虑，很少有四色印刷或者双色印刷的情况，只能靠不同的专栏格式加以区分。此外，好的版式设计不仅能够节约成本，还能够在一定程度上带动销量，这就需要编辑重视版式设计。在确定版式之后，再开始对翻译书稿的内容进行审读。

在排版完成、准备开始进行书稿审读时，首先要向国际合作室申请制作版权公告。由于有些书稿未进行版权登记及与外版公司沟通时间较长等问题，会使得版权公告制作时间较长，如果等到快要出书的时候才申请版权公告，难免会出现延误出书的问题。此外，由于现在很多外版公司都要求审核封扉版，在拿到版权公告之后，除了要核对基本信息是否正确外，还应向国际合作室确认外版公司是否需要审核封面、扉页以及中英文版权页，以留出适当的时间。

二、对翻译书稿的内容进行审读

清末启蒙思想家严复在《天演论》的"译例言"中讲道："译事三难：信、达、雅。求其信已大难矣，顾信矣不达，虽译犹不译也，则达尚焉。""信"指意义不背原文，即指译文要准确，不歪曲，不遗漏，也不要随意增减意思；"达"指不拘泥于原文形式，译文通顺明白；"雅"则指翻译时选用的词语要得当，追求文章本身的简明优雅。虽然翻译类稿件的质量在很大程度上还是取决于译者翻译水平的高低，但是我们在编辑加工过程中还是要注意从"信、达、雅"的角度，尽量使书稿达到令读者满意的水平。

当然，在翻译书稿的审读过程中要求编辑达到这样的高度比较困难，下面我们主要从"信"的角度，对加工翻译类书稿应注意的问题进行一定的提示。由于现在大部分书稿出书时间要求较为紧张，同时，编辑的工作量压力较大，所以无法对书稿做到逐句逐字核对原文，对翻译错误的地方加以改正，漏译的地方进行补充，翻译不通畅的地方进行修改，但是以下几种情况必须注意核对原文：

（1）在涉及时间、数据、公式、图表的地方一定要核对原文，除非原书有错误，否则要与原书一致。对于图表要尤为重视，排版厂在排版过程中经常会排错图表中某条线的位置或者把文字说明的位置排得不太恰当，而编辑对于图表中的问题很容易遗漏，当遇到某些作者出于方便而未译出图表的文字或者只给出中文而未画出图表时，更容易在排版过程中出现问题。

（2）核对每段书稿，争取做到没有大段文字遗漏。

（3）在书稿审读过程中，如果发现存在逻辑问题、与常识不符或者前后句不太衔接，一般都是有漏译的现象，或者是译者的翻译存在问题，或者是原书本身就有错误。对于原书本身的错误，我们可以考虑采取两种方法处理，一是直接根据常识或者前后文内容加以修改；二是保持与原文意思相符，并在文下加上注释说明情况。

除了核对原文之外，对于翻译书稿，还有一些需要在编辑加工中需要特别注意的问题：

（1）对于政治敏感性问题的处理。由于引进版书稿作者在谈及中国问题时，并不十分了解中国的国情，其中或多或少会有部分内容与我国的现实情况不符，例如涉及香港、台湾、澳门的问题等。在有关国际贸易的书稿中政治敏感性问题较多，部分书稿在谈及知识产权问题或者中国的腐败情况时措辞较为严厉，在这种情况下，就要综合判断处理。政治问题不容忽视，一旦出现问题，就会造成恶劣的经济影响和社会影响。

（2）对于一些图，由于涉及第三方版权问题，不能出现在翻译好的图书中，对于原版书中标有©的图表，要和策划编辑以及国际合作室协商，确定能否包含在翻译书稿中，否则产生法律纠纷就得不偿失了。这一步最好在排版之前进行，否则就会产生较大的动版，从而增加排版时间和排版费用。

（3）对索引和术语表的处理。翻译图书，尤其是翻译类的教材一般都有索引和术语表。而由于索引的内容较为繁多，而且比较细碎，在翻译过程中一般是在翻译完正文之后再统一对索引进行翻译，间隔时间较长，所以经常会出现索引与正文中的表述不一致的现象，这样在统一索引和正文中的专业术语时，会浪费较多的时间，耗费较多的不必要的工作量，同时，索引中较重要的术语通常在术语表中会再次出现，我们的建议是去掉索引，保留术语表，这样不会影响对内容的理解，同时，也能保留整篇书稿的完整性。

此外，我们还要注意查证的问题有机构、公司名称或者人名的翻译是否准确、术语是否前后一致等。有些编辑不太注意机构或者公司名称的翻译问题，但是这个问题处理不好，很容易闹笑话，尤其是一些跨国公司，更不能翻译错误。而对于一些习惯性采取英文简称的公司，最好也不要翻译成中文，例如 IBM 公司的英文全称是 International Business Machine Corporation，对应的中文是"国际商业机器公司"，如果采用中文，很多人不能把它和著名的 IBM 公司联系起来；又比如 zara，H&M，Levis 等等，最好直接用英文品牌名。此外，对于人名的翻译，一般采取音译或者查人名词典，但是对于一些已经约定俗成的人名、日本人名以及中国人名的翻译就不能简单地采取音译，例如将亚当·斯密（Adam Smith）采取音译或者通过查人名词典翻译成"亚当·史密斯"就不妥当，或者将邹至庄（Gregory C. Chow）翻译成格里高利·邹就不太合适。而一些中国的名人名言有可能在用英文翻译成中文之后变得面目全非，这时尤其要注意查证。

三、在翻译书稿出版之前需要注意的问题

在付印之前，要根据版权公告检查英文书名和作者的姓名是否出现在封面、书脊的恰当位置上（请注意，英文书名和作者的名字不能仅仅核对原书封面，还需要核对原书扉页，曾经出现过英文图书的封面和扉页作者名不一致的情况），核对著作权合同登记号是否正确，查看图书上的版权声明标注是否正确，查看印数是否符合规定，需要申请防伪标签者还需要在付印稿件上注明需申请的防伪标签以及类型。此外，还需要确认不能缺少英文版权页。

《西方文明史》编辑手记

·李 颜·

《西方文明史》，全名为《西方文明史：欧洲谱系——从史前到 20 世纪末》，由法国编纂学家、欧洲社会人类学专家、法兰西学院社会人类学研究所副所长皮埃尔·拉迈松带领一个由高水平的历史学家和人类学家组成的研究小组编纂而成。该书中文版采用四色全彩印刷，110 万字，于 2012 年 2 月出版。

前所未有的构思

这是笔者所见过的最为独特的一部书。它是一部百科全书式的大书，涉及欧洲的历史、民族、语言、政治、地理、文化、艺术、科学等，但其结构、线索、写法和侧重点却与一般的文明史、百科全书全然不同。笔者认为，该书在内容构思上有如下几个特点：

第一，始终紧扣"欧洲谱系"这一标题。作者们认为，整个欧洲文明，无论是纵向的历史，还是横向的疆域和学科，都可以用谱系的方法来研究和贯串起来。谱系固然与历史直接相关，因为从众神时代，到古代封建社会，一直到当代，历代王朝无不有其以联姻、血统、继承等为基础的谱系。但作者们的眼光远远超越了这种基本层面的含义，而投向了欧洲之所以能成为世界版图中一个相对独立的板块的根源：从人种、地理，到神话、宗教；从语言、法律，到政治、疆域；从文学、建筑、音乐、哲学等艺术门类，到数学、工业革命、生物学、医学等科学门类。不止这些，甚至欧洲始终不能在政治上成为一个整体这个现实，都完全能用谱系学的方法来研究和描述，从而使得读者对以欧洲文明为代表的西方文明，有了一种全新的和更为深刻的认识。因此，该书最大的特色体现在其以 160 幅地图和 80 张谱系图详细梳理了欧洲从史前到 20 世纪末各个方面的全部历史。

第二，运用综合法来汇集和分析漫长的历史与广阔的疆域中形形色色的人物、事件、文化、学科。不管所写的具体内容为何，始终都胸有全局，以整个欧洲的视角，或者整部历史的视角，或者某一时代整个欧洲的视角，或者整体文明发展的视角，等等，来筛选、提炼和简化那些形形色色、极为复杂多样的材料，除了综述之外，只选取最能代表某个时代某个问题的几个材料。这样做的好处是显而易见的，那就是在这样篇幅的一部书中，全面、简明而清晰地展现了古老欧洲几千年的历史和发展，当然，也就不可避免地在某些地方带有粗略和随意的先天不足。

第三，内容安排纵横交错，详略结合。整部书是按照横的结构来编排的，分为三个大的部分。先写欧洲之所以成为当代欧洲之基础，再写政治与领土情况，最后写艺术与科学简史。部分之下的各章，则有纵有横。比如第一部分之下各章，是横向的自然整体、民族、语言、宗教、法律、农村、家族与血缘等；而第二部分之下各章，则是大致按年代顺序，写某一时期各国情况。对于具体问题的论述，也是先宏观概述，再按照时间顺序纵向展开，并且除了谱系表，还列有大事年表和对关键时期中里程碑式的现象或者事物的介绍。比如"介于传统与现代之间的犹太教"一章，写的是自中世纪至 20 世纪的犹太教历史，除了分为哲学、《塔木德》研究、神秘哲学三部分的谱系表外，还列有从 598 年教皇格里高利一世颁旨阐释宽容政策到 1942 年德国纳粹决定实行"最后的解决方案"的大事年表，以及关于唯理主义和反唯理主义的争论、《塔木德》研究三大流派、犹太神秘哲学、扎巴泰皈依、哈西德运动等的大致概括。对于很多事件只是简要介绍，但是重要的则提出来专门放在一个彩色框里详细阐述。

第四，450 幅精美插图，有考古发现、自然风光，更多的是艺术作品，比如油画、建筑和雕塑等。历史事件、王室联姻、社会状况、艺术传承、科学发展，无论什么主题，都可用艺术作品来直观地表现。甚至连语言这样的主题，都可配上凯尔特游吟诗人的雕像，并在图片说明中阐释重要文献缺失的原因以及我们为何无法识别凯尔特文。所以作者在前言中不无自得地说道："对本书的阅读可以采用四种方式：正文、艺术作品的复制品、地图及谱系图表。"

匠心独运的编排

本书的编排以一种对开页的行文结构为基础，一般仅有两个对开页，有的章所阐述的内容较多，则会有三个对开页，最多也就是三个对开页，绝不拖泥带水。

第一个对开页的内容是整体分析并概括特点，用带评注的插图进行补充。比如"1550 年到 1918 年的俄国：俄罗斯帝国"这一章，第一个对开页上用的图片为彼得大帝、阿列克谢大帝两位沙皇的画像，以及表现 1808 年圣彼得堡风景和 1815 年圣彼得堡冬宫前的阅兵仪式的油画作品。图注基本都会从图本身生发开去，牵扯出各种与此相关的内容。如果一个对开页说不完的话，会最多再加一个。

第二个或者第三个对开页的内容一般包括谱系图和地图以及年表。

谱系图重现了各王朝之间的关系以及知识传承的渊源关系。该书深刻体现了欧洲深厚的谱系学传统和丰硕的研究成果，这充分表现在谱系图的精良制作上。谱系图根据不同内容，采用了线形、柱形、拱形、树形等形式，并运用条块、色彩等元素作垂直传承或者相互包含等的区分。有时一个谱系图中分成不同部分，这不同部分可能以王朝、国家、语言、领土、学科等来划分，右边均注上年代，并依据这个年代在图中画横线，于是其相互关系不管是垂直还是交叉，是直接影响还是间接影响，都一目了然了。谱系图中还运用了各种符号，以代表婚姻、亲子关系、加冕、战争等。地图和年表用于确定年代和地点，此外还有具体的评论。

所有这一切使得每个历史时期、历史问题得到栩栩如生的重现，让我们得以了解其中的关键时刻。尤其这些各种图，充分利用了图像视觉语言的各种可能性，直观而具体，冲击力极强。

痛并快乐着的编辑过程

如此丰富厚重而复杂的一本书，其编辑难度可想而知。

第一，该书自古及今，包罗万象，涉及范围极广极专。但是笔者作为一名编辑，自身的知识广度、深度和结构是不可能驾驭这样的内容的，只能边编边学。借来了关于古希腊罗马神话、欧洲文明史的几本著作，从书柜里请出《不列颠百科全书》和《辞海》，再摆上《圣经》等，随时查阅。实在查不到的，就利用网络搜索引擎，错误极多的百度百科不敢用，主要求助于维基百科，有时甚至要"翻墙"。为了弄懂一个问题，需要经常到 CNKI 里找期刊论文看看国内就相关问题的研究是怎么论述的。

第二，原书基本为法文写作，实际使用了七八种语言，同一个姓氏、地名等在不同历史时期和不同语言中差别非常大。比如 Philip，法国人应译为菲利普，而西班牙人应译为腓力，葡萄牙人应译为佩德罗；但是同一个人，"安茹的菲利普"加冕后就得称为"腓力五世"。再比如 Robert，有时是罗伯特，有时则是罗贝尔。而 Jean，则更是有让、约翰、伊凡之分。感谢译者，本着"名从原文"和"约定俗成"两个原则，在这方面做了很多追本溯源的工作。当然，笔者也得根据这个原则，一个个厘分清楚和统一。每次搞清楚一个人到底是菲利普还是腓力，一个城市到底叫伊兹密尔还是士麦那，欣喜的心情无以言表。

第三，书中有大量图表，图表中有大量知识点，且有大量前后传承照应的地方需要一一核对和核查。基本上每个谱系图都有几十个甚至百多个知识点，尤其是讲各个国家各个王朝历史的，满篇都是小六号字排的人名。这些人之间有各种婚姻、亲子、同胞关系，尤其是国王或者皇帝的名字，均需一一查对《不列颠百科全书》或者《辞海》。此外，还有不少王室贵族有著名的绰号，比如"伟大的王储"路易、"好人"约翰、"胖子"桑乔一世等，这些都有固定用法，不能混淆。地图中有密密麻麻的地名需要一一审读、判断，且不说历史地理学中地名变化问题，就是厘分各个地名的性质、类属并用不同字体字号来清晰区分，都是一件极为耗费时间和精力的工作。至于无数需要前后照应统一的专有名词，别无捷径，只能作详细的审读笔记来查找核对。

第四，该书图文混排配合，经常会出现技术错误。首先，该书严格按照原书来编排，图片、内容都一一对应。但是译文和外文原文篇幅不尽一致，为了撑满空白，或者装下文字，就得排好版之后一页一页审版面，调整图片的大小，或者改换文字措辞。但是一旦图片大小有改动，就有可能"吃掉"或者打乱周围的文字。其次，地图上编辑用各种颜色的笔来作区分，以便统一各种性质和类属的地名的字体、字号的努力，经常因排版环节的张冠李戴、错改漏改而付诸东流。比如首都名错为一般城市名，国家名错为河流山脉名。因此不得不一而再、再而三地核对、标记并不厌其烦甚至非常啰嗦地写清修改注意事项才敢拿去修改。

第五，非常规的版式设计。由于该书编排复杂，排版和修改难度都极大，为了与原书一一对应和减少修改次数，该书采取很多非常规的版式设计。比如从编委会页开始编页码，包括目录、序言、正文，都顺序编码，一直顺行到文末。比如没有专门的篇标题和章标题，只是体现在书眉上，等等。

第六，团队合作打造精品。这部书之所以能用短短三个月时间就编辑出版，跟编辑加工流程中各个环节的紧密配合分不开。其中特别值得一提并需要隆重感谢的，是外编、排版公司和译者。这本书的外编为汤慧芸（现在她已成为人文分社骨干文编之一），她以认真细致的工作风格和沉稳周全的气质性格，不厌其烦地一遍遍做查找、核对、标注、统一等工作，并且绝大多数知识点第一遍的梳理、印证、核查工作都是她做的，为此付出了极大的心血和劳动。楠竹排版公司的领导和排版员也对此书给予了给力而无私的支持，尤其由于存在如上所述的图文混排和大量标记各种文字的图表，该书排版难度极大，但排版员尽其所能地实现了编辑最初的设想，尽管有不少错改漏改，但这也是因为工作量巨大、时间要求紧张而不可避免会出现的。此外，该书的译者方友忠先生不仅知识渊博，而且极为认真负责，为了精益求精，花了四年时间才译出书的初稿。在编辑过程中，虽然他身在法国，联系不便，且白天有繁重的工作，但是对于我前后五次，加起来近三百条的疑问表，对于上百张相关清样照片，他无一不认真审读，并仔细查找相关资料和慎重斟酌后给出答复。没有他这种工作做基础，该书能这么快以这么高品质出版，是不可想象的。

编辑过程中，笔者将这部关于欧洲知识、欧洲文明的"大全"通读了两三遍，为了印证、确认、核查，查阅和研究了大量相关及其他领域的材料，书编完了，笔者自己"学识"方面大为精进，大有收获，在提升业务能力、更深理解编辑流程等方面也收获甚丰。捧着厚重、精美的样书，体验到的除了巨大的成就感，还有"编学并进相长"的乐趣。这可能就是爱这个职业并坚持下去的原因和动力之一吧！

《袁宝华文集》编辑心得

· 彭理文 ·

2013 年综合编辑室的一项重要工作就是出版《袁宝华文集》。《袁宝华文集》由十卷组成，前六卷是袁宝华同志 1946 年到 2011 年发表的文章和讲话，第七卷是《论社会主义企业管理》，第八卷是《袁宝华访谈文集》，第九卷是《永远的怀念》（内容包括袁宝华同志对已故领导、战友和同志的缅怀与回忆），第十卷《偷闲吟草》是袁宝华同志 1936 年到 2009 年写的诗词。笔者负责编辑的是第五卷（文选 1992 年 8 月—1996 年 12 月）和第九卷。《袁宝华文集》是国家新闻出版广电总局"十二五"出版规划的重点图书、国家出版基金资助项目，上上下下都非常重视，把它出好对编辑来说是非常重要的任务。并且这是笔者第一次接触文集类书稿的编辑工作，在编辑加工的过程中汲取了很多经验教训，下面谈点体会，并以示例的形式进行辅助，以便大家理解，期望达到举一反三的效果。

一、编辑时需注意的几个方面

（1）审稿之前，部门内部开了会，策划编辑对丛书编辑体例的要求、需注意的问题等进行了统一部署，这对文编工作的开展非常有帮助，有助于编辑尺度的把握和十卷本风格的统一。

（2）文集的编辑工作首先要把握的原则是少改，不要按照现有的标准去严格地抠文字、语法等，应保持文稿的原有风貌、作者的语言风格。第五卷多是袁校长的讲话，那么就要注意他的讲话风格、语气等，尽量保持原貌，不要改为书面语。

（3）本书稿是录入稿，录入完毕后发过一次校对，但是在编辑的过程中发现一些录入错误而校对并没发现，于是采取了边校边读的方式，这样做虽然比较费时但是可以确保与原稿的一致性。现在大多数作者交稿时都是提供电子版，一般来说排好版式后与原稿的误差不会太大，如果碰到录入稿件的情况，由于现在校对公司校对人员的水平和责任心参差不齐，建议编辑在编辑加工过程中多与原稿核对，确保一致性。

（4）在编辑过程中，标示出人名、术语、数字等，提请编者注意，最后由编者定夺加注与否，编辑不要擅自给意见。有些是袁校长发表在某一杂志上的文章，或给其他书作的序言，应将书、杂志的信息以脚注的形式标注清楚。

（5）第五卷收录的多是袁校长的讲话摘要，里面涉及的关于党的各次代表大会报告、决议等内容需与原文件核对，确保无误，讲话时会比较随意，落实到文字需谨慎。

（6）文集要注意各卷内容的统一，比如笔者负责的这两卷中出现的诗就和第十卷诗集进行了核对，确保一致。

（7）同一卷中同一内容应前后一致。第九卷中有一些袁校长在不同时期写的回忆同一个人的文章，编辑时笔者将同一个人物的文章放在一起对照着看，这样发现了不少问题。如怀念周总理的文章中都提到总理帮助"解放"康世恩同志，但时间不一致，一说 1969 年，一说 1971 年，最后查证修改为 1969 年。

（8）勤查资料消除知识性差错。除了经典文献需核查外，一些间接引文也需查下看看是不是这个人说了这些话，大意要对得上；文件名、制定机构、制定时间需查证；法律条文，包括行政规章都需核实。总之，对于自己不熟悉的人、事尽量都查证下，不要留下谬误。

二、典型案例

（1）《他永远是我们学习的榜样——缅怀李富春同志》（1985 年 6 月 2 日）中提到"我们几个人，从 40 年代起，就先后在富春同志领导下工作。今年是他逝世 10 周年，今年的 5 月 2 日又是富春同志 85 岁诞辰"。这句话乍一看没问题，查证下就发现：李富春同志出生于 1900 年 5 月 22 日，而不是 5 月 2 日，很明显这是一个知识性差错。在审稿过程中如果遇到我们不熟悉的人名、时间等还是多查查，毕竟自己的知识储备是有限的，有的问题光凭自己的认知是发现不了的。

（2）"会议开到深夜 1 点，第二天一早富春同志就赶到国家计委党组会上作了传达，避免了计委机关反右派运动的扩大化。"夜里一点即第二天凌晨，在口语里经常这样说，但是逻辑上是不对的，此处删除"1点"即可，不影响意思表达。

（3）在怀念吴玉章同志的文章中提到"在吴老、成老先后去世后，张腾霄同志任代理校长"，经与校办负责人员核实，张腾霄只是代行校长职务并未被任命为代理校长，后改为"在吴老、成老先后去世后，张腾霄同志代行校长职务"。这个因为涉及人民大学，大家会比较熟悉，如果遇到职务变动之类的还是查证下比较好。

（4）"对这样的人，不处理不行，只等他一个月。等到三个月，如果再不转变，顽固地同无产阶级对立，那样性质就变了，要把闹派性的人从原单位调开。"这是文中提到的小平同志讲的一段话，可以通过前后逻辑关系判断出错误，前面说等一个月后面接着说等到三个月，逻辑上是说不通的，再去查文献核定正确说法应为"等到3月底"。

（5）《目前我国经济发展出现的几个问题》（1993年1月6日）中提到"1月25日《人民日报》发表金川公司实行高产、高效、高酬的'三高'责任制，第一职业能致富的报道就很有说服力"。1月6日的讲话如何能预示到1月25日《人民日报》发表的文章内容呢？笔者认为是时间出现问题，后与作者核实，这个讲话确实是1月6日讲的，后来是工作人员整理稿件时为佐证观点加了《人民日报》的例子，而没有考虑到日期上的冲突。

（6）《关于企业思想政治工作的几次谈话》（1993年9—12月）集合了几次谈话内容，分别标注的是1993年9月16日在听取中国职工思想政治工作研究会汇报时的讲话，1993年10月21日在中国职工思想政治工作研究会会长、顾问会上的讲话，1993年10月15日在中国职工思想政治工作研究会召开的北京市企业党委书记座谈会上的讲话，1993年10月15日在中国职工思想政治工作研究会召开的北京市企业党委书记座谈会上的讲话，1993年10月15日在中国职工思想政治工作研究会召开的北京市企业党委书记座谈会上的讲话，1993年12月7日在第6次全国企业思想政治工作研讨班上与部分企业负责人座谈时的讲话。这篇文章的原稿是另外一家出版社给袁校长所出书的复印件，笔者就没怀疑日期错误，只是问了下编者是否将这几个讲话按时间顺序排列，编者查了最原始的底稿发现在中国职工思想政治工作研究会会长、顾问会上的讲话是在9月21日而不是10月21日。这说明就算是已经出版过的文字也不可全信，发现问题一样要存疑。

（7）"1992年国家经贸委又制定了'八五'期间实行的《企业管理现代化纲

要》。"国家经贸委即国家经济贸易委员会，为国务院组成部门，前身是国家经济委员会。1949 年 6 月 4 日，周恩来在北京饭店宣布成立政务院财政经济委员会，由陈云、薄一波负责筹备；1956 年 5 月第一届全国人大常委会第四十次会议决定设立国家经济委员会，是全国综合性宏观调控工交系统主管部门；1970 年 6 月中共中央决定将国家经济委员会撤销并入国家计划委员会；1978 年 3 月恢复成立国家经济委员会；1982 年将国家机械工业委员会、国家能源委员会、国务院财贸小组等经济综合机构合并到国家经济委员会；1988 年 4 月第七届全国人大第一次会议决定不再设国家经济委员会；1993 年 3 月重建并改名为国家经济贸易委员会；2003 国务院机构改革撤销了国家经贸委。这样看来，1992 年不存在经贸委这一机构，后经编者查证这份文件是经贸办制定的而不是经贸委。我国政府机构变动较频繁，遇到此类问题需提高警觉性。

（8）《管理要不断创新》（1995 年 2 月 10 日），开篇就说"党的十四届五中全会提出，实现'九五'和 2010 年奋斗目标的关键是实行两个具有全局意义的根本性转变"，十四届五中全会是 1995 年 9 月召开的，很明显文章日期有误，后编者查证这个讲话是在 12 月 10 日而不是 2 月 10 日。

从湖南台《星剧社》谈人大社戏剧出版的剪辑技巧

·席 璟·

2014 年湖南卫视推出的一档新节目《星剧社》引起了大家的关注，总体反应是：尽管能在电视上看话剧是好的，但综艺节目式的剪辑实在太破坏节奏了。

这一结论表明了两点：第一，大家希望利用社会公器观看话剧。第二，该节目在话剧作品影像化方面还是稍欠水准的。

这就使笔者想借此分享一些人大社"剧场影音纪录"项目在五年来对小剧场剧目影像化处理方面的心得。

一、视听语言与舞台语言的话语权大争夺

1. 话剧看的是什么？

按理说，电视节目的根本属性是影像化作品，它的播出平台是电视，那么在选择运用影像语言时，应当首选综艺节目的视听语言。但是，这一档节目的特殊性在于电视台并没有把话剧改名为"影视化舞台剧"之类的，那么，就应该尊重话剧导演的舞台调度。比如，舞台上想让观众聚焦在一个人物身上，会暗场中只给那个人物追光，此刻，如果影像导演也给这个人物特写或面部特写，就大错特错了。此时，影像导演的任务，应当是全景。当电视上出现的是黑色舞台上一道追光洒在某个人物的身上，电视观众会得到和进剧场一样的体验。他看见的是话剧导演的调度，看到的是人物关系、导演手法、舞台气场，最重要的是他可以看到演员的表演。舞台剧是演给楼上楼下三五百个观众的，为了能让最后一排的观众也收到好的效果，演员的肢体是夸张的，表情是戏剧化的，如果你给他过多的特写，坐在电视机前的观众恐怕会觉得难以接受。这就引出了话剧看的是什么的

核心命题。

许多话剧导演排斥影像化，比如台湾的屏风表演班就特别强调不作影像化的多元化发展，他们担心的是一旦向影视敞开大门，破坏的将是观众进入剧场的体验。北京的黄盈导演虽然多次与人大社合作摄制他的导演作品，但也在访谈部分表示，观看DVD和在剧场里互动，由观众去体验打破的"第四堵墙"是完全不同的。

就此可以得出结论，话剧的核心魅力是剧场体验，尤其是小剧场实验戏剧。因此，我们工作的重中之重，就是如何用影像语言来传达这种剧场体验。就此，人大社"剧场影音纪录"在五年来的工作中发掘出了一套小剧场话剧纪录片独有的导演语汇，借此分享。

2. 从机位说起

此次湖南台《星剧社》栏目运用的是综艺节目的剪辑方法，摄像机使用了十台以上，捕捉演员的细微表情，通过大量的素材进行重新剪辑，它的节奏完全不是舞台剧的节奏，而是影像化之后的综艺节目节奏，这里传达的不再是话剧本身的含义，不再是话剧导演的观念，而完完全全是这位综艺导演的观念。任何一部话剧这样剪辑，剪出来都会是一个模样。而一部话剧，无论大小剧场，其实都只需要四台机器，设置在阶梯观众席的正中两台，第一排观众席左一台右一台。在功能性方面，中间的两台机器，一台负责全程录制全景，另一台负责抓特写。观众席左边的机器负责抓舞台右侧的反应镜头，右侧的机器则负责抓左侧的反应镜头。

3. 主观视角决定观众体验

这样安排机位其实是暗藏了一个主观视角。

大全是毫无疑问的客观视角。从头到尾都是大全也可以是一种剪辑风格，法国的诗意现实主义就擅长运用此法，台湾的侯孝贤也是运用这种手法的高人。当我们在镜头前呈现得越多，不同观众就越会在镜头上有选择地观看，看同一部片子的观众收获就会不同。每个人在大全的长镜头面前自我选择，选择自己关心的部分，这被电影人称作"凝视之美"。大全拍的是什么？大全拍的是调度，是话剧导演的意图和表达。

那么影像化的主观视角表现在哪里呢？当你安排好机位，在全片中没有移动，都是固定镜头，这就决定了你在剧场中选择了一个座位。

正常的电影，推拉摇移是基本手法，所谓电影语言和导演观念其实百分之九十是通过镜头的移动来传达的。当镜头移动的时候，导演在告诉你，我要你看这个，不要你看那个，你的视线必须跟着我走，包括虚实变化、画面纵深，这些都是主观镜头。但舞台剧的影像化，不应加入这些元素，它的主观镜头只应表现在选择机位和镜头切换上。这样画面传达给观众的效果是，你从头到尾坐在剧场中一个最中间最好的位置上，看到了这个位置所能看到的全部影像。这样可以保证电视机前的观众得到了原汁原味的享受。

4. 反应镜头决定话剧的节奏

《星剧社》的问题是剪得太碎，演员的反应镜头，每个肢体动作的特写，甚至加入了一些剪辑特效。从纪录片的剪辑常识来说，一个镜头最短不可以短过六秒，三个镜头为一组，镜头要成组。静接静，动接动。

话剧采用固定机位、固定镜头之后，决定了它"静接静"的必然宿命。但此处说的"静"不是真正的静。

比如一个空镜，画中的景物没有动，镜头也没有动，这是纯粹意义上的静。而话剧中的固定镜头，虽然镜头没有动，但里面的人物在动，有人物出画入画。在这种状况中，四个机位的意义就被展示了出来。固定镜头不可以同一景别相接，大全与舞台两侧的反应镜头就是在这时发挥作用。

三个镜头为一组是纪录片的剪辑原则，剪话剧同样要遵循，但与剪纪录片不同的地方是，真正决定话剧影片节奏的，是反应镜头。

一个人在说台词，戏都在他一个人身上，此刻画面中只有他一个人，他的台词很长，可能有三四分钟，这种时候，拿什么来作为气口，让观众呼吸？是反应镜头。

在一段台词中，寻找适当的地方加入其他演员的反应，可以帮助整段的戏调子不掉下来，还让观众得到了暂时的休息，这就是剪辑的气口。

二、舞台灯光的影像化处理

1. 湖南台《星剧场》栏目的舞台灯光是为了做这档节目而重新设置的，为了追求综艺节目的效果，舞台灯光是栏目导演的设计。这恰恰违背了"舞台的灵魂是灯光"这一原则。

灯光是话剧导演操作舞台调度的主要手段，尤其是一些写意戏剧，运用了中国戏曲的"一桌一椅"表现手法，灯光成为一种写意的辅助手段帮助观众进入想象。拿《我爱桃花》为例，何念导演在设计酒醉进屋这一场戏时，运用灯光的光影在舞台上地面上呈现出一道光做的门，这种虚实结合的手法经由综艺节目灯光的调整，失去了原有的韵味和舞台上美好的东西。

2. 还有一些灯光设计属于舞台美术的一部分，比如根据老舍先生小说《离婚》改编的话剧，其灯光打在背景的绳索上，显示出一种迷惘，正是话剧的气质和主题——我需要那么一点诗意。这种意象层面的灯光设计都是影像化不可改变的。

三、一面观众与三面观众及四面观众的不同处理方法

剧场创作的核心是剧目因剧场而生，话剧导演的魅力应该在于同一个剧本因为演出场所的不同，而生出不同的调度，不同的编导手法，产生不同的演出效果。而话剧真正看的，也应该是这些剧场效果，而不是故事本身。如果影像化之后，影像导演按照自己的影像规律去概念化地拍摄、剪辑，那就是电视剧，而不是话剧本身。

小剧场演出，打破了"第四堵墙"，这种打破不仅指观众成为演出的一部分，可以互动，另外一个层面上，小剧场演出打破镜框式舞台，导致了话剧存在三面观众和四面观众的可能性。

早先北兵马司剧场是一个三面观众的剧场，它的三面观众特性派生出2003—2005年三届大学生戏剧节上的作品都是以三面观众来创意的。

如今北京人艺的小剧场因为座椅可以移动，也上演过如台湾万方版《收信快乐》这样四面观众的戏。那么，像这样三面或四面观众的剧目该如何拍摄呢？

从还原观众剧场体验的角度，机位应该设置为正面阶梯观众席的最后一排最高处大全、正面中间排全景和左右各一个反应镜头。

为什么不在另外三面设置机位？因为每当舞台上有舞台行动的时候，我们给出的景别应当是全景，而不是特写。话剧纪录片的导演语汇就是与舞台剧导演的语汇全面相反。当他让舞台上一个人物行动，观众注意这个人时，我们要给出全景，这样观众才能看到话剧是如何让我们专注于那个人物的。当话剧导演安排群戏，才是我们要给近景和特写的时候。

结语：话剧影像所表现的不是表演本身，而是舞台艺术，舞台艺术的核心包括灯光、舞台美术、观演关系和表演艺术。这是早前台湾公视做的一档舞台剧节目和英国国家剧院的 NT Live 系列片所作的影像化处理上，大家的共识。

四、市场营销

出版流程中营销合力的汇聚

·李开龙·

随着文化产业转企改制的深化和图书市场竞争的日益加剧，出版企业对于自身市场能力的建设、营销能力的强化可谓重视空前。企业的各个部门、流程的各个环节都不约而同地强化、拓宽了对于营销的理解和认识，营销工作不再是哪个部门的专职工作，而应是企业上下、全员全岗共同参与、共同发力的系统性工程，各个部门、各个环节对营销这一系统性工作都肩负对应的职责。诚然，这样对于营销理念的科学性认识决定了企业营销工作的境界与水平，企业层面、部门层面、岗位层面都应该在营销上增强投入、细化责任、明确分工，但大家都关注、大家都来干的同时，就必然带来如何合理分工、有效协作、形成营销合力的实际问题。

从现实工作中来看，营销合力的问题已然是制约企业营销流程、营销系统效益和效率最大化的瓶颈性问题：全员参与但各自为政，全程关注但互相脱节，你干你的我干我的，最应该以整体力量完成的事反而最缺乏整体性、协调性；营销天天做、人人做，投入巨大，但收效甚微；部门本位主义、筒仓意识盛行，职能型部门之间职责不清、互相推诿，业务型部门之间互相指责、冲突不断；编发人员各执一端、铁路警察各管一段，编辑认为发行渠道不畅、工作不力，发行认为编辑闭门造车、不懂市场。凡此种种，在企业的日常营销工作中并不鲜见，而这些缺乏合力的表现和作为严重降低了企业的运营效率和经营效益，最终导致的后果就是干了还不如不干、营销还不如不营销。

一、出版流程缘何缺乏营销合力？

从出版流程的分工来检讨营销合力缺乏的原因，可以归结为目标、责任、权力和利益四个方面的原因。

1. 目标

部门和岗位之间的任务目标不一致，或者对于任务目标的理解有偏差是导致工作中缺乏合力的根本性原因，而这种不一致、有偏差又一定是源于企业整体目标的模糊、不一致或是分解不科学、不合理，因此企业据此需要首先反思自身的战略目标设置是否清晰、决策是否科学、分解是否合理。

2. 责任

无论是传统出版流程，还是现代出版流程，流程都是出版工作的应有之义，即出版是需要选题策划、编辑加工、装帧设计、生产印制、发行分销、宣传推广等一系列分工的流程组合，存在一人包打天下的个案，但不能改变出版是依靠流程中各个环节分工配合才能有效完成的基本性质，也无法改变企业运营需要各个部门分工协作的基本规律。既然有分工，就必然要重视责任的匹配，责任事前匹配不到位、不合理自然会导致事情来了大家互相推诿、事故来了大家互相指责。

3. 权力

责任永远是和权力并存的，有多大的权力就承担多大的责任，没有权力就无法承担责任。因此，若要营销流程形成合力，在权力赋予方面也要合理到位，授权不充分会导致部门和岗位捉襟见肘、天天忙于请示汇报、执行力低下，授权过度又必然会造成不必要的冲突和矛盾。

4. 利益

绩效考评体系、激励体系的缺乏和不一致会使部门间的矛盾、冲突更易发生、更易放大，试想倘若流程中的考核不协调、周期不统一、激励不到位，如何奢望各个环节能分工协作形成合力，必然是相互计较、相互拆台。

二、营销合力如何有效汇聚？

1. 塑造、培育和强化员工的团队精神和沟通意识，为营销合力的形成提供人员保障

人是根本性的原因，部门之间推诿指责归根结底还是源于个体之间的不协调、不配合。任何营销体系、营销机制若要发挥威力最终还是需要每一个员工来落实执行。因此，企业营销合力的汇聚，需要首先在员工基本营销素养的培养上下功夫。

一是团队精神的固化。员工需要从入职起就明白团队精神是基本的工作要求，更是基本的工作技能，离开团队协作个体无法发挥作用，离开团队协作部门也将失去意义。尤其是对于编、印、发泾渭分明的出版流程而言，团队精神下的补台意识更应着重强调。传统分工意识中一直过于在乎理论上的编印发环节究竟以谁为主、谁搭台谁唱戏的问题，在不同的情境（项目、产品、事件）下当然存在谁牵头谁配合的问题，但离开情境去一味在乎就成了无谓的纠缠。正确的选择应是抛开纠缠，互相搭台、互相唱戏、互相成全，唯此，流程才能发挥效用，利益才能最大化。

二是沟通意识的养成。对于工作分工和日常管理，部门间的分歧、争吵、矛盾其实并不可怕，从积极角度来看，这些不一致正是各个环节自我改进、增强协作的缘由和动力，真正可怕的是有了矛盾和分歧之后，互相隔绝、互不沟通，依旧我行我素、各干各的。大量的经验和教训告诉我们，面对矛盾和分歧的唯一解决办法就是沟通、沟通、再沟通。

实践证明，在实际工作中通过组建整合性团队和轮岗机制可以提高员工的团队精神和沟通能力，帮助企业降低内部沟通损耗，形成合力。整合性团队可以是临时性的跨部门团队、跨职能工作组，也可以是常设的项目小组、品牌小组等。轮岗机制侧重于将骨干型员工在流程中的各个部门培养锻炼，强调通过轮岗锻炼培养骨干员工的复合能力和全局视野。

2. 借鉴企业内部市场化的管理机制，明晰部门责任和权力，为部门尽职尽责从而形成营销合力提供权责保障

内部市场化就是将外部市场机制引入企业日常运营，将市场机制和既有的行政管理机制相互融合。这一管理思想肇始和成形于管理学界和企业界对于企业流程再造的探讨和尝试，经过近30年的发展，已经在企业界得到了卓有成效的实践和应用。典型的如海尔集团开始于1999年并且持续至今的以内部市场链为纽带的业务流程再造，其再造措施的一个重要方面就是将企业运营流程中的专业化环节通过市场链连接起来，并设计与之相对应的索酬、索赔和跳闸标准。海尔的内部市场链构建已经上升为管理创新和战略创新的高度，设计精密的运行系统，为海尔品牌的国际化和可持续发展提供了强力支撑。

尽管优秀企业的成功案例不可能全盘照抄、生搬硬套，但可以积极借鉴、部分拿来。其实，内部市场化的机制设计对于出版流程的权责明确具有天然的适用

意义。出版流程本身既有的环节分工，一直以来都是通过行政化的管理机制来维系运转，已经难掩其效率低下、权责模糊的弊端，需要借鉴内部市场链的管理机制，重塑营销链条、明晰责任权力、提升运营效率。通过内部市场链的传导机制，可以把市场的压力和读者的需求有效传导到出版流程的各个部门、各个岗位；通过内部市场链的内部交易价格机制，可以帮助我们明晰选题策划、编辑加工、生产印制、发行分销等部门的分工职责；通过内部市场链的内部付酬和索赔机制，可以明确部门间的权利义务关系；通过内部市场链营造的内部竞争氛围，可以降低乃至灭绝部门主义、本位主义和官僚主义对企业的不良影响，提升整体运营效率，提高企业创新和发展活力。为传统出版流程注入内部市场链机制的新鲜管理机制，不但能有效解决困扰当下的部门责权界定问题，还能以供应链传导的机制将市场需要和压力传导至各个环节，并依此将各个环节有效连接起来，形成直面市场、分工明确、环环相扣、节节咬合的价值创造链、供应链。

需要说明的是，内部市场链是系统性、战略性的管理机制，在企业具体导入应用时，需要结合自身的发展战略和经营流程精心设计组织、精细运作实施。一忌简单理解、肤浅应用，否则就是照猫画虎、削足适履；二忌生搬硬套、生吞活剥，否则他人的成功经验就是自己的惨痛教训。

3. 树立读者至上的营销导向，为营销合力的形成提供目标保障

无论是参照成熟营销理论，还是比对其他企业的成功实践，都无法否认整个出版行业仍处于产品导向、生产导向的初级阶段这一现实。出版行业长期以来都习惯、满足于产品导向的经营理念，想当然地以为自己的图书产品必然会有读者购买，而且应该会有大量的读者购买，做大众书的认为自己的书大众读者都会买，做专业书的认为自己的书研究这个专业的人都会买，而正是这种落后的导向意识使得各个流程在很大程度是闭门造车、自以为是，这样的营销导向又怎么可能奢望整个流程协调一致、形成合力。显然，在转企改制的行业变革趋势下，在激烈的市场竞争中实现自身从产品导向、生产导向向读者导向、顾客导向的升级换代，将是具体出版企业超越行业平均水平、打造持续竞争优势的重要途径。

顾客是企业利润的唯一来源，发展忠诚顾客是每一个企业的核心任务。树立读者至上的营销导向，就是要明确所有工作的目标都是为了培育、创造和维系忠诚读者。树立了读者至上的营销导向，出版流程中的各个环节就有了一致且唯一的营销目标。全流程都是为了创造顾客价值、顾客满意和顾客忠诚来开展分内工

作，部门不应再有独立于此的目标，而应是读者目标在部门中如何分解落实成子目标。以此再来审视现有流程，那些仅是维护自身传统习惯、固有业务流程的所谓规章制度、工作要求就是落后的产品导向思维，应该立即扬弃革新。

4. 构建基于企业发展战略、基于全流程的绩效考评体系和激励体系，为营销合力的形成提供激励保障

绩效考评体系和激励体系为营销合力的形成提供的是引导性保障和长期性保障。企业投入大量资源苦心搭建的营销体系要发挥合力，就应该从绩效层面、激励层面来设计能确保合力形成的体系和机制。营销工作是为了有效落实和践行企业战略目标，企业战略唯有切实转化为部门目标和岗位目标才能落实践行，因此在考评和激励体系设计上要凸显基于企业发展战略、基于全流程的整体性考量。例如在考核指标设置上，部门性指标应该是来源于整体性指标的分解，不同环节的个体性指标应该存在流程关系；在考评方法上，应该统一协调，不能不同部门、不同环节标准不同；在激励办法上，应该统筹兼顾、公平公道，不能厚此薄彼、顾此失彼等。

总而言之，营销合力是企业核心竞争能力的重要体现。企业在不断加大营销投入的同时，工作中的各自为政、相互脱节是彰显营销应有效果的最大梗阻和软肋，需要从人员和机制的层面来确保合力的汇聚，其中人的因素是基本保证，但更重要的是机制对于合力的刚性引领，唯有从内部管理机制、营销导向、绩效考评、绩效激励等层面做好制度设计和指引，才能确保营销合力在日常工作中的真正汇聚。

信息的力量

——大数据时代营销数据库的建设与挖掘

·奥　南·

出版社区别于一般企业的是出版属于内容产业，其基本功能是直接开发和生产信息产品。因此，作为出版社最重要的资源，信息资源管理的地位和作用显得更加突出。随着大数据时代的到来，如何建立和完善信息数据库，利用数据信息和网络来开展营销，已成为现今出版社在营销工作中面临的重要问题，是出版社核心竞争力的重要体现。

一、营销数据库的建设与完善

营销数据库是企业建设客户关系管理（CRM）系统和开展营销活动的基础和前提。美国著名营销专家唐·E·舒尔茨在清华大学讲课时曾说过："现在美国最好的、发展最完备的营销组织都有一种共识：要做营销，必须建立顾客数据库。"国外的大型出版集团也都有自己的客户数据仓库即营销数据库，以开展营销活动。如贝塔斯曼图书俱乐部在全球拥有 2 500 万个读者的数据资料，麦格劳–希尔公司拥有 3 000 万个读者的数据，这些读者数据库为其数据库营销的发展提供了强大的数据支持。

（一）客户基础数据库

客户基础数据主要包括客户的基础信息资料、客户的账务发生情况、客户的发货回款情况等信息。对于主渠道（主要是新华书店），由于目前其正在开展股份制改造和连锁经营，因此对相关信息的及时收集对于出版社的发展意义重大。这些信息包括新华书店所处区域、所在地的经济发展水平、卖场规模、营销能力、售书种类、平均销售额、本版书销售额、书店经理的基本情况等。对于其他渠道，除上述信息外，还要对其资产总额、订单退货情况、回款情况、信用额度等进行统计和分析。

1. 客户数据库

国内出版社的数据库建设已经初步形成规模，几年前不少专业出版社就开始了数据库的建设，例如，社科文献出版社早在 2000 年就建立了客户数据库，内容包括国内许多高校、图书馆、海外收藏机构及个人读者的数据，已经具有了数据库营销的雏形；机械工业出版社目前拥有专业读者数据库（成员已达 10 万人），教师数据库、图书馆数据库等也在不断补充和完善；中国人民大学出版社利用教研服务网以及一线营销人员积累的用户数据信息，有针对性地建立了自己的直接用户数据库。

2. 一般读者信息资源库：细分受众

细分受众，是大数据时代出版变革的一个方向。出版社一般读者库的来源主要集中于合作的网络书店与书店资料系统的共享。对于读者等个体购买者，除其姓名、职业、收入水平、文化程度、电话、电子邮件外，还要分析其个性特点、特殊爱好和一般行为方式，收集其购买历史、服务咨询等信息，以判定读者的消费倾向和购买能力，开展有针对性的营销。

现今绝大多数出版社有关一般读者资源库的信息还是集中于各网店、书店人员及编辑个人手中，能获取的共享性信息很少，更没有达到细分受众群体的阶段。若想打造畅销书、大力发展一般图书，建立一般读者信息资源库势在必行。具体操作环节即需要进一步共享各业务员手中的读者资源，创建信息共享平台。

3. 作者资源库

现在各出版社都可以很便捷地查阅已在本社出书作者的情况，但是潜在作者的信息还鲜有涉及。一个新编辑要想拥有属于自己的作者资源至少需要 2～3 年的积累，要想优中选优，需要的时间更长。而一个资深编辑的离开、退休将意味着一批优秀作者资源可能丧失。因此，整合作者资源，形成出版社的作者资源库，有利于出版社在编辑新老交替的时期保持稳定，占得先机。并且借助作者资源库的日常维护，编辑可及时把握作者动态，如作者有好的立意，作者正在写书或者准备出书。一旦获得类似信息，编辑可以迅速弄清作者是否有意向出版单位，是否愿意把书交给自己的出版社，同时整理出书面材料。

4. 分销商数据库

数据库营销对象的定位主要有两个：一是终端消费者，二是中间环节的分销商。对于出版社而言，自办发行的比例有限，其销售的很大一部分是直接来源于中间商。因此，出版社的分销商数据库应该是对分销商这一大群体进行信息的搜集、分析和利用，以实现图书销售和客户管理的一个完整系统。

（二）客户关系数据库的建立与完善

大数据时代的一个重要趋势就是数据服务变革，这关系到客户关系数据库的建设。客户关系数据库包含以下两方面数据：

一是发行人员同院校、分销商之间的对应关系数据以及发行人员同客户之间进行营销、走访等业务方面的相关数据。图书发行在某种程度上说也属于"关系营销"，有些发行人员和某些院校以及分销商之间的私人关系也可能影响图书的销售。

二是通过数据挖掘展现出来的客户与客户之间的关系结构数据。如不同地区的分销商之间竞争时，出版社就要加强管理，避免渠道串货现象的发生。通过建立客户关系数据库，可以全程记录院校代表手中的教师客户关系，建立完整的教材营销网络，实时了解教师的需求变动，进一步巩固和完善出版社的营销体系。

（三）客户行为数据库

客户行为数据库是营销数据库的核心数据内容，它主要包括各类量化之后的客户行为指标，通过这些指标来细分客户群、定位客户以进行针对性的营销活动，主要包括：购买倾向、购买频率和年购买量、购买波动指标等。通过客户行为中的某一指标可对客户进行分级管理，对于个体读者，也可以根据其对待本社图书的态度划分为品牌忠诚度高、品牌忠诚度低和无品牌忠诚度三类进行分析。

大多数出版社并未建立此类数据库，但可以通过利用其他公共平台来挖掘数据信息，例如，可以利用淘宝、豆瓣、当当、京东和亚马逊的网络销售数据库，分析出版社重点产品的细分客户群信息。这些网站根据用户的实际点击与搜索情况完成对用户群的进一步细分，以使该网能够掌握到更为细致有效的用户数据信息，并在此基础上建立起一套完整的用户数据资源库。而对于急需根据用户反应来调整自身营销策略的出版社来说，建立这样的用户数据库显然是非常必要的。

二、出版社数据库挖掘中面临的问题与挑战

（一）营销数据库信息缺失

目前，大多数出版社没有建立一套科学的营销数据库，尤其是有关分销商的

信息主要掌握在经手的发行人员手中，信息不能实现全社的共享。由于发行人员的流动性大，极易造成出版社客户资源的流失。即使是建立了客户数据的出版社，其信息也残缺不全，与客户联系起来非常不便。由此导致的结果就是出版发行工作非常盲目，图书库存加大，分销商回款率低，致使出版社出现大量死账、坏账，终端读者对出版社品牌的忠诚度也大大降低。

（二）资金与人力的投入不足

营销数据库的建设不是一蹴而就的事情，随着市场和企业情况的变化，需要不断投入足够的资金，并且要有一支懂业务的人才队伍。西方发达国家的企业对信息化的投资一般为销售收入的 3％左右，但我国出版业的信息化投资大部分都没有达到这个水平。目前出版社的信息化建设，明显存在资金投入不足、专业人才欠缺、重建设轻维护的问题。

（三）缺乏统一的信息数据标准，信息整合与应用效率低

出版社信息化建设多从自身业务应用考虑，较少思考信息数据的规范与标准，不同信息系统中的数据，在字段选择、名称确定、内容组织与格式著录等诸多方面存在差异，无法有效实现信息资源的共享，也无法与书店等图书发行企业的信息管理系统实现信息数据对接。以东北财经大学出版社为例，虽然它拥有独立于内部管理系统而对外运行的充分提供图书信息、保持与读者和书店零距离沟通的网站系统，但是由于数据格式的差异，除了对照查询功能外，目前对内、对外两套系统基本上无法实现共享，导致了很大的资源浪费。

三、完善出版社营销数据库的建议

（一）管理和规范营销渠道，提高营销效率

从结构管理来看，出版社可以根据分销渠道的经营特点和地区分布，按比例确定渠道数量和合理安排地区布局，保证出版社图书的最大市场覆盖率，避免渠道之间产生串货冲突；从信息流通来看，实现出版信息的即时发布和交流，随时将本社的最新图书信息和营销策略及时传递给各分销渠道成员，提高发货效率；从资金流通来看，明确各个分销渠道的发货码洋、回款实洋及退货比例的限制，减少呆账坏账，理清出版社和分销商的资金关系，降低图书库存，更好地维护出版社正常的生产经营秩序。

（二）加强对营销数据库的使用和维护，共享数据信息

对于分销渠道客户，要对其规模、年销售额、回款情况等进行研究和细分，

确定信用额度，采用分级管理的方式。从各渠道的特征和实力出发，对分销商进行价值评定，按其重要程度分别与分销商建立、巩固或放弃关系。对于销售码洋高、回款快的分销商应实行奖励性的折扣，并提供人员培训、促销上的支持。出版社业务人员要根据数据库定期与客户联系和回访，通过电话、电子邮件、信函等进行定期的交流，及时传递有关类别的新书信息、出版社的促销活动、培训指导、结算情况，了解分销商各类图书的库存。在发行人员拜访客户之前，根据数据库完成营销的前期工作，提高营销的效率。

（三）进一步加强对于公共数据库的利用

结合公共平台的读者资源，通过对其收入、职业、文化水平、性别、年龄等的分析，确定购买倾向。分清潜在读者和现实读者，努力把潜在读者转换为现实读者。对于已经购书的读者，要研究其购买历史、购买频率和购书额，分清积极型的读者和非积极型的读者。在读者数据库中分辨出出版社的最佳顾客，确定他们对本社的价值。对于高码洋的专业图书读者，要与他们进行深入联络，建立长期的友好关系。如相关专业教师等，要及时寄送样书、征询意见，并辅以人性化的感情营销，如经常的节日问候等。

（四）利用营销数据库优化选题

现阶段的读者能够很方便地"货比千万家"，所以选题优化和出版转型对于出版社来说是唯一途径。通过营销数据库中网店、经销商、书店、读者的数据反馈，通过细分用户群进一步细化市场需求，在选题确立前对于市场有更多的了解和分析后，才能打造出新一批的畅销书和长销书。另外，通过举办更多的文化主题活动，进一步完成出版社的成长与转型，来促进图书的销售。

综上所述，大数据的基础是大量用户，其次是获取用户不同维度的数据，再次是找出同维度以及不同维度数据的差距，用尽可能全面的数据还原出每一个消费者的需求。营销数据库的建设与完善在为出版社面对信息化浪潮打好营销工作基础的同时，也对营销工作者进一步挖掘与利用资源提出了更高要求。

浅谈现代出版企业网络营销创新

·张海明·

随着信息技术的飞速发展，电子商务网络为企业开展市场营销活动提供了新的创新技术，缩短了出版企业和读者之间的距离，减少了传统营销活动的中间环节。现代出版企业要适应现代经济社会发展，必须做好市场营销的调整和应对工作，加强出版企业市场营销的市场分析与策略研究，进行网络营销创新。

一、新媒体时代出版企业必须加强网络营销创新

营销创新是推动企业发展的主导力量，企业要制胜知识经济时代、提升企业核心竞争力，必须进行营销创新。出版企业必须抛弃过去传统的以静制动、以不变应万变的静态营销观念，避免经验主义。在充满竞争的环境里要保持竞争优势，必须时刻保持高度的危机感和紧迫感，建立出版企业主体的动态营销策略，适时应对各方面形势的变化，以全方位的知识营销贯彻其中，充分运用各种先进的科学技术手段，多层次多策略地适应瞬息万变的市场。

出版企业利用电子商务网络，根据读者的购买特征和行为进行市场细分，发掘和识别目标市场的需求。市场细分是读者消费特征和购买行为模式发掘及模式识别的重要手段，也是出版物市场销售需求信息发现和回馈的重要方法。市场细分强调需求的差异性，把不同的读者群分成若干的以需求特征和购买模式标识的细分市场，然后制定营销策略并开展营销活动。通过收集客户和读者的信息，分析和挖掘读者的购买行为和模式，进行针对性的营销手段和营销策略。

二、出版企业网络营销的观念突破

出版企业的员工必须充分认识到网络营销的重要性，进而转变传统的图书销

售理念，重视互联网技术，树立网络营销的基本理念，并能运用到实际工作中去。同时，出版企业应对新入员工进行相应的入职培训，如图书网络营销模式等。只有把正确的理念作为实践的指导方针，才能使营销活动最大限度上符合互联网时代的产业发展趋势，提高出版企业竞争力，推动出版企业健康持续发展。

同时，出版企业可以通过各种潜移默化的网络方式引导读者的购买习惯，例如，可以通过提供目录预览、价格折扣优惠等方式吸引读者网上购书。读者在网上购书后，都会留下真实的姓名、地址、电话等宝贵信息，可以尝试把这些读者发展成为会员，甚至发展成为忠诚客户乃至核心客户。这些读者信息也有利于出版企业进行市场回访、广告和促销投递，持续开展与读者的深度互动。在互联网时代，完全以实物产品为中心的传统经营模式已经不能适应市场快速发展的要求。出版企业必须重视图书网络营销，并以读者需求为导向展开各种业务。培养与满足读者的各种需求是图书网络营销工作的中心环节，一方面要想方设法满足读者各种挑剔的需求，提高顾客满意度；另一方面也要积极引导和培养读者的潜在需求，开拓潜在市场，从而形成一种良性互动，达到出版企业和读者的双赢效果。

三、出版企业网络营销创新

随着互联网作为信息双向交流和通信工具的普及，以及网络信息资源的不断丰富和完善，网络营销日益成为一种新的经营方式，在营销领域发挥着越来越重要的作用。通过对网络营销特点及技术经济评价项目的研究，提出网络营销的技术经济评价方法及评价指标，能为企业有效开展网络营销活动提供一定的指导和借鉴。网络营销是以电子商店为主的营销形式，网络营销的特点是投入成本较低、传播速度快和范围广。现代市场营销网络是出版物流通的重要渠道。建立高效的网络销售渠道，并不是简单的技术构架的问题，需要企业整体力量的投入和努力。同时出版企业要做好技术资源、硬件资源等多方面的协调工作，根据现实市场需求对资源进行灵活的调配。对于流通渠道应该不断地创新与疏导，开拓有效的营销网点，扩大销售客户群体，构建全方位、多层次、立体有效的市场营销网络。

网络营销运作的有效性会为出版企业带来预期的效益，这可通过网络 Web 服务器的信息统计量及设置系统日志来实现。Web 服务器可以自动记录服务器上的各种访问，统计出各种有价值的信息。这些包括：该点访问人数、何时达到峰值、服务器是否出现过错误、该站点哪个链接访问最多。可以查看某一段时间内有多少产品被读者浏览，哪些图书最为畅销。这些都可更有效地组织资源，促进网络营销的实施。通过电子邮件、调查表等获取读者对网络营销站点的反馈信息。电子邮件可以在一定程度上反映网络营销的受欢迎程度。提供网络管理员的电子邮件地址，邀请读者在网上填写一些调查表，可用一些免费软件及其他小礼品作为奖励读者反馈的方式。吸引读者、满足需求方面的有效性，还需要其他方法，例如读者访问信息：由读者访问信息可以判断读者是否找到了他们需要的商品。这些读者大多是网络营销商品的读者，需要从网站获得信息，此外还要判断读者量是否真正保持增长。交易量统计：在此可统计每月、每季度的商品销售量，并与未实施网络营销前的交易额进行对比，以此来确定网络营销的贡献大小。

网络营销作为未来营销发展的一个新兴方向，对于出版企业的营销贡献将大大增加。作为一种独立的无店铺营销方式，网络营销对出版企业结构的虚拟化和精简将起到很大的作用。比如在现有读者关注的人人网、QQ 空间等平台上进行较为人性化的宣传，形成口碑营销。利用社交网络的宣传，等同于向读者推广自己的品牌，宣传力度较其他方式高出很多，会提高读者的忠诚度。在虚拟通路方面，开辟在线教育和远程教育市场，这是一次创新，即在实体教育的经验中，辅以技术支持，使教育内容信息化，推广速度加快。

另外，出版企业网站改变了传统出版业只能向读者单向推广产品的销售模式，是一个非常好的互动交流平台。出版企业应充分利用这一平台，倾听读者的各种需求，并据此进行市场细分，使网络营销更具针对性和有效性，同时跟进读者的售后反馈，最终实现以读者为中心的网络营销环境。有条件的话，图书网络营销的售前售后服务可以做到 24 小时在线，这样，读者可以随时进行售前咨询和要求售后服务支持，出版企业也可以及时满足顾客需求，提升顾客满意度。出版企业还可以在网站上留下电子邮件、QQ 号码或建立 BBS 讨论区，但这些方式回复较慢。更加迅捷的方式是网页对话，只需将一段代码嵌入网站中，图书营销人员就可以发现所有网站访问者，而且可以看到他们的来源、使用的搜索引擎等。这些潜在读者既可以直接联系营销人员，营销人员也可以主动发起对话与他们沟通，进行产品营销。

尽管出版企业有自己的网站，但如果能有效地利用各种专业网站，提高自身知名度，对于广告和促销效果将有很大的提升空间。大部分出版企业属于中小型出版企业，网络基础不如大型出版企业强大。要提高竞争力，出版企业可以与国内的专业图书销售网站（如当当、京东等）合作，也可以与各种行业网站、BBS合作，将新书信息定期或不定期地提供给合作网站进行信息发布。利用它们巨大的访问量，出版企业的新书信息就能及时有效地转达给潜在读者，从而提升知名度和影响力，扩大图书销量。鉴于淘宝交易火热，兼具专门的售前售后即时通信工具——阿里旺旺，以及良好的电子货币支付方式——支付宝，出版企业完全可以在淘宝网站注册卖家账户，由专人负责淘宝店铺的售前售后服务。出版企业可以和热门的店铺交换链接，这样可以免费宣传自己的店铺，也可以合理利用折扣策略（根据买家购物款项或数量制定不同的折扣）、促销策略（利用各种节假日推出某些低价促销图书，提高人气）和拍卖策略（利用拍卖的方式来吸引人气）等方式，扩大店铺的知名度和访问量。如有必要，图书售后还需主动联系买家进行支付宝确认付款、交易评价或是投诉处理。

此外，出版企业不能忽视微博营销。微博有很多独特的特点，如简单易用、成本低廉、口碑效应强、便于互动交流等，出版企业必须积极跟进，注册自己的微博账号，将微博作为出版企业的信息发布平台，与读者有效互动，更好地发现和满足读者需求。

出版社数据库与信息营销的应用

·邹　晗·

一、出版社数据库与信息化现状

中国版协科技出版工作委员会在各科技出版社进行的关于"出版社信息化建设发展状况"的一项调查表明，相当多的出版社信息化管理仅是发行的初步管理，少数出版社信息化还未实施。

从被调查的 56 家出版社来看，有 39 家已成立专门的信息化管理部门，占 69.6%，仍然有 30.4% 的出版社没有专门的信息化管理部门，近 1/5 出版社没有专职的技术人员。在信息化建设资金投入方面，45 家出版社累计投入资金共 2.79 亿元，平均每家累计投入 619.8 万元。可见，出版社普遍给予信息化建设以相当的重视，并投入一定资金进行建设。但是总体来说，出版社在信息化方面的资金投入仍然相对较少，总投入在 100 万元以下的占 42.2%。近两三年，出版社越来越重视信息化工作，有近 70% 的出版社比上年增加了投入，大大超过前两年增加的比例。从抽样数据中可看到出版行业的软件应用是部门级的，极大地浪费了数据资源和人力资源，工作效率很难提高，决策者也经常得到的是不完整甚至不相符的信息。

1. 积极探索初见成效，特色优势日趋明显

数字出版产业快速发展，2012 年收入规模已达 1 935.49 亿元，大学出版社也贡献了重要力量。主要表现在：

（1）数字出版品牌初步形成，产品差异化明显。

外语教学与研究出版社的英语教育和多种产品线的开发，北京语言大学的对外汉语教学产品与服务的提供，北京师范大学出版社的教育产品与服务的打造等，都对自身原有品牌进行了有效延伸，初步形成了各自数字出版业务的品牌和

特色，社会反响良好。

（2）项目申报与建设上有所收获。

大学出版社进行数字出版项目建设探索的成熟度在逐年提高，资金来源呈现多渠道化。多家大学出版社项目入选国家新闻出版广电总局的"国家新闻出版发展改革项目库"，如河海大学出版社的"水文化与水科技数字出版工程"和湖南大学出版社的"中国工程教育在线"均获得了财政部的资金支持，南京师范大学出版社的"幼儿教育数字出版信息交互平台"获得江苏省专项资金的支持等。这些项目的立项与资金的获得为大学出版社数字出版发展奠定了基础，提供了动力。

（3）积极探索基地化发展模式。

数字出版基地建设是产业集群发展的产物。大学社高端人才较多，有的不仅参与基地规划，而且也参与基地项目建设。2010 年东北网络台—黑龙江大学出版社数字出版基地正式启动，该基地采取政府扶持、市场运作的方式，从而提升了数字出版资源的集中度和聚集效应，有利于该省数字出版产业链的完善、成熟与数字出版领域骨干企业的成长、发展。

2. 对外合作积极主动，发展模式初现端倪

大学出版社在数字出版业务开展过程中，进行了多元化的探索，并积极开展对外合作，有些发展模式值得关注与推广。

3. 发展尚不均衡，面临生存压力

由于地方出版社集团化垄断正在形成，集团借助上市带来的雄厚资金，让孤军奋战的大学出版社在竞争中处于劣势，大学出版社在加大投入的同时也面临着诸多矛盾和尴尬，原有的一些优势已经或正在丧失。因此，大学出版社在发展上无论是在经济方面，还是在内容资源方面，压力都非常大。

4. 定位不甚清楚，产品供应不足

大学出版社依托于所在高校，且与国内外学术界、相关行业的权威人士、专业人才有较为密切的业务关系与往来，故而拥有丰富的学术资源、教学资源及作者资源基础，在发展数字出版方面具备独有优势；同时随着数字化教育进程的不断推进，对数字教学资源的需求不断增加，也为大学出版社拓展数字出版业务提供了方向。然而目前大多数大学出版社只是将已有资源进行纸质图书的简单数字化，甚至网站仅具有简单的浏览功能，缺乏数据库资源查询、社区互动、电子商务以及其他个性化服务，不能适应数字出版时代用户的多元化需求。对优势资源

和条件利用度较低，对优势资源的开发力度不足，资源整合机制有待优化。缺乏对资源的深入挖掘，造成数字出版产品停留在浅层次研发上，成系列的高品质产品严重缺失。同时，很多大学出版社对于如何利用自身资源开拓数字出版业务认识不清，对数字出版商业模式缺乏明晰的定位，没有根据自身优势资源进行数字产品开发，存在盲目迎合市场的现象，导致优势资源的浪费，进入了舍本逐末的发展误区。

二、出版社数据库与信息化内容

出版社信息化建设不仅仅是一项新的技术手段的应用，实际上它采用的是一种全新的、先进的管理理念，一种全新的机制。它充分利用信息技术与出版社管理模式的结合，来推动管理水平的提升。我们需要转变思路，确立全新的经营理念，以读者需求为中心，提供专业化的一流服务。信息化建设更是一场管理体制的革命，它要用先进的思维模式和技术手段改变以前的管理模式，用数字化、规范化、程序化、标准化来进行管理，用量化的指标支持奖惩与分配政策，体现激励机制。通过这场改革和革命，最终实现出版社的办公自动化、管理网络化、资源数字化、商务电子化。

其中包括：

（1）出版物创作的电脑化。作者能够熟练地使用电脑写稿。

（2）稿件投递的网络化。通过互联网方式来代替以往的邮寄，大大加快了稿件的传递速度。

（3）稿件编辑加工的计算机化。编辑人员可对电子文稿在计算机上进行加工和处理，实现无纸化编辑。

（4）版式设计、图片资料处理的计算机化。美术编辑熟练应用图像处理软件或组版软件利用计算机来进行封面设计和版式设计，替代手工绘图。

（5）录入排版的计算机化。在汉字录入方面，可根据稿件质量选择手工录入、语音录入或扫描录入等；在排版方面，利用专门的排版组版软件，能大大提高整本图书的排版速度和质量。

（6）稿件校对的计算机化。校对软件在出版业的应用也是出版社的一项重要的计算机应用项目，校对软件比人力校对能力强，不存在疲惫与疏忽问题，它能提高校对速度，减少差错率。

（7）出版社内部管理的信息化、规范化。建立完善的出版社办公自动化管理系统，加强企业的内部流程管理，使各部门、各环节逐步实现基于计算机内部局域网的无纸化办公。管理系统的实现必须以成熟、完善、符合本社实际情况的管理软件为基础，大致应包括编务系统、出版管理系统、发行管理系统、储运管理系统、财务管理系统、行政办公系统、人事管理系统、数据检索系统、领导查询系统等。

（8）原有图书数字化。原有的纸质产品及现在开发出来的纸质产品都可以直接与第三方合作来完成数字化。利用第三方的资源及技术，制作成相应的电子书，供有偿或免费下载阅读使用。如方正科技平台、手机阅读平台、苹果应用等。编辑纸质教材教辅的同时逐步开发对应课文、章节的电子课件，碎片化的教材教辅及电子版本的教材教辅等。

三、出版社数据库与信息化营销方式

1. 不断完善和优化已有的数据库信息

人大社高校资料库已初步构成，将之前收集的院校、专业学科、教材信息、教师信息等进行了整合汇总，为了方便员工更为有效地使用信息资源，还需要不断对全国各高校专业、课程设置、教师等的变化情况进行更新，扩充完善信息资料库。

北京理工大学出版社在资源管理上，自主研发了资源管理平台——"数字出版管理系统"并投入使用；在资源利用上，同中国移动、中国电信和中国联通三大通信运营商签署合作协议，选择手机阅读这一形式发展大众图书数字出版；在对外推广上，同一些云平台（方正阿帕比云平台、网易云阅读、腾讯阅读等）、应用商（蓝墨科技、天智通达等）、电商（如亚马逊、京东等）开展合作，全方位推进资源数字化利用。

2. 全媒体营销，充分利用已建立的数据库资源及网上服务平台，调动老师及读者在线获取信息的积极性，开发相关 APP 等

通过利用数字媒体平台开展内容的营销，可根据平台受众读者群的特点开发特色产品展开针对性营销。利用电子资源将碎片化的教材教辅等放在网站上，形成完整的电子版本教材教辅；疑难、抽象的知识点提供视频讲解；遇到问题可以通过论坛与编辑互动沟通；等等。

（1）机械工业出版社 2013 年出版的普通高等教育"十二五"卓越工程能力培养规划教材《机械原理》中，有近 300 个二维码。它们将原本枯燥无味的理论和静止的图形与动画联系在一起，使教材"动"了起来，受到广大师生的欢迎。

（2）清华大学出版社开通数字出版门户网站——文泉书局，据悉已有广西师范大学、北京航空航天大学、西安交通大学和北京交通大学等多家出版社加盟，为清华大学出版社探索资源重组和可持续发展的模式奠定了基础，提供了保障。

3. 协同编纂将成为大数据营销应用的理想平台

协同编纂平台是出版机构数字出版的核心环节，它担负着内容采集、加工与生产的任务。通过协同编审、结构化处理、样式设计、排版引擎、交互式排版，并由数据加工人员实现内容结构化的过程，最终完成数字产品在多终端的多种应用。

协同编纂平台将成为大数据技术应用的理想平台。无论是编辑、作者，还是产品加工人员，都会在使用平台过程中产生大量行为数据，如修改稿件的记录、互动交流的记录，通过这些数据内容，可以发现在协同编纂平台的使用中需要进一步改进的环节，以及使用人员针对内容本身的行为偏好。协同编纂平台目前已经在出版机构中获得应用，提高并优化了数字出版流程效率，2014 年，协同编纂平台或将结合大数据等新技术焕发新机。

4. 加强对外对内合作，携手实现多方共赢

通过与第三方合作，不失为一种解决资金和规模限制行之有效的办法。这样不仅可以为出版社数字出版物提供更多的阅读渠道，扩充数字产品资源利用范围，加大本社数字出版产品流通量，扩大阅读人群基数，而且也可以加强本社数字出版物品牌建设。具体途径有：

（1）可以与当当、京东等电商平台合作，设立销售区，扩大知名度，促进数字出版产品的销售；

（2）可以与数字出版运营平台合作，出版单位可以更方便地获取市场的反馈信息；

（3）利用政府、企业、科研机构的局域网这一平台，为其提供数字出版服务；

（4）可与政府、企业等达成协议，共同投资开发专门服务于某一行业或特定人群的网络平台，推动数字出版朝精细化、定制化方向发展。

资源整合视角的教材营销模式探讨

·李文重　黄　强　韩兆丹·

教材营销以往关注的重点是营销策略的调整和营销手段的创新，在实践中实现了见招拆招式的组织构建。但这种组织中有关模块的选择和定位，并未完全从产品或者客户的视角出发，而过多考虑的是出版社内部运营的需求和便利性，由此带来了社内营销资源的分散，从而使得内部沟通成本上升和外部信息传递效率低下。那么基于资源整合视角的教材营销模式的思考就是要解决这一问题。

一、一个理想化的营销组织

我们到底需要一个什么样的组织来实现从策划编辑（产品研发）到一线任课教师（客户需求）之间信息的有效传递呢？基于减少中间沟通环节的考虑，在满足信息广度以及有效性的基础上，我们觉得在这之间至少需要两个核心职能：产品信息的整合和客户需求信息的深度挖掘。对于这两个职能的实现，我们将其设定为两个环节：产品经理和院校代表。

产品经理的核心职责在于产品信息的整合和对区域市场的掌控。具体包括：

（1）了解学科专业，熟知产品，整合产品信息；

（2）对负责的区域有很强的掌控力，十分了解院校及教师的信息；

（3）负责制定和执行营销计划；

（4）指导和管理院校代表的工作；

（5）向策划编辑反馈一线市场的信息，对教材的修订与开发提供支持。

院校代表的核心职责在于市场的开拓与维护、信息的发布与反馈。具体包括：

（1）熟知当地院校、专业、教师及教材使用情况，并具有积极的和较强的市场开拓和维护能力；

（2）组织与配合所属区域具体的营销活动；

（3）积极传递产品信息，反馈市场信息。

在现实教材市场中，院校代表的设立已经十分明确，但对于产品经理的设立却存在较大分歧。

二、产品经理的现实选择

从职能上看，产品经理需要体现学科专业性和市场掌控力两个方面。对于专业出版社，比如外研社、法律出版社等，由于其学科专业的唯一性，二者可以完美地结合于一体。但对于综合性出版社，由于专业学科繁多，二者结合在一起的现实难度很大，因为我们无法设想一个能熟知所有学科专业知识的人的存在。在综合性出版社，如果两者合二为一，必然要进行专业拆分，进而将职位要么设在分社（事业部），要么设在市场部。如果设在分社（事业部），其优势在于学科专业性明显，与策划编辑的沟通更有效率，在熟知产品、整合产品信息方面具有天然优势，并且其为策划编辑带回的一线市场信息的反馈，也会更加专业，更有针对性；其劣势在于会在营销计划的制定和实施时带有各自学科的倾向性，难以形成合力，无形中对市场进行了专业拆分，无法从整体上对市场形成完整的掌控，多重的、分散的专业营销，也会造成市场资源的极大浪费，另外对院校代表来说，将要面对多重的、分散的专业管理，无法进行整体的协调管理和指导。而如果设在市场部，其优势在于市场掌控力比较强，能够从整体上调动营销资源，提高营销效率，对院校代表也能形成完备的管理与指导；其劣势在于受到企业内部部门之间边界的制约，其产品的专业性会受到限制，在产品的熟识程度上就会大打折扣，也无法调动分社的资源，对策划编辑的反馈也会流于形式，对分社的影响力和积极性都会大为下降。基于此，我们觉得，在最优方案（二者合一）无法满足的情况下，只能选择次优方案，那就是学科专业性和市场掌控力分开，具体体现在当前人大社的营销编辑和市场经理的设置上，但两个岗位的定位、职责等需要重新界定。

由此，我们需要重新界定拆分后的产品经理（营销编辑＋市场经理）的职能为：

营销编辑归入分社（事业部），全面负责分社相关学科产品的信息整合和发布；相关市场信息的反馈，对图书的策划和修订提供意见和建议；营销计划的制定和配合。

市场经理归入市场部，全面负责对区域市场的掌控，指导和管理院校代表的工作；营销计划的制定和执行。

据此，营销编辑是按照学科分工，而市场经理则是按照区域分工。营销编辑承担了产品经理中产品信息整合和市场信息反馈的职能，而市场经理则承担了产品经理中区域市场掌控和市场信息反馈的职能。二者还有一项共同的职能，那就是营销计划的制定和执行。但二者如何进行有效沟通，合理整合和分配营销资源，形成市场合力，依然存在较大挑战，这也是人大社当前存在的核心问题。

基于产品经理这一职能的实现，院校代表作为区域营销的实施者，可以按照相近区域的整合和专业的分工进行组织。由此我们可以构建出一个相对理想的营销组织架构（见图1）。在此组织构架下，重点需要考虑的就是分工、沟通、协作、交流、控制和激励。

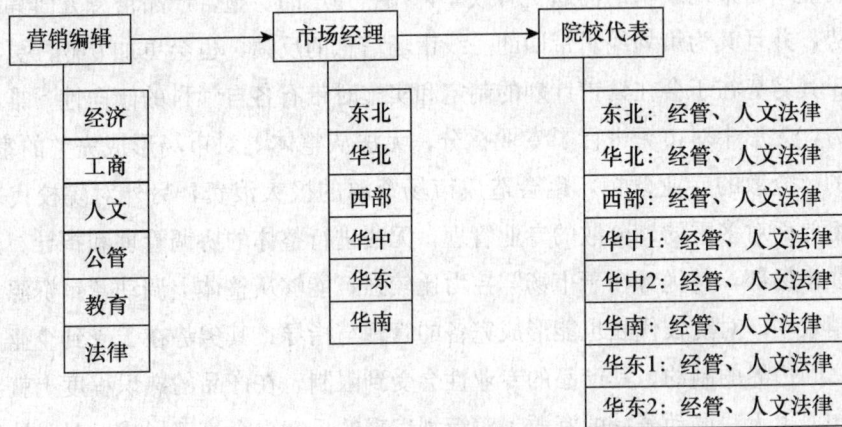

营销编辑	→	市场经理	→	院校代表
经济		东北		东北：经管、人文法律
工商		华北		华北：经管、人文法律
人文		西部		西部：经管、人文法律
公管		华中		华中1：经管、人文法律
教育		华东		华中2：经管、人文法律
法律		华南		华南：经管、人文法律
				华东1：经管、人文法律
				华东2：经管、人文法律

图1 相对理想的营销组织架构

三、市场掌控力与学科专业性的结合

1. 营销会议机制的建立及常态化

由于部门的割裂，如果要把学科专业性与市场掌控力结合为一个有力的营销整体，那么就需要形成一个稳定的结合机制——营销会议，并将其常态化。营销会议，顾名思义是出版社所有学科营销编辑和市场经理共同组织和开展出版社营销活动的会议。这个会议的成员可以是松散的，也可以是有组织的，如成立专门的营销小组或营销委员会。这可以根据出版社的需要和所有成员的意见来确定。这个会议所要解决的问题有：

（1）出版社教材整体营销计划的制定与执行；

（2）营销工作的分工与协作；

（3）营销经验的总结与交流；

（4）其他营销事宜。

营销会议根据需要可以确定召开周期，如营销季每季度一次，非营销季每月一次。

2. 营销计划的制定与执行

营销计划的制定一定要遵循两个原则：一是营销计划不是随机的、妥协的产物，而是建立在各专业学科教材出版和区域销售数据分析的基础上，这就决定了营销计划的制定只能是自上而下的，而不是自下而上的；二是营销计划要突出产品与市场的结合，而不是某一方的一厢情愿或者强制推进，因此营销计划的制定需要营销编辑和市场经理的共同协商，适当考虑当地的实际情况和执行能力。

营销计划的内容应该包括营销思路、营销目标、重点产品、重点区域、重点活动、常规活动等。其中由营销编辑和市场经理共同商定营销思路和营销目标；由营销编辑提供重点产品信息并作出说明；由市场经理提出重点区域并作出说明；由营销编辑和市场经理共同商定重点活动；由市场经理根据院校代表提供的信息制定常规营销活动，并由营销编辑提出意见和建议。营销计划初步制定完成后，征求院校代表的意见，适当作出调整。

对于营销计划的后续执行，由市场经理负责计划的具体落实与管理，区域院校代表负责前期筹备与执行，营销编辑配合本专业营销活动的执行。对于分社参与或组织的学术年会，则由营销编辑主导，院校代表配合，市场经理提供样书及信息支持。

3. 营销工作的分工与协作

营销工作不仅包括了营销季中营销计划的内容，还包括了非营销季营销人员的活动事项。而在不同的营销形式中，营销编辑、市场经理和院校代表将在其中扮演不用的角色，承担不同的职责。具体如表1所示：

表1　　　　　　　　　营销编辑、市场经理、院校代表的工作职责

工作类型	岗位		
	营销编辑	市场经理	院校代表
1. 营销计划的落实与执行	配合重点营销活动，组织和参加学术年会	落实与管理重点营销活动及常规营销活动，为分社组织和参加的学术年会提供样书和信息支持	前期筹备与执行重点营销活动和常规营销活动，配合分社组织和参加的学术年会
2. 教师信息的搜集、整理与维护	辅助院校代表对区域教师信息的搜集、整理和维护，并对其进行考核和监督	辅助院校代表对区域教师信息的搜集、整理和维护，并对其进行考核和监督	负责区域教师信息的搜集、整理和维护
3. 教学辅助资源的建设与维护	负责本学科的教学资源的建设和维护		
4. 活动及日常样书的寄送	负责寄送分社主导的活动申请的样书和日常联系的老师申请的样书	负责寄送市场部主导的活动申请的样书和日常联系的老师申请的样书	负责处理市场部主导的活动申请样书的单子和信息，并发给市场经理寄送；对于日常联系的老师申请的样书，可根据情况，由市场经理直接寄送老师，或寄送给院校代表，由院校代表亲自送
5. 图书宣传资料的制作与发布（书目和重点图书信息）	负责制作和向市场经理及院校代表发送	负责组织院校代表向客户发送	根据市场经理的安排，向客户发送
6. 教材流向的跟踪	配合市场经理的工作	由市场经理主导完成	配合市场经理的工作
7. 客户服务（电话、QQ群、邮件）	处理分社的，建立专业的QQ群	处理市场部的	处理本区域的，建立本区域的QQ群
8. 院校代表日常样书和新书的配备	提供重点书和新书信息	提供样书	根据营销编辑的信息以及日常的样书赠送情况，定期或不定期向市场经理提出样书需求信息
9. 大客户的维护	从专业角度进行维护	为院校代表日常关系的维护提供支持	从人际关系方面加强联系

　　营销工作繁杂而琐碎，具体工作内容并不局限于以上所列内容。营销作为一

个整体，分工不是目的，而是为了提高效率和加强现实效果。尤其是在营销编辑与市场经理不在同一个部门、院校代表又在外地的情况下，明确分工，加强协作，显得尤为重要。

4. 营销的经验总结与交流

每个营销季结束以后，需要对整个营销季的营销活动和效果进行总结，可由市场部（或营销委员会）组织召开全部营销编辑和市场经理的经验交流会，针对近期营销活动中好的做法和存在的问题进行交流和经验分享，同时要对营销计划制定中存在的问题进行反思。

对于个别重要的营销活动，在结束后，可由市场部（或营销委员会）组织，由该营销活动的主要组织者分享经验。

经验的总结和交流有利于整个营销团队水平的提升，同时也能够对营销中存在的问题及时发现、及时调整。

四、营销工作的考核与激励机制

1. 营销工作的考核

三个岗位均按照业绩和日常工作两个方面进行考核，但各自的指标和权重有所不同。

（1）营销编辑的考核。

营销编辑的考核（归分社），除了业绩（所负责学科的发货码洋）和日常工作，还要参考市场经理的评分。其中业绩考核的权重要大于日常工作的权重。对于一个分社有多个营销编辑的情况，首先考核分社整体的发货码洋，其次考核个人所负责学科的发货码洋。对于日常工作的考核指标，则包括营销计划的配合情况、教学资源库的建设和维护情况、图书宣传资料的制作情况、大客户的维护情况以及网站等其他日常工作。

（2）市场经理的考核。

市场经理的考核（归市场部），除了业绩（所负责区域和区域中的各学科的发货码洋）和日常工作，还要参考营销编辑及院校代表的评分。其中业绩考核的权重要大于日常工作的权重。对于业绩，既要考核所负责区域的整体发货码洋，还要参考在该区域不同分社的码洋情况，理想状态是区域的增长得益于每个分社的同步增长。日常工作的考核指标包括营销计划的落实情况、教师数据库的信息搜集情况、教材流向的跟踪情况等。

（3）院校代表的考核。

院校代表的考核（归市场部），除了业绩（所负责区域的发货码洋）和日常工作，还要参考营销编辑及市场经理的评分。其中业绩考核的权重要小于日常工作的权重。日常工作的考核指标包括计划的执行情况、教师数据库的信息搜集情况、拜访教师及与教师沟通记录、开展的书展数量及效果等。

2. 营销工作的激励机制

激励的重点在于提升工作的积极性。激励需要坚持的原则在于：在保证员工平时生活的基础上，加大月度和年度的奖励力度，同时根据考核结果，拉开不同能力层次和业绩水平的员工的收益水平。由于对市场经理当前的整体水平不太了解，故不做详细介绍。主要是对当前院校代表不断离职、情绪低落、积极性不高等提出一些建议。

从院校代表的积极性和职业发展来说，我们认为，可以采取如下激励措施：采用分级制，根据院校代表负责的区域市场规模、工作能力和往年业绩水平，分为多个层级，每个层级对应不同的收益水平；加大年终奖的奖励力度，适度调整月度工资的水平；鼓励分社拿出部分专门资金奖励为分社业绩带来突出贡献的区域院校代表。

五、营销支持

营销工作的有效开展离不开社里基础平台和其他业务部门的支持。

1. 平台建设

人大社急需在教师数据平台、教学资源平台两个方面提供支持。

需要建立独立于总社网站、分社网站和教研网之外的教师数据平台系统，包括教师信息系统和教材流向跟踪系统。教师信息系统需要实现后台录入、分权限使用、充分授权，不需要建立前台界面。由营销人员共同建立、维护和管理，根据各自的学科、区域设置不同的权限。在内容上要包括教师的基本信息、所授课程和使用教材情况，营销人员拜访、沟通和样书寄送情况等。教材流向跟踪系统需要包括院校、使用教材及数量和学期。教材流向跟踪系统的维护需要得到销售部门的配合，以及社内对市场经理、营销编辑和院校代表各自发行系统权限的支持。最理想的状态是教师信息系统能够与教材流向跟踪系统互通。

对于教学资源平台，由于人大社分社较多，资源建设情况不一，对资源权限设置的认识也不统一，所以造成了各个分社独立提供的局面，没有一个整体平台。从网站名称来说，教研网往往会被老师认为是资源的平台，但教研网上并没有教学资源，还需要链接到各个分社网站。由此，需要从出版社层面对社里资源的权限、接口等进行统一。说到底设置权限不是为了限制老师对资源的下载，而是为了获得使用人大社教材的信息。

2. 渠道营销的开拓

尽管当前教材科的作用已经十分有限，但渠道依然十分重要，毕竟还有很多老师会到书店挑选教材。而且利用友好的渠道关系，还可以适度获得其他出版社的教材使用情况，可以作为院校代表从老师处获得信息的很好的补充。由此也需要适度关注实体书店的摆放情况和网络书店的信息完备性。

3. 营销人员的职业发展

出版业的一个独特现象就是，我们的员工并不是"专业的"，比如策划编辑和文字编辑不是编辑专业毕业的，而营销人员更是涉及各个学科，营销专业毕业的寥寥。面对这种境况，营销人员的技能更多在于新老员工的传承和自我摸索。相对于市场化程度较高的其他行业，出版业的营销水平一直比较低下。而相对于大众书市场，教材市场的营销就更加落后。所以，十分有必要从专业技能方面为人大社的营销编辑提供培训的机会。

另外，营销强调的是敏锐的市场意识和活力，对于不能适应市场变化的营销人员，应该制定相应的退出机制，鼓励这些员工从事其他岗位或其他行业。

如何做好高校教材的营销工作

· 宁丹丽 ·

对于以高校教材为主要产品的人大社来说，高校教材的营销一直是我们推广、营销工作的重点。近年来，高校教材市场竞争日益激烈，为了稳占高校教材的市场份额，我们必须形成这样一个共识：高校教材营销是个系统的工程，需要策划编辑、文字编辑、营销编辑以及发行人员各司其职又通力合作。本文基于这个认识，浅谈几点粗略的想法。

一、所有编辑都要有营销意识

有位老师这样总结出版社的工作：每天干的事就是把钱变成纸，再把纸变成钱。这个说法形象、生动地说明了我们的主要工作以及大致的流程，也明确了所有出版的图书只有得到市场的认可，才能实现其经济价值和社会效益。

为了更加有效地完成工作，人大社编辑部门内按照工作内容的不同把编辑们分为策划编辑、文字编辑、营销编辑，这是符合出版工作流程的。然而，工作内容上的分工容易给大家带来工作惯性，久而久之，各人往往也只是专注于自己职责范围内的工作。比如，策划编辑考虑更多的是选题、约稿、组稿、催稿以及维护作者资源等事项，文字编辑关注更多的是完成文字工作量以及保证质检的优良率。但正如前面所述，不管是策划的选题、约稿也好，还是对文编的工作量考核也罢，最终的目标只有一个，即实现图书的经济价值和社会效益。所以，图书产品的营销不仅仅是营销编辑和发行人员的事情，而应该贯穿于图书整个的策划、出版过程。每一位编辑，不管其工作岗位是策划、文编还是营销，都应时刻具备营销的意识，带着营销意识来进行各项工作。

二、通力合作、共同做好高校教材营销

1. 教材策划是高校教材营销工作的开始

著名的市场营销学 4P 原则告诉我们，在产品（product）、价格（price）、渠道（place）、促销（promotion）这 4 个因素中，产品是营销中最为关键的因素。策划编辑作为教材产品开发的主要人员，在进行教材策划的前期，就要做好充分的市场调研，了解市场的需求，找准教材的定位，争取与市面上已有的同类教材区别开。然后，物色合适的作者，在约稿、组稿的同时也要适当地介入作者的编写、创作过程，引导、帮助作者更好地按照策划编辑的设想完成书稿，切中读者的需求。而且，策划编辑还要把教材策划的背景、定位、特色、卖点等相关信息传递给文字编辑、营销编辑以及发行人员，相关的文字编辑、营销编辑和发行人员对教材策划的相关信息了解得越多、越深、越透彻，对教材的推广、营销也就越有利，这些信息可以用于制定后续的营销方案。这是高校教材营销工作的开始。

2. 高质量的编校以及出版时间的及时是高校教材营销工作的保证

在教材的编辑加工过程中，也有很多与营销相关的因素，其中最为重要的两点是编校质量的高低、出书时间是否及时。

这很好理解。教材产品属于文化产品，白纸黑字，用于传递知识、传承文化，事关教育的百年大计，任何一本错误百出的教材都不可能得到读者的认可。相反，编校水平高的教材总是能够得到老师们的一致好评，从而形成品牌效应。有了良好的口碑之后，高校教材营销工作事半功倍。而且，现在教材都习惯于利用封面、封底，加入教材特色介绍、专家推荐语等，对这些文字的加工、润色，本身也是一种广告的投放。

保证营销工作有效性的另一个因素是出书时间。众所周知，高校教材的征订时间、使用时间都是有硬性规定的。一年有春、秋两个教材征订季，其中春季期的征订量较大，秋季期的征订量相对较小，高校一般只会在这两个征订季征订教材。所以，教材的出书时间要按照征订时间进行规划，在征订开始之前出版，实在没办法在征订开始前出版的，最起码也要先申请书号，让学校先报订单，然后争取在学校正式上课之前能够出版，并且把书发给学校。现在，很多学校对于征订教材的出版时间也都有硬性的规定，要求必须征订出版时间在 3 年，甚至 2 年之内的教材，越新的教材越受欢迎，所以在高校教材营销工作中，新出版或者是

新换版的教材，更加容易得到高校以及老师们的青睐。

3. 教材信息的有效传递与服务并重是高校营销工作的关键

在前文所述的基础上，我们已经有了适应市场需求的教材了，接下来就是要让潜在的购买者了解我们的教材，从而产生购买意向。高校教材的营销活动需要打破传统的推广方式，主动寻找与市场的结合点。营销编辑作为出版社和教材使用者之间沟通的桥梁，需要做的工作有很多，最为关键的就是要及时、准确、有效地传递教材的信息给学校、老师，同时还要做好一系列服务工作。

要及时、准确、有效地传递教材信息给学校、老师，首先要熟悉教材产品。任何的营销工作都是从了解、熟悉自己的产品开始的，高校教材营销也是如此。从宏观上讲，要了解本出版社的定位、风格，了解教材产品线及其未来的规划。从微观上讲，比较理想的状态就是要对每一本教材都了如指掌。

以法学教材为例，我们有很多不同系列的法学教材，每一个系列肯定是具有不同的定位、不同的特点的，同一个系列里相同的学科也有不同的版本。我们必须非常清楚哪些是我们的主推教材，哪些是适合本科生层次使用的，哪些是适合研究生使用的，哪些在内容上更加注重理论，哪些偏重于实践，哪些又是理论与实践结合密切的典范……如果是修订教材，具体修订是在什么地方，都增加了哪些新的内容，是体现了最新的立法规定与司法解释，还是更新了案例，或者加入了作者近年的学术成果？总之，诸如此类的问题必须做到心中有数，因为对于这些问题的回答，正是我们教材的卖点所在。

目前我们传递教材信息，常规的做法是通过微博、QQ 群等发布新书信息。教材出版之后，营销编辑提炼出教材的基本信息，包括书名、作者、定价、封面、出版时间、内容简介、卖点特色等在这些平台上进行发布，并且附上相关的链接，方便老师了解更多的详情。对于重点教材，我们还要制作海报、折页、宣传单等资料，通过各项活动发送到老师们的手中，加深我们的重点教材在这些老师心中的印象。

熟悉教材产品只是第一步，要使我们传递信息的工作更为有效，我们还必须了解我们的营销对象，即高校的老师们。目前高校教材的选用，一般是由任课教师选择教材，上报教研室主任或者分管教学工作的院长审核，然后统一报到教材科进行征订。因此，尽可能多地了解、积累相关学科高校教师的信息就非常必要。这些信息可以是很基本的信息，比如老师们的姓名、性别、年龄、所学专业方向、所毕业的院校、任课课程、所带的学生人数等等，尤其要重点维护教研室主任以及专业带头人这样的关键老师。在积累了这些信息之后，信息传递工作可以更加有的放矢，比如某位老师是主讲知识产权法课程的，知识产权法的新教材出版之后我们就可以直接通过邮件把新书信息发送给这位老师，这样的信息传递比盲目地、大范围地发送邮件更为有效。实际上，在我们营销季教材进校园活动中，我们也是根据所了解、积累的信息有针对性地进行书展、拜访目标老师，力求精准击中目标客户。

信息传递只是给老师们提供了选择使用我们教材的机会，但是老师们却不一定会选择我们的教材。为了帮助老师们拿定主意选用我们的教材，还需要做好服务工作。需要做的、可以做的服务工作有很多，包括寄送教材、教辅的样书，提供各种教参资料，开展各种培训等等。其中，教材是否有配套的课件是一个影响较大的因素。现在，高校的老师们教学任务、科研任务都比较重，其他社会事务也很多，忙碌的他们对出版社的依赖性很强，总是希望出版社能够提供现成的教案、课件等。为了提高教材的销量，我们配备教材的配套课件、教学资源，免费开放使用，确实，这也成为老师们选用我们的教材的动力来源。

三、强大的执行力

简单地说，执行力就是按时按质按量完成自己工作的能力。对于执行力的意义，其实已经毋庸多言，因为，再完美的计划如果执行不了都是空话，执行不到位效果也会大打折扣。在教材营销这个系统的工程中，每一个人在每一个环节上都需要强大的执行力作为支撑，这一点任何时候都要强调。策划的稿子要及时催得回来，文编的编辑加工流程要落实，营销的方案也要确定负责人，盯好时间。确保每项工作都有人在做，在合适的时间节点进行。执行力的强弱取决于个人的工作态度和工作能力，态度是关键，而能力则是基础。

总之，高校教材营销是一个从教材选题策划、编辑出版到营销、发行的系统工程，是一个贯穿着从教材创意到成为读者手中读物的活动，要做好高校教材营销，需要我们大家的默契配合、通力合作。

浅议教材的信息化营销

·牛 勇·

信息化营销是指利用现代通信设备和信息资源作为营销手段（比如电话、网络、电子商务、电子媒体等），对目标群体进行知识分享、能力创建，并能测量其效果的一种沟通模式。

信息化营销的基础是信息资源，手段是现代信息技术，包括数据库、网络、电话和电子媒体等，目的在于有效地利用信息，并将有效的信息低成本地传递给目标客户。

一、信息化营销对教材营销的意义

信息化营销作为一种新型的营销方式，已经在各行各业中得到不同程度的运用，对于教材营销来说，其在实现信息资源的整合和共享、丰富营销模式及优化营销管理方面有着重要的意义。

（一）有利于实现信息资源的整合和共享

信息是开展一切营销活动的基础，是营销决策的依据。对于教材营销来看，不管是教师和院校的基本信息，还是我们所需要的市场信息，都是庞杂而分散的。整体来看，这些信息资源具有分散性和相对稳定性两个特点，很多有效的市场信息都分散在不同的营销人员手里，通过整合这些市场信息，可以更加全面透彻地了解市场情况，在更高层面上为营销决策提供支持，从而提高营销决策的科学性和营销活动的有效性。并且，这些信息在一段时间内整体上是相对稳定的。因此，将已有的分散在不同地方和人手里的信息整合到一起放在一个平台上是非常必要的，会员信息数据库和院校信息数据库的建立实现了这样一个想法。

将有效的信息资源整合到一个平台上实现了资源共享,每个人都可以在这个平台上获取自己需要的信息,同时营销人员可以基于这一平台进行讨论和制定营销方案。

(二) 有利于丰富现有的营销模式

计算机技术、互联网技术和通信技术的迅速发展给市场营销的模式带来了巨大的变革,催生了网络营销、新媒体营销等新的营销模式。网络营销和新媒体营销已经被许多行业所运用,有些行业甚至将其作为最主要甚至唯一的营销方式。

实体营销一直以来是我们教材营销的主体营销模式,网络营销和新媒体营销近几年取得了很大的发展,补充和丰富了现有的营销模式,有效地弥补了实体营销活动本身存在的弊端。网络营销目前主要发挥着两方面的作用:一是开展网上营销活动,如一年两季的网上教材进校园活动等;二是为老师提供增值服务,如教材配套资源和各领域的专业培训等。另外,微博、微信等新媒体的运用也进一步拓展了教材的营销渠道和服务渠道。

(三) 有利于提高营销管理的水平

将日常的信息工作和营销工作记录在数据库上,一方面可以提高营销工作的规范化和标准化水平,另一方面有利于实现对营销效果的持续跟踪。同时,各种信息放在平台上,可以减少由于营销人员的流动而带来的信息流失的情况。

二、教材营销信息化的实现与开展

营销未动,信息先行。信息资源是信息化营销的基础,所有营销工具、手段的运用和营销活动的开展都是基于各种信息进行的。对于教材营销而言,根据受众可以将信息资源分为对内信息和对外信息两大类。

对内信息。主要是指营销人员所需要和掌握的基本信息和市场信息。(1) 基本信息。包含了教师信息和院校信息。教师信息主要包括个人的基本情况和授课情况;院系信息主要包括学生人数、任课老师人数、系和教研室设置情况、专业和课程开设情况等。(2) 市场信息。主要包括教材使用情况(人大社及竞争出版社)、教材使用满意度、换版潜力等。

对外信息。主要是指传递给一线老师的产品信息和营销活动信息。(1) 产品信息。主要是指教材信息,还包含与之配套的教学课件、教辅资料和教学平台等，以及承载教材信息的书目（纸质版和电子版）。（2）营销活动信息。包括实体营销活动和网上营销活动。

信息化营销就是以信息为基础，通过现代信息技术实现对信息的有效利用并将信息低成本地传递给目标客户。如何实现和开展教材的信息化营销呢？

（一）加强营销信息数据库的建立

目前人大社的营销信息数据库主要有已经建成的教师会员数据库和即将建立的院校信息数据库。将基本信息和市场信息整合到这两个平台上，实现了资源的全面共享。进一步维护和更新教师会员信息库，尽快建成院校信息数据库，将会逐步提高营销决策的科学化水平。

（二）加强产品信息的网络化推送

网络已经成为现代社会人们获取信息的主要渠道，我们应该充分地利用网络工具展示和推送产品信息。相对于通过书展传递产品信息而言，通过网络方式传递具有时效性更强、覆盖范围更广、信息更全面、方式更灵活等特点。

1. 教材信息推送的原则

传递产品信息要追求效果，要不断提高有效性。提高有效性，可遵循以下四个原则：

（1）针对性。一方面要有针对性地选择产品。比如优选大课和有特色的产品，大课里面可首选市场规模大、配套丰富、刚修订的大课。另一方面要有针对性地选择传递的对象。只选教授此门课程的老师，重点选择用量大的院系等。

（2）形式多样化。目前给老师推送产品信息主要以发送电子书目为主，形式比较单一，并且吸引力不够。可以增加通过设计主题网页或主题邮件的形式来推送信息。比如将一本教材的所有信息设计成网页邮件进行推送，使信息更加丰富直观地展现在老师面前。

（3）时效性。学校征订教材是一年两季，时间段比较固定集中，在老师选定教材的时间段推送产品信息，效果会更明显。

（4）持续跟踪。产品信息的推送具有针对性，所以要重视推送后的跟踪，可以有选择地重点跟踪院系和老师，获取我们需要的市场信息。

2. 教材信息推送的实施

人大社教材数千种，不可能对每种教材都进行同样的营销投入，根据重要程度可以将教材分为重点、次重点和一般三个层次。重点教材包括各学科具有一定发行量的大课教材及修订版，次重点教材包括其他重点教材的修订版以及市场潜力大的新教材，一般教材包括一般专业课的修订版、新的专业课教材、配套资源以及相关的服务信息等。不同重要层次的教材在推送的内容、形式和力度上是有区分的，具体见表1。

表1　　　　　　　　　　不同重要层次的教材信息的推送要求

信息等级	信息内容	推送方式	推送范围	推送频率	样书
重点	基本信息、配套资源、产品特色、调研问卷、相关产品书目等	网页、个性化邮件、QQ群	全面覆盖	一季两次	主动邮寄
次重点	基本信息、配套资源、调研问卷、相关产品书目等	网页（可选择）、邮件、QQ群	现有的会员老师	一季两次	主动邮寄＋处理回复
一般	基本信息、调研问卷	邮件	现有的会员老师	视情况而定	处理回复

教材信息推送的一个重要环节就是后期跟踪，只有把这个环节做好了才是把信息推送工作做到了实处，不同层次的教材在推送上是有差别的，同样在跟踪上也有不一样的要求，具体见表2。

表2　　　　　　　　　　不同重要层次的教材信息的跟踪要求

信息等级	跟踪内容	跟踪范围	跟踪方式
重点	调研问卷、教材的反馈、换版的情况等	全面覆盖，以有换版潜力的院系为重点	邮件、电话、拜访
次重点	调研问卷、教材的反馈、换版的情况等	选择性的重点跟踪	邮件、电话
一般	调研问卷、教材的反馈、换版的情况等	主动回复的老师	邮件

（三）加强营销活动的网络化发布

1. 实体营销活动

实体营销活动中的重点活动已经充分利用了网络传递信息的作用，综合利用了教研网、电子邮件、电话和实地拜访等各种传递信息的方式。目前，常规书展的吸引力在不断下降，可以多借助于目标学院的网站、院内的QQ群、电子邮件等渠道扩大信息的覆盖面，提高活动效果，具体见表3。

表3　　　　　　　　　　　　　　　实体活动的网络化推送

推广活动	时间	传播内容	传播渠道	负责人
实体活动（学术活动＋主题教材进校园＋常规书展）	正式活动前开始传达活动信息	活动时间、地点、主题、形式、特约嘉宾，并咨询教师的反馈	大众媒体：社网、教研服务网、学院网站	营销小组
			定向：电子邮件，QQ群	营销小组
			电话：通过电话直接推广，咨询教师的参与意向	院校代表
			实地：在将要开展活动地区的主要院校的教师集中日，实地发布信息	院校代表

2. 网上营销活动

目前网上主要的营销活动是教研网一年两季的网上教材进校园活动，从效果来看，老师的参与度在不断提高，尤其是对日常营销活动中无暇全面顾及的专业课教材的营销有很大的补充作用。网上教材进校园的活动将会坚持并不断加强。同时可以加强网上主题活动的策划和发布，具体见表4。

表4　　　　　　　　　　　　　　　网上活动的信息发布

推广活动	时间	传播内容	传播渠道	负责人
网上主题活动	在教材征订季之前，即每年3月和10月举行	推出重点产品、重点系列产品的介绍	大众媒体：教研服务网	营销小组
			定向：电子邮件	营销小组院校代表
网上教材进校园活动	每年5月和11月举行	网上集中赠送样书活动	大众媒体：教研服务网	营销小组院校代表
			定向：电子邮件	营销小组院校代表

信息化营销作为信息化时代的产物，是现代营销的发展趋势，对于教材营销来说还处于探索和发展阶段，需要营销人员在内容和形式上继续完善和加强，同时借鉴其他行业在信息化营销上的经验，真正发挥其相对于传统营销模式的优势。

从关系营销的角度谈高职教材营销

· 王慧丽 ·

又到了教材营销季，编辑们忙着寄书目、参加教材巡展、走访院校、举办会议……其实，这些工作都离不开"关系"二字，我们所做的，都是为了和教师建立或者维护关系。

关系营销是一种营销理论，是指企业的经营活动以承诺与信誉为基础，与以客户为首的各个方面，建立、发展、保持、巩固长期的互利合作关系，织就一个广泛的市场关系营销网络。在关系营销理论的指导下，出版社的关系营销涉及其所有利益相关者，如作者、书店、教学科研单位、用户、媒体等，本文主要围绕针对用户（对教材出版社来说，就是院校和教师）的关系营销展开论述。

关系营销在出版社的运用日益广泛，如不少大众图书的出版社都建立起了读者数据库管理系统，以加强与读者之间的联系。而这些年微博、微信的应用，其实也是通过一个平台来建立和维护与读者之间的关系。对大众图书来讲，读者是分散的、不稳定的；而教材的读者（使用者）是学生和教师，但决定购买方是教师，也就是说，对于出版社而言，教师是我们的营销对象，相对大众书的读者而言，教师是稳定的，较为集中的（在学校）。从这个角度而言，对于教材出版社或者教材营销而言，关系营销更容易执行，效果也更好。

一、关系营销的几点理论

1. 关系营销的两个经济学论据

第一，保持一个老顾客的费用远远低于争取一个新顾客的费用；

第二，企业与顾客的关系越持久，这种关系对企业越有利。

显而易见，这两个论据也适用于出版社，尤其是教材板块。一个简单的例子：一本教材一旦被教师选用了，一般会连续使用 2 年以上；而如果要争取一个使用了别社教材的新顾客就不容易了，跟踪个两三年也是常有的事。

2. 关系营销的三个阶段

第一，建立关系，是指企业向顾客作出各种承诺；

第二，保持关系，前提是企业履行了承诺；

第三，发展或者加强关系，是指企业履行之前的诺言后，向顾客作出一系列新的许诺。

3. 关系营销的三个原则

关系营销的实质是与各关系方建立长期稳定的相互依存的营销关系，提高顾客的忠诚度，因而必须遵循以下原则：

第一，主动沟通原则，是指主动为关系方服务或为关系方解决困难和问题，增强合作关系；

第二，承诺信任原则，履行承诺就是将承诺变成行动，是维护和尊重关系方利益的体现，也是获得关系方信任的关键，是企业与关系方保持融洽关系的基础；

第三，互惠原则，在与关系方交往过程中必须做到满足双方的正当利益。

二、高职教材的关系营销策略

高职教材的市场还不成熟，整体处于竞争激烈、无序的状态。教师的品牌认可度不高，一部分教师的利益导向较显著，但教师对图书质量的关注度也有上升的趋势。基于这种特点以及人大出版社的正规化运作，可有如下关系营销策略：

1. 建立教师数据库

用户（客户）的重要性对任何一个企业来说都是至关重要的，掌握了用户的企业才真正具有主动权。对教材出版社来说，教师不仅是图书的"生产者"，也是"使用者"，是我们交易的对象。所以教材关系营销的第一步就是建立教师数据库。

第一步工作看似较为简单，其实真正做起来也不易。对编辑而言，可分为如下几步：

（1）录入和整合。编辑手头会有一些日常积累的资源，比如有会议的通讯录，有查找院校得到的信息，有参加院校拜访活动或者教材巡展得来的信息，等等。这些信息可能分散在不同的表格中，以不同的格式呈现出来，各个表格中信息可能还会有重复，最好能够进行整合，按照统一的表头整理在一起，同时最好有地区、信息来源等字段，以利于查找、归类和分类。

（2）分门别类，盘活资源。信息录入和整合完毕，就会发现每个信息的详细度、重要性是不一样的，比如有的教师可能只有姓名、学校、院系等信息，有的教师邮箱、手机号都有，有的教师还有任课等信息。对不同种类的信息要进行不同的处理。如只有姓名、学校、院系信息的教师，首要的一步就是建立关系，获取联系信息。而对有详细信息的教师，就可以采取多种方式来保持关系，比如发送电子书目、打电话、发短信等，但不宜太频繁，而且最好有一定的"由头"，以免经常打扰到教师。

（3）补充和更新。在日常工作中，以及利用教师数据库联系老师的过程中，会不断产生新的教师资源以及老资源的新信息，对于这些新信息要及时进行补充和更新，这样数据库就会不断充实，信息越来越详细，与教师的关系也越来越紧密。

2. 寄送书目和样书

寄送书目和样书是建立关系的一种很好的形式。当我们想要扩充教师资源时，或者想与数据库中无联系信息的教师取得联系时，可以采用这种形式。部分学校网站会有一些教师的简介，我们可以获知其姓名、职务、任课等信息，有了这些就可以给教师邮寄书目。教师收到书目后会有三种可能：完全置之不理；选用了某本书，但没和我们联系；向我们申请样书或者要教学资源。后两种可能对我们来说都是有效的，都与老师建立起了关系。2013 年针对宁夏地区教师资源少的情况，我从网站上查询了一些教师的信息，寄送了书目。后来宁夏职业技术学院的一位教师反馈说准备选用某本书作为教材，希望寄送样书以提前备课，不久就收到了该校将近 600 册的订单。

3. 参加教材巡展活动和走访院校

每年春秋教材征订季，经销商都会联合各大出版社组织教材巡展活动，各出版社市场部或者编室也都会自行安排走访院校的活动。从关系营销角度来讲，这种活动兼顾了建立关系、保持关系和加强关系三种功能。在教材巡展时，会有很多以前没有联系的教师过来翻看样书，编辑与之交流，教师留下信息，自此也就建立起了关系，为以后的工作打下基础。而在巡展活动期间，或者自行走访院校时，可以约之前有联系的教师见下面，也就保持和加强了关系。

参加此类活动之前编辑要做好功课，提前了解院校的专业设置等情况，可以借此机会梳理一下各地、各院系的教师信息。没有掌握教师信息的学校可以上网查找下，尤其是院长、系主任的信息，学校网上一般会有介绍，这样在去系里陌生拜访时，就可以避免出现不知道如何称呼的尴尬。

4. QQ 群营销

现在各出版社的编辑一般都会以专业建立 QQ 群，QQ 群里的教师一般已经与之建立起了关系，利用 QQ 群可以保持和加强关系。在日常维护 QQ 群时，编辑要注意切不可把群仅仅当作发布出版信息的工具，否则对于教师来说，就会认为这个群没有意义，功利性太强。QQ 群刚建立时，因为教师之间并不认识，大家发言就很少。此时就需要群主适当的引导，比如有一些专业信息可以发到群里，一些教师会发表下简短的看法；也可以不定期地找一些有用的资料，如之前参加的会议的 PPT 传到共享里。逐渐地，教师们从群里能得到一些有用的信息和资料，再加上适当的引导，一些教师就开始活跃了，教师们开始交流一些专业上的问题，或者就教材使用中遇到的问题寻求帮助。在以专业讨论为主的情况下，编辑偶尔穿插个新书信息广告，发个教材书目，或者请教个问题，就比较自然了，也比较能得到老师的认可。

"功夫在诗外"，这句话特别适合 QQ 群营销，要让教师围绕在你身边，不是仅仅给他们提供样书就能够达到的。现在有的出版社还在 QQ 群上举办线上活动，这种活动极大地提高了活跃度，提高了出版社在教师心目中的认可度，效果很明显。

5. 认证教师资源

认证教师资源是建立关系的一种方式，人大社现在很多资源是需要教师注册并认证才能下载的，高职教材目前会计和法律专业的资源是需要认证的。认证教师资源，我们的目的当然不是给资源设置门槛，而是收集教师资源，了解教材流向。注册并认证的教师，一大部分都是正在使用教材的，而这个正是我们最需要掌握的信息，而且这个信息通过其他渠道还不易掌握。

所以，给资源设置一个门槛，让教师主动找上门来，是建立关系而且是重要关系的一个很好的途径。日积月累，这个资源能发挥出很好的效果。当然有一点不容忽视，这是一件琐碎、耗费精力的事情，比如有教师会咨询如何注册和认证，有教师会因当地网络的限制下载不了资源，有教师认为注册太麻烦，有的资源会因为分类等问题下载不了……各种各样的问题，确实会让编辑陷入琐碎的事情中，尤其是在教材征订季和开学前后。建议编辑一天中安排一个固定的时间处理这个事情，同时，如果有一个固定的营销编辑或者队伍来负责并定期进行资源整合，效果会更显著。

三、教材关系营销中应注意的两点

1. 要遵循人际交往的原则

"好的开头是成功的一半"，不管采用哪种方式，建立关系都是第一步，也是最难的一步。这也是为什么维护老顾客要比争取新顾客容易得多。尤其是陌生拜访时，当你敲一扇半开着的门时，你不知道将面对一个什么样的面孔，坐在办公桌前的院长或者系主任是热情招待，还是冷眼相待？其实这两种可能性都不大，一般都会客套地招待下，简短地聊几句。最初编辑可能会有一些心理落差，其实这也符合人际交往的原则，因为这时候双方的共同语言极少。如果之前有过联系或者有人引见，话题可能就会多一些。所以在建立关系之初，要根据对方的情况把握分寸，不可在对方不甚热情时追问太多；对于一些冷眼相待的人，也要表露出不卑不亢的态度。

2. 建立信任关系很重要

在建立关系之后，维护和加强关系，其实是依靠信任关系的建立，也就是你履行了承诺。比如在教材巡展时，大多出版社并不当场赠送样书，而是让教师填样书申请表并许诺之后寄送，这就是最初的承诺。如果这个承诺事后没有兑现，信任关系就建立不起来，就很难维护和加强关系；如果这个承诺兑现了，初步的信任关系就建立起来了，日后就可以通过跟踪教师是否收到样书、是否需要教学资源等维护关系了。

很多事情都可以建立信任关系，比如你答应教师某个时间会给某本教材配上资源，你做到了；比如你及时阻止了教师选用内容已经不适用的教材……信任关系就是从这种细小的事情中建立起来的，这些事情也是给教师提供服务的过程，教师从你这里能得到一些方便和利益，自然就愿意与你合作。

总之，在目前的竞争状态下，与更多的院校、教师建立密切的关系至关重要。针对不同的教师，如作者、院系领导、普通教师，关系的重要性以及建立、保持和加强关系的方式也不同。这几年来高教社与不少院校建立起了战略合作协议，其实是从出版社和学校这个层面建立了密切的合作关系，因为对教材的编写或者使用来说，从学校、院系的层面是可以制约或引导教师的。对此，出版社和编辑需有一个整体的规划、短期和长期的目标，以及日复一日地执行，方能取得长远的效果。

中小学教师教育类图书市场营销分析

· 张海波 ·

一、总体分析

1. 品牌发展

目前，中小学教师教育类图书的出版单位主要有教育科学出版社、北京师范大学出版社、华东师范大学出版社、漓江出版社等。一些图书品牌，通过成功策划和销售此类图书迅速成长起来，比如，华东师范大学出版社大夏书系品牌创建于 2003 年，经过十几年的运作，大夏书系已经成为中小学教师教育类图书中的优秀品牌；源创一品文化传播有限公司创办于 2010 年，依托丰厚的作者资源以及与各地市教育局的紧密合作关系，源创一品文化传播有限公司迅速发展，《致青年教师》、《学生第一》等图书取得了很好的销售业绩。

2. 选题背景

中小学教师教育类图书选题的成功离不开两个方面：一是作者资源以及作者提供的教育系统资源；二是选题内容紧追中小学教育领域的最新研究动态，这就要求策划编辑精心研究国家基础教育政策，图书内容超越理论化，应以通俗易懂、精妙实用的案例分析为主。

中小学教师教育类图书的选题大致有以下几个方向：第一，课堂案例教学类图书，教师能把这些教学方法切实运用到自己的教学实践之中，比如，《追寻理想的语文教学——我这样观课、议课和上课》；第二，能够对中小学教师评职称有参考意义的教师专业发展类图书，比如《优秀教师的 6 种核心品质——教师一定要读的哲理故事》；第三，学校管理类图书，这类图书以中小学校长、教导主任为读者对象，比如《学校管理者的五堂必修课》；第四，对班主任工作具有参考意义的德育类图书，比如《今天怎样做班主任——点评 100 个典型案例》；第五，教师、学生心理咨询类图书，比如《做一个心理健康的教师——教师心理咨询的 48 个典型案例》。

综合而言，这五个策划方向涵盖了国家基础教育教改重点关注的五个领域，图书内容应摆脱纯粹的教育理论，要用典型案例深刻反映教育规律。这样，各个学历层次的中小学教师都能读懂读通。

关于书名、定价、封面设计、版式设计。此类图书的定价大部分都是图书印张数的两倍左右，25.90 元、29.80 元、35.80 元、39.80 元，这样的定价居多，定价超过 40.00 元的极少，40.00 元以下这个定价范围一般中小学教师都能接受。从书名中往往能看到"必修"、"教师一定要"、"典型案例"、"优秀"、"最好"等这类对读者比较有吸引力的字样。读者通过书名就能洞悉这本书的内容是否为叩问传统应试教育、提倡素质教育的。从封面看，此类书的封面看起来都不显得绚丽花哨，而是充满了教育人文气息，让读者第一眼就有清新怡人的感觉。版式设计也都简单大方，让人看着不感觉疲惫。

3. 作者团队

图书所依托的知名作者资源是其能否畅销的关键。一些出版单位策划的中小学教师教育类图书深受中小学教师青睐的最重要原因是它们的作者团队，可谓中小学领域的名家云集。对于朱永新、魏书生、冯恩洪、李希贵、李镇西这些中国基础教育领域的大牌人物，但凡稍有关注素质教育的中小学教师，几乎无人不知，无人不晓。这些出版单位的作者团队除了这些大牌，还有在 K12 教育论坛、中小学教师继续教育网、《中国教育报》、《中国教师报》这些知名的基础教育网络论坛和纸媒体上经常发表评论文章的知名教师和资深教育评论人。这些大牌和知名教师的粉丝成千上万。偶像出书了，粉丝能不买吗？图书销量就是这样以一传十、十传百的速度扩展开来的。

二、宣传推广

1. 网络宣传

K12 教育论坛、中国教师教育网、《中国教师报》网络论坛、新思考网是中小学教师活跃的四大主要网络论坛。这些论坛每个版面的版主多是基础教育领域的名师。在这些论坛中，经常能看到一些中小学教师教育类图书的书讯、书摘、书评。这些信息有的是名师的粉丝所发，有的是图书出版单位的营销编辑所发。

每天关注论坛、发帖、顶帖，这些是营销编辑的日常工作。

除了以上论坛，在中小学教育领域还有两大组织，中小学教师也很推崇，一个是朱永新牵头的新教育改革，一个是李希贵牵头策划的新学校改革，这两大组织云集了全国各地的"内心不平静"的中小学教师。结合这两大组织的活动进行宣传，对图书的销售也能起到很大的推动作用。

2. 媒体宣传

中小学教育领域的权威纸媒体就是教育部主管主办的《中国教育报》、《中国教师报》、《人民教育》，书讯和书评要是刊发在这三大喉舌上，便会带来源源不断的销售额。由报刊的主编或副主编担纲图书主编，将报刊上发表过的优秀文章汇编成书，这是一种灵活便捷的图书出版思路，在获得选题的同时，也能与报刊建立宣传合作关系。此外，《班主任之友》、《教师博览》、《语文报》等中小学教育杂志在基础教育领域也很有影响力，出版单位也可以通过联合出版的方式与这些杂志建立合作关系。

3. 会议宣传

各地教育局、教科院每年都会开展中小学教师培训活动，活动一般都以请名师、名校长作报告的形式开展。出版单位也都会抓住这一契机，通过作者与教育局、教科院建立联系，让当地经销商去现场售书。经销商不仅把在活动现场作报告的作者的书带过去，还把这个出版社的其他同类书也带过去销售。经验证明，这种现场售书能产生很大的销量，尤其是在大规模的千名教师培训会上。出版单位也可以到现场发放图书宣传资料。

三、渠道发行

1. 专业教育书店

对于中小学教师教育类图书，专业教育书店的销量远比新华书店等综合书店的销量大得多。专业教育书店一般坐落在教育厅、教育局、教科院、教科所附近，往往与当地教育系统关系融洽。教育局搞教师培训，这些专业教育书店会争取到现场售书；教师参加教育局组织的培训活动所配备的辅导用书，教育局也大都从这类专业教育书店采购。在培训现场作报告的作者有时会带上自己编写的图书到现场签售，而作者带去销售的书一般是通过扣稿费的形式从出版社购买的。

2. 综合书店及网店

在新华书店、民营书城和网店购买这类图书的群体主要是爱好阅读的教师个人。一些比较知名的中小学也会到当地经常合作的综合书店购买一定数量的这类图书来装备学校资料室或者在本校开展教师阅读活动。因为专业教育书店走批量，综合书店和网店走零售，综合书店和网店的销量远不如专业教育书店。

3. 作者及教师培训会议直销

很多作者从出版社购买自己编写的图书，赠送或者出售给自己的粉丝。比如，某教育报刊社主编把当地一些名校校长的管理经验汇编成书，校长通过这位主编购买一批图书，发给学校教师人手一册。假设一个学校购买 80 本，汇编的图书中涉及了 30 个学校，通过这种作者直销的方式，出版社就能一次性销售2 400 本图书。

以教师阅读奠基教师专业发展，以教师阅读推进教学方式改变，以教师阅读带动学生阅读，以教师阅读促成学校文化再造，以教师阅读引领教育改革不断深入，以教师阅读增进教育发展内涵。很多地市教育局在这一思想指引下，把当地的教师读书活动开展得有声有色。教师读书活动经由当地报刊和电视台报道，名声大作。近几年，河南、山东、湖南、浙江、江苏等人口和教育大省都在开展此类中小学教师读书工程。假如在每期教师读书工程中，教育局拨专项经费给辖区内每个中小学教师配备 3 本书，这个辖区有 5 000 名教师，每期读书工程总计给教师配书将达 15 000 本。

在"十二五"教育规划出台的背景下，全国各地都开展了大规模的中小学校长、班主任、学科教师培训项目，国家有专项培训经费拨款。农家书屋项目结束后，国家开始重视中小学馆配。中小学教师教育类图书市场比较稳定，不会大起大落，具有很大市场空间。出版单位如果能与各地中小学教育系统以及基础教育领域的重点媒体建立紧密合作关系，拓宽策划思路，总结摸索出中小学教师教育类图书的选题策划经验，加强宣传推广和渠道发行力度，提高自身对此类图书的掌控能力，就能产生巨大的社会效益和经济效益。

从数字化到数据化

——浅谈教研网后台信息在营销中的整合使用

·赵 皓·

一、教研网后台现状分析和需求分析

1. 对沉淀的大量信息缺乏有效利用

人大社教研网后台从建立到现在的 12 年时间里，总计发展了有效会员 8 万余名，现在的有效会员依然有 6 万余名。其中不但包含了教师的基本信息如联系方式等，还包含了教师课程信息、使用教材信息等多种内容。但在实际使用中，因为缺乏信息的整合和信息的分析功能，教研网后台现在不管是对于分社编辑还是一线的院校代表来说，只能查电话已成为教研网后台的主要使用方式，不但无法发挥出教研网中大量信息的作用，也无法切实通过教研网后台来提高营销效率，甚至因为教材信息录入工作耗费的时间导致营销效率的降低。虽然新建的院校资源库已经在解决这一问题，但在实际运用中仍然存在许多不便，其信息的整理和分析功能依然较为单一。

2. 营销工具的运用重点是信息的分析整理

将信息从纸质信息变为数字信息，这只能称为数字化。其优点在于信息可以得到有效的保存，可以进行方便快捷的查询。而数据化则注重的是信息的分析和整理，通过对掌握的信息进行分析，进一步整理出营销目标、营销对象等市场信息，为营销活动建立起前期的信息基础。在现有的市场竞争环境下和已建立多年的院校代表机制下，一线营销更是需要通过数据来支撑活动的必要性，而不是单纯通过数字列举来完成。例如人大社计划在某地举办某一课程的营销会议，以往只需要通过数字说明该地相对应的教材市场规模能否支撑营销活动、人大社在该地掌握了相关教师信息可以进行邀请工作等信息即可，但在数据时代，活动的必要性需要在以上信息中进一步分析整理，如相应教材的市场规模中除去人大社已

占有的市场规模是否有进一步的提升空间、掌握的教师信息中大致能邀请多少教师前来参加、前来参加的教师中有多少教师有换版的可能性等这些需要在数字上进一步提炼的数据来支撑是否进行活动的必要性。教研网后台在这一点来说，因为缺乏信息的分析能力，虽然沉淀了大量的相关信息，但由于在使用过程提取的不方便，以及缺乏对应的整理功能，已经落后于时代的需求，自然其利用率在不断降低，院校代表对信息工作的积极性也不断降低。因此如果要将教研网后台打造成为教材营销中的重要营销工具，加入必要的信息整理功能和信息分析功能是现在需要迫切解决的问题。

3．结合实际需求提高教研网后台的使用价值

一个实用的工具，应该以需求为导向出发。不是为收集数据而收集，而是从一个具体数字的使用为切入点来进行逆向的设计。应明确地将目标定位于服务营销工作，而不是营销工作为市场信息服务。而教研网后台经过多年的建设，从来不缺乏信息的内容，一直缺乏的是信息内容的整理和提炼。我们可以通过深入挖掘整理教研网后台信息的潜力，将数字信息切实转换成数据信息，将数据的掌握程度转换为经济价值的来源才能进一步体现教研网后台的价值。这一过程，才是教研网后台今后的使用方向。以营销编辑为例，他们最需要的信息是希望了解某一门课程全国相关任课教师的信息，但是教研网后台课程信息精确度较差，搜索一门课程可以导出几千名任课教师，信息太多也就等于没有信息。而院校资源库虽然可以导出相对准确的教师名单，但因为没有将其数据和教研网教师信息数据结合，导出的教师名单中又没有相应的联系方式。如果将两部分的信息内容进行结合，则可迅速地查找出全国各个院系某一门课程近年来的任课教师名单以及相应的联系方式，初步完成营销推荐工作的信息收集。所以只有教研网后台具有信息的整理能力和较强的实用性后，才能吸引各个环节的营销人员加入到教研网信息的收集工作之中，从而将整个教研网带入一个更为良好的信息录入—信息使用的循环之中。

二、教研网后台使用改进思路

（一）明确定位教研网后台的信息作用

将教研网后台的基本目标定位于一个可以发挥计算机在信息数据分析统计功能上的优势，能进行信息整理分析工作，能帮助所有营销人员完成营销工作，能提高一线营销人员的营销工作效率的工具平台。而不是将平台单独定位于一个信息收集平台。

（二）以实际营销需求为出发点进行后台功能的设计

信息在教材营销中的作用可以简单分为两点：市场的维护及市场的开拓。而信息的使用也可以完全从这两点出发。特别是从目前教研网后台沉淀的数据信息中，只需要进行数据的关联并提供一定的数据筛选办法和数据统计功能，即可简单地完成以上两点工作。市场维护工作需要的信息内容无非就是全国各个院校使用人大社教材的教师姓名和联系方式。现在院校资源库中已经收集到了近三年的全国各个院系的教材征订单，该信息的内容客观上已经存在，且有着较高的准确度，缺乏的只是如何将我们需要的信息通过简单操作即可整理筛选出来的方法。例如现在通过对院校资源库中的课程进行高级查询，已经可以查询到全国某一课程现在各个院校使用的教材名称、出版社、教材使用决策者等关键信息。但是由于各个平台之间信息整合的问题，查询出来的信息却缺乏关键的教师个人信息，平台使用者无法直接使用这一信息，需要再次分别查询教师信息才能做到实际的运用。因此将院校资源库中查找出来的信息，与教研网后台教师信息进行关联，除教材信息外，还可以显示出相关教师职务、联系方式、电子邮件等，并能直接对选择教师群体进行邮件或者短信的操作，即能立刻提高平台的使用效率。如营销编辑需要对某一教材新出版的配套的学习指导书进行信息发布，只需要在教材使用情况中查询出全国各个院校人大社教材的使用教师名单，便可直接对其群体发送邮件，告知人大社的新版教材情况。或者可以直接导出其相关信息对其进行邮寄样书。还可提高群发邮件的智能性，如将群发邮件的称呼名称改为收件人姓名＋教师的方式，进一步加强平台的使用频率。

（三）加强信息分析统计的能力

教研网后台信息的使用，除去必需的整合功能外，我认为现在最缺乏的是分析统计功能。营销过程中只有分析统计过的信息才是实际需要的数据，收集到了各个院校的教材征订单，能否直接通过教研网后台的数据库对其按照需求进行统计，关系到是否可以通过科学的数据来支撑其相应的营销活动。

1. 增加竞争对手教材使用情况统计

通过数据库的筛选，统计出同一门课程所用教材全国市场各个出版社品种数的占有率，通过直观的数字对比，找出我们主要的竞争对手，以便研发能针对竞争对手的产品以应对市场竞争。

2. 增加院系教材使用情况统计

统计出各个院系每年各出版社教材使用品种数在全院所有课程内的占有率、

被换版率、换版率。通过以上几个数字一方面可以准确评估出各种营销活动的效果，另一方面也可以对院校代表的工作考核提供更多的客观依据。

3. 增加院校教材使用情况分析

统计院校当年未使用人大社教材的数量，对比院校历史同期数据，同时参考院校自编教材版本数量的变化情况。直观了解是否有必要增加该所院校的营销活动次数，和修改营销活动策略目标。在数据基础上制订出合理的营销工作计划，进一步提高营销人员的工作效率。

(四) 进一步加强院校资源库中"教材"内容建设

从实际使用效果出发，对研发、营销作用最大的是各个院校教材产品的使用情况以及课程任课教师信息，当每一个地区能收集 80％以上的院系教材征订单时，教研网后台的数据库在营销中能发挥的作用将是巨大的。简单来说，我们可以清楚地知道我们八成以上的教材是哪些高校正在使用，是具体哪些任课教师在使用，以及我们主要竞争对手的情况。因此要充分发挥教研网后台营销工具的作用，信息收集工作也应当紧密围绕营销需求进行，通过进一步加强对各个院系的教材征订单的收集，如院系教材征订单中的院校名称、课程名称、使用时间、教材名称、出版社、作者、任课教师等关键信息的收集，即可继续提高教研网后台的信息完整度，为营销工作奠定更好的信息基础。

三、教研网后台信息在今后营销中的使用设想

(1) 将教研网后台作为营销人员重要的营销工具，帮助营销人员完成日常的信息整理统计工作，提高营销人员的工作效率。

(2) 所有营销活动的制定都以教研网后台的营销信息为基础，根据教研网统计出的数据结果，制定出符合市场情况的营销活动内容。

(3) 结合院校资源库的活动统计情况以及教研网后台的教材使用情况，评估出营销活动效果，并且进一步完善对院校代表的数字化考核。

(4) 教研网后台作为常规营销平台使用，将部分营销工作整合到教研网平台后，例如邮件的发送、回访信息的填写、是否有换版可能、寄送样书的信息等，一方面将营销工作系统化，另一方面也可以直观地通过教研网平台完成院校代表的日常工作考核内容。

浅谈出版社在网络书店的营销策略

·龙 栋·

目前，我国的网络书店主要分为这样几块：一是以当当网、亚马逊中国、京东商城为主要代表的 B2C 网上商城（目前这三家网店也逐步推行平台业务，即开放 B2C 模式），这三家网络书店的总销售额预计占到整个网络图书市场的60%。二是以天猫为代表的 B2C 网络平台。在这个平台上，有新华书店渠道的网上书店，也有民营书商的网上书店，还有出版社官方自营的网上书店，总的体量也在快速增长中。三是淘宝的 C2C 平台。淘宝上的书店基本适合 2～5 人小团队组成的图书销售公司，各地这种淘宝店频生。部分淘宝网络书店没有实体店，且由于无法一一监控，也成为盗版书滋生的平台。

不同的渠道形式，营销策略就存在差异，网络书店也是如此。本文主要针对第一类以当当网、亚马逊中国、京东商城为代表的 B2C 网上商城来分析出版社的营销策略。

那么出版社在网络书店的常规营销策略有哪些？我们从 4P（产品、价格、促销、渠道）和客户的角度能很好地概括这些策略。

（1）产品策略。产品是最核心的要素，没有产品，销售无从说起。那么出版社的产品不都是书吗？发行到各个渠道不都一样吗？不是的，网络书店的特性就是要用网络的方式卖书，产品形式就丰富多样起来：

预售书，不仅能够提前发布图书信息，更是相当于延长了图书的销售周期，适合重点书和有竞争品需要及时抢占市场的图书，比如《曼德拉传》在 2013 年年底上市的时候，有多个版本争抢上市时间，只要书号、定价已经确定，就可以在网络书店预售，那么就相当于抢得先机。

套装书，这无疑是最适合在网络卖的书。一方面因为网店是送货到家的，不用去书店扛回来这么沉的书；另一方面，省去了你在书店的搜索成本。对于出版社来说，套装书可以成为新的品种。把有关联内容的图书，或者同一作者的系列图书放到一起做成套装，用化零为整的办法无疑会使出版社受益，也方便了读者。比如中国人民大学出版社的《曹仁超创富三部曲》、《怪兽家长三部曲》、《乔·吉拉德巅峰销售丛书》等等。

网店独家书。有的时候产品面向所有渠道是否就是合适的？不一定。当当网自称拉开与竞争对手的差距主要是靠长尾品种和独家书。那么出版社为什么愿意冒风险供给网络书店独家书？什么样的品种适合做独家书？很显然，不是所有的书都适合做独家书，一般来说大众市场类图书和珍藏套装类图书适合做独家书。比如中国财政经济出版社的《互联网金融》在上市之初是给了当当网两个月的独家销售期，也就是说在其他网络书店买不到这本书。当当网独家销售此书在产品品种和进货折扣上是获益的，而出版社则看重的是当当网独家图书的宣传资源和页面位置。当然此书最后是成功的，成为当当网"互联网金融"专题卖得最好的一本书。如果没有独家，此书可能淹没在茫茫书海之中，成为表现平平的一本。当然，也有独家书卖得并不好的情况。因此，如何考虑并选择合适的图书做独家书，对出版社来说是机会同时也有风险。

签名本。签名本图书是出版社常用的拉动销售的方式之一，因为其提供了附加的价值——作者签名，这种适合于畅销书，知名度较高的作者。比如余秋雨、易中天、周濂等，当然青春文学作家更适合，这里不详谈。签名本在网络书店销售有两种方式，一种是单独的签名本销售，另一种是签名本混在普通版本中随机销售。个人认为，对于热度比较短暂的图书适合用第一种方式；作品频出、影响力持久的作者图书适合用第二种方式。

最后，如果我们的书既不是大牌作者，又没有名人推荐的时候怎么办？可以选择关联词，也就是找到同类书卖得最好的，把它的书名嵌入到我们图书的宣传语中去。这样当读者搜索该热门图书的时候，我们的书也会因为关联词相似而被纳入读者眼帘，获得宝贵的曝光机会，从而增加销售的可能性。比如《海上囚徒》的宣传语是"比'为奴十二年'更悲惨、漫长、真实的历史岁月"，在读者搜索"为奴十二年"关键词的时候，这本书也将会映入眼帘。但这种方法不适合本身就很权威的图书。

（2）价格策略。出版社除了提供产品给网络书店，还会形成稳定的供货折扣体系。不同出版社之间略有差异，但折扣体系基本是稳定的。而这些差异将会使得出版社之间的竞争变得有趣而激烈。

一般而言，出版社为了便于管理，会对不同类别的图书规定不一样的供货折扣。比如青春文学类、生活和考试类图书折扣相对较低，少儿类图书折扣相对更低，经管社科类图书相对较高，而教材折扣就更高一些。

折扣体系稳定方便管理，但是在新品进入某个市场的时候，为了抢夺市场份额，通过折扣优势换取市场份额不失为一个较好的办法。比如司法考试类图书，原来卖得较好的人民大学出版社的书基本都在七五折以上销售，而其他法制社、法律社的同类图书不仅价格较低，折扣也均在七折以下销售。这样的话，市场份额倾斜还是很明显的。

明确自身的优势和劣势产品，对市场竞争保持较高的敏感度，能够针对不同产品提供有差异的供货折扣，这是出版社在做网络营销的最开始就需要想到的。

（3）促销策略。网络书店的促销可谓是此起彼伏，互不相让。曾有一时，当当网、京东商城、亚马逊中国的价格战成为读者津津乐道的话题。那么，在保护出版社利益的情况下，如何利用网店的优势做好促销，如何把拉动销售做到最大化？我们先看出版社在网络书店的几种促销方式（见图1、图2、图3、图4）。

图1　北京凤凰联动文化传媒有限公司的图书折扣封顶促销活动页

图2　中国轻工业出版社的图书满减促销活动页

图3　译林出版社的买一赠一促销活动页

图4　当当网的图书尾品汇促销活动页

网络书店的活动看似非常多，但基本促销形式都离不开以上这几种：折扣封顶、买赠、满减、尾品低折扣、限时抢购。那么在出版社做促销活动的时候要注意哪些细节？首先，促销活动要能抓眼球。不管是买赠还是折扣封顶，读者对优惠字眼的抓取是比其他内容要敏感的。因此页面关键字一定要是优惠，这样抓读者眼球。其次，发挥网络和媒体的联动效果。简单而言，就是广而告之。尽管出版社媒体的力量可能不如网络书店，但是信息传达再次扩散的效果绝对对促销活动有推动作用。再次，把握做活动的时间，跟风做活动。比方说，同样的促销活动"满99减9元"在当当网4月下旬做和5月上旬做可能效果会差一倍。原因是4月下旬当当网做全网促销活动，DM（direct mail，直接邮寄）、邮件、短信投放都不用出版社掏钱，但是浏览量却能急剧攀升；而到了5月上旬做活动，当当网没有花力气推全网促销活动，因此出版社的活动效果也就打了折。

（4）渠道策略。网络书店的出现解决了消费者在书店买书找不到书的情况，对于出版社而言，网络书店不仅是出版社全品种展示的平台，更是出版社的网上仓库。所有在实体店买不到书的客户只要上网查询，一般来说都能够保证买得到，这就是全渠道覆盖。当然，有的出版社以教材为主，主要发行渠道是各地区的教材经销商。目前如此，但是未来未必还是如此。拿当当网为例，它已经在上海、广州等地设立了驻当地办事处，以方便为终端团购客户服务。除此之外，当当网教育类图书部门已经开始尝试跟各高校直接对接，开设了教材专场。通过图5显示的这个页面，可以看到中国传媒大学远程与继续教育学院所开设的课程和所需教材，学生只需登录这个页面就能轻松购买图书。在学院相应网页上也能找到这个链接，方便学生购买教材。

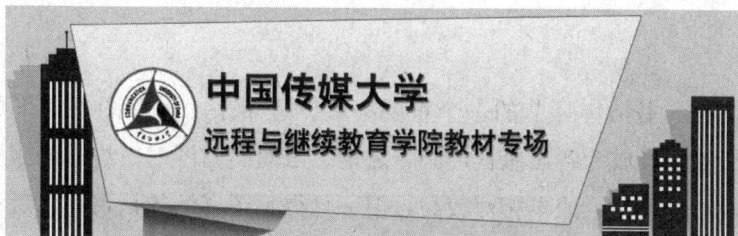

图 5　当当网—中国传媒大学远程与继续教育学院教材服务专题页面

这样省去了中间教材经销商的环节，实现了渠道流通的简化，这样的模式谁又能保证不会很快普及开来呢？

（5）客户策略。从市场导向转变为客户导向是 4P 理论往 4C（顾客、成本、便利、沟通）理论发展的推动因素。对出版社而言，最熟悉的是客户，最遥远的也是客户。因为出版社的产品多且杂，而且以往都是通过实体店面销售，很难掌握读者的反馈信息。而网络书店对于出版社来说，就是一个很好的客户信息反馈平台。虽然客户的点击偏好、阅读偏好等相对个性化、私密化的数据不对出版社公开，但是评论区是完全公开的。出版社的编辑或者营销人员可以从图书评论中看到读者的真实反馈：对图书内容、定价、装帧是否满意；阅读图书的读后感甚至专业评论；图书还存在哪些不足和问题；读者希望看到有哪些内容的图书；等等。像微博、微信、贴吧之类的社会化媒体也能发布图书的信息并且和读者进行互动，但是购买者一手信息的反馈确实来自网络书店评论区，利用好这些信息，相信对出版社的选题策划、营销发行都大有裨益。

立足图书馆终端，做大做实馆配业务

·王 强·

图书馆是图书销售环节的一个重要终端。近年来，随着图书馆采购量的增长，馆配市场已经成为各出版社的必争之地。虽然面向图书馆终端的服务和营销在初始阶段流程复杂，成本相对较高，但一旦得到图书馆的认可，出版社就可以获得长期、稳定的订单回报，而且后期维护成本相对较低。对馆配市场，出版社应该创新服务模式，开展直接针对终端图书馆的服务和营销，为采购人员提供优质高效的服务，增强采购人员的信任度和忠诚度，增加出版社和图书馆之间的黏合性，赢得更多的市场份额。

人大社已经在图书馆市场形成了良好的品牌，在馆配市场处于第一梯队。但随着各出版社对馆配的重视，加上市场总量趋于稳定，各社馆配业务量呈现此消彼长的局面，市场竞争日益激烈。人大社以前没有专门人员进行管理和维护，与图书馆老师的联系不够紧密。馆配工作主要围绕馆配商开展，受到诸多限制，效果并不明显。馆配项目组成立后，在为图书馆老师提供基础服务的前提下，以专业化服务为目标，建立和完善图书馆终端数据库，把分散在各个片区零散的馆配业务信息进行汇集、整理，通过积极拜访图书馆，为图书馆老师提供信息推送和个性化的数据定制，开展面向终端客户的营销、评比活动。

一、直接面向图书馆终端的优势

在强调"渠道为王，终端取胜"的今天，只有掌握了终端客户，才能真正了解目标市场的需求。渠道始终只是销售流程的一个环节，并不能完全代表市场。掌握了终端，才能不被渠道蒙蔽，在和渠道的议价过程中占主导地位。直接面向图书馆服务，可以使出版社在市场竞争中获得诸多优势。

1. 能够掌控终端资源

图书馆是出版社和渠道商共同服务的对象，专业的馆配商掌握了大量的图书馆信息，包括采购人员信息和订单信息，但他们不会分享。出版社必须自己动手，掌握终端资源，这也是做好馆配服务的第一步。一旦我们掌握了终端信息，和老师建立起长期、稳定的联系，老师就会经常性地采购人大社的图书。

2. 避免馆配商坐地起价、信息屏蔽等

馆配商会定期地向各自客户提供图书采购目录和马克数据，由于折扣或其他原因，某些有品位、有特色的书籍和一些教材品种很难进入他们的目录。在订单报订的时候，出于自身利益考虑等，馆配商也会有意识地屏蔽部分品种，造成采购量的流失。掌握了图书馆信息，出版社可以直接和采购老师沟通，图书信息能够迅速、直接地传递到目标客户，也避免了馆配商报订过程中夸大自身作用向出版社漫天要价。

3. 可以提供多样化、个性化信息服务

信息服务是馆配工作的一个重心，人大社已经基本完成了库存图书马克数据的建库工作，后期会不断地更新，具备了为图书馆提供个性化数据服务的条件。同时，通过和图书馆的直接联系，可以开展多种形式的馆配营销活动。

二、如何收集图书馆终端信息

图书馆信息收集是一项烦琐的长期工作，仅凭某几个人的力量是远远不够的，出版社各个部门在日常营销活动中都应该有意识地关注。同时，利用现代化的技术手段对图书馆终端信息进行分类整理，方便使用。

1. 多种方式收集图书馆信息

一方面，利用网络等方式收集图书馆的基本信息；另一方面，利用馆配商的订货会等方式，多方位收集图书馆的相关信息，尽快掌握馆配市场的格局和特色，了解馆配市场的特点和特殊需求，为后续工作打好基础，有针对性地开展馆配工作。

2. 拜访图书馆

通过直接拜访图书馆采编人员，收集相关信息，和老师建立起长期、稳定的联系。良好的素质和优质的服务意识，是馆配营销人员能够获得图书馆老师信赖和满意的保证。馆配营销人员要有强烈的自信心、责任心和服务意识，能够主动

自发地做事。还要有一定的工作能力和方式方法，在拜访图书馆以前，要掌握出版社的优势所在、图书结构、营销政策等，了解学校和图书馆的相关情况；同时要了解国家的教育政策、教学改革方向、同类图书市场的动态和竞争对手的动态等，提高拜访效率。

出版社的业务经理和驻外人员在平时的工作中都会和学校产生交集，鼓励大家充分利用现有的人力资源，积极拜访图书馆，收集相关信息，这对于提高图书馆的熟识度、促成馆配订单不无裨益。

3. 建立和完善终端数据库

建立可靠、有效的信息数据库，完善图书馆采购人员的联系方式，如固定电话、手机、E-mail、传真，甚至 QQ 等。同时不定期到这些学校拜访采购人员，以核对和补充相关信息，使信息数据库经常处于最新状态。此外，根据人大社图书的特点对应录入学校规模、学科设置、采购特点等信息，方便维护。

三、积极开展面向图书馆终端的服务和营销

信息收集整理的目的是更好地利用，为图书馆提供有利于出版社的信息，最终促成订单，达到销售的目的。在图书馆信息数据库建立的过程中和建立后，出版社必须立足于终端，弱化馆配商的作用，开展多种形式的活动，提供个性化服务，使出版社的馆配工作既有全面的覆盖，又有一对一式的营销。

1. 定期的新书信息推送

缺藏是图书馆市场永恒的话题，在信息化高度发达的今天，出版社的图书信息依然无法完整地传递到图书馆，图书馆也无法准确地找到自己所需图书的全部信息。出版社必须建立自己的新书信息发布机制，定期向图书馆老师发布图书信息。

2. 为图书馆提供定制的数据信息

各个图书馆因为类别、学校特色、采购经费等不同，对数据信息的要求也不一样。出版社在自有的库存数据库基础上，按照老师的要求，及时、准确地提供马克数据，既有利于减轻他们的工作强度，也可以增加他们对出版社的信任度。

3. 图书馆信息查重

为图书馆提供本社图书馆藏信息查重，是馆配服务的一个较高阶段，必须建立在馆社间的长期联系、相互信任的基础上。只有通过我们平时的努力，取得了

图书馆老师的认可，他们才会对出版社开放馆藏信息，这一工作大大有利于出版社检查自身遗漏，销售往年图书。

4. 开展针对图书馆的促销、评比活动

图书馆采购具有适度兼容性的特点，采购了一个出版社的图书并不排除采购另一出版社的产品。一个图书馆在每年采购经费固定的前提下，采购哪家出版社的产品则有很强的灵活性。出版社可以利用每年的订货会和馆配商组织的现采会，包括其他馆配高峰期，适当地让利，直接和图书馆开展采购促销活动，鼓励图书馆更多地购买本社图书。此外，一些出版社对收藏本社图书较多的图书馆颁发荣誉证书或奖牌，这类活动的成本相对较低，但也得到了部分图书馆的认可。

馆配市场是一个以数据和服务为基础的竞争市场。有了图书信息数据，只是具备了竞争的前提。如何以服务为保障，构建一条畅通的信息通路，使出版社信息有针对性、准确无误地传递到终端图书馆，并实现馆藏信息反馈，形成一个互动式的信息循环，还有很多工作要做。

日本东贩公司运营特色对我国
出版物流业的启示

· 刘　莉 ·

一、日本东贩公司的基本情况

1. 日本出版业的特点及东贩公司概况

日本东京出版贩卖株式会社（简称东贩）是日本大型出版物经销商，总部位于东京都新宿区，在日本图书流通市场上的占有率达到 40％左右。东贩公司是沟通出版社和读者之间的信息，向图书零售网点提供图书流通服务的专业企业。作为日本出版业的"大中盘"，东贩既担当了书刊发行的重任，又涉及信息咨询、市场调查、人才培训、海外出版发行等多领域、多行业，是跨国界、跨地区、跨行业的大型现代化的经销企业。

据东贩桶川物流中心负责接待的田口先生介绍，日本拥有庞大的出版发行网络，各类出版社有 4 200 多家，各类书店约 22 000 家，最大的分销公司主要有两家，即东贩和日贩，两家占有日本图书市场约 80％的份额。除图书专营店外，日本的连锁超市、便利店等也销售图书和期刊。日本的出版发行机构在地域分布上很集中，90％的出版社和 80％的分销商都位于东京地区，以东京为中心辐射全国市场。2008 年日本出版图书 76 000 余种，杂志 3 600 余种，市场上图书的流通品种约 80 万种。

日本出版业具有小而多的特点，即不管是出版社还是书店，都有数量众多、规模很小、地域集中的特点。小出版社或小书店由于自身规模、资金局限，不可能具有全国性发行或采购的能力，甚至不可能有跨地域的能力。而日本的出版物的品种也很繁多，出版社和书店需要一个资金、技术、人员等实力雄厚，吞吐能力强，具有现代化、信息化物流能力的经销公司，在出版社和书店之间架起一座流通的桥梁。同时，出版社和书店分布集中的这一特点也降低了专业经销公司的工作难度，使快捷方便、现代化的服务成为可能。有了专业的经销公司，不管是出版社还是书店，都不用为"一对多"的交易而花费精力，它们各自与某一个经销公司发生关系就可以完成出版物的流通。专业经销公司的意义在于"一对一"的交易模式降低了出版物的交易成本，保证了出版物迅速及时地到达和各种出版发行信息的快速反馈，也保证了商流、物流、资金流和信息流的畅通无阻。因此，日本国内出版物大部分都是通过出版社—经销公司—书店这一流通途径送到读者手中的。

此外，日本出版流通业实行定价销售制和委托销售制。委托销售制是出版社、物流公司和书店三者间通过契约，定期将滞销书刊在一定时间内自由退货的制度规定，这一点与中国出版业相似。由于日本大多数的书籍和杂志都是通过委托销售方式进行交易的，在 2008 年图书退货率约 40.1%，杂志退货率约36.5%。高退货率使得出版社和书店都必须依靠具有强大物流能力的物流公司进行退货物流处理。因此出版物经销公司的另一重要任务是处理退货，也只有专业的经销公司才能处理大量的书店退货。

由于日本的出版业期刊和图书出版联系得非常紧密，很多出版社都兼顾两种业务，因此东贩的业务涵盖了图书和期刊的发行。目前与东贩公司有业务往来的出版社约有 4 000 家，核心出版社约 50 家。

东贩作为一个书刊经销公司，其工作职能主要有如下几个方面：

（1）销售职能。对出版社和书店进行商品销售，代理进货及收款和付款。

（2）物流职能。进货、分货、打包、出货、配送、库存管理、补书调配、退货处理。

（3）市场调研职能。根据各种数据资料的调查、搜集、计算、分析，提供出版、销售等信息。

（4）代理职能。进行市场调查、人才培训、经营咨询等支持经营。除此之外，东贩公司还设立了海外事业部，积极开展海外事业，具体包括进出口图书杂志业务、著作权代理业务和国际合作出版活动，并积极参加国际书展，开展业务交流。

2. 桶川物流中心的特色

2008 年我曾随出版社拜访了东贩公司于 2007 年在东京都新宿区新建的物流中心——桶川物流中心。桶川物流中心占地面积 65 400 平方米，总建筑面积

76 300 平方米。整个建筑长 150 米，宽 80 米，为 5 层楼构造，最大库容量为 80 万种、1 800 万册。物流中心全年 365 天，全天 24 小时不间断运作，每天可迅速完成多达 200 万册书刊的出货与退货作业。这里主要是处理图书的发货和退货。具体工作主要有书店发货和退货分类、书店退货二次流通、滞销品退货给出版社等。

物流中心的五层建筑中不同楼层分别承担着不同的功能，具体如下：

一楼为书籍订购品中心（桶川 DC 部），负责书店订购商品的分拣、出货，采用多种高速分拣机以及重力式货架和箱式自动仓库，实现订购图书的快速准确出货。

二楼为书籍退货中心（桶川整品部），负责对书店退回的图书进行检验、分类整理，经自动分拣后退给出版社。

三楼为书籍商品中心（桶川商品部），负责目前物流中心书籍的存储与保管。

四楼为 EC（electric commerce）流通中心和书籍定期速递中心，主要针对东贩公司的电子商务业务（网上书店），完成客户（包括书店、便利店、个人读者等）网上订购书籍的挑选与加急配送。

五楼为出版 QR（quick response）中心，是由出版社共同出资在桶川物流中心设立的图书保管区域，也是主要针对核心 50 家出版社而设立的图书保管区。出版社为了做到对读者需求的快速响应，将部分图书存放在物流中心，以缩短从接受订单到交货的时间，从而提高整个出版物供应链的运作效率，增大销售机会，降低物流成本。

此外，在物流中心的事务楼内设置了供应链数据中心，负责对各楼层的业务进行统一管理，并掌握出版社和书店的库存信息以及需求预测。紧邻物流中心的另一幢楼为库容量 10 万箱的箱式自动仓库，用于临时存放退货书籍。

桶川物流中心最大的看点是技术。桶川物流中心引进了由大福公司开发的目前世界上领先的物流系统。一楼和二楼承担了物流中心的核心功能。这里有专用以书籍开本为测定标准的高速分拣机以及通过核对图书重量的自动验货装置等。物流中心突破了传统按图书内容分类需要人工上架的局限，通过图书开本及重量机械地赋予每本图书不同的放置区域，这些尺寸、重量、厚度各不相同的书籍的分拣、验货作业完全实现了自动化。图书以书店分箱出货前在传送带上所称的重量为依据，如果每箱图书重量（货箱加上出版物的最大重量不超过 15 千克，以便于员工搬运）误差超出 80~120 克，系统就会自动将其剔除，从而达到对分拣出货作业的自动检验。

　　物流中心分拣、验货的速度的提高，大幅节省了人力，验货错误率也降低到了十万分之三以下，提高了出货精确度。从而保证了中心每天可完成200万册不同开本的书籍的订货/退货处理。

　　技术的便利带来的是东贩、出版社、书店三方的共赢。对于东贩公司来说，先进的技术节约了人力成本及作业所需的厂房面积。自动化的分拣使得24小时不停机，且损耗率、误差率极低，大大提高了物流运转的效率。此外，通过图书在物流信息系统中的详尽路径信息，书店的销售和退货记录可以被及时地收集到物流中心数据库的计算机中，借助强大的信息系统，书店、出版社、经销商都可以实现信息的实时共享，以便随时得到书籍销售、库存、位置等信息，大大完善了出版物供应链管理体系。

　　对于出版社而言，可以通过东贩提供的图书售退信息，及时掌握市场销售和退货与配货信息，对市场动向作出快速反应，防止读者流失；并且可以据此制定适当的再版计划，降低滞销风险。同时，借助出版QR中心，可以将退货快速重新包装并出货，实现了供需的平衡，也省去了不必要的重复作业，降低了运输等多项物流费用。

　　对于书店而言，利益是直接的，它大大降低了书店的工作量。在东贩的物流系统配送下，图书到货时无须再进行验货，退货也不再需要出具记账单，只需将退书进行包装即可。

二、对我国出版物流现状的思考

　　我在参观东贩先进的桶川物流中心后，对我国出版物流现状有一些对比性的思考。是否可以在现阶段借鉴东贩的先进经验而改造中国的出版物流呢？我认为对东贩经验的本土化道阻且长。首先，我国出版业的特点与日本出版业有显著的区别，很难形成覆盖全国的出版物流经销公司。由前面提到的日本出版业特点看，日本地域面积仅为中国的1/25，且日本出版业集中于东京地区；此外日本的出版社众多且规模小，但出版品种众多，无法承担物流的职能；日本的书店规模也小，有很多书甚至在超市或便利店销售，客观的市场环境催生了东贩这样的大型出版经销商，大型出版经销商也很容易在较小的国土面积上形成统销的态势。但在中国，地域面积广阔，出版单位实行准入制，大型的出版机构相对集中，每个出版社都有自己相对独立的发行部门，承担着经销商的部分批发职能。

另外，我国传统的新华书店系统几乎覆盖了全国所有的地区，民营二渠道也在区域内形成自己相对稳定的销售网络。无论从地域分割和行业现状上考虑，当前也很难出现类似东贩这样的一个覆盖全国的图书经销的"大中盘"。

其次，桶川物流中心先进的图书物流处理系统引入中国也非一件容易的事情。大福公司作为为东贩提供技术的系统集成商，它为桶川物流中心提供了整套解决方案，包括物流系统规划、作业流程优化、软件系统开发、设备生产、项目实施等工程。该项目花费 3 年时间，经过 4 次试验才最终取得成功。这套设备的技术成本是昂贵的。而目前中国的发行公司是无法承担昂贵的设备成本和后期维护的技术成本的。这种局限，一方面由于中国图书发行的低利润，无法承担昂贵的物流费用，另一方面低廉的人力成本使人们不愿意用技术取代人力。

最后，就整个社会的商业环境及技术环境来看，中国与日本仍有差距。一个行业的问题往往不单纯是一个行业的问题，而牵扯到社会方方面面的因素。社会的发展程度往往局限了行业的发展程度。日本社会的自动化程度很高，小到一个马桶大到生产系统的流水线，技术从各个层面渗透到人们的日常生活中。东贩的物流从货品的分拣到货品的发送既是在东贩的技术系统运营之上，也有赖于日本POS 机的普及。各个零售店的 POS 机就是一个跟踪货品销售状况的终端，而这种简单的设备在我国商品流通中并没有得到有效的利用和普及。在完善的商业社会环境中，良好的社会信用体制也保障了东贩与出版社和书店之间的良性合作关系。当我们的同事问到"书店如果破产东贩将如何追讨坏账"这个具有中国特色的商业诚信问题的时候，接待我们的田口先生这样回答，书店在开业的时候就有完善的资产抵押，任何破产都不会影响东贩对于账目的管理。诚然，这不是东贩自己的能力所达到的保障，而是整个完善的社会商业体制对商业合约的规范。东贩的成功很大程度也依赖于社会商业环境及技术环境良性运行所带来的裨益。

五、书评书介

二十年磨一剑

——读《中国伦理思想史》

· 杨宗元 ·

　　罗国杰教授主编的《中国伦理思想史》的撰写始于 20 年前，二十年磨一剑，以求精益求精。在该书的修改完善过程中，罗国杰教授以及该书的主要作者又受邀承担了由李岚清、张岱年任顾问，国家教委组织编写的《中国传统道德》大型资料丛书，为《中国伦理思想史》的修改完善积累了更为丰富的史料，使该书有着极为扎实的学术根基。

　　全书以历史发展为经，在时限上上溯自先秦，下迄新中国成立前期，对中国伦理思想的发展线索、演变过程和理论体系等，都作了比较系统和详细的论述。在迄今以历史为线索研究中国伦理思想史的著作中，该书是一部涵盖时间较长、内容极为丰富的学术专著。

　　全书以重要著作、重要思想家和重要的理论观点为纬，全面呈现中国伦理思想史的风貌。力求用马克思主义的立场、观点和方法来分析中国伦理思想的发生、发展和历史影响，把思想家的伦理思想置于政治、经济、社会发展的背景下加以把握。力求在尽量全面掌握第一手资料的基础上，作准确深入的分析，把资料的运用同观点的分析紧密结合起来。

　　全书根据中国伦理思想产生、发展、演变的历史特点和逻辑规律，大体上将其划分为八个时期：殷商至春秋，春秋战国至秦，两汉，魏晋至隋唐，北宋至明中叶，明中叶至鸦片战争，鸦片战争至五四运动，五四运动至中华人民共和国成立。全书相应地共分八编。

　　第一编，中国伦理思想的发端。中国伦理思想的起源和早期发展，主要是指殷商至西周末这一时期的伦理思想，尽管这一时期重要的《易经》、《尚书》、《诗经》、《国语》以及后来的《左传》的主要目的并不是要说明人们的善恶观念和道德理论，但其中包含了春秋以前中华民族的道德认识的精华，我们可以从中发现对于中国伦理思想的发展有重要影响的极有价值的伦理思想。

第二编，封建伦理思想的奠基与形成。春秋战国时期是我国古代历史上一个社会大转变的时期，在"百家争鸣"的推动下，诸子并起，纷纷著书立说，互相辩难，出现了老子、杨朱、庄子、孟子、荀子、韩非等著名的思想家。本编着重研究这些先贤圣哲对于中国封建伦理思想的形成所起到的奠基作用。

第三编，封建伦理思想的系统化及其统治地位的确立。中国的伦理思想的基本体系即一个以仁义为根本原则，以忠孝为重要规范，以中庸为处世态度，以修身为重要内容，以齐家治国、平天下为目的的道德理论体系早在秦汉之际已经形成，并在中国伦理思想史上发挥着重要的作用。

第四编，封建伦理思想的演变（魏晋—隋唐）。玄学伦理思想、佛教宗教伦理思想和道教宗教伦理思想的产生和发展，给以儒家思想为核心的正统的封建伦理思想以很大的冲击，但在儒、道、释互相对立、互相融合的历史趋势中，儒家伦理思想经历新的发展又重新上升为正统地位。

第五编，封建伦理思想的深化和成熟（北宋—明中叶）。北宋至明中叶是我国封建社会的后期发展阶段。这一阶段，道学家的伦理思想在理论体系上更加完备，社会作用日趋加强，封建伦理思想发展到了深化和成熟时期。在道学发生、发展和取得统治地位的同时，两宋反道学思潮的功利之学也在发生和发展。

第六编，封建专制主义伦理思想的衰落，早期启蒙主义伦理思想的兴起。与当时中国经济、政治、思想发展相适应，这一时期在伦理思想领域里也出现了一种新的动向，早期启蒙主义伦理思想开始兴起。这是中国伦理思想发展史上一个特殊的历史阶段。

第七编，资产阶级伦理思想的形成和发展。以龚自珍、林则徐、魏源等为代表的地主阶级改革派，在宣传、倡导"经世致用"之学和传播有近代色彩的爱国主义思想的过程中，对传统封建伦理道德的腐朽作用进行了一定程度的批判，提出了一些有利于资本主义因素生长的开明道德主张。因此，这个时期可以看作是中国近代资产阶级伦理思想的萌芽和准备时期。

第八编，马克思主义伦理思想在中国的传播与发展。在中国伦理思想史上，五四新文化运动是一次伟大的道德启蒙运动，这其中产生过重大影响的主要有陈独秀、李大钊、鲁迅、胡适、吴虞等人。在马克思主义伦理思想的传播与发展中，李大钊、陈独秀、瞿秋白是最突出的，毛泽东、蔡和森、恽代英等的论著也有很大影响。吴稚晖、胡适、张东荪、梁漱溟、冯友兰等人的伦理思想，是根植于中国传统封建文化的土壤中，吸收西方近代资产阶级文化的新空气而形成的，从其基本理论立场来看，这些人的伦理道德观是有着明显的资产阶级特色的。蒋介石、陈立夫、戴季陶等人则代表了国民党官方伦理道德观点。毛泽东伦理思想在两条思想战线上的斗争中形成和发展起来。

学术研究要取得有价值的研究结果，除了内容逻辑清晰之外，更重要的是研究方法。本书在研究方法上没有花架子，采用的每个研究方法都很朴实，但将这些朴实的研究方法扎扎实实地做到位的时候，就显示出了作者深厚的学术功力。

首先，作者采用了客观的实事求是的方法。从历史事实出发，力求清楚地说明某种伦理思想产生的社会条件、主观目的，并且客观地、准确地把握这种伦理思想的本来意义、在当时产生的效果和在以后思想史中的作用，坚持"不偏不倚的客观态度"。

其次，作者采用了系统的、辩证的方法。不仅对中国古代和近代的道德观念、伦理思想作出公正的介绍，而且要寻找伦理思想家互相影响、继承发展的关系，寻找其中内在的、必然的联系，获得规律性的认识。

再次，作者采用了历史的、阶级分析的方法。本书从历史发展的角度，考察中国古代思想在当时的社会条件下和后来的历史发展中所起的作用。运用马克思主义的阶级分析的方法，既不能仅仅以思想家的政治进步与否为唯一依据，也不能以政治上的成败论英雄。

又次，作者采用了批判的继承方法。研究中国伦理思想史，实质上就是一个批判继承的过程。中国长期的封建社会形成的封建道德，影响深远，至今还严重影响着我们的道德生活。从理论上对它进行彻底批判，是中国伦理思想史研究的重要任务。

最后，作者采用了比较的方法。通过不同层次、不同方面的分析与解剖，更准确、更深刻地把握中国伦理思想史和西方伦理思想史各自的长短优缺，从而清除中国传统伦理思想中的糟粕和尘垢。

正确的研究路径加上扎实的研究方法，该书的学术价值也就不言而喻：

第一，该书对中国伦理思想进行了全面而深入的研究，在时限上是中国伦理学史著作中最为贯通的，呈现出伦理思想史从古至今的演变，对各个时期、各个学派、各个人物、各种观点的伦理思想基本上都有涉及，对不同人物的伦理思想从内在体系结构、学术源流、理论得失、历史影响等方面进行了深入的辨析，是全面把握中国伦理思想史的必读之作。

第二，该书清晰地将中国伦理思想史涉及的基本问题概括为：道德原则同物质利益的关系问题；道德的最高理想问题；人性问题；道德品质的形成问题；道德评价问题；人生的意义问题或人生的价值问题；道德的必然和自由的关系问题；道德规范问题；德治和法治问题。在以时间为经、以人物为纬的叙述中，又以问题为节点，提纲挈领地展现了中国伦理思想史的全貌。

第三，该书精辟地概括了中国伦理思想史的基本特点，即重人伦关系或人伦价值、重精神境界、重人道精神、重整体观念、重修养践履和重推己及人。人伦关系或人伦价值是中国传统伦理思想的起点，精神境界是中国传统伦理思想的支柱，人道精神是中国传统伦理思想的核心，整体观念是中国传统伦理思想的归宿，修养践履是中国传统伦理思想的根本要求，而推己及人则是中国传统伦理思想的重要方法。这六个方面相互联系，共同构成了中国伦理传统的基本面貌。

第四，在阐述不同时期、不同人物的伦理思想的过程中，对于中国伦理思想和传统道德的价值进行了评估，对其中具有生命力的伦理思想资源给予了高度评价，对于不符合新时代发展趋势的旧思想、旧观念进行了深度分析。该书不仅是学术史的梳理，更是对中国传统道德资源所进行的筛选，为继承中国优秀传统美德的基本框架做了理论铺垫。

第五，以现时代的眼光，结合时代需要，对于中国伦理思想的某些方面的潜在价值进行挖掘。该书在对中国古代伦理思想的梳理和评价中，侧重于中国古代伦理思想与社会政治的关系，古代德治思想的内涵，中国古代的义利观及其现代价值，古代的道德教育、道德修养等与时代发展面临的问题紧密相关的思想内容，在阐述中国伦理思想史的过程中回应了当今时代的热点问题，以古鉴今。

总之，该书立足于扎实的资料积累，对自古至新中国成立前中国伦理思想的发展历程进行了全面梳理，以时间跨度之大、内容宏富、评述精审而堪称中国伦理思想史研究的鸿篇巨制。该书具有深厚的学术底蕴，在广泛而深入的研究的基础上通过中国古代伦理思想的梳理、阐述，概括了中国古代伦理思想的主要框架、基本问题、重要特点，评述了中国古代伦理思想史上的重要人物、重要的思想观点，向世人展示博大精深的中国优良的道德传统和民族优秀的传统文化，对加强道德建设、建设社会主义核心价值体系、弘扬优秀的中国传统道德具有重要的社会意义。

口述过往，镜鉴启迪

——评《改革开放口述史》

· 黄 蓉 ·

这是一本厚重的大书。

厚指的不是书的页码，而是所涉题材；大指的不是它的开本，而是所记述的事件；重指的也不是书的重量，而是每一篇记述者的身份。

在中国的历史长河中，三十多年不算太久，但对于一项事关国家大计、国计民生的改革，持续至今而且仍在深入，实属历史记忆的重彩章节。改革开放的意义诚如《改革开放口述史》一书的主编、中共中央党史研究室主任欧阳淞在序中所说："正是改革开放激发出的强大活力，使中国人民的面貌、社会主义中国的面貌、中国共产党的面貌发生了历史性变化。"

由 1978 年召开的党的十一届三中全会所确立的实行改革开放的重大决策，至今已有 35 年。《改革开放口述史》正是为纪念改革开放 35 周年，由中共中央党史研究室宣传教育局对近年来征集到的一些老同志、亲历者的口述史进行系统整理，选取与改革开放以来的一些重大事件和决策相关的内容，编辑而成。

相比较文献资料，口述史所能提供的，是有关历史事件更多的"根须"和"细节"。而作为亲历、亲见、亲闻的口述者，其本身在某种程度上就是历史文献。《改革开放口述史》一书严格甄选了 50 个重大事件和 46 位口述者的口述内容，秉承让亲历者追忆细节、让见证者感悟得失的原则，堪称一部兼具思想性、史料性、可读性的史学著作。

一

口述是记录历史最重要的手段之一，尤其是重大历史事件的参与者、亲历者对历史的记述，往往能够弥补书面史料所不能顾及的细节，是还原历史生动性的重要记录方式。而从大众关注图书、关注历史的角度而言，具有生动细节的历史记述，最是引人。也因此，《改革开放口述史》将重大历史具体到不同的事件、政策、工程等，再由这些事件、政策、工程等的亲历者、见证者记叙，定会是历史爱好者的饕餮，做到了"最佳食材、最好调制、最美呈现"的大餐以飨读者。

口述史已不鲜见。现代口述史是从 20 世纪 50 年代初的美国发端的，哥伦比亚大学在东亚研究所所长韦慕庭（Martin Wilbur）的领导下，成立了"口述历史研究部"，陆续约请中国近代史上的重要人物，如胡适、李宗仁、顾维钧、陈立夫、张学良等人，以"由自己决定公开发表时机"为条件做口述回忆，其中最为引起世人关注的是由张学良口述的数十小时的录音资料。

我国国内的现代口述史学实践和理论建设似乎是从 20 世纪 80 年代才全面起步；在 90 年代口述史作为一种学术手段逐渐得到成熟运用，并出版了一批不同主题的口述史学著作，以及有关知识分子心灵思想和精神历程的口述史著。目前国内口述史的发展正呈方兴未艾之势，参与者不但有史学家，还有新闻记者、作家，以及社会学、人类学、民俗学等诸多学科的学者。

然而，我国采用口述历史方法收集重大历史事件和人物资料的起源要更早。20 世纪五六十年代，全国各地对太平天国、义和团运动、辛亥革命、五四运动等事件的"实地调查"，搜集口碑资料，使用的就是口述史的方式。值得一提的是，1959 年 4 月，全国政协主席周恩来特地为 60 岁以上的政协委员举办茶话会，指出"戊戌以来是中国社会变动极大的时期，有关这个时期的历史资料要从各个方面记载下来"；"希望过了 60 岁的委员都能把自己的知识和经验留下来，作为对社会的贡献"。即提倡年长的政协委员将自己的"三亲"经历（即亲历、亲见、亲闻）口述或者撰写出来，传之后世，以起到存史、咨政、团结、育人的作用。

现在，《改革开放口述史》将这段并不遥远仍在继续的历史的关键亲历者的口述集中起来，实属幸事，既是对历史的负责，亦是对当下的负责。

《改革开放口述史》中所涉及的大多数文章都由口述者第一人称叙述，将事件的时间脉络、相关人物和前因后果娓娓道来，不仅还原了事件发生或决策制定的过程，而且能够帮助当下的关注者更清晰地理解过去和指向未来。《"一对夫妇生育一个孩子"政策的由来》的口述者田雪原，是 1980 年中共中央书记处委托中共中央办公厅连续召开五次人口座谈会的全程参与者和会议报告起草者，他在口述文章中将"计划生育"这一事关全民且影响至今的政策的制定的起始、因由及决策的进展过程，所考虑过的方方面面的问题等细节，记录得十分详尽。

他回顾了五次人口座谈会前自己对人口问题的看法：从为马寅初"新人口论"翻案（在北大求学期间读到马老观点并有所触动，在十一届三中全会后于《光明日报》发表《为马寅初先生的新人口论翻案》一文），到与宋健等合作进行人口预测研究（从1979年的一次人口科学讨论会开始，与宋健等合作研究人口预测问题）。他也记录了五次人口座谈会的参与人员的数量、结构和座谈会地点的情况，并清晰地解释了在当时的条件下，提倡"一对夫妇生育一个孩子"的原因。

田雪原提到，提倡"一对夫妇生育一个孩子"的主要出发点是控制一代人的生育率，座谈会对于"生育一个孩子会不会引起人口老龄化"的回答是肯定的，并讨论了人口老龄化的趋势和问题。而不为很多人所知的是，在提出会议报告的同时，还有两个"附件"，而"附件"之一，就是《提倡一对夫妇生育一个孩子多长时间为宜》。

社会上有文章说，当年的决策过于"草率"，甚至是拍脑袋的结果，没有考虑政策的负面效应。读罢此文，特别是其中关于人口座谈会对于老龄化的趋势和问题讨论并形成文字附件的细节，既有益于消除社会和网络上的对政策的各种猜疑，也有益于帮助民众理解"单独二胎"政策的放开。

需要在过去与现在直接或间接的关联中去理解过去。口述史可以更真实地重构过去，为历史本身带来了活力，也拓宽了历史的范围。《改革开放口述史》既可以为了解历史、研究历史提供最具价值的史料，又为认识当下社会提供历史参考。

二

实践表明，改革开放三十多年，正是国家生命力迸发的三十多年，也是国民的各种权益得以舒张的三十多年。党的十八大对全面深化改革开放作出了重大部署，把深化改革开放作为推动党和国家事业发展的强大动力摆在更加突出的位置，强调"全面建成小康社会，必须以更大的政治勇气和智慧，不失时机深化重要领域改革"。

认真回顾和深入总结改革开放的历程，有利于进一步深化改革，正如主编欧阳淞所说："历史、现实、未来是相通的。"而邀请改革开放的亲历、亲见者，甚至当时政策的制定者将重大事件的细节口述出来，无疑是回顾这一历程的极好形式。《改革开放口述史》通过三十多年来多位关键性人物的记忆，还原这场波澜壮阔的洪流中那些真实而鲜活的细节。

《改革开放口述史》对改革开放历史的记录是十分全面的，包括政治、经济、文化、外交、科技、国防等，从另一些不同角度来看，还包括农村、乡镇，法律、体育，行业、工程，等等。所涉内容皆体现"重大"一词，如《我所经历的北京真理标准问题讨论补课》、《胡耀邦与新时期统一战线工作》、《回顾安徽的农村改革》、《长江三峡工程的决策》、《西部大开发战略决策的提出和实施》、《关于1982年宪法的起草过程》、《审判林彪、江青反革命集团主犯的回顾》、《〈村民委员会组织法〉诞生记》、《中美建交亲历记》、《中英香港问题谈判亲历记》、《邓小平与戈尔巴乔夫会见追忆》、《科技体制改革与"863"计划》、《北京正负电子对撞机建成前后》、《解放军恢复军衔制的台前幕后》、《国家体改委志在改革》、《李岚清副总理与北京申奥》等。当然，也不乏与百姓生活息息相关的社会话题，如《20世纪90年代中期住房制度改革回顾》、《我国五天工作制出台始末》，以及上文提到的《"一对夫妇生育一个孩子"政策的由来》等。

《改革开放口述史》的口述者，都是亲身经历和见证过这段历史的老领导、老同志。如：口述《我所经历的北京真理标准问题讨论补课》的刘导生，时任中共北京市委常委兼宣传部部长，后任市委书记，分管意识形态领域工作；《中美建交亲历记》的口述者柴泽民，是新中国第一任驻美大使；口述《审判林彪、江青反革命集团主犯的回顾》的伍修权，是该审判工作指导委员会（也叫领导小组）七位成员之一（其余六位为彭真、彭冲、江华、黄火青、赵苍璧和王鹤寿）；《邓小平与中央顾问委员会》的口述者荣高棠，时任中央顾问委员会秘书长；《创建深圳经济特区初期的两次"大争论"》的口述者邹尔康，1981年调到深圳工作，曾任深圳市委常委、副市长，亲身经历了两次"大争论"，并在其中扮演了重要角色，担任深圳市委、市政府首席发言人；口述《南水北调工程决策经过》的张基尧时任国务院南水北调工程建设委员会办公室主任、党组书记，亲身经历了南水北调工程的一些决策情况。其他口述者还包括万里、谷牧、陈锦华、龚育之、王汉斌、刘仲藜、戴相龙、曾培炎、石广生、龙新民、李景贤、徐匡迪……

"改革开放只有进行时没有完成时，改革开放历史研究也只有进行时没有完成时。"编者对这本书有着清晰的历史使命感。确实如此，再过三十年，许多改革开放亲历者、见证人或将离开我们，或者年事更高，在这个时候征集改革开放口述史，结集出版，是出版者的历史责任。

　　这些亲历者的回忆和口述，是研究这段历史的重要资料和宝贵财富。他们对细节的追忆，对得失的感悟，对经验的升华，无疑能够为改革开放史研究提供第一手的资料，不仅有助于深刻提炼这三十多年的历史精髓，更能对下一个阶段中国前行的方向给予指引，"也为广大党员、干部、群众提供生动鲜活的新时期党史读本"。

一部备受争议的思想巨著

——评《西方的没落》

·吴冰华·

《西方的没落》（*The Decling of the West*）是德国思想家奥斯瓦尔德·斯宾格勒（Oswald Spengler, 1880—1936）撰写的一部思想巨著。该书传播到中国后产生了广泛而巨大的影响，各种中文译本不断涌现。据不完全统计，有齐世荣等翻译的商务印书馆版本，有张兰平翻译的陕西师范大学版本，有江月翻译的湖南文艺出版社版本，有陈晓林翻译的黑龙江教育出版社版本，有吴琼翻译的上海三联书店版本等。以前作为普通读者，我只大致了解《西方的没落》的主要观点，并没有认真阅读过全书，这次有幸作为吴琼翻译的《西方的没落》（修订版）（两卷，150万字）的责任编辑，认真仔细地研读了全书，第一次深刻感受到作者的广博知识、宽阔视野和对人类历史文化发展的独特的历史洞见，受益匪浅。

《西方的没落》第一卷于1918年在维也纳出版。虽然斯宾格勒当时还是一位默默无名的中学教师，然而该书的出版，却在西方的学术界掀起了巨大波澜，大加称赞者有之，大加批评者有之，这种对待该书的两极观点"世所未见"。称赞者认为，该书视角独特，对历史具有深刻的洞见；而批评者认为，该书弥漫着历史悲观论的论调，是"历史的占卜术"和"恶的预言书"。面对猛烈的批评，斯宾格勒以决裂的姿态来回应，在1922年的修订版前言里，他写道："对于那些只会搬弄定义而不知道命运为何物的人而言，我的书不是为他们而写的"。

按照作者自己的说法，《西方的没落》构思于1911年，当时他已感觉到世界大战迫在眉睫。第一次世界大战的爆发和造成的巨大破坏使他的心灵受到震撼，促使他深深地思考现时代人类的生活，尤其是西方文化与历史的命运。在该书中，斯宾格勒运用歌德的所谓观相学方法，借鉴尼采的批判精神，通过对人类历史的梳理和思考，大胆地提出了研究人类历史与文化发展的新学说，即所谓的历史文化比较形态学的理论体系，并从这一角度对西方文化的精神逻辑和时代症状进行了全面的描述分析，进而大胆预言西方文化终将走向没落的历史命运。斯宾格勒认为自己的新学说，是在西方现代社会的土壤中所能产生的唯一的新哲学，从这一世界历史形态学的新思路和新观点出发，就可以很好地审视人类历史与文化的发展历程，为现时代的历史文化定位，并预测其未来的发展方向。为此，德国历史哲学家福利德尔评价说："斯宾格勒是尼采以来德国最有势力、最生动的一位思想家。……他给我们提供了治史的一种新观念，如同一个火把，在漫漫长夜之中，替我们闪出了一时的光明。"

在《西方的没落》一书中，尽管斯宾格勒的思想深处仍然抹不去在西方盛行的"西方中心论"的影响，但他却开始自觉地批判"西方中心论"的论调。通过列举人类历史上的八大文化，即古典文化、西方文化、巴比伦文化、中国文化、埃及文化、墨西哥文化、阿拉伯文化、印度文化，斯宾格勒认为古典文化、西方文化并不比其他文化优越，因为"它们都是动态存在的独立世界，从分量来看，它们在历史的一般图像中的地位并不亚于古典文化，而从精神之伟大和力量之上升方面来看，它们常常超过古典文化"。斯宾格勒甚至把"西方中心论"的世界史观比作"历史的托勒密体系"："这简直就是一个太阳与行星的怪想体系！我们选定一小块领地作为历史体系的自然中心，并将其当作中心的太阳。所有的历史事件皆从它那里获得其真实的光，其重要性也依据它的角度而获得判定。"但是，斯宾格勒认为这个体系应该被自己的哥白尼式的新世界观所代替，"这一'世界历史'之幻景的上演，只是我们西欧人的自欺欺人，只要稍加怀疑，它就会烟消云散"。斯宾格勒这一末世启示录的论调，在第一次世界大战的废墟中，就犹如一个原始的创伤，深深地烙印在 20 世纪初西方人的心灵深处。

通过自己的研究和思考，斯宾格勒认为人们经常论及的所谓全人类的历史是根本不存在的，存在的只是各个文明、各个文化各自不同的历史。因此，研究世界历史只能是研究各个文化的历史。斯宾格勒强调研究世界历史必须采用"文化形态学"的方法，从贯穿于每一文化的基本的个性特征去把握其形态。每种文化都有其基本的个性特征，这些基本特征作为文化的灵魂是从文化的各个方面表现出来的。"每一种文化都以原始的力量从其母土中勃兴起来，并在其整个的生命周期中和那母土紧密联系在一起；每一种文化都把它的材料、它的人类印在自身的意象内；每一种文化都有自己的观念，自己的激情，自己的生命、意志和情感，乃至自己的死亡。"要想把握各个不同文化的基本特征，不能靠自然科学的方法，而要靠本能和直觉的方法去理解，这就是观相学的方法。斯宾格勒以生物生长过程的观念进行历史研究，把世界历史分成八个完全发展的文化，细致考察其各个时期的不同现象，揭示其共同具有的产生、发展、衰亡及毁灭的过程。在斯宾格勒看来，人类的历史是有逻辑的，是一个有机体，每种文化都具有相同的生命周期，历经青春、生长、成熟和衰败四个阶段，就像大自然有春、夏、秋、冬四季变换一样。在斯宾格勒看来，西方文化作为世界文化的形态之一也不例外，西方已经走过了文化的创造阶段，正通过反省物质享受而迈向无可挽回的没落，这就是所谓"西方的没落"。正如斯宾格勒对所谓的"西方的没落"的陈述："当一个伟大的心灵从一度童稚的人类原始精神中觉醒过来，自动脱离了那原始的状态，从无形式变为一种形式，从无涯与永生变为一个有限与必死的东西时，文化便诞生了。……每一文化都与广延或空间有着一种深刻象征的、几乎神秘的关系，它也要努力在广延和空间中并通过广延和空间来实现自身。一旦目标达成——文化的观念、其内在可能性的整个内涵皆已实现，并已变成外部现实——文化立刻便会僵化，它便会克制自己，它的血液便会冷冻，它的力量便会瓦解……每一个活生生的文化都要经历内在与外在的完成，最后达至终结——这便是历史之'没落'的全部意义所在。在这些没落中，古典文化的没落，我们了解得最为清楚和充分；还有一个没落，一个在过程和持久性上完全可以与古典的没落等量齐观的没落，将占据未来一千年中的前几个世纪，但其没落的征兆早已经预示出来，且今日就在我们周围可以感觉到——这就是西方的没落。""西方的没落"这一先知般的声音不断唤起人们的警觉和自省的激情。

　　当然，斯宾格勒撰写《西方的没落》的主要目的不是仅仅要复述已经过去的历史事件，而是要试图把握历史事实的真相，以便人们更好地应对将来。在斯宾格勒看来，世界的大多数文化形态都经历了一个生命的周期，历史学家的任务不仅要重述过去、重建过去，而且在于预言未来。正因为如此，《西方的没落》也被很多人称为一部人类社会历史的"未来之书"。

　　另外，《西方的没落》作为一部思想巨著，其表达方式也是值得称道的。其文笔栩栩如生，善于取譬设喻，涉及的时间从古至今，涉及的地域从西方到东方，涉及的领域从历史学、人类学、文化学、社会学、哲学到自然科学等，几乎无所不包、无所不有。为此德国历史学家伯伦汉说："我们感谢斯宾格勒所具有的天才的眼光，包容一切题材的广博的知识，辉煌的描写，以及对文化形式的中肯比喻和特性描写。"当然由于涉猎太广，书中也有错讹之处，这也成为批评者的重要武器，但瑕不掩瑜。

《西方的没落》一书自问世以来，其影响是很复杂的、多面的，争议一直不断。一方面表现在《西方的没落》对阿诺尔德·汤因比（Arnold Toynbee）和弗兰茨·鲍克瑙（Franz Borkenau）等历史学家产生了巨大的影响，被称为"西方历史的先知"。汤因比就曾评价说："在我读着这些充满历史洞见性的文章之时，我开始产生这样的怀疑：我所要探讨的问题在被提出之前，就早已被斯宾格勒处理过了。"另一方面，《西方的没落》后来也曾被纳粹政治家和思想家所利用。虽然斯宾格勒并不支持希特勒的纳粹主义，但他却被批评者称为"纳粹主义的布道者"，甚至偏执地将《西方的没落》视作后来纳粹德国的政治神话的"哲学先声"。今天的我们应该以批判的眼光来读这本巨著，在批判中进行理性的思考。

同时，通过《西方的没落》可以看出斯宾格勒的思想中一个显著的特点，那就是历史的宿命感。斯宾格勒明确地说，《西方的没落》是他对人类历史文化和有关宿命哲学的一种新的看法。在这种宿命的历史观的支配下，斯宾格勒一方面感叹西方的没落，另一方面又认为不论人类是多么努力，都不可能改变人类历史的宿命。

虽然《西方的没落》出版至今已接近一个世纪，但可以肯定的是，由于其独特的研究方法和历史洞见，仍然会不断受到人们的关注和争议。从某种意义来说，备受争议是这部思想巨著及其作者斯宾格勒的宿命。

人生・生活・教育
——读《人生哲思录》

·沈玉华··

　　人至中年，经历了许多，面对愈加浮躁的社会，不禁常常独自发问，到底是什么支撑着自己。对生活的态度，对人性的理解，对宗教的态度，对教育的看法，生活在当下这样一个信息大爆炸、多元化的社会，我们常常被他人影响，在不知不觉中丧失了独自思考的能力，丧失了平和客观的心态，变得愈加浮躁。我们不由地常常反问，到底什么是我们想要的，幸福到底是什么，付出和回报的关系是什么，如何去教育下一代等等，这些问题在周国平的《人生哲思录》中，我都得到了自己的答案。

一、关于人生

　　成熟了，却不世故，依然一颗童心。成功了，却不虚荣，依然一颗平常心。兼此二心者，我称之为慧心。

　　拥有了许多的我们为什么反倒没有从前快乐？一个人可以凭聪明、勤劳和运气挣许多钱，但是如何花掉这些钱却要靠智慧了。如何花钱比如何挣钱更能见出一个人的品位高下。

　　由单纯到复杂，再复归成熟的单纯，我名之智慧。所以说在人生中还有比成功和幸福更重要的东西，那就是凌驾于一切成败祸福之上的豁达胸怀。

　　人至中年的我们真的成熟了吗？混迹在社会中的我们，逐渐变得复杂，一种贫乏的复杂，被各种人际关系和利害计算所占据。我们为自己的世故，为自己的油滑所带来的利益而沾沾自喜时，却在不知不觉中丧失了一颗童心。而这颗童心与智慧又有着密切的联系，它实际上是一种达于成熟因而不会轻易失去的童心。

《圣经》里说："你们若不回转，变成小孩子的样式，断不得进天国。"帕斯卡尔说："智慧把我们带回童年。"孟子也说："大人者，不失其赤子之心者也。"

正如书中周国平所说："我走在街上，一路朝熟人点头微笑；我举起酒杯，听着应酬的话，用笑容答谢；我坐在一群妙语连珠的朋友中，自己也说着俏皮话，赞赏或得意地大笑……在所有这些时候，我心中会突然响起一个声音：'这不是我！'于是，笑容冻结了。"生活中我时常有这样的经历，身在其中时我不知道自己是谁、扮演什么样的角色、为什么会不自在，只知道要这么继续下去。就像被上了发条的钟表，不分日夜地走着。可是，在能够一个人安静的时候，静静地想着心事，会觉得也不那么孤单，好像是另一个自己在陪着自己，很踏实。"我身上必定有两个自我。一个好动，什么都要尝试，什么都想经历。另一个喜静，对一切加以审视和消化。这另一个自我，仿佛是它把我派遣到人世间活动，同时又始终关切地把我置身于它的视野之内，随时准备把我召回到它身边。即使我在世上遭受最悲惨的灾难和失败，只要识得返回它的途径，我就不会全军覆没。它是我的守护神，为我守护着一个永远的家园，使我不致无家可归。"

渴望成功，急于成功，希望成为别人眼中的成功者，却忘记了成功是只把自己真正喜欢的事情做好。其前提是首先要有自己真正的爱好，而幸福则是一种心灵的体验，是心灵对于生命意义的强烈感受，所以，正如书中所言，"比成功和幸福都更重要的是，一个人必须要有一个真实的自我，一个饱满的灵魂，它决定了一个人争取成功和体验幸福的能力"。

二、关于生活

不知道大家有没有这种感觉，虽然我们的物质生活越来越丰富，但是幸福指数却没有得到相应的提升。所以我时常扪心自问，到底什么是享受，生活的质量究竟靠什么提升？

回想自己的经历，其实不难发现，人生有许多出于自然的享受，例如爱情、友谊、欣赏大自然、艺术创作等等，其快乐远非虚名浮利可比，而享受它们也并不需要太多的物质条件。

书中的一段话说得非常好，"我们时代的迷误之一是把消费当作享受，而其实两者完全不是一回事"。"当然，消费和享受不是绝对互相排斥的，有时两者会发生重合。但是，它们之间的区别又是显而易见的。例如，纯粹泄欲的色情活动只是性消费，灵肉与共的爱情才是性的真享受；走马看花式的游览景点只是旅游消费，陶然于山水之间才是大自然的真享受；用电视、报刊、书籍解闷只是文化消费，启迪心智的读书和艺术欣赏才是文化的真享受。要而言之，真正的享受必是有心灵参与的，其中必定包含了所谓'灵魂的愉悦和升华'的因素"。

所以回看当下的社会，种种怪相就不难解释了。终于富有起来的国人，反倒不懂得如何去享受了，把单纯的消费高低看作一种身份的证明，把单纯的挥霍看作一种莫大的享受。纵然其中会给人们带来一时的快乐，但那也必是畸形扭曲的。其实任何一个品尝过两种快乐的人都可以凭自身的体验予以证明，沉溺于物质快乐而不知精神快乐为何物的人也可以凭自己的空虚予以证明。

作为一名文化行业工作者，通过多年的从业经历，我发现成功学始终在畅销榜首之列，人们是如此地渴望成功，渴望获得一份体面的工作，但是又有多少人知道工作的本质是什么。包括我自己在内，都有很长的一段时间为自己的工作而感到深深的迷惘。工科出身的我，现如今的工作，比起当年自己的抱负和期望都有很大的差距。而工作本身，说句实话，在很长的一段日子里仅仅是我为了维持生活追求更高物质享受的一种手段。然而，书中的一句话深深地打动了我，"一个人只是为了谋生或赚钱而从事的活动都属于劳作，而他出于自己的真兴趣和真性情从事的活动则属于创造。劳作仅能带来外在的利益，唯创造才能获得心灵的快乐"。那么我们与其被动地接受，为什么不能试着去养成热爱工作的习惯，换一个角度去看待它。一切从工作中感受到生命意义的人，勋章不能报偿他，亏待也不会使他失落。内在的富有找不到，也不需要世俗的对应物。像托尔斯泰、卡夫卡、爱因斯坦这样的人，没有得诺贝尔奖于他们何损，得了又能增加什么？只有那些内心中没有欢乐源泉的人，才会斤斤计较外在的得失，孜孜追求教授的职称、部长的头衔和各种可笑的奖状。

所以，"繁忙中清静的片刻是一种享受，而闲散中紧张创作的片刻则简直是一种幸福了"，不要再去抱怨工作本身了，更加值得我们思考的是我们面对它的态度。

三、关于教育

下一代的教育一直是一个令人头痛的问题，因为当局者太懵懂，过来人又太健忘，面对日新月异的时代变化，我们熟知或者自身经历过的许多教育方式似乎都或多或少与当下产生了代沟，但是教育又是如此的重要。童年无小事，人生最早的印象因为写在白纸上而格外鲜明，旁人觉得琐碎的细节很可能对本人性格的形成产生重大作用。在人的一生中，童年似乎是最不起眼的。大人们都在做正经事，孩子们却只是在玩耍，在梦想，仿佛在无所事事中挥霍着宝贵的光阴。曾经的我也一度有这样的想法，但是通过阅读和思考，我才明白孩子虽是借你而来，却不属于你，你可以给他爱，却不可以给他想法，因为他有自己的想法。而培养孩子的独立思考的精神才是教育的关键。凡属于孩子自己的事情，既不越俎代庖，也不横加干涉，而是怀着爱心加以关注，以平等的态度进行商量。父母与孩子之间要有朋友式的讨论和交流的氛围。

正如周国平对孩子的期望，"平安、身心健康地成长。至于他将来做什么，有无成就，我不想操心也不必操心，一切顺其自然"。比较起当下为了孩子操碎了心的父母，这显得甚至有些不负责任。但是，那种逼迫孩子参加各种班学各种技能的家长，自己在生活中也往往急功近利。

通过对自己孩子的教育和自我的思考，正如书中所言，在人的一生中，中学时代是尤为重要的，然而其重要性往往被估计得不够。家长们更多的注意力不是放在孩子们在这个阶段心灵上的、精神上的变化，而是在这个重要的转型期，把精力更多地放在拼命让孩子进重点学校和上各种课外班。仔细想想，一个人，特别是自己的孩子，从童年、少年，到青年，原是人生最美好也最重要的阶段，有其自身不可取代的价值，现在这个价值被完全抹杀了，转换为了看似美好的将来做谋职准备。多么宝贵的童年和青春，竟为了如此渺小的一个目标做了牺牲。这种做法无疑是野蛮的。

面对短时间无法改变的教育体制，许多家长选择将孩子送至国外。这种无奈之举也从一个侧面体现了现有体制的不完善，试问哪个父母不愿孩子一直在自己身边呢？不是崇洋媚外，单纯地比较就很容易发现，欧美儿童身上有一股绝大多数中国孩子不具备的小大人的气概。也许单纯的数学、语文，或者各项特长，没有中国孩子那么出众，但是仔细想想比起孩子应有的天性、创造力、独立思考能力，这些真的重要吗？为什么一个个"优秀"到吓人的孩子，琴棋书画样样精通的孩子，却一个个渐渐平庸，其中的本质问题不言而喻。所以，正如卢梭所言，"教育就是生长"，我们不应强行地将自己的期望加之于孩子身上，不应在生长的前头设定另外的目的，比如将来适应社会、做出成就之类。

就像书中给我们的结论，"我们不能用狭隘的功利尺度衡量教育，而应该用广阔的人性尺度和人生尺度"。其中人性尺度是指：教育应使每个人的天性和与生俱来的能力得到健康生长，而不是强迫儿童接受外来的东西。比如说，智育是发展好奇心和独立思考能力，而不是灌输知识；德育是鼓励崇高的精神追求，而不是灌输规范。人生尺度是指：教育应使受教育者现在的生活就是幸福而有意义的，并以此为幸福而有意义的一生创造良好的基础。看教育是否成功，就看它是否拓展了孩子的人生可能性。

以上的一些感受和思考仅仅是我从书中得到的很少的一部分，但是无不让我受益匪浅。单就这本《人生哲思录》，从 2005 年初次遇见起，它始终被我放置在床头。每每夜深人静，我都会拿起它细细回味。这不是一本可以让你酣畅淋漓一口气看完的散文笔记，书中的很多话都要慢慢思考，它让我第一次发现哲学原来离我们的生活如此之近。我们常常用一些他人的经验和固有的结论替代了这些本该有的思考，这也是为什么这个时代，会有如此多的人感到格外空虚不幸福的原因。浮躁功利的社会氛围，在某种程度上吞噬了我们本该有的独自思考的空间。最后，我想说的是，无论你现在处在人生的什么位置、什么境界，无论书中的观点你能否接受，只要你静下心来，周国平先生都将用他的视角带你领略一番别样的世界。

联系、平衡、克制的"艺术"

——评《现代设计史》

· 赵 昳 ·

蒙德里安曾说："克服自然的表现，又不违反自然本身的真实"。这种超越艺术个人表达的动机、全面和联系的方法、平衡又克制的姿态，可以理解为现代设计的核心准则。同样，也是大卫·瑞兹曼（David Raizman）的《现代设计史》一书传达给人的感受。该书不仅是该领域里全面的教科书，还被认为创造性地终结了设计史长久以来在向社会科学还是艺术靠拢之间的"巨大分歧"，这种对纷杂流派、海量经典案例、复杂文化影响之间客观、恰当并且十分微妙的处理方式，正是使该书能够从设计史著作中脱颖而出的艺术性因素。

作者大卫·瑞兹曼是费城德雷克塞尔大学韦斯特法尔媒体艺术与设计学院艺术和艺术史系教授、艺术史学家，也是位于佛罗里达州迈阿密海滩的沃尔夫索尼亚-佛罗里达国际大学博物馆的研究员。他曾对风格奇特的西班牙美术、工艺美术和建筑艺术进行过深入研究并因此闻名于业界，同时他在设计史和设计史研究方法方面也颇有建树。《现代设计史》是作者以其丰厚学术积累和多年辛勤写作的集大成之作，第一版面世以来就受到知名设计院校很多学者的赞誉。

该书的装帧可谓厚重却精美，中文版第二版黑色的封面显得更加现代和专业。相比之前风靡国内设计院校王受之先生中青版的黑白印刷和较小的图片，这版《现代设计史》尽可能地使用了四色印刷，使经典设计案例（特别是版画、书籍等平面设计和部分工业设计）得到了充分的复原和展现，其中部分图片更是几乎不计成本地占用了大量版面，提供了来自博物馆、百科全书和古籍等来源的珍贵参考素材，这种阅读体验更让之前不甘心于黑白图片的读者大呼过瘾。

就像现代史通常以工业革命为开端，大部分现代设计史是从伴随工业革命大规模兴起和传播的工艺美术运动开始的。以约翰·罗金斯和威廉·莫里斯为先驱的工艺美术运动，通常被认为是现代设计思想和设计理论的萌芽，但寥寥几句的时代背景介绍往往令人感到思路上的断裂。在这个问题上，该书作者大卫·瑞兹曼则是把时间倒回 100 年，从 18 世纪说起，从现代设计的种子和土壤说起——所谓"设计"的概念究竟是如何产生的？和传统艺术是如何逐渐剥离又藕断丝连的？是精英的觉悟，还是集体的选择？来自东方的文化是如何产生影响的？……这个区别使作者在该书开头就展现出了内容和体例上的别出心裁。

　　部分现代设计史著作对第一次、第二次世界大战期间以包豪斯为代表的现代主义使用了大量篇幅。一方面，现代设计理论确实是从现代主义开始成熟的，后续的国际主义、后现代主义等主流流派都是基于现代主义的理论和思想基础；另一方面，中世纪行会模式、工艺美术运动传统和平均主义，使包豪斯具有强烈的理想主义色彩，具有相关民族身份和文化背景的设计史作者，很自然地会对包豪斯、现代主义、国际主义有更多研究和个人感触，但也因此受于整体篇幅限制，使当代设计思潮部分不免显得有些仓促。

　　对很多设计史经典著作来说，这种不平衡在上个世纪 90 年代和本世纪最初的一些年还不是很明显，但对于政治、经济、文化和艺术日新月异的今天，现代主义乌托邦式的激情正在渐渐平静，而那些曾经被忽略的当代流派也开始发出彼此交错的回声，于是难免令读者因意犹未尽而感到遗憾。相应地，该书作者大卫·瑞兹曼作为美国知名大学设计史和艺术史的研究学者，其文化环境和学术背景，使该书在内容上具有更好的广度和时代感，其编写也显得更加新颖、客观和克制。该书分为 6 大部分，涵盖了 18 世纪以来实用艺术和工业设计的发展历程，涵盖了平面、建筑、印刷、产品、摄影、服装等诸多领域，在各个部分几乎使用了相同的篇幅，分别表现了现代设计在各个时期对政治、经济和技术的现代发展的回应，并且试图表现设计和文化中蕴含的偶然性。不仅从纵向阐述了各个设计流派、各种设计风格的演变过程及其代表作品，而且从横向探讨了设计和社会、经济、科技以及代表市场的大众审美之间的盘根错节。在该书第二版中，作者再一次增加、丰富了当代设计的内容，包括近年炙手可热的工业设计和数码时代的平面设计等，甚至还包括了朋克文化、手工艺复兴等一些非主流流派。这种全面使该书在理论上保持了史学家的清醒和高视角，对读者查找案例、纠正偏见、把握趋势的需求来说，这种紧密联系在众多设计史著作乃至设计手册中都是非常少见并且非常有益的。

　　有个成语叫作"眼高手低"，指标准很高但水平有限，劝导人们做事情要小处着手、脚踏实地。但是对于设计领域的教育和实践来说，则是"眼高才能手高"。长久以来，设计史作为锻炼"眼高"的重要手段，它和设计方法是融会贯通的，在国内外艺术设计院校均已被列为专业必修课。在国内，对于艺术史专业的学生来说，设计史显然是一个主要课题，但对设计专业来说，设计史显然没有得到足够充分的重视。设计——无论是哪个方向的设计——广阔的文化视野都是必要的。从这个角度来说，大卫·瑞兹曼的《现代设计史》非常符合这份"广阔"，因此非常适合作为各个设计专业的通识教材。

虽然厚重的装帧和精美的印刷使该书"分量十足"，但该书对各时期、各流派的分析并不因专业化而显得晦涩，甚至可以说是浅显易懂的。该书也因此被一些艺术史领域的学者认为不够深入（即使它已经达到了 500 多页），一方面，该书作者似乎从不简单认为，设计的目的就是创造"美"的物品，而是更加着重讲述现代设计作为一种创造行为，如何与社会、经济、环境、文化等因素发生关系并且是如何因此而产生变化的，也就是说，该书作者一定程度上非常克制地淡化了以往设计史中常见的具有"自我陶醉"嫌疑的艺术性分析；但从另一方面来讲，正因如此，这本书相对其他史研类教材和书籍，显得颇具亲和力，任何细分专业的人都适用。对于文化创意领域，乃至对于那些只是对设计这门实用技术和艺术颇感兴趣但是本身并不真正从事设计行业的读者来说，也是一本非常容易入门的普及读本。

除此之外，在对待传统文化方面，学习现代设计史同样具有重要意义。我们不妨放下成见，跟着该书作者的介绍，观察一下日本的现代设计。纵观现代设计史，西方世界几乎把握了设计界全部的标准和话语权，而作为唯一异军突起的东方设计势力，日本战后的设计水平得到了全世界广泛的注意和较高的评价。在这方面，大卫·瑞兹曼在他的《现代设计史》中，也对此独立开辟章节，做了较大篇幅的介绍。该书还讲到，其实早在现代设计的萌芽阶段，工艺美术运动和风靡欧洲的新艺术运动非常明显地受到由于贸易往来而被传入欧洲的中国明清工艺美术和日本浮世绘艺术的影响。通过书中收录的比亚兹莱的插画等平面作品，都呈现出上述理论的种种证据，令人印象深刻。

现在，国内许多设计院校的师生和年轻的设计师们已经意识到传统文化的价值，并且认识到设计和艺术所要求的对传统文化特性的感知、传承和表达能力，是可以通过学习设计史来培养的，同时注意到，日本设计在国际化的同时，成功保留了民族和传统的气质，认为它们是"将传统元素国际化"。这种理论确实在日本的设计，尤其是平面设计中很容易找到，但这显然是不够全面的并且带有误导性的。而该书作者大卫·瑞兹曼以他一贯的联系的观点认为，日本设计能够在战后崛起，甚至带动科技进步和经济发展，产生了索尼、松下、丰田等强大的企业，既具有历史性的偶然性，又具有民族性的必然性。这种偶然性与民族命运互相捆绑着，而必然性则深植于心，它们是本质联系而非孤立呈现的。

最后，回到大卫·瑞兹曼这本《现代设计史》的开头，原来早在 18 世纪就有评论者乐观地指出：设计是竞争经济的一个重要元素，因为它刺激了商业发展，从而提高了就业水平。三百多年后的今天，我们可以通过这本书看到一些人通过设计实现了这句话，甚至实现了文化的传播和民族的崛起。如今国内文化创意产业的土壤正逐渐苏醒，让我们也带着这种古老又本质的愿景，让这部设计史的联系、平衡和克制，成为更多转变的契机。

从旧世界预见新未来
——读托克维尔《论美国的民主》

· 李　伟 ·

托克维尔《论美国的民主》是举世公认的经典。它能够经久不衰，不仅是因为它是世界学术史上第一部对美国社会、政治制度和民情进行社会学研究的著作，还因为它是第一部论述民主制度的专著。特别是托克维尔在书中提出的一些前瞻性预测的应验，更是大大增强了整部书的吸引力。例如，预测美国将来可能发生内战；美国必将成为海上第一强国；美俄两国终有一天要各主世界一半的命运；等等。托克维尔细致入微的观察，为我们描绘了年轻时代美国民主的图景。

一、作者及其写作背景

19世纪初，法国王朝更替，政局不稳。相继经历了法兰西第一共和国、法兰西第一帝国、波旁王朝复辟，及至1830年七月革命后，奥尔良王朝登上了历史的舞台。思想领域方面，19世纪20年代法国的"大辩论"，造成了自由派和极端王党的对立愈演愈烈。动荡的局势激发着人们的思考，究竟未来的方向是走向民主制度，还是重新恢复旧制度？

托克维尔出身于诺曼底贵族，他的家族与旧制度有着千丝万缕的联系。托克维尔从家族的衰败中已开始觉察到贵族制度和观念在逐渐逝去。他信服自由派和基佐在"大辩论"中关于民主必然来临的论证。七月革命的胜利，使托克维尔对民主不可阻遏的信念更为坚定。因在效忠奥尔良王朝的问题上与拥护已被推翻的波旁王朝的家庭有意见分歧，以及为避免七月革命余波的冲击，他与好友一同申请停薪留职，要求访问美国，考察美国的新监狱制度。其实，这只是表面的目的，他们此行的真正目的是考察美国民主制度的实际运用，回答民主反对者的挑战：民主社会能够是一个有凝聚力，不会陷入无秩序的社会吗？民主将带来专制还是自由？

美国建国后，很快开始了大规模的领土扩张。1803 年，美国从法国手中购买了路易斯安那。1819 年美国从西班牙手中获取了佛罗里达。这两次领土扩张使美国在不到 20 年的时间里领土面积扩大了一倍多。19 世纪上半叶，美国经历了一场市场革命。这场革命以工业发明、全国市场的建立、交通革命、城市的发展为特征，是一场全国性的经济转型运动，引起了深刻的社会、文化和政治变革。领土扩张和市场革命的后果之一是，从 1800 年起，美国开始了开发西部运动。政治方面，杰克逊执政后，扩大了选举权，大众民主兴起。另外，选举人团的捆绑和"胜者全得"制是选举程序的新变化。

二、主要内容与文章结构

《论美国的民主》分上、下两卷，不是写于同一时期。上卷写于 1835 年，下卷写于 1840 年，相隔五年，因而在笔调、结构、叙述上有所不同。

绪论中作者概述了全书的基本思想。首先，本书的思想基调是贵族制度必然衰落，民主是大势所趋。其次，通过记录和剖析美国的民主政治制度，探讨革命有益于人类的方法，并为法国民主的引导提供经验和教训。在法国，民主革命虽然在社会实体内发生了，但在法律、思想、民情和道德方面没有发生使这场革命变得有益而不可缺少的相应变化。因而，作者这一代人肩负的首要任务是：对民主加以引导，洁化民主的风尚，规制民主的行动；逐步以治世的科学取代民情的经验，以对民主的真正利益的认识取代其盲目的本能；使民主的政策适合时间和地点，并根据环境和人事修正政策。最后，将美国的民主制与贵族制对比，探讨民主带来的结果。"……国家将不会那么光辉和荣耀，而且可能不那么强大，但大多数公民将得到更大的幸福"，描述民主的美好景象。后面两点，实际上是作者考察美国的民主制度和写作的目的，以回击民主反对者的挑战。

上卷的第一部分作者考察了美国的各项制度，特别是政治制度，历述了它的成文法，描绘了其政治社会目前的组织。第二部分，作者对美国的民主进行社会学的分析，试图说明高于所有制度之上的人民的权力是如何行使的。另外，作者还探讨人民权力的激情和本性，它不可遏止地前进的动力，它的无限权威产生的效果和它未来的命运。

下卷分为四个部分，作者以美国为背景发挥其政治哲学和政治社会学思想，分别从民主在美国对智力活动的影响、民主对美国人情感的影响、民主对民情的影响、民主的思想和感情对政治社会的影响四个角度论述了民主对当时美国的影响。

三、内容分析

拉斯基为《托克维尔全集》中之《论美国的民主》所作的导言中说道："……托克维尔使用'民主'一词时有些含混。这既影响了他本人，又影响了读者。他在自己脑海里，对'民主'这个词没有形成统一而准确的概念。"并认为托克维尔经常用这个词表达多个意思。究竟什么是托克维尔笔下的民主？

在绪论中，托克维尔将身份平等当作民主的同义词。在"美国的人民主权原则"一章中，作者将人民主权等同于民主。此外，民主还指一种存在于民情之中的观念和习惯。我认为托克维尔笔下丰富的民主内涵，基本可以归纳为下面四层含义。第一层是政治制度的民主，即建立在人民主权原则基础之上的人人平等享有政治权利的政治制度。第二层，平等化的社会状况和以平等为基础的社会组织形式。第三层，渗入到民情之中的民主，反映在人们的习俗、思想和生活方式上。前三层都是事实结果，第四层是将民主作为一种理想。"……我想象出一个社会，在这个社会，人人都把法律视为自己的创造，他们爱护法律，并毫无怨言地服从法律；人们尊重政府的权威是因为必要，而不是因为它神圣；人们对国家首长的爱戴虽然不够热烈，但出自有理有节的真实的感情。由于人人都有权利，而且他们的权利得到保障，所以人们之间将建立起坚定的依赖关系和一种不卑不亢的相互尊重关系。人民知道自己的真正利益之后，自然会理解：要想享受国家的公益，就必须尽自己的义务……"

民情，一个民族的整个道德和精神面貌，是习惯、思想和习俗的总体。托克维尔认为，自然环境、法制、生活习惯和民情有助于美国维护民主共和制度。其中，"法制比自然环境更有助于美国维护民主共和制度，而民情比法制的贡献更大"。针对民情，作者列举了宗教、美国人的教育、习惯和实践经验如何促进了美国的民主共和制。实际上，美国的民情也存在着劣势。例如，美国民情中存在对黑人的偏见和歧视。由于奴隶制的存在，南部各州的人们轻视劳动，好逸恶劳，追求放荡与娱乐，没有进取精神。再比如，美国人在出国的时候都怀着高傲的心理，在欧洲易表现得妄自尊大和矫揉造作。

　　在上卷的最后，作者描述了美国境内的三个种族的现况，分析了可能出现的未来。印第安人和黑人同为少数族裔，同处于被歧视与被压迫的境地，但在族源、外貌、语言、民情和与白人的关系上均不相同。通过观察和分析，作者认为无论是欧洲人和印第安人之间，还是白人和黑人之间，真正的桥梁都是混血儿。

　　关于托克维尔对黑人问题的观察和思考。首先，他对于黑人问题现状的很多观察都是十分准确且深入的。奴隶制对奴隶主的思想和爱好产生影响，使他们养成好逸恶劳的恶习，变得懒惰、高傲、奢侈，不利于南方的财富积累和进步。北方废除奴隶制是出于白人利益的考虑。但在北方废除奴隶制后，很多奴隶被运送到了南方。同北方不同，南方有其保存奴隶制的特殊原因，废除奴隶制会有很大的危险。另外，他指出"黑人移民协会"是一场异想天开的运动，无法解决黑人问题。

　　其次，托克维尔将美国奴隶制和古代奴隶制进行比较，加深了对美国奴隶制的理解和认识。在古代，奴隶与其主人是同一种族，有无自由是他们之间的唯一差别。因此，古代人取消奴隶制只要通过改革法制，赋予奴隶自由即可解决。但他强调基于财富或法律造成的不平等，易使人们产生一种想象的不平等，形成偏见。这种偏见扎根于民情，虽难以即刻消除，也不会维持太久。而美国的奴隶制将奴役与种族差别有害地结合起来，因而现代的奴隶不仅在自由上，而且在族源上都与奴隶主不同。基于双重的不同产生的偏见，否认了黑人与白人的平等，难以消除。因为即使从法律上废除了奴隶制，赋予黑人自由，也无法抹去黑人遭受奴役的痕迹，无法破除对黑人种族的偏见。在上述比较分析和对北方废除奴隶制州的观察的基础上，作者做出预测：南方废除奴隶制后，会加深白人对黑人的反感。后来历史的发展验证了这一预测的准确性。

　　最后，托克维尔看到了黑人种族给白人带来的风险。与印第安人不同，黑人的命运与白人是交织在一起的。在南方黑人的人数很多，而且力量很大。这个地区的白人只有两条出路，不是解放奴隶与他们混合，就是让他们孤立并保持处于奴隶的地位。但是托克维尔认为奴隶制有悖于历史前进的方向，"在现代的民主自由和文明中绝不是一种能够持久存在的制度"。另外，奴隶制问题对于南方来说，是生死存亡的问题，奴隶主绝不会轻易放弃。因而，黑人问题可能会导致一场内战。托克维尔预见到了美国内战，并认为两个种族必有一个由此毁灭。历史证明，他虽然预测出了结果，但内战并不是黑人和白人的战争，而是北部和南部的战争，并且两个种族也都没有就此毁灭。另外，托克维尔认为解决黑人问题的最好办法是走向融合，这是非常有远见的。

容忍比自由更重要：曼德拉的启示

——读《曼德拉传》

·田 田·

1959 年 3 月，晚年的胡适在《自由中国》发表了《容忍与自由》一文，提出了"容忍比自由更重要"的观点。这篇文章在很大程度上代表了胡适晚期的主体思想，以至于近半个世纪过去，他的文集或传记仍被冠以"容忍与自由"的书名而出版（仅近年来就有法律出版社 2011 年版、同心出版社 2012 年版、北京大学出版社 2013 年版等多个版本）。在这篇文章中，他写道："我要用容忍的态度来报答社会对我的容忍，因为我年纪越大，我越觉得容忍的重要意义。若社会没有这点容忍的气度，我决不能享受四十多年大胆怀疑的自由，公开主张无神论的自由。"流年若水，无论是一个世纪前投身新文化运动参与了"打倒孔家店"的旗手胡适，还是半个世纪前凭借以今日之我战昨日之我的勇气石破天惊地提出"容忍比自由更重要"的胡适，模糊的背影都已渐行渐远。在这个"革命"渐成往事、中庸之道发扬光大、平等协商之说甚嚣尘上的时代，相比于前一个胡适，后一个胡适似乎具有更大的意义和影响力。在当今世界，如果说有什么人将容忍的伟大、容忍之比自由更重要之处，诠释得淋漓尽致，那么这个人大概非曼德拉莫属。

曼德拉，南非反种族歧视运动领袖，毕生致力于南非的反种族隔离运动。曼德拉年轻的时候崇奉武装斗争，是非国大武装组织"民族之矛"的领袖。1962 年，曼德拉在摩洛哥和埃塞俄比亚接受军事训练，回国后不久即遭逮捕，因"非法离境和煽动工人运动"而身陷囹圄。未几，非国大在里沃尼亚的秘密据点被警方发现，"民族之矛"的领导人大都被捕，已身在监狱的曼德拉又在"国家诉非国大最高司令部及其他人案"中受审，随后开始了他在罗本岛长达 27 年的铁窗生涯。曼德拉在狱中始终没有放弃他的理想，出狱后领导非国大与当局谈判，推动南非民族和解与政府改组。1994 年，曼德拉参加南非历史上第一次民主选举并为自己投下一票，同年当选为南非历史上的首位民选总统，被誉为南非国父。这位时代的英雄、世纪的伟人，于 2013 年 12 月与世长辞。

美国记者查伦·史密斯是在曼德拉重获自由后首位受邀采访他本人的记者，与曼德拉及其家人建立了良好的友谊，所著《曼德拉传》是曼德拉生前最后的授权传记，中译本于 2013 年 12 月曼德拉辞世之际由中国人民大学出版社出版。曼德拉既为时代巨子，其传记自然有许多种，其中包括他的自传《漫漫自由路》。查伦·史密斯这本的特别之处，首先在于新。英文原版于 2012 年出版，书后所附大事年表已更新至当时。其次在于内容的权威性。史密斯的写作得到了曼德拉亲自授权，曼德拉及其家人还出席了原版书的首发式。再者则在于微言大义的笔法。史密斯是记者出身，文笔生动，尤擅以小见大，《曼德拉传》虽名为传记，却并不企图对曼德拉的一生做面面俱到的介绍，而是努力突出关键事件的影响，通过点滴小事展现曼德拉波澜起伏的人生画卷，将生动的细节穿插于宏阔的叙事中，使人读之如临其境，仿佛与曼德拉一同走过"光辉岁月"。

阅读《曼德拉传》，首先是接受一场精神的洗礼。曼德拉 1964 年入狱，时当盛年，到 1990 年他重获自由时，已经是一位 70 多岁的老人了。人生最鼎盛的年华而不得自由，实为莫大的痛苦。长达 27 年的监禁不仅没有泯灭曼德拉的斗志，反而激励着他的思索。在这期间，曼德拉迈出了从崇奉暴力到愿意和敌人进行谈判的关键一步。《史记》记载，周武王已平殷乱，天下宗周，而伯夷、叔齐耻之，"义不食周粟，隐于首阳山……及饿且死"，作《采薇歌》。其中有句："以暴易暴兮，不知其非矣。"意思是说，用暴力来取代暴力，我不知道这有什么区别。这句简单的话，穿透时空，从两千年前直抵今日，依然发人深省。伯夷、叔齐在历史上被当作忠贞的化身受到无数褒扬歌颂，而他们临终提出的问题，却历千年而无人回答。千年孤独，莫过于斯。在这一点上，曼德拉或许可以跨越时空，成为伯夷、叔齐的知音。他因参与武装斗争而被捕，一直被认为是反种族歧视的斗士，然而最终使他实现政治理想、赢得世人尊重的，却是容忍、谈判和妥协。妥协有时并不是怯懦的表现，相反，唯其内心至坚至勇，才能勇于同现实讲和、与敌人协商。查伦·史密斯敏锐地捕捉到了这其中的微妙之处，他写道，在曼德拉为和政府进行谈判而努力的时候，非国大却并不能完全理解他的意图，"它对曼德拉提出的谈判倡议仍持怀疑态度"，非国大"尚未做好接受曼德拉的观点或信念的准备，即只有弥合与自己的敌人之间的裂痕，才能铸造和平"。

阅读本书，亦是一次对时代的反思。曼德拉生于 1918 年，于 2013 年辞世，享寿 95 岁，可谓名副其实的世纪伟人。他的一生，几乎跨越了整个 20 世纪。曼德拉出生时，第一次世界大战刚刚结束，兵燹遍布欧洲大陆，亚洲、非洲和拉丁美洲的大片土地仍广泛地处在欧洲殖民者的控制之下。1952 年，曼德拉和坦博开办约翰内斯堡的第一家黑人律师事务所时，世界反法西斯战争已经胜利，一大批殖民地脱离了宗主国的控制，成为新兴的民族国家。1994 年，曼德拉当选南非总统时，冷战已经结束，和平与发展已经成为时代不二的主题，世界开始了不可逆的多极化进程。可以说，整个 20 世纪的历史，是现代化进程在全世界范围内扩展的历史，是世界日益联系为一个整体的历史。然而，20 世纪的历史在取得诸多跨越和进步的同时，也充满了战争、暴力、血腥和冲突，两次世界大战的阴霾笼罩了几代人，经过血火的洗礼，人们才开始珍惜和平、重视通过协商手段解决问题，这无疑是人类文明的重大进步。卡尔·波普尔在其访谈录《20 世纪的教训》中说道："我觉得牺牲自己、让自己冒生命危险，这没问题；我们是在鼓动别人置身险地，甚至被人枪杀，我们没有这种权力。政党领袖也没有权力叫别人牺牲，叫别人冒生命危险。"曼德拉的一生经历了暴力革命的时代，在暴力反抗中历练成长，而最终选择了拒绝暴力，通过和平谈判实现政治理想，似乎正用他的一生说明：暴力终究无助于解决问题，和平对等的谈判才是通往自由的大道。最终令曼德拉获得国际性声誉的信念，大概正如他本人所言："获得自由不仅仅是为了挣断身上的枷锁，更是为了尊敬和促进他人的自由而活着。"从某种意义上说，曼德拉生逢其时。在 20 世纪的历史中，在非洲大陆最南端的彩虹之国，曼德拉以对自由矢志不渝的追求和历久弥坚的韧性书写了属于他的绚烂一页。

阅读本书，同时又不失为一种艺术的欣赏。作者于笔端饱注感情，而又十分善于克制，叙事从容优雅，将曼德拉一生所历艰困曲折娓娓道来，仿佛铺展一幅丘壑千里的画卷，扣人心弦、引人入胜。书中所配图片不仅展现了与曼德拉有直接关系的人物、地点与重大事件，也从一个侧面直观地反映了南非取得反种族隔离斗争胜利的漫长过程中鲜为人知的点滴细节：暴力袭击过后炼油厂上空涌起的滚滚浓烟、群情亢奋的游行队伍，以及南非民主选举首日投票站曲曲折折的队伍，无不提醒着人们，自由不仅意味着令人憧憬的美好图景，也意味着残酷的过程。通往自由的道路注定崎岖坎坷，然而心有所向，自当一往无前。

曼德拉的一生，留给我们诸多启迪，而其中最可宝贵的，大概是他的坚韧与宽容，诚如本书一开始就提到的："曼德拉最伟大的标志之一，就是他非常善解人意。"所谓"大道以多歧亡羊"，世事变幻，虽终有规律可循，但身在其中，往往是"不识庐山真面目"，这就尤其需要宽容的品格。按胡适所论，容忍之所以比自由更重要，大概就是因为每个人的容忍都是他人自由的基石，而整个社会开放包容的气氛是每个人追求自由与幸福的保障。身处这个迅速变革的时代，我们更需要有包容的胸怀，容忍异见、容忍差异、容忍与自己不同的人。唯有容忍，才能对话，才能协商，才能将和平建立在稳固的基础之上。对我们而言，真正的挑战不在于外部世界的变迁，而在于自身适应性的提升。正如曼德拉所言："最难的事情不是改变社会，而是改变自己。"

生是工作，死是休息

——读《胡华文集》

·李慧平·

初夏的京城，百花盛开，阳光灿烂。在 5 月初怡人的晨风中，于人民大学求是园的紫藤花架下我一字一句细细研读着《胡华文集》，想起不久前看到的胡华先生《校园听雨感怀》中的一句"此心每逐风云起，欲作长虹驾碧霄"，先生的音容笑貌遂跃然纸上。如今，斯人已逝，但通读《胡华文集》的六卷本，胡华先生坚定从容、兢兢业业、光明磊落、平易近人的一生即可如画卷般展现在我们的面前……

胡华先生是中国共产党的优秀党员、忠诚的共产主义战士、马克思主义史学家和教育家、中国著名历史学家、党史研究专家。

1921 年 12 月 16 日，胡华出生在浙江省奉化县大桥镇北街一个小公务员家庭里。其父胡明伦，出身贫寒，骨鲠正派，在劳动之余刻苦自学，喜好诗文字画。其母钟惠梅，是贫农家的女儿，多在田间耕作，勤劳善良。其姊胡雅卿，曾为小学教员，婚后在家操持家务。1937 年胡华考入浙江省立高等师范学校。全民族抗战爆发后，他积极投身于中国共产党领导的抗日救亡运动，到奉化城镇演出救亡话剧、教唱抗日歌曲，主办《战时大众报》。1938 年胡华奔赴陕北抗日根据地，1939 年 2 月加入中国共产党。1940 年 4 月起，胡华在革命根据地华北联合大学、社会科学院、法政学院、教育学院等处讲授"中国近代革命史"，从事中国革命史和中国党史的教学研究工作近半个世纪。

胡华先生编著和主编的《中国新民主主义革命史》、《中国历史概要》（与翦伯赞先生、邵循正先生合著）、《日本投降以来美帝国主义侵华史略》、《日本投降以来中国政局史话》、《中国近代革命史讲话》、《中国革命史讲义》、《南昌起义史话》、《青少年时期的周恩来同志》等，影响遍及海内外。

　　此次由中国人民大学出版社出版的六卷本，收录了胡华先生的众多成果。文集中不仅收录了胡华先生的《中国新民主主义革命史》、《中国历史概要》、《日本投降以来美帝国主义侵华史略》、《日本投降以来中国政局史话》、《中国近代革命史讲话》、《中国革命史讲义》等影响深远的作品，还收录了《谁领导了五四运动和第一次大革命》、《学习和发扬井冈山斗争的光荣革命传统》、《从八七会议到遵义会议的若干历史情况》、《学习党的历史，发扬高度民主精神，发扬爱国主义和共产主义精神》、《领导城市工人斗争的经验》、《周恩来同志在第二次国内革命战争时期的理论贡献》、《回忆周总理对教育工作和史学工作者的关怀》、《"无枚皋之敏捷　有司马之淹迟"——忆吴老》等众多文章。在文集的最后一卷，还将胡华先生生前大量的往来书信展示在读者面前，这些书信涉及党史研究的范围很广，对全国高校和党史工作者的党史研究与教学具有一定的指导性，是记录反映中共党史的宝贵资料。除了书信，文集的最后一卷还收录了胡华先生的诸多诗作，这些诗作或即景抒情，或感时纪事，吸引着读者去追踪胡华先生从事中共党史研究的足迹，去寻觅和感悟胡华先生丰富的情感世界。

　　读《胡华文集》，可以感受到胡华先生的革命乐观主义精神。1965 年 3 月 13 日夜，胡华先生所住田家岗贫农张毛家窑洞上之七八丈山崖，因开冻崩塌，一时忽如天崩地裂，声如巨雷。窑洞与胡华先生同大三子同住之羊圈小屋，均被压塌半间。十来口人半埋土中，互相惊问、关心，而竟均无恙。胡华先生感慨，亦算顽幸矣，遂咏以志之："走南闯北烽烟多，几历惊涛与险波。四十五年身许国，崖摧窑塌奈我何！"1964 年 12 月 31 日，胡华先生咏五台田家岗梨树一诗，亦让我们从中感受到了先生的乐观与豁达："老梨新枝劲，迎春竞发芽。雪蕾明素志，佳果惠天涯。耐苦栖深谷，存心只利他。昨宵风雨后，催开满树花。"

　　读《胡华文集》，可以感受到胡华先生与朋友、同事间感人的革命友谊。1969 年 11 月 16 日，著名的马克思主义历史学家和教育家何干之先生在被造反派强制劳动中，猝死于北京郊区的前沙涧村。胡华先生闻之悲痛至极，于料理丧事的当晚，愤然吟出悼亡诗："师友过从三十年，何胡休戚每相连。前沙涧水悲流海，八宝山云泪暗天。空有雄心编党史，岂无壮志辨忠奸。红楼欢语成往事，更著新篇待后贤。"1945 年 6 月 30 日，胡华先生得知自己在陕北公学高级研究班的同学、浙江同乡汪士汉定于七一结婚，"心中欣喜，匪可言状"，特地寄诗一首，以志祝贺之忱："北国江南两遥遥，烽火缩地感凤苗。并肩今赏冀西月，携手归看浙江潮。风流人寰连理枝，翱飞天际比翼鸟。无限前程羡佳偶，秀色氤氲北岳高。"多年以后，当事人回忆说："他（胡华）把这首诗写在一个咖啡色的漆皮面的小笔记本上（在当时人们都是用线把白报纸订成本子的情况下，这种从敌占区'进口'来的小笔记本是非常高级的），按照当地的习惯，胡华同志又在皮面外精心地用一块蓝细布包了一层。打开封面，就是胡华同志用他那俊秀的字迹写的题记和贺诗。这在当时无论从物质上还是从精神上都是宝贵的礼物。"

读《胡华文集》，可以感受到胡华先生与父母之间浓浓的亲情。1938 年 10 月 5 日，当时只有 16 周岁的胡华，与奉化中学校友张岱踏上奔赴延安、抗日救国的道路。11 年炮火硝烟中，数年无法通邮，与父母断了音讯。双亲挂念远在千里之外生死未卜的独子，望眼欲穿。直到 1949 年初，胡华才得以与家人取得联系，当时他在河北正定任华北大学中共党史教学组组长、第一部第八区队队长。其父胡明伦在喜获胡华音讯之后，题诗一首："尝胆枕戈十一年，酸辛曾未报亲前。遥呈一纸淋漓墨，信有拯民铁石肩。愿汝精诚成永固，大军解放逼穷边。我衰仅得护纫术，只合携孙看力田。"北平解放后，胡华收到家书，看到照片上母亲因备受煎熬而憔悴衰老的面容，百感交集，特赋诗一首："母在江之南，望穿锦溪水。烽火连十载，念儿母颜毁。梦回离别日，慈母依稀泪。会当唱大风，始报三春晖。"

读《胡华文集》，可以感受到胡华先生对儿女们的谆谆教诲。1970 年 1 月 17 日，胡华先生在给长女胡宁的信中提及："你是在革命战争的暴风雨里诞生的。在你婴儿时期至一二岁时，不断处在行军和动荡之中，头上有国民党飞机轰炸，经常要夜行军，尤其你刚诞生后，行军都要靠根据地贫下中农赶了大车护送。所以，你的生命同党、同毛主席领导的伟大革命事业是分不开的，同贫下中农的无微不至的帮助和支援是分不开的。所以，你永远不能忘记党和毛主席的无微不至的关怀，贫下中农的无微不至的照料和支援。"1972 年 2 月 14 日，胡华先生从江西余江县中国人民大学"五七"干校回家乡（浙江奉化）探母，除夕夜，他给工作在各地的子女写信，勉励他们以英雄为榜样，不怕苦累、有志有为："你们五人在外各在自己的工作岗位上英勇奋战，艰苦卓绝，捷报频传，也使我们老辈人高兴，你们互相鼓励，百尺竿头，更进一步，珍惜每一天，珍惜每一步，争取日有可进。王铁人'北风当电扇，大雪是炒面'之句，以艰苦为光荣、以艰苦为幸福、克己奉公的精神，值得好好学习；做一个高尚正直的人，虽苦犹乐。青年时期经历艰苦的锻炼，是毛主席对后一代有意的培养，你们要好好体会党和主席的苦心，不要辜负党的期望。"

　　读《胡华文集》，可以感受到胡华先生对知识的无比珍惜与热爱。在《胡华文集》第一卷中，国家清史编纂委员会主任，中国人民大学教授、博士生导师戴逸先生在《胡华与〈中国新民主主义革命史〉》一文中写道："胡华备课、著书的资料，是用生命保存下来的。1939年9月，华北联大师生从延安赴晋察冀抗日根据地，征途3000多里，跋山涉水，历尽艰辛。当跨越同蒲铁路的敌人封锁线时，大家背着背包（内有被子、衣服、书籍等）冒着生命危险趁着夜色急行军，一口气就是140里。经历过那次行军的丁一岚同志（中国国际广播电台原台长、邓拓夫人）曾回忆说：'在跑步行军时，背包越背越重，喘气都很困难，许多师生在途中痛心地扔掉了一些书。胡华告诉我，当时他也跑得气喘吁吁，但是他咬着牙坚持背着三十多本成仿吾校长与何干之同志在延安送给他的关于革命理论的书，有的还有毛主席亲笔签名。他一本也没有扔。在那种紧张的情况下，他内心的斗争，我是十分理解的。对一个研究学问的人来说，书是他生命的一部分。那些沉重的、宝贵的书，始终紧贴在胡华的背上一起过了敌人的封锁线。'"

　　读《胡华文集》，可以看到胡华先生为中国革命史、中共党史的国际学术交流作出的卓越贡献。在"胡华致函"部分，有多篇胡华先生致日本历史学家阿部真琴、致日本岩村三千夫、致苏联历史学家潘克拉托娃院士、致日本坂本清马、致苏联列宁格勒大学东方学系别列兹内教授等人的信函，在这些通信中，胡华先生以友好而谦虚的口吻，与国际友人进行了真挚的交流。胡华先生还曾经组织和接待了多位来华访问的国外学者，并赴美国等地讲学。20世纪80年代，胡华先生受中央领导同志的嘱托，鼎力帮助索尔兹伯里先生完成《长征——前所未闻的故事》一书。索尔兹伯里向胡华先生提出了不少有关长征的问题，凡是他清楚的，一一作了回答；凡有待考证的，他则想方设法弄清楚后再回复。借此，向世界宣传了中国工农红军伟大的二万五千里长征。

　　读《胡华文集》，可以感受到胡华先生对国家、对民族的大爱。在《日本投降以来美帝国主义侵华史略》的结束语中，胡华先生高呼："中华民族则是永远要生存的！我们的斗争，是胜利的斗争；我们的事业，是翻天覆地的事业！我们将随后地终结四五千年来旧中国的黑暗统治，开创历史的新纪元！'在不久的将来，自由的阳光一定要照遍祖国的大地'的！"

　　胡华先生自参加革命以后，始终忠于党、忠于人民、忠于革命，无论在戎马倥偬的战争年代还是在社会主义建设的和平环境，无论在受到组织重用的顺境还是在受到冲击的逆境，他从来没有动摇过对马克思主义的信仰和共产主义事业的信念，而这些坚定的信仰与信念亦有力地昭示着胡华先生对国家、对民族的大爱。最后，谨以胡华先生的座右铭之一（毛泽东为陕北公学题词）与诸君共勉：

> 　　要造就一大批人，这些人是革命的先锋队。这些人具有政治远见。这些人充满着斗争精神和牺牲精神。这些人是胸怀坦白的，忠诚的，积极的，与正直的。这些人不谋私利，唯一的为着民族与社会的解放。这些人不怕困难，在困难面前总是坚定的，勇敢向前的。这些人不是狂妄分子，也不是风头主义者，而是脚踏实地富于实际精神的人们。中国要有一大群这样的先锋分子，中国革命的任务就能够顺利的解决。

追寻伟大的足迹

——《金大中自传》评介

·孟庆晓·

中文版《金大中自传》翻译自韩国版《金大中自叙传》。该自叙传由金大中和平中心在金大中自 2004 年开始的 41 次口述录音和日记等的基础上整理而成，如实、全面记录了已故韩国前总统金大中的生活和从政历程，其不懈斗争的过往岁月和绝不妥协的心路历程令人备受鼓舞且赞叹不已。

《金大中自传》分上下两册、十二部分；美国前总统比尔·克林顿、原苏联总统戈尔巴乔夫、德国前总统魏茨泽克为其作序。

上册（一至六部分，1924—1997 年），记述了少年时代的金大中及其当选总统前跌宕起伏的从政经历。偏居韩国西南一隅荷衣岛的少年金大中过着无忧的生活，随后走向当时的海港城市木浦，成为年少有为的成功商人，继而从政（1954 年进入政界），屡败屡战（1961 年当选国会议员；1971 年第一次竞选总统失败；1980 年被判处死刑，后被驱逐出境；1987 年第二次竞选总统失败；1992 年第三次竞选总统失败），其间倾家荡产，被羁押、获刑、流亡，几次命悬一线，归国后在波谲云诡的韩国政坛杀出重围，当选总统（1997 年当选韩国第 15 届总统），实现政权的和平交替。

下册（七至十二部分，1997 年 12 月—2009 年 6 月），详述了就任总统之后的内政外交。亲手开启了韩国的民主化时代，将当时身处襁褓之中的韩国宪政民主悉心培育，使其走上正轨；克服金融危机，搞活经济；实施"阳光政策"，开启南北和解之路（2000 年，同金正日举行韩朝最高领导人首次会谈，签署了《南北共同宣言》，荣获"诺贝尔和平奖"）；将对华政策从侧重于政治意义调整为重视实际利益，中韩两国建立了全面合作伙伴关系；卸任后，心怀世界，致力于以人为本的世界和平事业。

时势造英雄，英雄开创新时代。通过本书不仅可以了解金大中的传奇人生，而且还可以获得研究韩国现当代史的珍贵史料。从更深层次上说，还可以涤荡心灵，获得精神境界的提升。

1. 管窥韩国现当代史

历史的沉重与辉煌在个人风云剧变、激情澎湃的岁月中沉淀，使得本书的历史价值与人物魅力同在。如本书对金大中所经历的诸多影响深远的大事都多有详述，通过此可以管窥韩国现当代史，获得珍贵史料。金大中经历了日本殖民统治、解放，朝韩分裂、朝鲜战争，军部独裁等时期，尤其是 1961 年当选国会议员后，在政坛几经沉浮，字里行间披露颇多历史细节。

1945 年日本人撤走之后，金大中身处木浦，加入韩国独立运动政治家吕运亨创建的"建准"。亲身经历了当时局面的混沌与混乱——独立运动领导人内部斗争不断，与美国的博弈激烈，清剿南部共产党的行动在持续，等等。

朝鲜战争爆发时，金大中正好在汉城出差。见识了当时李承晚政府的无耻——明明避难去了大田，却声称一定会坚守汉城，使得普通民众遭受重大损失。金大中也与死神擦肩而过。

建国后，韩国大小党派林立，你方唱罢我登场，政局混乱，暗杀不断。特别是在朴正熙时期，军部独裁政权当道，许多历史细节在书中得以呈现。全斗焕、卢泰愚、金泳三、卢武铉等的政治生涯也多有涉及。

当选总统后，书中详述了使韩国渡过金融危机的企业、金融、公共部门和用工制度四大改革，以及"献金运动"，披露了其中的艰辛历程。在外交政策方面，积极推动其"阳光政策"，促成朝鲜半岛南北和解，签署《南北共同宣言》，其间的小心翼翼、历史期待、惊心动魄在书中展露无遗。

2. 启示当世混沌心灵

"我希望改变这个世界"。为此理想，金大中即使目睹了朝鲜战争时期在避难地釜山发生的政治暴动，依然弃商从政，成为一名政治家，面对现实，与国民携手排除万难，推翻、摧毁压迫国民的旧体制，立志做引导革新的总统。即使被骂为"总统病患者"也不介意。

"但求活得正直，无愧于心"。金大中的一生虽然遍布荆棘，但他并不认为这是不幸的一生，他表示，即使能重生成百上千次，他也会像今生这样排除万难地活下去，因为他不求回报，但求活得正直、无愧于心，并一直为此而努力着。

"依自己的良知行动"。金大中始终如一地保持着自己的良知，无论是在教导所里，还是在死亡的边缘；无论是处于总统高位，还是在解甲归田后。哪怕对自己不利，哪怕自己的生命受到威胁，也坚定不移地依自己的良知来行动。

"无欲则刚，有容乃大"。军政时期的韩国政坛，打击报复成风。反对金大中的人坚定地认为，掌权后的金大中必将进行无情的政治报复。但事实是，金大中在当选总统的第二日就声明：绝不会进行政治报复。在当选后的第四日，因贪污渎职而坐牢的前总统全斗焕和卢泰愚被特赦。人们甚至在金大中正式就任总统的典礼上，看到了非盟友全斗焕、卢泰愚和金泳三等在主席台上就座，这在韩国是史无前例的。

"愿以人为本的世界充满和平"。在谎言和暴力的环境下，在牢狱与监禁中，金大中为了祖国坚守信念，为了进一步实现自由和民主主义、开展合作与缓解紧张关系，以及为了生活在朝鲜半岛的人们能以崭新的面貌生活下去，进行了不懈努力，终生致力于建立更加和谐、正义的世界。他展现给世人的是永不放弃的精神，其人生之路有无限深远意义。

论制度与文化的关系

——读《厨房政治》

·于凯燕·

　　《厨房政治》是近期我读到的兼具幽默和独到见解的一篇短评,作者刘瑜用犀利自嘲的口吻探讨了合租厨房的卫生问题,实际上是在思考政治学界最常见的两个概念,也是政治哲学发展脉络里一对重要的关系:制度和文化。书中频繁出现的"制度"二字让我有了一种整体了解制度学派的冲动。经过翻阅文献,我了解到目前制度主义主要有以下几大流派:历史制度主义、理性选择制度主义、社会学制度主义。作者在这篇文章中探讨的内容大致属于理性选择制度主义与社会学制度主义的关系问题。

　　理性选择制度主义告诉我们制度是提高效率的有效方式,当柏拉图式的哲学王不存在时,制度是维持社会运转的一种可行且有效的方式,理由大概有三:一是制度为社会运行描绘了合理的通道,如红绿灯一般,社会成员沿着制度设定好的路径前行,社会便会有序发展。二是当有人"违章"时,制度设定必要的惩罚机制,闯红灯的人就会吃到罚单。三是惩罚足以对"违章者"形成威慑,可以迫使其回到正确的轨道。

　　理性选择制度主义可以有效地解释大部分机动车的遵章守约,但是却无法解释在没有任何人监督的情况下仍老老实实等候红绿灯的人,同理它也不能解释"中国式过马路"现象。这个维度就是社会学制度主义所强调的,"即使是一个高度工具性的行动者,也有可能会选择某一具体文化背景下的特定策略"①。

---

　　① [美]彼得·豪尔、罗斯玛丽·泰勒:《政治科学与三个新制度主义》,载《经济社会体制比较》(双月刊),2003 (5)。

在刘瑜的中式烹饪者居多的合租厨房内，设定一套制度并维持其运行也并不是没有可能的，正如作者所言，根据人性中的自私成分，完全可以建立一套奖罚制度，问题就在于奖罚制度的运行需要成本，比如打扫一次卫生发奖金 100 美元或者雇一个肌肉男，凡不打扫卫生的都要遭此肌肉男暴打。这些成本无人支付，所以在这个公共厨房内暂时可以排除理性选择制度主义给出的建议。事实上正如作者所言，在这个公共厨房是有制度存在的，比如合同里有明文规定：做饭以后必须打扫卫生。但是去强制执行这条规定的成本更高，因为首先按照规章走，作者首先要到住房办公室"立案"，按照"谁主张谁举证"的原则，作者需要每天潜伏在厨房中揪出"几个真正的、持续的'凶手'"，这其中可能涉及与室友的正面冲突、各种死不认账以及与住房办公室的周旋（住房办公室可能认为自己有更重要的事情做，比如给一大批新生提供新的住所等，而不是解决这点"鸡毛蒜皮"的卫生问题），这件事需要巨大的时间成本。对于一个"理性人"来讲，作者选择了一种更"划算"的做法——少做饭，少去厨房。

这种现象在实际生活中比比皆是，"中国式过马路"现象无法从制度的角度治愈就是其中所牵涉的各种成本使然。按道理说，红绿灯的设定是有法律效力的，人们理当遵守，当出现事实上的不遵守时，按照理性选择制度主义，可以设定遵守交通规则过马路者奖励 10 元钱，这显然不可能，公共财政不会为此出钱，个人更不可能。或者可以雇更多的交通协管员，在每个路口抓这些人，抓住或是一通道义谴责使之脸红（这个设定是假设多次脸红之后，习惯会改，这实际上是制度在影响文化），或者直接罚款。但问题是，中国有这么多十字路口，如何去雇如此多的协管员，协管员的工资谁出。事实上即使雇了协管员，协管员也很难管住如牛毛般的违章过马路者。一是"中国式过马路"俨然已经成为习惯；二是中国人似乎向来认为"法不责众"，否则的话红绿灯就可以管住这种现象。

事实上这正是理性选择制度主义的漏洞所在，理性选择制度主义在提供了一套精美的模型后，往往对"一些制度所显示出的无效率现象不做解释"[①]。而这种"无效率现象"比比皆是，任何组织都规定有一整套严密的沟通流程，但是相信每一个组织成员在经年累月的工作中，都感受过为沟通所付出的巨大的成本。

---

① ［美］彼得·豪尔、罗斯玛丽·泰勒：《政治科学与三个新制度主义》，载《经济社会体制比较》（双月刊），2003（5）。

在这个成本面前，很多人选择缄口沉默，是因为大家经过思索都意识到这几乎是目前为止最佳的制度选择。

那么作者刘瑜就开始纳闷了，维护整洁的公共厨房就必需这么高的成本吗？作者最后找到了一个解释：制度固然重要，而文化是降低制度实施成本的最有效因素。在公共厨房里维持秩序的有效方式就是自觉，而这种自觉本身就是一种文化。如果人们有无论在何时何地都保持环境整洁的自觉性时，别说厨房，整个社会的卫生问题，都将不再成为问题。当人们有遵章守纪的自觉性时，"中国式过马路"这个名词也必然会消失。这也是为什么现代企业除了强调规章制度到位，还在努力构建和谐的企业文化，因为大家似乎坚信和谐的企业文化这个看似假大空的名词带来的认同感真的可以降低冗长的沟通流程的成本。

文化背景本身的确是制度运行的宏大背景和肥沃土壤，它是如此庞大和肥沃以至于专业的社会学制度主义者将文化本身也界定为制度。"社会学制度主义者认为个人并不能单纯被视为追求利益最大化的'经济人'或效用最大化的'理性人'，而应当把个人看作是处于各种不同社会制度背景下的'社会人'，利益和效用的确认本身就需要制度的存在。"① 这也是为什么从社会学制度主义的视角出发可以破解个人利益最大化假设下的"囚徒困境"和"公地悲剧"。社会学制度主义一如其前缀社会学所示，它主要是从集体的视角出发解释问题，而不是从个人视角出发。当然大部分的社会科学理论都是在试图更加逻辑自洽地解释现实，而很少具有改造现实的能力。

在房价高不可攀的北京，合租房里公共空间的卫生问题，相信有过合租经验的人应该都遭遇过，柏杨曾强烈批判中国人的"脏、乱、吵"，这些现象在合租的公共空间里仍在上演并几乎无解。不得不说这是一个沉痛和严肃的文化问题。希望理性选择制度主义建构的制度选择能够促进社会生产力的极大发展，进而带来物质生活的极大丰富，进而使国人能够静下心来搞一下卫生问题，能够放慢速度，去遵守马路边醒目且刺目的红绿灯。这只是我们渴盼的理想，事实上文化的演进和变迁又是另一套庞大而复杂的体系，要想研究透彻可能需要耗费另一番精力以及几本书的篇幅，在此便不再展开。笔者只是希望随着时代的演进，公共秩序可以更加和谐且运转流畅。

---

① 吴晓文：《政治学视野中的社会学制度主义学派：一个文献综述》，载《四川师范大学学报》（社会科学版），2008（3）。

参考文献

1. 刘瑜. 厨房政治//送你一颗子弹. 上海：上海三联书店，2010.

2. 祝灵君. 政治学的新制度主义：背景、观点及评论. 浙江学刊，2003（4）.

3. ［美］彼得·豪尔，罗斯玛丽·泰勒. 政治科学与三个新制度主义. 经济社会体制比较（双月刊），2003（5）.

4. 马雪松，周云逸. 社会学制度主义的发生路径、内在逻辑及意义评析. 南京师范大学学报（社会科学版），2011（3）.

5. 吴晓文. 政治学视野中的社会学制度主义学派：一个文献综述. 四川师范大学学报（社会科学版），2008（3）.

主义与问题

——《公平正义：社会主义法治的核心价值》评介

· 班晓琼 ·

从古至今，无论中外，社会公平、正义问题都是人们关注的重要问题。因为公平、正义体现的是人们对社会利益关系的认识、判断和协调，公平、正义关涉社会中每一个成员实实在在的切身利益，是人们所追求的最重要的社会价值，也是国家获得合法性的基础。

一、本书的写作背景

2014 年，人大社推出《全面建成小康社会系列丛书》，这是一套深入学习宣传贯彻党的十八大精神主题的重点出版物。全套十本，涵盖科学发展、民主决策、教育公平、幸福社会、和谐公正、包容共享、法治中国、公平正义、和平发展、文化复兴十个主题，本书即是其中一本。

党的十八大报告提出，坚持维护公平正义是发展中国特色社会主义事业的基本要求之一，"公平正义是中国特色社会主义的内在要求。要在全体人民共同奋斗、经济社会发展的基础上，加紧建设对保障社会公平正义具有重大作用的制度，逐步建立以权利公平、机会公平、规则公平为主要内容的社会公平保障体系，努力营造公平的社会环境，保证人民平等参与、平等发展权利"。

十八大报告针对新形势提出了实现全面建成小康社会和全面深化改革开放这一目标的全方位、多层次的工作要求：在加快完善社会主义市场经济体制和加快转变经济发展方式方面，在坚持走中国特色社会主义政治发展道路和推进政治体制改革方面，在推进社会主义文化强国建设方面，在改善民生和创新管理中加强社会建设方面，在大力推进生态文明建设方面，在继续促进人类和平与发展的崇高事业方面，在全面提高党的建设科学化水平方面，着重强调"公平、正义"。

但是，这并不意味着维护公平、正义的要求只适用于这些具体方面。作为中国特色社会主义的内在要求，维护公平、正义是实现人民根本利益和基本权利的重要手段，也是协调社会利益矛盾、建设和谐社会的基本原则，这一原则应该在社会建设事业的各领域各层次得到充分的落实，这样，才能保障中国特色社会主义事业在符合社会发展规律的基础上朝着实现人的全面自由和发展的伟大目标不断前进。在现代社会，法是协调利益矛盾、维护社会公平和正义的基本手段。因此，理解法与公平、正义的关系，理解法的形成和运作的规律以及法的职能、作用，并在此基础上探索如何通过法这种手段促进社会公平、正义的实现是本书的重点。

二、本书的作者情况

本书有两位著者，一位是中国人民大学法学院德高望重的法理学泰斗——孙国华教授，另一位是青年骨干教师周元博士，一长一少、师徒二人共同完成。

孙国华教授是中国人民大学法理学博士点创建人，中国第一部法理学统编教材的主编和编写人。1986 年为中共中央书记处领导讲授法制课，是为中央领导讲授法制课的第一位法学学者。担任最高人民检察院专家咨询委员会委员、朝阳法学研究中心主任等职。作为课题负责人承担了多项国家级项目的科研工作：2012 年度国家社科基金重点项目"促进社会公平与正义的理论与实践研究"、2003 年度国家社科基金重点项目"中国特色社会主义法律体系研究——法经济学基本理论及其应用"、1997 年度国家社科基金项目"马克思主义法理学——关于法的形成和运作的原理"等。

周元，2002 年至 2011 年就读于中国人民大学法学院，法学博士，现任教于昆明理工大学法学院。参与 2012 年度国家社科基金重点项目"促进社会公平与正义的理论与实践研究"、2006 年度司法部国家法治与法学理论研究重点项目"和谐社会的法治基础研究"等课题的研究工作。

两位著者各有所长，一位是近九十高龄的长者，对思想、主义有着深厚的积淀，掌舵本书的方向；另一位是思维活跃的青年，关注国内外现实最新发展情况，以现实可读性、务实性锻造本书的内容，使本书充满鲜活的气息。

三、本书总体概览

本书分为六个部分展开讨论：

第一部分，公平、正义的科学内涵。第二部分，法与公平、正义的关系。第三部分，公平、正义是社会主义的内在要求。第四部分，公平、正义是社会主义法治的核心价值。第五部分，在法的创制过程中促进公平、正义的实现。第六部分，在法的实施过程中推进公平、正义的实现。

本书既体现了十八大报告的精神，又体现了法学理论研究的深度。结合新的社会形势、新的工作要求，在对社会各个领域中存在的重要利益矛盾和现有解决手段、人们利益认知上的错误观念进行全面分析的基础上，结合有关公平、正义的内涵，法的价值，法的职能和作用等问题的最新理论研究成果（依托于本书作者孙国华负责的 2012 年度国家社科基金重点项目"促进社会公平与正义的理论与实践研究"和本书作者周元有关"探求正义的法学方法论"的研究），系统地阐明社会主义公平、正义的内在要求，社会主义法治建设的价值目标和实现手段。

特别需要指出的是，公平、正义是认识、评价和协调利益矛盾的准则，因此，直面现实中存在的利益矛盾，直面国家机关工作的失误缺漏，并对利益矛盾、失误缺漏进行深入的剖析是解决社会矛盾、推进社会公平正义的前提，这是实际工作和理论工作都不能回避的问题，是贯彻党和国家政策、实现社会主义法治、落实群众路线的必然要求，也是本书的实用和可读之处。

四、本书的内容特色

本书开篇介绍、比较了几种有代表意义的西方正义理论，亚里士多德的正义理论、亚当·斯密的正义理论和约翰·罗尔斯"作为公平的正义"理论，加以客观的分析、理性的扬弃，由此阐明了社会主义公平、正义的内涵。

本书题目宏大，有关我国每位公民的利益、福祉，但是作者并非空谈阳春白雪的理论、宏观理想的政策，而是真正关注民生，从社会现实中找到人民最关注的问题，结合国家的法律法规、政策目标和公正理念，直面存在的问题，分析其原因并提出完善的路径。

比如，在第三章"公平、正义是社会主义的内在要求"中：

第一目"促进社会主义经济发展需要公平、正义"中，作者首先从保护劳动者利益的角度出发，提到了 2009 年张海超"开胸验肺"事件、2012 年"江西艾滋就业歧视第一案"、富士康员工自杀事件、劳动者过劳死、女性就业歧视等问题，通过分析这些典型问题，介绍了我国劳动者权益保护法律制度的逐步发展和完善情况，并提出了进一步实现公平、正义的劳动制度的现实问题和解决途径。其次，在建立公平的市场经济机制方面，作者讨论了我国的房地产问题、食品安全问题等，这些都是关乎民众利益的重要问题。

第二目"落实社会主义民主政治需要公平、正义"中，指出存在的问题：政府预算不透明，尤其是政府"三公"经费（政府部门公务出国经费、公务用车购置及运行费、公务接待费用）的不透明和铺张浪费的问题尤其突出。对此梳理了国家的相关对策和进一步完善的办法。

第三目"加强社会主义文化建设需要公平、正义"中，作者结合了社会热点问题进行分析，比如"小悦悦事件"折射出的人们的道德冷漠；以电影《小时代》为视角，分析当前社会中泛滥的"物欲至上"的价值观；由"李某某等轮奸案"引发的"强奸良家妇女比强奸陪酒女、陪舞女、三陪女、妓女危害性要大"的论争，"嫖宿幼女罪"的存废问题等舆论热点，这些反映了传统道德对男女的要求是否平等和社会法律保障是否有身份差别等问题。针对近年来的学术腐败、学术不端问题，提出了增强学术民主的应对措施。

第四目"改善民生需要公平、正义"中，特意讲到"推进教育公平"等关乎每个家庭的问题。分析现有的户籍制度是导致教育不公的关键因素，作者例举了 2012 年发生的"占海特事件"这一引起社会关注和反响的事件，分析了国家解决这一问题的现有措施，并提出了进一步推进教育公平的手段。

第五目"推进生态文明建设需要公平、正义"中讲到当前的产业结构和消费方式加速了环境污染，如 2013 年 1 月，北京的雾霾天气超过 20 天给人们的生活带来严重影响。环境问题是与社会经济发展紧密相关的，直接影响着人类的生存和发展，只有在社会各领域、各层级的决策过程中贯彻民主，才能保障我们每一个人的切身利益。

第六目"维护世界和平与发展需要公平、正义"中，作者客观分析了世界经济体系的不公问题。如今，美国等西方发达资本主义国家主要通过两种方式维持不公平的世界经济体系、从他国攫取财富：一是将金融业、高科技产业等高附加值产业留在国内，将产业链条末端的制造产业外包到发展中国家，继续以压榨发展中国家的廉价资源、廉价劳动力、低廉的环保成本和消费市场来赚取利润。二是直接投资发展中国家国内的产业，利用货币汇率产生的差价和外商投资的优惠条件，在压榨廉价资源、劳动力的基础上，赚取更多的利润。作者以 2006 年年底美国开始的次级贷款危机引发的全球金融危机、全球粮食危机等具体问题入手挖掘背景，分析原因。从最根本上来说，发展中国家的经济安全问题必须通过增强自身综合实力和建立公平的世界经济体系来解决。没有公平的世界经济体系，就没有发展中国家经济的长足发展，全球社会长期、稳定的发展将得不到保证。

第七目"改善党的领导需要公平、正义"中直面党内民主建设存在的问题，提到了近年来备受关注的成克杰受贿案，陈良宇受贿、滥用职权案，侯伍杰受贿案，作者从权力制约、党务公开、人事任免等方面提出了问题的解决手段。

前面三章，作者分别在理论层面和现实层面阐述了公平、正义的内在要求，这些要求正是以法为主的各种社会调控手段发挥作用的方向。

第四章总结我国发展法治的经验，将我国的经验与资本主义国家的法治模式相对比，深入理解社会主义法治和资本主义法治的区别；结合对社会主义、共产主义事业的理解，明确社会主义法治的内涵和原则，社会主义法治的使命，作为社会主义法治核心价值的公平、正义的地位和功能。

第五章、第六章分别从法的创制过程和法的实施过程阐释了公平、正义的实现路径。

就法的创制过程而言，本书强调正确认识和协调利益关系是立法的核心任务；正确认识和协调利益关系需要增强立法的民主性；选择适当的法律调整方法协调社会利益关系是科学立法的首要任务；制定逻辑周全的法律规范是科学立法的基本任务；注重法律体系和立法体系的协调统一是科学立法的重要任务。最后落脚到目前立法工作中需要解决影响公平、正义实现的重要问题。

就法的实施过程而言，本书首先分析了法的实施过程与影响法实施的因素；其次，探讨了行政机关依法行政、严格执法与社会公平、正义的实现的关联问题；再次，论述了司法机关公正司法，提高司法公信力与社会公平、正义的实现的关联问题；最后，提出要切实尊重和保障人权，加强价值观引导，构建全民守法的社会。

五、总结

本书是一本强调思想、主义的论著，旗帜鲜明，高屋建瓴，阐述政治上层建筑的构架；同时本书也是一本关注现实问题的论著，根植于普通大众的切实生活，涉及政治、经济、文化等方方面面。公平、正义不应是一个空谈的口号，主义只有能解决现实问题才是有生命力的主义。读过本书，无论你是官员，还是学者，抑或只是一个向往公平、正义的普通人，对于关注我们国家的发展、关注我们自身的利益，都会有所收获。

引入社会科学研究方法　搭建跨学科研究桥梁

——《刑事推定的基本理论》评介

· 邓碧君 ·

一般认为，推定是证据法学研究中的一个小问题，因为该制度只是作为技术性规则影响证明责任的分配。然而，在刑事司法领域，通过该"小问题"可以发现理论研究的"大视野"。最近几年，推定问题受到刑事司法领域很多学者的关注，以此为研究课题的论文、专著不断问世。《刑事推定的基本理论》一书可算是研究刑事推定问题的最新著作。本书突破了对推定问题的传统研究思路，从犯罪构成要件可证明性的角度审视刑事推定，在梳理我国现行研究成果的基础上，对事实推定、法律推定与刑事证明的关系、推定的规制、刑事推定的理论障碍、推定在解决犯罪构成要件证明困难中的限度等问题进行描述和解释，对事实推定是否存在、如何规制推定的设置和运用、犯罪构成要件证明困难的解决方式等实践和理论难题进行了理论讨论和回应。

一、主要内容介绍

具体来说，在第一章中，作者从解决犯罪构成要件证明困难的角度提出了本书的论题——推定，并分析了推定解决证明困难的优势和界限，从而引出本书所要讨论的话题、分析的角度。作者首先对"犯罪构成要件的证明困难"、"作为解决证明困难方式的推定"进行描述，进而提出证明困难有广义和狭义、主观要件和客观要件证明困难之分，推定在解决各类证明困难中均发挥了一定的作用。当然，推定在解决犯罪构成要件证明困难方面有一定的优势，也存在界限，需要详细分析，由此引出本书的主要内容。

第二章对现有的研究成果进行梳理，分为推定的概念、分类、功能、构成要素和适用结构、效力、规制、与诉讼模式的关系等几个专题，作者围绕"解决证明困难的刑事推定"这一主题，提出了已有研究的薄弱之处，也就是本书主要研究的问题和课题：推定概念的界定，推定分类中事实推定、法律推定的相关课题，推定在适用结构方面的特征，推定的效力如何界定，规制推定的缘由与课题，推定与诉讼模式的关系界定等。

随后的第三、四、五章从实然层面，分别讨论了事实推定、法律推定、法律推定与刑事证明等问题。在每一章中作者均从"描述现状"、"理论阐释"、"回应争议问题"等角度，对具体问题逐一展开分析。其中，第三章针对事实推定是否存在这一争论，介绍了事实推定与间接证据证明的关系、事实推定与法律推定的发展历程，从而通过描述事实推定在我国司法实践中的客观存在，梳理了事实推定的不同类别，并分析了事实推定存在的原因、滥用的弊端。第四章中专门针对法律推定进行分析，以关于"巨额财产来源不明罪"性质的争论为切入点，抽象出法律推定的特征，提出了准法律推定的概念，并对我国的法律推定进行了梳理和分析，提出了设置法律推定的规律、原因和问题。第五章专门针对法律推定与证明责任问题展开讨论，厘清了比较法中证明责任概念体系在德国法和美国法中、在民事诉讼和刑事诉讼中的差别，列举了选择概念体系的理由和概念体系的准确含义，从而为分析我国实践中的问题提供了准确的参照系。

第六章中对推定的规制问题进行了分析，作者没有局限于提出自己的设想，而是首先对现有方案和改革思路进行反思，指出各种观点的利弊得失，提出促使主观建议客观化的两个方向；在此基础上，列举了规制事实推定和法律推定的基本建议，并进行了反思。本章的亮点在于，作者从权力视角对如何规制推定分析、其摆脱具体立法建议的方式，在更深层次上进行了分析尝试。

在讨论以上具体问题之后，第七章对刑事推定可能遇到的理论障碍进行了分析，提出刑事推定构成无罪推定、证据裁判等原则和认识论的例外，但是它们并非设置刑事推定的阻碍，而是规制刑事推定的重要理论依据。通过对这些理论障碍的分析，作者进一步论证了刑事推定存在的理论正当性。

最后一章跳出对推定具体问题的分析，将推定作为解决犯罪构成要件证明困难的一种方式，深入分析推定的优势与不足。本章通过分析刑法中变更待证事实、严格责任、阶梯型罪名体系等解决证明困难的方式，厘清了推定在解决犯罪构成要件证明困难方面的限度，并以此为切入点进一步讨论实体法和程序法的关系，将刑事推定的研究视野不断扩展。

二、从研究方法的角度谈本书的特点

第一，本书从解决犯罪构成要件证明困难的角度研究刑事推定问题，实现了理论与实践的紧密联系。

在司法实践中，大多数刑事推定问题都与犯罪构成要件的证明困难紧密相关，因此从解决犯罪构成要件证明困难的视角研究刑事推定，是把握我国司法实践中刑事推定问题的必然选择；在理论研究方面，从解决犯罪构成要件证明困难的视角研究刑事推定，有利于扩展研究视野，连接刑法、刑事诉讼法、证据法的基本问题，消除部门法之间的无形隔阂。

通过以推定为代表的程序法思维方式与实体法思维方式的碰撞，作者的研究在实体法和程序法之间架起了一座桥梁，促进实体法、证据法、程序法之间研究的一体化，从而推动理论创新。

第二，本书着重运用社会科学的研究方法研究刑事推定问题。

本书重视研究实践中的经验事实，以问题作为研究的出发点，多解释和分析，少提出主观性过强的建议，试图在概念化和解释成因方面有一些突破。作者尽量按照这种思路谋篇布局，例如，对事实推定、法律推定问题的研究，均从我国客观现实出发，通过分析司法实践中的案例和相关的规范性文件，对司法实践现状进行客观描述，提出事实推定、法律推定在我国是客观存在的。又如，从解释论的角度，对事实推定和法律推定在我国实践中存在的原因，以及可能带来的不利影响进行分析。

这种研究方法不同于完全从比较法和纯理论角度出发的论证，使论述具有比较坚实的实践基础。在对策研究方面，本书避免提出过于主观的建议，而是通过分析与反思，对未来的发展趋势提出展望性课题，使建议本身客观化。在概念化方面，本书提出了准法律推定、证明程序的两个层次等概念。

第三，本书跨越刑法学、刑事诉讼法学、证据法学研究推定问题，体现了交叉学科研究的成果。

本书从解决犯罪构成要件证明困难的角度分析刑事推定问题，该角度本身就体现出将实体法和证据法的问题联结在一起的研究思路。在作者讨论具体问题时，一直注意体现这一研究思路。比如，从刑法的角度分析刑事推定在解决证明困难中的限度，并分别从变更待证事实、严格责任、阶梯型罪名体系等刑法规则的角度，阐述了对刑事推定的限制，这是在刑法和证据法的研究之间构建起了一座桥梁。再如，书中讨论法律推定的特征时，从刑法和证据法的不同视角分析巨额财产来源不明罪，通过比较，概括出法律推定的特征，这同样是交叉学科研究的体现。

三、本书的价值所在

首先，本书对中国司法实践进行提炼，提出了一些新的概念或者理论，实现了基于中国本土问题的理论创新。

例如，在对推定特征的分析中，提出从基础事实到推定事实存在"证明＋认定"的两步式结构，以区别于间接证据证明的两步式证明结构；基础事实与推定事实是一种选择性关系，而间接性事实与待证事实之间是一一对应的关系。这些理论对于司法实践中的相关问题具有一定的解释力。再如，基于对事实推定与法律推定分类标准的反思，作者提出准法律推定的概念，将以特定规范性文件作为依据的推定纳入新的类别中，这种事实推定、准法律推定、法律推定的三分法，能够比较全面、准确地概括我国的实践现状。

其次，本书对于司法实践中推定的运用，以及证明困难的解决具有较强的指导意义。

在我国司法实践中，刑事推定的频繁出现是犯罪构成要件证明困难的客观反映，也是司法实践中解决证明困难的自生自发的方式。本书对刑事推定在设置和运用方面需要遵循的原则以及具体问题进行了解释和分析，对于推定的适用主体、程序、效力等问题提出了具体的意见，这对于司法实践中证明困难的解决，以及运用推定的正当性具有指导意义。

最后，本书对于有关推定的立法工作具有推动意义。

刑事推定在司法实践中被广泛运用，相关的司法解释等规范性文件也频频出现，但我国对于推定问题的设置和运用却缺乏基本法律的规范和制约，这可能导致推定的滥用。本书基于对司法实践中推定的运用现状和规范性文件中有关推定的具体规定的分析，提出了涉及"如何在立法中规制推定"的一些课题并予以分析，这对于完善我国相关立法具有积极的推动作用。

当然，本书也存在一些研究中的不足。正如陈瑞华教授在序言中所言，"对于事实推定与法律推定的关系问题，该书还需要作深入的探讨；对于犯罪构成事实的可证明性问题，该书受学科分类的局限，还有进一步讨论的余地"。因此，推定作为一个跨学科的课题，还有很多研究空间。

将刑事政策的思想融入刑法体系中去，
才是正确之道

——《刑事政策与刑法体系》评介

· 郭燕红 ·

随着王世洲教授翻译的《德国刑法学总论》（第一卷）的出版，克劳斯·罗克辛教授的著作开始为中国读者所了解。如果通读一本几近 800 页艰深的德国刑法教科书难以成为众多读者的首选，那么，人大社出版的这本收录了最能体现罗克辛教授刑法学理论观点的两篇著名演讲词的小册子——《刑事政策与刑法体系》，无疑为各位法学爱好者提供了一个管中窥豹的机会。

阅读书中的注释是了解、扩充该方向知识的重要途径之一，正如本书译者在前言中所说的，正是因为这两篇演讲词被不断引用在德国法学书籍、文章中，他才有幸发现这本书，这也足以力证这本小册子的价值。

德国刑法以其严谨、历史悠久并不断在实践中锤炼的教义学闻名于世——精巧的三阶层、细致的构成要件，以及不断被修正的罪责理论，等等。陷入纯教义学崇拜的众人仿佛沉浸在它的桎梏里，不断打磨抛光这一枷锁，而忽略了刑法本来的目的。正如本杰明·富兰克林所言，为信仰是从，即盲目行事（To follow by faith alone is to follow blindly）。当李斯特说，刑法典是善良人的大宪章，也是犯罪人的大宪章时，他所经历的时代正是龙勃罗梭天生犯罪人理论风靡一时的时代，所以，他提出犯罪根植于社会而非犯罪人，最好的社会政策就是最好的刑事政策；而他所学习的刑法典是笼罩在古典主义光环之下的，刑法的目的是国家、社会安全的一般预防，刑罚是基于自由意志的报应刑，所以他提出，刑法是刑事政策不可逾越的藩篱，即本书中一再提到的将刑法与刑事政策割裂的"李斯特鸿沟"。

在第一篇演讲词中，罗克辛教授反复强调这种体系阻塞了教义学与刑事政策价值选择之间的联系。李斯特的名言将刑事政策和刑法对立起来，而其本意是为克服当时日趋严重的一般预防思想。如今看来，这种危险显然已经被另一种危险所代替，即日臻精细的刑法教义学完全陷入自我信仰之中而忽略了与社会现实的联系，甚至把刑事政策的指导看作经验的非科学的方式而排除在外。然而它们之间的通道本应是畅通的。

为了论证这一观点，罗克辛教授首先树立了刑法教义学的要义，即构成要件、违法性和罪责。构成要件受的是法的明确性的指导，这一明确性是教义学之所以正当存在的唯一理由。在违法性层面，人们探讨的是相对抗的个体利益与社会整体利益或社会整体利益与个体需求之间产生冲突时，应该如何进行社会纠纷的处理。社会如何才能对利益以及与之相对立的利益实现正确的管理。最后，罪责其实更多讨论的是规范的问题，亦即在非常的人格或特定的情势状态下，原则上应科以刑罚的举止是否在多大程度上仍然还需予以处罚，而不是用经验的方式来勉强地确定其行为的能力。接下来，他扼要地说明了体系性思维的重要性，即教义学存在的必要性："放弃这种既一般化又各有分殊的犯罪论，肯定会使我们的刑法科学倒退几百年；准确地说，就是倒退到'偶然'和'专断'的那种状态"。紧接着，罗克辛教授针对法学的现代化转变提出了本书的主旨，即"只有允许刑事政策的价值选择进入刑法体系中去，才是正确之道"。

在这里，不得不提出，德国刑法学的发展与其哲学思想的密不可分。肇始于19世纪下半叶的新康德主义法学派，对德国刑法学的影响尤为深远。其特征是突出康德哲学中的不可知论，将法学和对法的评价对立起来，因而这种法学又被称为相对主义法学。这个学派一般又可分为两派：一派以凯尔森为代表，认为法学仅限于分析实在法律规范的结构和关系，而不应对法作任何政治和道德评价，因为这种评价只能是主观的，根本无法给以科学论证，这显然是与李斯特的理论不谋而合的，这也就是刑法学和刑事政策对立的缘由。然而随着社会的发展，尤其是第二次世界大战对德国的影响，以拉德布鲁赫为代表的另一派新康德主义思想逐渐成为主流，他也承认这种评价是主观的，无法给以科学论证，但认为法学仍应研究各种法律制度所谋求的政治和道德价值。相应地，罗克辛教授也指出，如今的社会已经不满足于法治国的机能了，从效率性行政到带有指导性机能的罪刑法定原则，法治国和社会福利国之间其实也并不存在不可调和的对立性，反而应当辩证地统一起来，而对于犯罪论"评价上的修正"正是解决之道。

在这两篇短小精悍的演讲词中，罗克辛教授从构成要件、正当化事由和罪责三个方面展望如何将刑事政策的思想融入刑法教义学体系中去。比如，在正当防卫中，自我保护原则、权利证明原则和比例原则互相结合，就能够为正当防卫相关法规的教义学提供相应的指导。诚然，没有基于刑事政策的考虑，我们根本不能说明刑法为什么要处罚没有造成危害后果的犯罪中止（力图），而没有教义学的体系性思考，超法规紧急避险以及期待可能性的适用也将是混乱的。

从贝卡利亚呐喊罪刑法定原则开始，将刑法乃至整个法学构造成一个封闭自洽的体系，就成为引无数法学家竞折腰的终极目标。然而，历史的教训说明，单纯信仰教义学的体系性不仅会使人误入歧途，更会与"刑法典是自由人和犯罪人的大宪章"这一目标背道而驰。所以，越来越多的刑法学家和其他部门法学家相信，法学是一个开放性体系，其自身的逻辑性固然重要，但是其所谋求的政治和道德价值，也必须成为法学的研究内容之一。

与此同时，我们要避免另一个极端，即将法律单纯看作推广和贯彻国家政策的工具，从而产生法律是否是门科学的疑问。诚然，正如耶林（Jhering）所说，法律的衡量标准不是绝对性的真理，而是相对性的目的。法官运用渊博的学识和高超的解释技术可以使法律的运用完全超出立法者当时的设想。我们也不得不承认，在面对诸如违法性交易中的诈欺是否以诈骗罪论处（例如毒品买卖），未宣誓的证人作虚伪陈述是否成立伪证罪等问题时，政策性的考量远远大于法律条文本身的逻辑演绎。法律已超出工具性价值的一面，那么法律本身的意义存在于何处呢？

在这两篇演讲词中，罗克辛教授对此给予了富有启发性的评价："计划和供给的国家，若没有法治国的自由保障，也不能称为社会福利国。"法律的内在价值就是公平和正义。缺失了公平和正义的法律就不再是一门科学，而沦为国家机器的工具，也就难以成为法治国的基石。因为当法治国这一概念被探讨的时候，公平和正义被不言而喻地包含在其中，否则在那样的"法治国家"里，是不会有自由可言的。缘此，纵然一位优秀的法官学识再渊博，解释技艺再高超，也会恪守法律本身的价值，将公平和正义铭记于心。

远从两千多年前的古希腊的作家就借安提戈涅之口讲述了法律的内在价值，近到二战之后的纽伦堡、东京审判，均彻底否定了法律的工具性理论。所以，法律不是一味地被国家政策牵着走，正如罗克辛教授所讲的，我们需要做的是如何在法律教义学的体系中融入刑事政策，而非将其笼罩在刑事政策的光环下，况且在此意义上的刑事政策也被法律化了。

这一方面的思考显然不是罗克辛教授演讲词的重点，而且也只是零星提到。然而，笔者不厌其烦地赘述这一已在德国成为共识的观点，是为避免读者读过这两篇演讲词之后会产生这样的想法，即刑事政策的意义远远大于刑法教义学的意义，甚至国家政策的意义远远大于法律的意义。罗克辛教授浓墨重彩地勾勒刑事政策学的重要性，绝不意味着其意义大于刑法教义学，而是缘于仅仅当时的、德国的刑法学界过于沉迷于刑法教义学而忽视了刑事政策学。这当然不意味着我国刑法学界也面临着同样的问题，恰恰相反，我国刑法学界尚且没有完善的教义学体系，而是过多地受刑事政策的影响。然而，提早地认识到可能会出现的问题，并提早地通过借鉴德国的经验而掌握该问题的解决办法，也不失为未雨绸缪。

由此，这本包含了德国刑法学界泰斗关于学术前沿问题的两篇演讲词的小册子，不仅向中国读者传达了德国刑法学界的学术动态，更为中国刑法学的发展指明了前进道路上可能会遇到的困难和方向。最后，笔者以本书中一句发人深省的话作为结尾，与读者共勉：

> 没有社会福利正义的国家秩序，实际上也就不是法治国；同样，计划和供给的国家，若没有法治国的自由保障，也不能称为社会福利国。

传统社会的宗族是国家之内的"国家"

——读《孔府档案的法律史料价值研究》

· 易玲波 ·

2013 年下半年笔者担任《孔府档案的法律史料价值研究》一书的责任编辑，本书将存于一万余卷《孔府档案》之中、具有法律史料价值的档案归类整理，并对此进行分析研究，全面揭示了中国传统社会后期以孔府为代表的大家族的地位、特权，及其对当时国家政权的影响。

在本书成书之后，笔者就有写书评的冲动，以将自己阅读本书的一些体会写出来。本书评不是关于《孔府档案的法律史料价值研究》一书有何特色、材料组织得如何好、观点分析得如何透彻的阐述，而是透过本书中的档案和作者的观点，发现了以孔府为代表的传统社会的宗族的一大特质：相较于自治组织而言，这些宗族更像是一个不受疆域、领土限制的"国家"。下面，笔者就此观点进行阐述。

学过历史的人都知道，封建社会历朝历代的皇帝，从周朝一直到清朝，尤其是开创一个新的朝代的帝王，都非常害怕自己或者自家的权力旁落他人或他家，想方设法削减身边人或者地方政权的权力，"削藩"政策即为代表，而"杯酒释兵权"的故事也已经为我们大家所熟悉了。但是，中国的疆域太广了，由中央集中统一管理虽有很大的好处，但在那"山高皇帝远"的地方或基层，中央的触角也不可能伸展到其管辖范围的每一个角落，于是乎，在削减威胁中央的地方权力的同时，中央也需要借助某种不会威胁自己的力量来替自己管理最基层，这种力量就是宗族。

根据民族学与考古学的研究，宗族制度的起源可以追溯到原始社会晚期的父系氏族时期。[①]

---

① 参见郑定、马建兴：《论宗族制度与中国传统法律文化》，见法律教育网，http://www.china-lawedu.com/news/20800/216/2006/4/xi61421141141162460028569-0.htm。

据考古发现，到了父系氏族后期，父权制已经建立。其社会组织仍是血缘性的亲属集团，但族长已成为至尊的显贵。宗族制度是中国古代以家长制为核心、以血缘关系为纽带的特殊社会体制。①

对于传统社会的绝大多数中国人而言，宗族关系是人生中最主要的社会关系，一个人的生、养、病、死，生前的婚姻嫁娶、择业谋生，身后的祭葬承嗣等人生基本问题，大约没有能脱离与宗族的关系的。②

从与国家的比较来说，宗族在很多方面与国家很相似：

第一，从经济的角度来看，《诗经》曰：溥天之下，莫非王土；率土之滨，莫非王臣。这讲的是封建王朝的土地私有制，土地全部属于皇帝他们家，要种皇帝家的地，就要向皇帝家交租金即皇粮，皇帝到时节就要派人来征赋收税，时不时还得找人帮他们家修修房子什么的。

然后，再来看看孔府都有多少地产。"孔氏家族的代表——孔府占有的土地，主要由以下三部分组成：祭田、学田、私田。如对此从所有权的角度划分，则可以分为两部分：国家所有的祭田、学田与孔府自有的私田（含脂粉地）。有关资料表明：在孔府的鼎盛时期其拥有的祭田、学田及私田计有万余顷，分别坐落于山东、江苏、河南、河北等5省三十多个州县之中，有田庄五百多所，这些田地有的阡陌连亘、跨州越县，有的却只有零星片断。"（《孔府档案的法律史料价值研究》第56页，以下只出现页码）

这么多的地产，其收益是怎么来的呢？《孔府档案的法律史料价值研究》第71页写道：历朝在赐予孔府祀田的同时，也赐给佃户。赐予的佃户，叫"钦拨佃户"或"实在户"；还有一类佃户是租种祭田的农民，称为"寄庄佃户"……对地产的收益方法，根据对土地的管理方式不同而异：一般情况下，对屯田地征收租银；厂地先是征收实物，后来也改为租银；官庄实行实物与现银并举，但以实物为主；小厂主要收租银。私田起初的征收分成实物地租与租银各一半，后来又将分成制实物地租部分改为定额实物地租。

仅此地产和租银的征收来说明孔府在经济方面的自主自治还可能不够，而孔府集市的设立能进一步佐证孔府在经济管理方面享有极大的自主权和影响力：

---

① 参见郑定、马建兴：《论宗族制度与中国传统法律文化》，见法律教育网，http://www.china-lawedu.com/news/20800/216/2006/4/xi6142114141162460028569-0.htm。

② 参见上文。

"孔府在各屯及各书庙普遍设立了集市。"（第 85 页）"孔府在其屯、厂中陆续设立的集市，有义集、屯集、书院集之分……义集只向孔府交纳一定的实物地租如柿饼、枣子、鱼、藕等作为祭祀品，此外并不交纳集市税等任何税收；其集税收入主要用于办理地方祭神或祀孔，或投资于地方公益事业如创办乡村义学、修桥补路等。"（第 86 页）"……对上述集市……孔府设立了一套比较严密的管理机构。在孔府管理各种事务的'六厅'之中，管勾厅的主要职责即为负责孔府的屯田和地租，因此，集市一般直接归管勾厅的管勾官管理。各屯集普遍设有屯官……管勾官之下，由管勾或屯官选出各集的'集首'，集首再保举一些家道殷实、年轻力壮、老成忠厚之人充当集中各行的经纪。义集则由地方豪绅或四氏学教授或小甲等担任集市的管理职责。至于义集的各行经纪，有的系小甲亲自充任，有的则由小甲另推他人充任。"（第 87～88 页）书院集的"集税收入主要用于春秋祭祀"（第 89 页）。

由上述可知，孔府这一大家族在经济方面把持了国家相当一部分租税，而税收一直是国家运行的基础之一，从这一点来说，孔府具备成为"国家"的条件之一。

第二，从被经济基础决定的上层建筑来说，孔府作为大家族也是显有特点的，以下分而述之：

首先，从行政方面来说，孔府具有完整的管理机构。《孔府档案的法律史料价值研究》第 5 页就孔府家族的组织系统进行了梳理："先是分为'五位'。孔氏家族传至第四十六代时已有 6 支……55 代分为 60 支，后称'六十户'……上述 60 户中的第一户为'大宗户'，衍圣公府，一般称作孔府。它是孔氏嫡长子孙，又世袭公爵，在孔氏家族中是大宗，其余为小宗。大宗户与小宗户的关系是一种统治和被统治的关系，可以说衍圣公就是整个孔氏家族的最高统治者。""……从明代武宗正德元年起，统治者就对衍圣公一再'加赐玺书，令约束族人'，并授予按家法整治族人的权力。"《孔府档案的法律史料价值研究》第 6～14 页就孔府家族的具体管理机构作出了详细的阐述："三堂"分别是大堂、二堂、三堂，均为官衙。辅助这些官衙工作的机构就是百户厅（属于司兵的机构）、管勾厅（"孔府最高的财政机构，又是孔府最高的司法机构"）、典籍厅、知印厅、掌书厅。"孔氏家族众多的管理机构中，地位在衍圣公之下的便是孔氏家族的族长衙门了。在孔氏家族的 60 户中，设有族长一人，负责管理所有孔氏族人；又设临庙举事 1 员，辅佐族长进行宗族诸事务的管理。"（第 12 页）可见，在行政这一层面，孔氏家族针对族内方方面面的事务，大到祭祀孔子，小到族人的婚丧嫁娶，都有专门的机构进行管理，俨然国家对社会事务的行政管理。

其次，从立法方面来说，"……孔氏家族制定并适用于其内部的家法族规，以此严格约束孔氏族人的言行，内容涉及社会生活诸方面"（第 17 页），"孔氏祖训、家规基本上可以分为三大部分：第一，《原颁条例》，即孔府所颁布的《祖训箴规》。第二，外地孔氏族人自订的家规、族规。第三，在孔氏家族修谱时所订立的条规及行辈……对于这些规定，孔氏族人都不能触犯"（第 18 页）。此三大部分可并称为孔氏宗族法。"孔氏家族成员必须将自己的言行举止严格限制在祖训家规所允许的范围内，否则就要受到处罚。"（第 31 页）

最后，从司法方面来说，"孔氏族长专管孔氏族人词讼及家务纠纷，在处理孔氏族人纠纷中，族长相当于一家之长，族人若有不听招呼或违犯家规，族长有权责打族人，甚至可以用刑"（第 13 页）。"孔氏家族内发生了民事纠纷和轻微刑事案件后，当事人应该首先投靠本房，在一般情况下，不得越房而投族……如果当事人不服宗族的判决，原告与被告双方都可以诉诸国法，到当地官衙提起诉讼。但实际上孔氏家族总是竭力避免诉讼入官的。"（第 31 页）此外，就司法机构而言，孔府也有专门的执行祖训家规的机构或者称地方："东厢为门房，又称东房，设有专司孔府行政、办案及投递公文的差役，东房屋内设有两个刑具架，摆着黑红棍、笞板、甘蔗棍、牛尾鞭、锅拍枷、铁锁链等各种刑具，并养有大量家丁。"（第 11 页）这一方面说明孔府在国法之外享有以族法惩治族人的权力，上文也提到该权力曾被皇帝下诏正式赐予；另一方面也说明孔氏家族也保有武装力量，而武装力量向来被视为国家的强制力所在。

从国家所具备的行政、立法、司法这几个方面的特征来看，以孔氏家族为代表的宗族也具备这个特征，只是范围、强度不同而已，所以笔者认为宗族是在国家之内存在的"国家"，只不过，这个"国家"不受地域的限制，哪里有它们的族人，哪里就是它们的范围。不过，这只是表面看来的，其实质，源于真正的国家在背后给予支持，或者说宗族的权力来源于国家权力，否则，国家即统治者是不可能让它们发展、壮大甚至存在的。

最后借用《孔府档案的法律史料价值研究》作者袁兆春教授的观点来结束本文："……政权是与族权紧密地结合在一起的，政权为族权提供了法律上的保障，族权又填补了法律规定上的某些空白，两者互为作用，相互补充，在维护国家安定与家族和睦方面各有其重要作用。"（第 37 页）

认知经济学对经典经济理论的深化与发展

——《认知经济学——跨学科观点》评介

· 曾默之 ·

国外学者对于认知方法在经济学中的应用的研究具有较长的历史。马歇尔在 19 世纪 70 年代就强调了思维模型对经济过程的影响机制；哈耶克受奥地利学派以及其导师门格尔的影响，强调了制度与人类思维的局限之间的紧密联系；从 20 世纪 70 年代开始，卡尼曼等人研究了决策中的心理原则；20 世纪 90 年代以来，以认知学命名的学科正式出现，越来越多的经济学家在研究中引入了认知方法，并不断完善认知经济学理论。由德国斯普林格出版社出版的这本由保罗·布尔吉纳（Paul Bourgine）和让-皮埃尔·纳达尔（Jean-Pierre Nadal）所编著的《认知经济学——跨学科观点》正是对近年来认知经济学的跨学科研究的最新进展及相关实验成果的介绍与总结。

主流经济学建立模型时主要依赖两个假设：参与人具有完全理性假设和个人理性会直接导致均衡，并将经济活动的参与人抽象为同质经济人。正是基于这一点，经典经济学在解释现实经济现象时异象频显。认知经济学则试图拓展经典经济学的上述假定，力图考察具有异质心智特征和有限理性的经济活动参与人在经济资源配置过程中会表现出怎样的能动性，从而使所构建的模型更贴近复杂多变的现实世界。

本书对理性和一般均衡从认知的角度展开了研究。如果某个参与人可以被描述为最大化某一目标方程的话，那么在经典经济学中他就是"理性的"。在这样的理论中，所有的偏好描述定理都采用了相同的形式：如果参与人的偏好满足了某些公理，一切就都好像该参与人最大化了某个方程一样，这个方程也就是他的效用方程。这个效用方程可以是跨期的，反映出参与人对其全部未来跨期选择的偏好。

然而，本书认为，认知是信息处理的过程，在最宽泛的假设下，这一过程包括了对信息所有不同方面的处理，例如翻译的过程。因此，一个认知系统也是处理信息的系统。所有的认知系统，无论它们是自然的还是人工的，都表现出了有限的认知能力。这种情况并没有随着计算机在我们生活中的重要性的提高而改变。人与计算机之间的联系只是简单地修正了它们各自局限性结合的方式，但这些局限性仍然是存在的。因为认知系统通过学习和进化具有调节适应的能力，所以认知科学同时研究认知系统的各种（学习）功能和进化过程。如果参与人没有用清楚明确的过程来最优化他们的目标方程，那就应把关注的焦点集中到其有效选择过程上。那么接着就有了一个完全颠倒的理性的含义：理性现在更多地关注过程本身以及在这个过程中所利用的过程性知识，而不是关注选择过程的结果。这种过程性知识也包括能终止搜寻的满意原则。因此，过程理性的主要原则是从有限理性发展而来的。这为经济学家开拓了一个新的研究领域，他们可以不再假设最优化过程的一般性而是必须研究参与人以什么方式做出决策。过程理性的心理学研究方法所描述的决策过程与实质理性给出的唯一最大化过程十分不同。这种研究方法也使我们能理解在复杂环境中，当生存能力条件得到满足时，为什么有限理性非但不是没有说服力的，而且是能与强过程理性并存的。

理性是认知科学中一个关键的概念。但是，认知科学中的理性与经典经济学中的理性意义是不同的。学界对于理性的逻辑研究有一个总体的趋势："理性"意味着完善地推理，换句话说就是用逻辑系统来进行推理。从另一个角度来理解理性的话，"理性"意味着完善的行动，换句话说就是，参与人按照理性的方式行事能保持自身适应调节能力且能确保行动的可行性。这两种理解并不是对立的。准确的推理与精确的预测一般可以带来完善的行动。这意味着用推理能力与预测能力为适应能力服务。适应性理性也就走到了研究的前沿。

作者认为，可以从研究一般均衡理论与进化博弈理论中所假设的参与人之间的交互行为转移到研究带有认知行为的参与人之间的交互行为。无论我们考虑哪种类型的市场，这些市场中的大多数都如同社会网络一样，是一个发生经济与认知交互行为的场所。这就意味着我们要更加着重研究支撑这些经济与认知交互行为的社会网络与社会认知行为。在研究学习行为的过程中，我们可以进一步思考不确定性与探索未知规则和利用社会网络已经选择的规则之间的折中。我们可以研究个体规则与制度规则是怎样分布的，同时还可以研究由建造了这些共同进化规则的异质参与人组成的社会网络是怎样的。我们能通过个体信念的分布和它们与"群体"信念的交织，检验社会网络中文字性线索逐渐增长的作用。接着，可以探索这些信念在协调网络中参与人方面所起的作用。或者再一次，我们可以尝试着将参与人受到个人或全局约束时以分布式方式调整他们满意原则的过程模型化。

正是在对认知经济学中十分重要的概念如理性、一般均衡和博弈、非单调逻辑、人工智能进行阐释的基础上，本书借鉴一些统计物理学知识，如均衡统计力学基础、异质性系统中的相变、统计力学，介绍了以下四个领域的前沿研究：信念、进化和动态、市场、社会网络。

本书主要的贡献在于：

第一，修正了经济学基本假设并拓展了其研究视角。经典经济学的理论体系建立在理性经济人假设之上，具有两个基本特点：一是经济行为主体完全理性，二是以完全理性作为指导的行为主体通过完善行动能达到一般均衡状态。但是，现实中行为主体由于受到生理、心理条件约束及自身经历等因素的影响，其认知能力呈现出有限且各异的特征，不同行为主体往往对相同信息给出不同的解释，这就使得经济学研究中出现了许多经典假设无法解释、预测的异象。为解决这一问题，本书将上述行为个体的认知约束与特征纳入经济学分析框架，以现实常态中认知能力有限且各异的认知人/适应人取代了经典的经济人，并视后者为前者的一种特例情况，从而在不失主流经济分析范式的情况下，增强了对新问题、新现象的解释与预测能力。正是因为经济行为主体认知能力有限，从而一般均衡状态就并非经济系统常态。由此，在认知经济学中经典均衡状态为自组织机制所取代，通过该机制，认知人之间调整信息与行为的过程会导致多种社会结构的出现。可以看出，在完善经典假设的同时，认知经济学还将研究重点转移到了认知人对信息的处理及其各式各样的适应与学习过程等方面，拓宽了经典经济学研究的视野。

第二，通过对理性和信念的再认识，深化了对不确定条件下个体及群体行为的理解。个体层面上，认知经济学强调以个体的专有知识（know-how）和满意原则为基础的适应性理性。满意原则与专有知识是个体在不确定环境下经过不断地适应与学习得来的，并随着学习过程不断发生变化，且一般以内隐知识形式存在。在认知经济学中，个体适应性理性构成了主导个体在不确定环境下推理与决策的主要因素。社会层面上，认知经济学认为具备适应性理性的个体通过适应性策略修正与社会网络中的邻里的联系方式，促进了复杂的不确定环境中制度的形成与进化，进而消除不确定性达到协调状态。除了理性角度之外，认知经济学还通过信念来解释不确定性问题。瓦利泽尔（Walliser，2008）从语义与语法两个角度对信念进行了定义，并指出信念并非一成不变，而由人在不确定条件下根据信息条件变化，不断以修正、更新、聚焦这三种方式修改最初信念进而形成最终信念。信念修改的过程，本质上亦为认知改进的过程，由认知改进形成的最终信念是人在不确定条件下决策过程中选择行为的决定因素。

第三，将行为主体的主观思维状态引入经济研究中，完善了经济学的微观基础。经典经济学中，人的思维状态被看成是一个无法解释的黑匣子，它只简单地按照效用最大化原则决策。这样的假设已远不足以概括现实中人的主观思维。认知经济学结合认知科学理论将经济行为主体抽象为认知系统（信息加工处理系统），对不确定条件下人的外在行为表现与内在作用机制都做出了解释，在一定程度上完善了经济学的微观基础。这里要强调，认知经济学所提供的微观基础并未脱离日常经验，其研究中的认知系统，无论是自然或是人工的，都不具备完全认知能力。这种情况也不会随着计算机等智能工具功能的提高而改变。应该说，人与计算机之间的合作只是简单地修正了各自约束及这些约束间的结合方式，但这些约束依旧存在。这是因为我们只能在一个有限的范围内进行精确的推理与演绎，并且由于人与计算机间各自约束组合爆炸式的增长，这种范围将非常有限（Bourgine & Nadal，2004）。所以在认知经济学中，经典经济学所描述的完全理性状态，或完全认知能力，不仅不可达，而且本就是一种不存在的状态。

第四，丰富了经济学建模方式与可应用数据类型。神经网络、小世界等认知科学模型的应用，使得认知经济学中的建模方式较之经典经济学更加丰富、精确。同时，传统建模方式中不可观察的认知过程，如感知、记忆、情绪等，在认知经济学中则可以数据驱动的方式纳入到模型之中。即使这些思维状态及过程并不是十分清晰可测，但对经济活动参与者而言仍可以通过内省式和内隐式的学习方式直接领会它们，进而也就使得能为建模者所用的数据类型更加丰富。但需要注意的是，认知经济学对认知科学的应用更多为思想性上的借鉴，而不是机械地移植其技术与理论。可以说，认知科学的引入只是手段而非目的，它始终是为经济学不断自我发展创新服务的。

第五，为经济政策的制定指出了新方向。认知经济学认为经济政策的形式应更多样化，如劝导（persuasion）、激励（incentive）等皆为影响人信念与决策过程的基本手段，经济政策可尝试以类似方式来改变人的思维与行为来达到政策目的。在认知经济学中，经典的控制论式政策被激励式政策所替代，因为前者本质上只是一种物质或货币手段，且即使政策是经过精心设计的，也只是一种暂时性手段；后者则认为经济政策的制定与执行应该更加符合人的认知规律，并且能通过提供相关信息甚至是影响力强的图像来影响人的信念及推理过程，从而达到更好的政策效果。简言之，在认知经济学中，经济政策的制定过程更类似于医疗过程中寻找一种安全的渐进性治疗手段，而不是像在工程施工中寻找一个紧急解决方案。

值得一提的是，正如该书副标题所表明的，本书在反映经济学家、认知科学专家、物理学家、数学家以及计算机科学家之间长期的联合协作方面颇有独到之处。

作为21世纪经济学研究最新的突破与进展之一，认知经济学会对以新古典经济学为代表的经典理论产生怎样的影响，现在下结论还为时尚早。但从目前发展状况来看，认知经济学为经典经济学两大理论支柱所存在的局限性提供了解决的方法和角度，认知理论被引入到对经济行为的研究之中充实了经典经济理论的模型。当我们对经济理论的研究越来越深入时，完善的市场经济、完全的理性和稳定的均衡都变得与现实不相符合，在种种不确定性面前，人的信念等一系列认知概念和理论为我们提供了新的研究方向。这样一本由前沿研究成果构成的文集，对于研究者开阔视野无疑大有裨益，也势必成为致力于探索经济学跨学科研究的学者的必备参考书籍。

一部指导改革与发展的力作

——《中国经济双重转型之路》评介

· 潘蔚琳 ·

西方把中国比作沉睡的东方雄狮。1978 年的改革开放彻底活跃了这片曾经辉煌又黯淡衰落的土地,改革给人民带来了福利,使得中国经济创造着近代史上辉煌的发展记录。随着改革的不断深入,问题也逐渐尖锐复杂,进一步深化改革则面临着指导思想上和体制上等全方位的挑战。《中共中央关于全面深化改革若干重大问题的决定》(以下简称《决定》)提出了新形势下全面深化改革的指导思想,中国人民大学出版社出版的厉以宁教授的新书《中国经济双重转型之路》,则对于深刻理解《决定》精神具有十分重要的参考价值,对于我们领会中国经济未来发展方向具有非常重要的指导意义。

《中国经济双重转型之路》是厉以宁教授继 1990 年《非均衡的中国经济》以来又一本关于中国现实经济问题的个人代表作。本书总结了改革开放 30 多年以来中国由计划经济体制转向市场经济体制,由传统的农业社会转向工业社会的双重转型过程中的经验;以产权改革为核心,研究了土地确权、国有企业的进一步改革、收入分配制度改革、城镇化、民营企业的产权维护、自主创新、产业升级、社会资本的创造等未来改革中的战略性问题;建立在实地考察调研的基础上,提出了符合中国国情的政策建议与改革思路。这本饱含经济改革创见的优秀著作,与厉以宁教授以往的著作在思想上既一脉相承,又有新的发展。

一、敢于碰硬骨头,剖析中国改革关键

《中国经济双重转型之路》提出中国经济面临着"体制转型"和"发展转型",这"两种转型的结合或重叠是没有前例的,也是传统的发展经济学中没有

讨论过的"。因此，只有从中国的改革和发展实践入手，总结经验，指导前行。

作者不避讳经济发展中的难题，敢于碰硬骨头，指出产权模糊、投资主体不确定、投资方的权利和责任不清晰是改革的主要障碍，也是发展的巨大阻力。书中指出产权改革是最重要的改革，产权改革一定要继续深化。从谈产权界定的重要性开始，继而指出了有待于继续推进的产权改革问题，为改革深入发展提供了步骤和路线。

书中探讨了国有企业和民营企业在产权改革和市场主体地位的取得上有待进一步改革之处，同时指出"自从改革开放以来，产权改革的重点一直放在企业方面，而没有认识到农村的产权改革要受到同样的重视"，所以农村产权改革将是下一步的重点。土地确权是当前中国新一轮农村改革的开始，通过确立三权（承包土地经营权、宅基地使用权、在宅基地上自建住房的房产权）三证（农民承包土地经营权证、宅基地使用权证、在宅基地上自建住房的房产证），保障农民权益，使"农业承包户成为产权清晰的家庭农场主，成为自主经营或联合经营的市场主体"。

二、扎根实践沃土，寻找经世致用之道

《中国经济双重转型之路》一书的观点都是来自对中国经济的考察，来自生活，来自现实的中国。全书没有官话套话，没有所谓的"放诸四海而皆准"的大道理。书中内容几乎都来自中国经济社会发展和改革开放的实践，是厉以宁教授带领的全国政协经济委员会调研组常年深入各地实地调研的结果。调研组实地调研的地方书中提到的就有浙江、重庆、河南、山东、四川、湖北、江苏、辽宁、广东、广西、陕西、贵州、内蒙古等省份，不仅包括这些省份的大中型城市，还包括县城、农村，调研组会深入有代表性的地区，就某一问题进行考察，甚至包括边远山区、林区、牧区。他在书中讲见闻、讲故事，娓娓道来，其中不乏顺口溜、俏皮话，这些来自实践的故事、来自群众的语言，朴实无华，却反映着深刻的经济理论。

书中将产权改革作为塑造社会主义市场经济体制的微观主体的基础，对国有资本配置体制改革、民营企业体制转型、回归实体经济、低碳经济、就业、通货膨胀、外汇储备等宏观经济热点问题进行了深入透彻的分析，在提出自己观点的同时，体现出作者强烈的时代感和现实感，体现了作者做学问力图经世致用的一

以贯之的学术思想。

三、关注草根、民生，把握经济发展脉搏

书中提出要进行土地确权和土地流转，指出"土地确权在提高农民收入和缩小城乡收入差距方面的作用是显著的、不容忽视的"；谈到缩小城乡收入，提出目前"中国广大的农村居民实际上降到'二等公民'的地位"，接着从创造财富的物质资本、人力资本和社会资本分析怎样提高农民收入，改善农民状况；谈到农民在初次分配中处于不利地位，"初次分配不进行改革，仅靠二次分配又能起到多大的作用"，二次分配改革的要点是"城乡社会保障一体化"；谈到调动民间资本积极性，指出"让民间资本有更宽的出路，例如降低领域准入的门槛，减少政府审批，包括简化准入程度"；对于民营企业发展，指出产权安全排在第一位，减少税费负担排在第二位，融资问题排在第三位；谈到"草根金融"，包括地上的和地下的，对其加以规范，"把它们纳入金融改革的范围，使它们能稳定地、健康地发展"。

本书从分析现状出发，进而指出改革方向，无处不在关注民生、关注"草根"。书中提出中国道路最重要的经验在于让"人民得到实惠"，也只有让人民得到实惠，抓住这一经济发展的脉搏，才能将改革深入下去。这些论述也体现了作者忧国忧民的可贵的社会责任感，令人感叹感动。

四、论述扎实深入，统揽经济发展全局

全书既从大处着眼，也在热点问题上进行条分缕析，视野广泛，观点收放自如，论述扎实深入，处处体现着作者扎实的理论功底和广博的知识积淀。书中无处不结合实践，用独到的经济学发现问题剖析问题的眼光，透过纷繁的表象，抓住问题的实质。

书中涉及的宏观经济问题广泛全面，包括国有资本体制改革、民营企业的产权保护和体制转型、金融改革的深化、回归实体经济、消费需求的创造、生态文明建设、失业问题对策、通货膨胀类型及对策、外汇储备安全、收入分配制度改革、城镇化、产业转移和升级、企业的社会责任等。既看当前，也兼顾历史；既讲理论，也联系现实；在剖析中国经济改革现实情况的基础上，指出问题所在，继而给出进一步深化改革所需要遵循的步骤。

五、强调责任和诚信，体现了儒家思想在经济学中的运用

《中国经济双重转型之路》从缺少诚信和信誉，社会经济的运行将无序的讨论出发，指出了诚信和信誉的重要性，法律底线和道德底线的重要性，"失信、违约、任意撕毁协议、欺骗……已为道德底线所不容"，作者强调"恢复诚信，增加人们彼此的信任度，绝不是一件小事，而是关系到一个民族生死存亡的头等大事"。

书中从分析界定企业社会责任出发，指出企业履行自己的社会责任所需要关注的方面和重大意义。指出企业最大的社会责任是为社会提供更多的优质产品和优质服务，必须讲诚信，重信誉，保护环境和治理环境，维护好的企业形象，这样才能实现企业的盈利目标。同时，也自然实现了企业盈利目标和企业社会责任的统一。作者从解决经济发展中存在的问题入手，挖掘解决问题的实质，提出责任和诚信的重大意义，体现了儒家所强调的表里如一、言行一致和知行合一的道德思想。

《中国经济双重转型之路》最后指出中国的实践对发展经济学的意义，总结了中国经济学家集体对发展经济学的贡献。指出中国经济实践给发展经济学带来的创新之处，"中国的发展经济学实质上是从计划经济体制向市场经济体制转型的发展经济学"，"怎样摆脱计划经济体制的束缚而又维护社会主义制度，这是中国道路对发展经济学理论和实践做出的最大贡献"；作者强调"中国道路最重要的经验在于：只有不断地深化改革和扩大开放，让人民得到实惠，才能实现双重转型"。通过这些思想的指引，再加上保持和发扬中国人的艰苦创业精神、创新精神、同舟共济精神以及诚信为本的精神，能够让中国经济在深化改革的道路上继续前行。

我们共同的家园

——《城市经济学》书评

·薛 锋·

　　联合国人口与发展委员会曾发布了一份报告称，目前世界上 65 亿人口中有 32 亿居住在城市，这个数字到 2030 年估计会增加到 50 亿，占当时全球人口总数的 61％。据推测，最早的城市出现在约公元前 3000 年，是基于防卫和宗教目的而出现的。在中世纪之前，城市主要是作为政治、军事、宗教中心而存在的，依附于农业社会的自给自足经济，很少有因生产和流通活动而形成的工商业城市。中世纪时期，随着欧洲商人和手工业者的出现，工商业城市才逐步形成。西方城市化真正快速发展是在产业革命之后，产业革命极大地促进了世界城市化进程。而我国的城市化进程几乎是从新中国成立后才开始的，真正快速发展是在 1979 年之后，2011 年，我国城市化率首次突破 50％。2012 年 11 月，党的十八大召开，提出走中国特色新型城镇化道路的发展战略，新型城镇化将更加惠及亿万农民，同时更加注重生态环境和大中小城市的协调发展，未来，将有越来越多的人居住在城市，城市已经和我们的生活息息相关。

　　《城市经济学》一书共由一个导言和七章具体内容组成。导言主要介绍了城市经济学的诞生和主要流派，说明了全书的结构布局和内容安排，比较了中国、美国以及城市经济学对城市的界定。城市经济学是经济学的一个分支，其主要研究对象是城市土地利用、城市主体的区位选择和城市问题等。城市经济学产生的时间还不太长，20 世纪以来，特别是第二次世界大战后，在世界各国，大量农村人口转入城市，城市规模迅速扩大，城市经济结构也发生了重大变化。这些变化带来了城市的一系列社会经济问题，如住宅、交通、环境、公共设施不足等，一些经济学家、社会学家为了探索产生这些问题的根源，寻求解决的方法，开始把城市作为一个整体进行系统的分析研究，于是产生了城市经济学。思想流派对经济研究影响巨大，从规范经济学的角度看，不同的思想流派代表着不同的道德标准和价值判断。从实证经济学的角度看，思想流派的不同会影响到数据的获取、事实的认定、模型的建立及其应用。正因为有多种思想流派的存在，相互具有竞争性的经济模型才能同时存在，也只有明确了模型提出者所属的思想流派后，模型结论才更容易被人们所理解。目前，在城市经济学流域，主要存在三大流派：主流经济学流派、保守经济学流派以及当代马克思主义经济学流派。

不同国家对城市的界定并不一致，目前还没有一个统一的、通用的关于城市的定义。

接下来，本书沿着传统经济学研究过程中所遵循的内在逻辑即历史—载体—微观—宏观—结构—外部性展开研究。

第一步是历史，即从生产率差异和规模经济的角度，解释了市场型城市和工业型城市的产生，并以历史的视角考察了西方城市化的发展和新中国成立后我国的城市化进程。穿插介绍了我国和外国的主要城市，并对美国城市化发展及其启示、中国的城市化的特征进行了总结。

第二步是载体。城市是一个空间概念，其赖以依托的载体是土地，从城市经济学角度考察土地，必然涉及土地的价格问题。这又包括地租和城市土地利用模式两方面的内容。土地肥力和土地位置是影响地租的两个最关键的因素。其他条件相同时，土地越肥沃，单位面积地租越高，反之亦然；土地越靠近市场或者交通枢纽，单位面积地租越高，反之亦然。土地肥力主要影响农业用地的地租，土地位置则对城市用地地租的影响较大。城市的演进从本质上来说是城市土地利用模式的变革，由单中心城市到多中心城市的过程就是郊区化的过程，在某个历史阶段上，郊区化以城市蔓延的形式存在。一方面，随着交通运输技术不断进步，人口和产业由城市中心向郊区迁移，城市开始郊区化，并且逐渐滋生出新的中心；另一方面，在城市大幅向外扩展的过程中，个别时期出现了失控和城市蔓延的倾向。分散化、低密度、区域功能单一、严重依赖汽车是城市蔓延的主要特征。20世纪之前，城市的主流形式是单中心，产业活动都集中在城中心，但是，有限的城市土地上承载了过多的产业活动，长此以往，会引发一系列问题，如人口密度过大、产业数量过多、空间开放不足且分布不均、交通拥堵、通勤时间长、空气污染严重、环境质量下降、犯罪率高、社会治安状况差等等，促使单中心城市向多中心城市转变。

第三步是微观。这里的微观主体主要是指厂商和家庭。面对稀缺的城市土地资源，这两类微观经济主体必须做出在哪里选址的决策。家庭要考虑在哪里上班、在哪里居住，选择目标是效用最大化；厂商要考虑在哪里建工厂或者写字楼，选择目标是利润最大化。对于不同类型的厂商来说，其选址的基本思路也有所不同，比如运输导向型厂商一般以中间区位原则来选址，运输成本最低是根本目标；资源导向型工厂则尽量靠近投入品产地选址；市场导向型工厂则靠近市场选址。书中结合美国半导体公司和通用汽车土星工厂的选址进行了具体分析。对于家庭来说，影响其选址的因素主要有七个：不同区位上的房租或者住房价格、家庭通勤状况、家庭收入状况、家庭的偏好、住房所在区位的公共服务、住房所在区位的环境质量、家庭的预期。每一个家庭都会通过对上述因素的仔细权衡，做出效用最大化的区位选择。

第四步是宏观。任何一个城市都少不了城市政府，促进城市经济增长是城市政府的宏观任务，作为一级地方政府，提供地方公共物品是城市政府在市场经济中所扮演的角色，政府主要负责向城市居民提供诸如供水、排污、公园、绿地、消防、警察、教育等产品和服务，因此存在如何确定公共物品最优供给量的问题。除此之外，城市政府在城市土地市场上也发挥着重要作用。城市政府通常通过实行分区制、限制发放建筑许可证、规定城市服务边界、设定城市增长边界、规划绿带以及税收调节等，对城市土地的使用实行管理和控制。

第五步是结构。当城市规模达到一定程度时，城市规模的分布，也就是在既定的城市化水平下，一国或者地区不同规模城市的数量分布状况，其实质就是城市人口规模与城市数量之间的关系。一般，我们用三个指标来测定城市规模分布：城市规模分布的帕累托系数、城市集中的 HH 指数、首位城市比率。城市规模分布有两个主要法则：齐普夫法则和位序—规模法则。中心地模型和倒 U 形效用曲线则分别从人均需求角度和集聚经济角度对城市规模与数量差异进行了理论解释。城市规模分布的影响因素包括众多方面，归纳起来主要有：经济变量、自然变量和政治历史变量。其中，经济变量包括经济发展水平、经济体制、收入水平、产业结构、对外开放度等因素；自然变量包括国家领土面积、交通体系状况、城市人口密度、城市的地理位置、国家的民族特性等因素；政治历史变量包括政治体制、政府的人口流动政策、殖民历史、城市集中的历史等因素。

第六步是外部性。虽然外部性有正负之分，但是与城市相连的外部性经常体现为交通拥堵、房价高企、空气污染等负外部性。不仅如此，贫困人口增加、犯罪率升高等也日益成为城市尤其是大城市普遍存在的问题。本书不仅就这些问题的成因进行了分析，还给出了具有可行性的解决措施，对我国当前解决存在的"城市病"具有一定的借鉴意义。书中介绍了住房与其他商品的不同之处，即住房具有固有的唯一性、使用时间长、搬迁成本高、可过滤性等四个特性。并对中国和美国的住房政策进行了比较。如果把城市比喻成人，城市交通就好比人体内的血管，其重要性不言而喻，但遗憾的是，血管不畅通已经成为世界上各个城市的通病，而且城市越大，拥堵问题越严重。书中介绍了各个国家解决交通拥堵的措施及其利弊，我们在借鉴的同时，一定要结合我国的实际，切不可盲目照搬。城市中的经济体在生产生活过程中，每天都要排放各种污染物，包括工厂煤烟、机动车尾气、工业废水和废渣、生活污水、建筑垃圾和生活垃圾、各种噪声等，这些污染物一旦超过了自然界的自净能力，势必污染环境，破坏生态平衡，给人们的生产生活带来危害。中国近几年各地几乎全面"霾"伏，人们对空气污染的关注度前所未有，书中给出了针对机动车引起的空气污染可采取的应对措施。接下来，书中介绍了另外一种"城市病"——城市贫困，即发生在城市中的贫困。贫困的标准通常用贫困线来衡量，目前，各个国家对贫困线有不同的定义。书中从经济和非经济两个角度考察了城市贫困产生的原因，经济方面的原因包括经济增长速度放慢或者经济衰退、经济结构变化、劳动力市场上的不公平，非经济方面的原因主要包括居住模式、单亲家庭、无家可归者等，并主要介绍了美国在解决城市贫困方面采取的措施。我国是一个贫困人口占比较多的国家，城市贫困人口也是困扰城市发展的一个因素，若解决不好，势必会影响我国的城市化进程。

本书的一大特色是资料卡，所选内容以案例和列举为主，与正文有不同程度的关联性，能够起到扩充读者知识面、引发阅读兴趣的作用。本书各章章首都设有导读，帮助读者从宏观上把握该章的结构和主要内容，达到提纲挈领的效果。同时，各章章尾都对本章进行了小结，列出了参考文献与补充阅读，对于一些正文中较难理解的术语和理论，通过附录的形式做出了解释。

"大金融"理念的引领者
——《大金融论纲》评介

·崔惠玲·

在全球金融体系面临重构的背景下,深入研究现代金融体系发展的基本规律和政策实践议题,不仅具有理论上的重要性和必要性,而且有助于中国在全球范围内率先制定正确的、有利于确立竞争优势的金融体系框架。在这种背景下,"大金融"成为近年金融界流行的一个概念,并且于2013年10月成功举办了第一届中国大金融高峰论坛,开始倡导"大金融"理念。由陈雨露和马勇著的《大金融论纲》一书的出版,对于"大金融"这一概念进行了全面分析和引领。

《大金融论纲》一书提出的"大金融"的"大",在很大程度上是作为与过去的理论体系过于狭隘("小")的一种对比而出现的。在学理上源于黄达教授所倡导的宏微观金融理论相结合的基本思路,在理念上源于金融和实体经济作为一个不可分割的有机整体的系统思维。过去的宏观经济理论基本不考虑金融体系的内生性影响,而传统的金融学理论也将研究对象局限于公司理财、资产定价等微观层面,这就造成了方法论上宏观和微观层面的深层断裂,从而最终导致了在理解金融体系和实体经济上的思想断裂。在此提出的"大金融",就是要通过构建宏微观相统一、金融和实体经济相统一的一般理论框架,真正建立起一个在理论和实践上具有一致性和科学性的方法论总纲。方法论意义上的改变是根本性和第一位的,这是"大金融"命题的核心和精髓。

《大金融论纲》一书基于"大金融"命题的三大基本内涵,从一个长期视角全面审视了全球范围内金融体系发展的历史规律和演变趋势,并对现代金融体系下一国金融竞争力的决定因素进行了系统研究。这一研究为全面构建有利于促进长期经济增长和增强国家竞争力的"大金融"体系框架奠定了理论和实证基础。

从经验事实来看,尽管很多因素都会影响到一国金融体系的竞争力,但全球经济和金融发展的长期历史经验表明，影响一国金融竞争力的核心因素可以概括为三个基本方面，即效率性、稳定性和危机控制能力。前两大因素是金融竞争力的两大核心支柱，而危机控制能力则在很大程度上决定了当突发事件发生时，一国的金融体系在何种程度上能重返效率性和稳定性。概括而言，效率性决定金融体系的"活力"，稳定性决定金融体系的"弹性"，而危机控制能力则决定金融体系的"张力"，三大因素相辅相成，共同构成了现代金融体系竞争力的三大基本支柱。

由于金融竞争力的三大决定因素都是围绕"效率"和"稳定"两个核心支柱展开，因而构建高效而稳定的金融体系就成了保持或提高一国金融竞争力的长期战略选择。《大金融论纲》一书以纵向的历史分析为基础，以横向的跨国比较为依托，对影响一国金融体系竞争能力的相关因素进行了系统分析，并在此基础上提出了有利于提高金融竞争力的基本框架和中国的实践路径。

纵观《大金融论纲》一书全文，主要内容和逻辑结构如下：

首先，在导论部分提出了"大金融"命题的三大基本内涵：在理论上强调宏观理论和微观理论的系统整合；在理念上强调金融和实体经济的和谐统一；在发展上强调全球化条件下的一般规律和"国家禀赋"的有机结合。并在此基础上对"大金融"命题所蕴含的方法论意义进行了阐述。

接着，基于理论与实践的双重视角，在对"大金融"命题的历史基础和现实趋势进行系统梳理的基础上，提出了基于"大金融"命题的现代金融体系总体分析框架。根据"大金融"命题的基本内涵和总体方法论思想，从金融发展和金融竞争力的角度，提出了基于"大金融"命题的现代金融体系总体分析框架，这一框架从效率性、稳定性和危机控制能力三个基本维度对现代金融体系发展理论进行了系统建构。

然后，对金融体系发展的三大决定因素——效率性、稳定性和危机控制能力进行了深入的分析研究。指出金融体系的稳定性同金融体系的效率性一道，共同构成了一国金融竞争力的两大核心要素。在经济发展的长期进程中，只有那些能够成功抵御金融危机并有效应对各种金融不稳定事件的国家，才能长期保持并增强其金融竞争力。

此后，在对现代金融体系发展的三大决定因素进行系统分析的基础上，围绕"效率"与"稳定"两大核心支柱，对如何构建高效而稳定的现代金融体系进行了系统分析。这一分析既包括金融体系内部结构的选择，金融发展、金融创新和实体经济之间的互动关系，同时也包括宏观经济和金融政策的制定与协调，以及政府与市场边界的有效确定等。

最后，本书对"大金融"命题下的中国金融体系整体发展框架进行了研究。本书立足于"大金融"命题的基本内涵和总体分析框架，提出了中国金融发展的总体目标、基本原则和整体蓝图。并在此基础上，分别从构建现代金融产业体系、金融服务实体经济、金融开放发展、金融宏观调控和金融稳定预警等方面对相关问题进行了研究。

《大金融论纲》一书，可以说是对金融领域研究的一个突破，与传统的经济学方法论相比，"大金融"命题更加强调系统的思维、整体的视野、发展的观点和动态的实践，并致力于建立逻辑与事实一致、理论与实践相联结的一般分析框架。根据这一框架，宏微观金融理论不再处于人为割裂的状态，金融和实体经济、内部和外部的金融发展将得到统一认识，而一般规律和"国家禀赋"的结合则在理论和实践之间建立起了逻辑连接。基于上述方法论思想，"大金融"理论框架可以为我们提供一幅更加完整的关于现代金融和经济体系的整体图景，以及用以勾勒这一整体图景的逻辑结构和理论体系。

此书的出版，从应用价值来看，一方面，"大金融"概念是在对危机后全球金融体系发展趋势进行深入分析和论证基础之上提炼出来的，相关基础命题对整个宏观经济和金融学领域的研究均具有指导和参考价值；另一方面，由于本研究的核心理论成果建立在对大国金融竞争力的系统研究基础之上，因而相关结论和政策建议有助于中国将自身的金融发展置于更为广阔的国际视野中加以考量，并根据全球金融竞争的未来趋势和格局科学地制定自身的发展战略。此外，本研究在总结全球金融体系一般发展规律的基础上，还重点分析论证了中国未来的金融发展整体框架和实践路径，这些内容有助于我们更加准确地把握未来几十年中国金融改革和发展的基本方向。总体来看，将本研究向外传播对于国际社会了解中国金融的现状与未来发展的基本状况具有非常重大的意义。

互联网金融与文化产业融合的未来

——读《互联网金融手册》

· 李 琳 ·

2014 年是互联网金融的元年。2014 年 3 月 5 日，李克强总理在政府工作报告中提出："促进互联网金融健康发展。"互联网金融这一概念，从 2012 年初提出到写入政府工作报告只用了两年左右的时间。再来看备受国家高度重视的文化产业发展，其自"十五"（2001—2005 年）规划阶段即被列为战略性产业，"十二五"（2011—2015 年）规划中再次提及要大力发展文化创意产业。

随着我国文化产业进入了快速发展期，社会各界普遍认识到文化产业是国民经济的重要组成部分，是新的经济增长点，是转变经济增长方式的重要着力点，是"绿色经济"可持续发展的新源泉，更是最终提高国家文化软实力的旨归。在一些发展较快的城市，比如北京、深圳、上海，文化产业增加值为地区生产总值作出的贡献逐年递增，日渐成长为当地的支柱性产业。一方面给当地经济带来了新的希望和赢利点，另一方面也全面提升了城市的整体影响力和文化形象。

然而，文化的大繁荣大发展除了需要国家的政策扶持、引导和鼓励，还需要大量的资金投入。任何行业要实现规模扩大化发展，最终达到产业级别，都离不开雄厚资本的参与。在 2012 年 12 月 15 日举行的"2012 年中国文化金融创新峰会"上，文化部文化产业司司长刘玉珠表示，文化和金融合作的共识已经开始形成，这对产业的发展是极为重要的。金融和文化产业融合并引发的"化学反应"日渐引人注目。2014 年 2 月 24 日上午，国务院新闻办召开记者招待会，文化部部长蔡武就 2013 年文化改革发展情况和 2014 年的工作重点作了说明。

联合国教科文组织在 1998 年发布的《文化政策促进发展行动计划》中指出，未来世界的竞争将是文化或文化生产力的竞争。文化产业本身就是内容产业，崇尚创新，易于接受创新，这对于同样作为创新产物的互联网金融而言，二者的结合和对接势必比传统产业来得顺利。

文化产业与金融产业融合的趋势日益明显，需要看到的是，金融业不只是单纯给文化产业输血的冰冷机器，而文化产业也不只是金融创新的一个随机选择。事实上，文化产业在给金融业提供投资机会、创造货币价值的同时，也在促进金融业进行自我创新和适应。"在互联网金融日渐兴起，金融脱媒趋势不断加剧的背景下，商业银行同样面临着转型挑战，创新需要与时俱进。"新元文智公司总经理刘德良认为，以众筹为代表的互联网融资渠道已逐渐成为文化产业小微企业和个人创意从业者越来越重要的融资渠道。①

理解互联网金融需要充分的想象力。目前，互联网金融的发展趋势十分明显，相关创新活动层出不穷，各类机构纷纷介入，除了银行、证券、保险、基金之外，电子商务公司、IT 企业、移动运营商等也非常活跃，演化出丰富的商业模式，模糊了金融业与非金融业的界限。②

正如《互联网金融手册》中所归纳指出的：传统金融有一定的精英气质，讲究专业资质与准入门槛，并不是任何人都能享受金融服务。这体现在以往的实操经验中，就是大多数小规模文化企业遇到的融资难题——缺乏融资担保机制，缺乏相应的抵押品，银行难以对其进行有效评估，也就无从发放贷款。事实上，绝大多数文化企业大都历时短暂，尚未建立品牌和声誉。加之文化产品的高风险性和不可预估性，产品投放市场之前很难预测收入，更难提供稳定的现金流和表现良好的年度报表。以这样的公司经营规模和现状去向银行机构融资，可谓一种典型的零和博弈。零和博弈指的是在严格竞争下，一方的收益必然意味着另一方的损失，博弈各方的收益和损失相加总和永远为"零"，双方不存在合作的可能。

传统的金融创新主要是金融产品（契约）创新，即使用新的金融技术和法律手段，设计新的金融产品。需要指出的是，这些仍然都是基于传统金融业的创新。以美国为例。美国是世界上最早通过金融创新解决文化产业融资困境的国家。以电影产业为例，针对单片风险大、收益不稳定、融资规模小的特点，美国私募基金一方面将投资分散到风格不同的电影，分散投资风险；另一方面，将一笔融资划分为高收益债、低收益债和优先股等不同的金融产品，通过这种结构化的金融创新吸引风险承受能力不同的投资者进入影视产业。投资方还可以要求制

---

① 参见《文化金融合作难题待解》，见中国网，http://news.china.com.cn/live/2014-03/27/content_25743127.htm。

② 参见谢平、邹传伟、刘海二：《互联网金融手册》，2 页，北京，中国人民大学出版社，2014。

片方购买保险、出具完成保函、与下游合作伙伴签订预售协议等来控制风险，解决信息不对称问题；而担保公司则会派出代表监督影片运作、对预算执行和利益分配进行监督、用分阶段投资等方式来控制项目进展。

从经济的角度来看，互联网金融的信息处理是它与传统金融中介和市场的最大区别，核心是大数据替代传统的风险管理和风险定价。这就涉及建立客观的第三方评价体系，以供外围投资者参考，并据此评价是否加入投资计划。

以非常易于理解的淘宝购物的体验来举例，现在采用的是买家评价卖家机制。如果卖家总体上提供了一种高品质的体验，那么买家的评价会很好。新买家看到网上较好的评价，将进一步增加对卖家的信任，并愿意付出较高的价格。国外有研究资料表明，在 eBay 平台上的卖家（或买家）评价对其他网络平台也非常重要。声誉对于任何企业和个人而言都是必要的行为信号。

第三方中介机构提供的优质信号能够促进市场参与者之间的信任。信用评级等中介机构不是简单地说"高品质"，而是能够提供一个可证明的、真实的质量水平，为购买者提供一个可信的质量信号。这样，专业的互联网平台就构成了渠道和市场，可以形成互动并对具体事务做出处理，真实提供一个自由、公平、透明、标准化、便捷的演艺资源交易平台，那么这个平台本身，就成为这个"集市"中买家和卖家共同信任的中间人，也就客观上形成了一个第三方评价体系。从长远来看，随着大数据的广泛应用和分析技术的进步，互联网数据的分析应用有助于演艺业形成更加客观真实的可量化数据，这些数据最终将服务于风险评估和管理之中，为投资者提供参考，也为资金融通打通关节。

相对于传统金融，我国学者对于新兴的互联网金融的定义是：互联网金融是一个谱系概念，涵盖因为互联网技术和互联网精神的影响，从传统银行、证券、保险、交易所等金融中介和市场，到瓦尔拉斯一般均衡对应的无金融中介或市场情形之间的所有金融交易和组织形式。[1]资源配置是金融活动的根本目标，互联网金融的资源配置效率是其存在和备受关注的基础，由此，资金供求的期限和数量的匹配不再需要通过银行、证券公司和交易所等传统金融中介和市场，完全可以自己解决。[2]

---

[1]　参见谢平、邹传伟、刘海二：《互联网金融手册》，6～7 页，北京，中国人民大学出版社，2014。

[2]　参见上书。这本书在写作时尚未出现娱乐宝平台，可以看到，其仅从资源配置效率和方式对互联网金融做出了肯定。而随着娱乐宝平台的融资方式的推出，更进一步地证实了，互联网金融是一个"弹性很大、极富想象空间"的概念和领域。

目前我国互联网金融主要针对个人和中小企业的信贷融资需求、一些创意性项目的类股权融资需求、金融产品销售的"去银行渠道化"，这些在很大程度上都属于普惠金融范畴。在一定程度上，正是我国金融体系中的一些低效率或扭曲因素，为互联网金融的发展创造了空间①：

首先，我国的正规金融企业未能有效地满足中小企业的金融需求。这是长久以来为业界和学界诟病的原因；其次，经济结构调整产生了大量消费信贷需求，其中有很多不能从正规金融企业那里得到满足；再次，在存贷款利差受保护的情况下，银行利润高，各类资本都有进入银行业的积极性。2012 年，我国银行业总资产占金融业的 78%，净利润占金融业的 95%，16 家上市银行的净利润占沪深两市 2 467 家上市公司的 53%。如此高的占比，使得传统金融改革举步维艰，且金融机构主体墨守成规，主动涉足新领域的动力不足。最后，在目前的 IPO 管理体制下，文化企业股权融资渠道不顺畅。

事实上，涉足文化产业投资对于传统金融业而言，意味着一种独特的挑战：要想更好地为其提供服务，获得双赢，就必须打破已有的融资模式中的每一条假设。这要求传统机构摆脱那些束缚其想象力的观念、体系和思维惯性。资源配置不均衡问题是制约金融业更深层次渗入文化产业的核心问题。比如"备受推崇"的文化企业上市计划。虽然很多传统国有院团等进行了转企改制，但是绝大多数都不符合有限责任公司整体变更的条件，现代企业制度和财报披露制度也远未建立完善，上市融资道路可谓遥遥无期。许多文化企业，或者创意企业的产品都是时效性极强的产品，对于社会热点和趋势敏感，甚至有些有制造潮流和文化事件的潜力。然而当前金融机构对待文化企业的服务与其他行业企业"一视同仁"，贷款审批手续繁多，程序复杂，周期过长；这样很难满足实际中文化企业对融资的时效性要求。

反观互联网金融，其资金供需信息直接在网上发布并匹配，供需双方直接联系和交易，不需要经过银行、证券公司和交易所等传统金融中介和市场。典型的就是 P2P 网络贷款。② "P2P 小额信贷"是希望通过一种"个人对个人"的互动模式帮助更多需要帮助的人。P2P 网络信贷可以看作是现代信息科技与民间金融

① 参见谢平、邹传伟、刘海二：《互联网金融手册》，9 页，北京，中国人民大学出版社，2014。

② 2012 年 4 月，美国通过《JOBS 法案》(Jumpstart Our Business Startups Act)，允许小企业通过众筹方式获得股权融资。

组织形式相结合的产物。由于对借款者的信用评估采取了标准、高效和独立第三方负责的形式，大大降低了借款者和投资者之间的信息不对称程度，从而拓展了交易边界。[①] 不相识的个人之间，对新领域不甚涉足的新机构之间，都可以获得同等的投资和融资机会。另外由于借助网络，充分利用了现代信息科技，大大降低了交易成本，便利了资金供需的匹配和操作。

其实，个体之间直接金融交易这一人类最早的金融模式可能会突破传统的安全边界和商业可能边界，焕发出新的活力。在供求信息几乎完全对称、交易成本极低的条件下，互联网金融形成了"充分交易可能性集合"，双方或多方交易可以同时进行，信息充分透明，定价完全竞争，社会福利最大，也最公平。从最早开始点评餐饮服务的大众点评网、饭桶网，到豆瓣网的各个社区都聚集了极为专业的评论家，再到专门专注于演出领域的宽度网、好戏网，演艺业评论和服务网站的发展，不论日后作为第三方评价体系，还是直接被互联网大鳄收编为文化类融资平台，文化企业和产品都可以借用互联网金融的优势，在这个新的融资平台上，获得公众的认可和投资，聚沙成塔，真正动用"群众的力量"，对演艺业的内容和产品发挥资源配置作用，对行业发展带来深刻的变革。

以美国为例。在金融创新方面，利用大数据和互联网技术的众筹融资在美国的资本市场上发展得风生水起。比如《互联网金融手册》中所举的例子——2009年在美国纽约成立的 Kickstarter 公司。其主要通过网上平台为创意项目融资，比如音乐、舞台剧、漫画、电视游戏等。[②] Kickstarter 将平台发布的项目分为 13大类和 36 小类。13 大类分别是：艺术、漫画、舞蹈、设计、时尚、影视、食物、音乐、游戏、摄影、出版、技术和喜剧。影视与音乐是最大的类别，占 Kickstarter 项目的 50% 以上，吸引了 Kickstarter 平台的大部分资助。投资回报以项目产品为主，比如音乐 CD、电影海报、文化产业衍生品等。[③] 再比如，音乐创作融资平台 SellaBand 是在音乐人和乐迷之间搭建的一个互动平台。音乐人可以快速有效地推介自己的作品，由网站吸引发烧友的支持与赞助，筹集经费发

[①] 参见谢平、邹传伟、刘海二：《互联网金融手册》，32 页，北京，中国人民大学出版社，2014。

[②] Levy, Shawn, 2010, "Kickstarter Raises Money Online for Artistic Endeavors, Tapping into Portland Ethos", http://www.oregonline.com/living/index.ssf/2010/05/kickstarter.raises.money.online.html. 对这个公司的报道另见《纽约时报》杂志文章：Walker, Rob, "The Trivialities and Transcendence of Kickstarter", *The New York Times Magazine*, 2011-08-05。

[③] 这种为投资者返还实物奖励或者独一无二体验的方式也被阿里巴巴旗下"宝宝系"最新产品娱乐宝所借用。

行唱片。再通过铁杆乐迷的支持和网站的公布，吸引更多支持者，扩大影响力，刺激唱片销售。随着互联网金融的发展，除了音乐众筹，出版众筹等也都跃入人们的视野。文化产业领域的各个行业都在谋求新的可能和机会。

诚然，凡事都有两面。对互联网金融这一新兴事物，我们既要接纳探索，又要警惕其蕴含的风险。比如，在众筹融资平台上，生产者需要披露他们的创新，而这可能招致市场模仿，尤其是在筹集资金、运作产品期间。此外，如果将太多的信息披露给竞争对手，在与潜在供应商议价时可能会受到负面影响。众筹融资一般资金数额较小，为获得预期的资本金额（项目运作需要的资金），必须有更多的出资者参与。随着出资者数量的增加，对出资者进行管理的成本可能也会显著增加。早期项目本身具有较高的失败风险。尽管出资者能够把风险纳入其投资决策，但随着项目的开展，信息不对称（即创作者比资金提供者有更多的信息）程度可能显著上升。开始被认为是好的项目，可能随着市场变化而变成回报差、无市场竞争力的项目。无论如何，信息不对称的情况可能无法完全避免。再者，互联网金融的灵活性和私密性也对国家监管能力形成了严峻的考验。

所以，互联网众筹融资可谓是文化市场上的双刃剑。一方面，互联网高度分散的特质可能导致产品引不起市场的足够注意，无法形成具有实际意义的客户难题。另一方面更令艺术家们担忧的是，网络盗版和非法传播造成的知识产权问题始终无法得到有效解决。任何新的商业模式的发生都会造成正面和负面的双重影响，对于任何一家企业和机构而言，解决问题比带来新问题更具意义。在产业融合的过程中，大量不可控的因素和情况会介入和发生，这就需要我们做好充分的准备，随时应对危机。文化产业的领导者们如果想真正融入并成就一番事业，就需要对产业融合过程中的复杂性和微妙之处有更深的认知，并勇于实践创新，利用新技术和新模式，真正为中国文化产业的繁荣贡献力量。这也是《互联网金融手册》这部具有探索意义的著作给我们带来的启示和收获。

组织文化建设是领导者成功的重要保障

——读《组织文化与领导力》

· 邢伯春 ·

　　文化是个抽象而广泛的概念，是人类社会历史发展过程中所创造的物质财富和精神财富的总和，存在并渗透于人们的一切社会活动之中。长期以来，人们更多地关注较为宏观的民族文化、宗教文化等，随着现代管理学的兴起，人们开始对企业文化或组织文化给予了热情的关注与研究。

　　目前，学术界公认"企业文化"一词是美国麻省理工大学斯隆商学院教授埃德加·H·沙因（Edgar H. Schein）发明的。沙因教授系斯坦福大学硕士、哈佛大学博士，既是一位卓越的学者、作家和教师，又是在国际上享有盛誉的实战派管理咨询专家。1992年，沙因在他的《组织文化与领导力》一书中，将组织文化定义为：一种基本假设的模型——由特定群体文化在处理外部适应与内部聚合问题的过程中发明、发现或发展出来的——由于运作效果好而被认可，并传授给组织新成员以作为理解、思考和感受相关问题的正确方式。

　　沙因教授撰写的《组织文化与领导力》被业界公认为关于组织文化研究最有影响的专著之一。第四版是最新版，更加关注今天日益复杂的商业现实，并运用大量的当代研究来说明领导者在运用文化原理实现组织目标上的决定性作用。由于沙因教授常年在斯隆商学院从事研究与教学，同时又和全球各地的企业组织保持着密切的联系，这种双重工作角色使得他可以在组织文化研究与管理实践之间不断地进行对话和修正。在这本专著中，几乎每一章里都可以读到沙因教授亲身经历过的企业实例。与此同时，沙因教授继续深化和丰富了有关组织文化的基本潜在假设的观点，并对组织文化的层次、维度、变革和管理都做出了许多新颖和富有启发性的阐述。丰富翔实的案例材料，深入细致的理论分析，辅之以生动具体的写作风格，使这部著作具有很强的启迪性和可读性。

　　沙因认为，尽管文化是一种抽象的概念，但文化在社会组织情境中产生的影响力是巨大的。如果不理解这些影响力发挥作用的方式，我们将成为它们的受害者。文化的影响力之所以强大，是因为它在人们的意识之外发挥作用。我们不仅仅因为文化的影响力而需要理解它，而且它有助于解释我们在社会和组织生活中很多令人困惑和心灰意冷的经历。最为重要的是，理解文化的影响力使我们能够更好地理解自己。

　　沙因在书中探讨了领导力和文化是如何从根本上交织在一起的，解释了领导力与文化的重大发现：作为企业家的领导者是文化的主要设计者；组织文化形成之后，会影响领导模式的选择；如果文化的要素功能失调，领导必须能够采取措施加速文化变革。他认为，文化和领导力是一枚硬币的两面，因为领导者创建群体和组织时，他们首先开始文化创造的过程。在文化出现以后，它决定领导的标准并且决定谁将成为或不能成为领导者。但是如果一种文化的要素失去作用，领导的独特作用就是识别现存文化中的有效或无效要素，并且管理文化的演变和变革，以帮助群体在多变的环境中生存。领导者的最低限度是，如果没有意识到他们身处其中的文化，那么这些文化将会管理他们。理解文化是所有人都渴望的事，但是理解文化对那些想承担领导作用的领导者来说更加至关重要。

　　沙因教授对组织文化研究的贡献除了组织文化概念的创建外，还在于他的独特分析方法和深入透彻的并具有现实意义的研究成果。

　　关于组织文化的层次。很多研究者更喜欢用"基本价值观"这一术语来描述最深层次的文化，而沙因更倾向于用"基本假设"这一术语。因此，他将文化的三个主要层次分为：人工成分、信念与价值观层次和基本潜在假设层次。并进一步分析说，如果你不了解基本假设发挥作用的方式，你就不知道如何去正确地解释文化的人工成分或者人们对所采纳的价值观的信任程度。换句话说，一种文化的本质在于其基本潜在的模式，等你了解这些以后，你可以相对容易地了解文化的其他两个更加接近表面的层次，并且适当地处理它们。领导是群体信念和价值观的最初来源，这些信念和价值观帮助群体处理内外部问题。如果领导的提议发挥作用并且能够继续发挥作用，那么，曾经仅仅是领导个人所持有的假设会逐渐变成群体所共同信奉的假设。当一组共享的基本假设是通过这种过程形成时，它就定义了群体的特征和身份，并且为个体成员和整个群体起到认知防御机制的作用。共享假设在群体中一旦构建完成，人们更容易通过拒绝、推测、合理化或其他多种防御机制歪曲新的事实，而不是改变基本假设。从改变基本假设的角度而言，文化变革是困难的、耗时的，而且是令人高度焦虑的。认识到这一点对于准备改变一个组织的文化的领导者来说是极其重要的。对领导者来说，最核心的问题是理解更深层次的文化、评估深层次假设的机能，以及处理假设受到挑战时引发的焦虑。

关于组织文化的维度。沙因认为，组织文化决定了组织价值观、在此价值观之下的组织行为，以及深刻地隐含在组织深层的东西，要了解它是非常困难的。通过对组织构造、信息系统、管理系统、组织发展目标、典章以及组织中的传说等物质层面的分析，能够推论得到的文化信息是有限的。在本书中，沙因从五个文化维度进行了分析研究。即关于外部适应性问题的假设；关于管理内部整合的假设；深层文化假设：事实和真理是什么；深层文化假设：时间与空间的本质；更深层次的文化假设：人性、活动和关系。

关于领导力在文化建设、植入和发展中的作用。沙因认为，领导区别于管理和行政的独特之处就是对文化的关心。领导始于文化创建过程，同时也必须管理文化，必要时还会改变文化。要想充分理解领导与文化的关系，需要用发展的眼光来看待组织的成长，包括领导在学习型群体文化开始形成中的作用；组织的创办者如何创建组织文化；组织通过成长和发展衍生出下属单位和亚文化的成长过程。在组织成长和发展的同时，文化也随之成长和演变，领导者应该运用这些过程影响文化过程以达到他们的目标，同时，通过领导行为管理文化变革，解决多元化下不断涌现的新问题。

关于领导者如何管理文化变革。沙因认为，当正常的文化演变过程没有进展或者进展过于缓慢时，如何变革文化就是个绕不开的题目。当领导者成为变革的推动者的时候，不管文化变革是不是首要问题，他们都需要理解"文化变革管理"的一般模型。尽管文化变革常被宣称为变革的主要目标，但事实并非如此。相反，当领导者察觉到一些需要解决的问题或者明确一些需要实现的新目标时，变革就会发生。然而，这些变革是否涉及文化变革还有待观察。在组织变革的背景下，可能会涉及文化变革，但在管理文化变革之前，领导者必须首先理解组织变革的一般过程。这些变革将会涉及文化，有时文化甚至会成为变革的直接目标。在这种情况下，就需要掌握一种快速评估文化的方法，以帮助领导者确定文化要素如何帮助或妨碍变革，以及如何将文化自身视作变革目标。沙因在书中描述了快速评估文化的十步群体过程，通过这个评估，在数小时之内，一个群体几乎就能准确地识别一些主要的假设。

关于领导者和领导力的新角色。沙因从"学习型文化和学习型领导"与"文化岛屿：管理多文化群体"两个方面进行深入的探讨。有关全球化、知识型组织、信息时代、生物技术时代、逐渐宽松的组织界限、网络等问题的预言都有一个共同的主题：世界将变得日趋复杂、节奏更快、文化更加多样。除此之外，我们对未来的世界基本上一无所知。这就意味着组织及其领导者，以及我们所有人将不得不成为持之以恒的学习者。学习和变革无法强加于人，人们的参与是分析现状、寻找出路、实施组织学习和变革所必不可少的因素。这个世界越动荡、越混沌、越失控，学习的过程就越需要被更加广泛地分享、传播。所谓的"文化岛屿"，通常称设在偏远的、交通不方便的地区，需要人们全天参与的培训活动。随着组织更加趋于文化多元化，必须创造出创建文化岛屿的新方法。我们总是需要用某种形式的临时性文化岛屿来帮助组织改善跨文化沟通。随着组织日益分散化，并且越来越依赖电子通信手段，我们必须创造出特殊的文化岛屿，使未曾谋面的人们相互之间发展出理解和移情。如果参与者愿意通过电子邮件、脸谱或其他现有的技术手段讲述自己有关"权威性和亲密关系"的故事，那么我们的对话模式将很可能在网络环境中依然适用。

沙因在对组织文化、微观文化、宏观文化及亚文化进行深入分析研究后得出结论：尽管事物发展的细节和内容千差万别，但是其基本的文化动力在任何层面上都是相通的。如果我们记得文化是一种人们后天习得的，用以了解世界、稳定世界、避免由社会混乱带来焦虑的手段的话，那么我们就已经向更深层次的文化理解迈出了重要的第一步。沙因强调，随着技术复杂性的变化，尤其是在信息技术背景下，领导任务也发生了改变。网络型组织中的领导和传统等级制度中的领导是截然不同的。因此，我们必须仔细考察文化和领导力之间的相互作用是如何随着全球联系愈发紧密而演变的。

本书的核心所在是通过阐明文化的概念及其与领导力的关系，展示文化如何发挥作用，从而确保阅读者能够理解并解释组织和职业现象，获得敏锐的洞察力和必要的工具，以提升创建、发展和变革文化的领导力。

穿梭在管理学著作丛林中的游侠

——读《管理学——国际化与领导力的视角》（精要版第9版）

· 胡志敏 ·

　　已故的管理学教授哈罗德·孔茨是美国著名的管理学家，国际管理学界享有盛誉的管理理论大师，西方管理思想发展史上管理过程学派的主要代表人物之一。他首次提出"管理理论的丛林"说法。由此，孔茨又被称为"穿梭在管理理论丛林中的游侠"。而我们现在提到的这本由孔茨和海因茨·韦里克合著的《管理学——国际化与领导力的视角》（精要版第9版）可以说得上是"穿梭在管理学著作丛林中的游侠"，为我们答疑解惑，帮助我们排忧解难。

　　恩格斯曾说：有了人，我们就开始有了历史。管理实践则同人的历史一样悠久。人类的管理思想经过历史的锤炼和实践的检验，经过无数次成功与失败的考验，时至今日演化成现代管理理论。当代的西方管理理论向我们展现了其神奇的魅力，阅读西方管理学著作有利于我们学习其先进和有效之处，促进我国社会和生产力的更快发展。

　　在浩如烟海的当代西方管理理论著作中，有很多作品属于我们耳熟能详的大师级人物，如彼得·德鲁克、斯蒂芬·罗宾斯、赫伯特·西蒙、迈克尔·波特以及亨利·明茨伯格等。而哈罗德·孔茨的管理学理论体系和系统方法堪称其中的经典，是西方管理学教材的精髓。

　　在孔茨的鼓励和指导下，按照管理职能对管理知识分类的方法得以推广，这已经成为广为使用的一种理论框架。《管理学——国际化与领导力的视角》（精要版第9版）保持了该书以前版本的一贯特色，按照计划、组织、人员、领导和控制五种职能来划分管理知识，并将这一主线贯穿全书，使五种职能有机地构成一个完整的系统，同时又把企业和外部环境结合在一起。正如书名所示，全书渗透着国际化的管理观点，并对领导力给予特别的关注。由于世界正在经历翻天覆地的变化，这一版本的国际化视角吸引了世界各地的人，因为人们认识到，国别壁垒摇摇欲坠，公司和人员之间正结成新的联盟，而且书中提供的许多案例是管理全球化本质的真实写照。书中力求将西方成熟的企业管理理论与当前的全球化竞争环境相结合，阐述了不同国家尤其是亚太地区中国和印度一些企业的管理做法，使读者设身处地感受到全球化浪潮的巨大影响。本书另一作者海因茨·韦里克教授多年来一直密切关注中国企业的管理实践，多次来华考察和讲学。在中国经济日益融入全球化的态势下，在近年来金融危机持续蔓延的国际环境中，中国企业"逆流而上"，不断加大"走出去"的力度，全方位、深层次地参与全球市场竞争，其国际影响力有目共睹。在这一前提下，韦里克教授力图将中国企业经营与管理收录到西方主流管理教材中。本书不仅涉及了诸如海尔集团等国内企业的管理做法，而且对张瑞敏等中国企业家的领导力给予了很高评价，从国际化和领导力的视角对我国企业管理人员深入研究和提高自身的管理水平提供了有益的借鉴。

从结构上，全书共分为六篇 20 章。

第一篇是全球化管理的理论和实践基础。主要介绍了管理学的基本理论（包括管理的定义和管理思想的演进等），管理与外部环境、社会责任和伦理，以及全球化管理、比较管理与质量管理。其中穿插了许多最新的信息和案例，如"彼得·德鲁克的智慧"、"邓小平推动中国从计划经济迈向市场经济"、"是否存在欧洲管理模式？"等。书中指出，如同医学、作曲、工程设计、会计甚至棒球运动等实践活动一样，管理工作是一门艺术。管理工作有专门技巧，要依据实际情况行事。运用系统的管理学知识，管理人员会把管理工作完成得更好。正是这种专门的知识构成了科学。因此，管理实践是一门艺术，而指导这种实践活动的系统的知识，则可以成为一门科学。在这一点上，科学和艺术不是相互排斥而是相互补充的。在管理工作中，像其他领域一样，管理人员必须从实践知识的积累中寻求有益的指导，除非他们采取边干边摸索的办法。有人说，管理者的错误就是下属的磨难。关于这一点，其中的含义真是耐人寻味。

第二篇是计划。主要介绍了计划和目标管理，战略、政策和计划的前提条件，以及决策。这一部分也在各章中穿插了许多小案例，如"外部强加的程序和规则"、"致力于全球知名度、以价值和政策为导向的韩国三星公司"、"eBay 收购 Skype 错了吗?”等。这一篇值得一提的是“TOWS 矩阵：现代环境分析工具”一节的内容。通常，人们认为 TOWS 等同于 SWOT，或者未加区分，通过阅读这本书，你会发现，作者明确说明了两者的差异。尽管 S 仍代表优势，W 仍代表劣势，O 仍代表机会，T 仍代表威胁，但字母的排序变化反映出了含义的细微差别，而这种差别是在大多数其他著作或相关文献中不曾提到的，给我们扫除了一个盲点。书中写道：多年来，人们一直在使用 SWOT 矩阵来确定企业的优势、劣势、机会和威胁，然而，这种分析是静态的，很少能够在此基础上形成不同的选择战略。所以，人们开始用 TOWS 矩阵分析公司甚或一个国家所处的竞争环境，这样就形成了四组不同的战略选择。TOWS 矩阵以威胁开始，因为在很多情况下，正是由于看到危机、问题或威胁，公司才重视和制订战略计划。

第三篇是组织。主要介绍了组织的性质、创业精神和流程再造，组织结构中的部门，直线职权、参谋职权、授权和分权，以及组织有效性和组织文化。其中穿插了“即时贴”、“丽思卡尔顿酒店的授权”、“如何创建以价值和伦理为导向的组织文化”等案例。

第四篇是人员。主要介绍了人力资源管理和选拔、绩效考评和职业生涯战略、通过管理人员和组织的发展管理变革。其中包括“杰克·韦尔奇领导的通用电气公司的组织变革”、“中国公司从哪里招聘”、“如何进入你所选择的管理学院?”等案例。

第五篇是领导。主要介绍了人的因素和激励，领导，委员会、团队和集体决策以及沟通。其中包括“惠普的管理方式：能否持久?”、“两个幻想家的传略：比尔·盖茨和史蒂夫·乔布斯”、“张瑞敏领导的中国海尔集团和沃尔夫冈·贝翰德领导的德国大众集团”等案例。

第六篇是控制。主要介绍了控制系统和控制过程，控制方法和信息技术，以及生产率、运作管理和全面质量管理。其中包括“墨西哥莫德罗集团的计划与控制”、“中国在信息技术外包中会取代印度的地位吗?”、“WiMax——一种突破性技术”等案例。在这一部分，作者对计算机在控制中的作用进行了重点描述。作者指出，不同组织层面的管理人员有不同的信息需要，因此，计算机所产生的影响各不相同。而计算机的运动对高层管理人员工作的影响程度比对低层管理人员工作的影响程度小得多。同时，作者还介绍了推特、语音识别装置、远程办公、群件等最新的信息技术和计算机应用，使传统的管理理论与现代的信息技术相结合，为管理人员进行更加有效和高效的管理工作提供了启示。

总之，《管理学——国际化与领导力的视角》（精要版第 9 版）一书理论联系实际，在突出全球化视角的同时，采用大量的范例和案例展示了管理理念和理论在实践中的应用。这一版本在通篇更新内容的同时，通过许多案例凸显了新颖性，与时俱进，旨在使学生和激情洋溢的管理人员更有效率和效益，使那些现职管理人员更成功地实现组织目标。为便于读者学习，作者还在体例上进行了精心设计，如每章末都附有"小结"、"主要概念回顾"和"讨论题"。通过"练习和具体步骤"以及"互联网检索"部分鼓励读者的参与。此外，分别论述五种职能的第二篇至第六篇，每篇结尾都有管理原则或指南，进一步强化了与计划、组织、人员、领导和控制相关的概念。

通过阅读本书，广大读者可以通过国际化和领导力的视角，将管理原则、理念和理论应用到他们的工作实践中，成为更有能力的管理者。凡是在社会组织中工作的人都会从本书对当代管理知识的介绍中受益匪浅，包括在校大学生、有抱负的管理人员、各类专业技术人员以及那些希望了解管理知识的非管理人员。本书适用于所有在社会组织中工作的人，并不仅仅是企业管理人员，也包括政府机构、医疗保健组织、教育机构以及其他非营利组织等的人员。

全面解读电子商务

——读《电子商务：商务、技术、社会》（第7版）

·王 前·

《2013—2017年中国电子商务行业市场前瞻与投资战略规划分析报告》数据显示，"十二五"时期，我国电子商务行业发展迅猛，产业规模迅速扩大，电子商务信息、交易和技术等服务企业不断涌现。2010年我国电子商务市场交易额已达4.5万亿元，同比增长22%。2011年我国电子商务交易总额再创新高，达到5.88万亿元，其中中小企业电子商务交易额达到3.21万亿元。2012年第一季度，我国电子商务市场整体交易规模达1.76万亿，同比增长25.8%，环比下降4.2%。2012年第二季度，我国电子商务市场整体交易规模达1.88万亿，同比增长25.0%，环比增长7.3%。

企业、市场和消费者行为也随着电子商务的发展，发生了翻天覆地的变化。从欧洲到亚洲再到拉丁美洲，全球经济和企业无一例外地受到电子商务的影响。起初，电子商务只是一种网络零售机制，短短时间就已经扩展至各个领域，其内涵亦更加丰富。如今，电子商务已成为孕育那些在现实世界梦寐难求的新服务和新功能的温床。微信、微博、谷歌搜索等诸多网络创新产物，现实世界中根本不存在能与其媲美之物。我们已经进入全新的电子商务世界！

然而，很多时候，很多场合，对于电子商务，人们的理解既不全面也不深刻。要想真正理解什么是电子商务，必须首先理解与电子商务相关的商务理念、互联网技术，以及社会与法律问题这三方面的关系，因为这三大主题渗透在了电子商务的方方面面。

肯尼斯·劳东（Kenneth C. Laudon）和卡罗尔·圭尔乔·特拉弗（Carol Guercio Traver）合著的《电子商务：商务、技术、社会》（第7版）（*E-commerce：Business，Technology，Society*）一书，正是从商务原理、网络技术、

社会环境这三大主题相结合的角度全面论述了电子商务。

本书以技术与管理的相结合为主线，从电子商务的基本概念介绍入手，引出支持开展电子商务的技术基础、相关的商务原理及支撑电子商务发展的社会与法律环境，最后给出电子商务在各行各业的应用实例，整个脉络非常清晰。

本书在内容的编排上非常合理。全书由四部分内容组成，即电子商务导论、电子商务的技术基础、商务概念和社会问题、电子商务应用实务。

第一部分"电子商务导论"，介绍了本书的主题。在这部分中，给出了电子商务的定义，说明了电子商务和电子业务的区别，定义了各种类型的电子商务；介绍了商业模式和盈利模式及其定义，阐述了 B2C 和 B2B 电子商务中常见的商业模式和盈利模式，还介绍了本书所涉及的基本商务原理，如行业结构、价值链及企业战略。

第二部分"电子商务的技术基础"，关注支撑整个电子商务的技术基础。在这部分中，回顾了第一代互联网的发展历程，阐述了今天互联网的工作机理，介绍了 Web 2.0 应用和第二代互联网；阐述了电子商务网站基础设施的内容，包括建立电子商务网站时的系统分析与设计流程，制定网站开发和虚拟主机外包决策时所需考虑的问题，以及如何选择软硬件等系统配置来提升网站性能；随后关注互联网安全和支付问题，介绍了数字信息安全的定义，阐述了电子商务所面临的安全威胁，讨论了企业管理者能够采取的安全技术措施和策略方案，还探讨了支付系统的利益相关者和建立支付体系时需谨慎思量的维度，介绍了各类在线支付系统。

第三部分"商务概念和社会问题"，讨论与电子商务发展有关的商务和社会法律问题。在这部分中，关注互联网受众和电子商务消费者的行为，介绍了网络营销和品牌建设的基本原理，包括网络营销技术和战略；讨论了网络广告、电子邮件营销等网络营销沟通方法；随后对电子商务引发的社会和法律问题进行了全面深入的阐述。

第四部分"电子商务应用实务"，主要介绍电子商务在零售、服务、数字媒体、拍卖、门户、社区和 B2C 等各行各业的实际应用经验。在这部分中，介绍了零售商品和服务市场中的电子商务应用经验；研究了在线内容网站和网络媒体行业的发展，回顾并总结了网络出版和娱乐产业过去几年来发生的种种变化；讨论了在线拍卖、网络门户和社交网站；最后对 B2B 电子商务世界进行了探索，介绍了电子交易市场、会员专用网络，以及协同商务的新发展。

本书的特色还体现在以下五个方面：

第一，本书有较为坚实的理论基础。在分析电子商务模式的经济学和营销概念时，采纳了交易成本、网络外部性、社交网络、市场细分、价格差异化以及市场定位等理论。在讨论电子商务相关技术时，引用了互联网标准和协议、客户端/服务器计算环境、多层服务器系统、云计算、数字平台、无线技术、公开密钥加密等技术概念。在涉及社会问题时，则依据了知识产权、隐私权、信息权、版权管理、监管、公共健康和福利等基本理论。此外，还借鉴了商业领域的诸多理论，如业务流程设计、投资回报、战略优势、行业竞争环境、寡头垄断和垄断竞争等，来进行电子商务企业的分析。

第二，本书深度聚焦于现实世界中的企业。全书介绍了 100 多个来自真实企业的电子商务案例，从阿卡迈科技到谷歌、微软、苹果、亚马逊，再到 Facebook、Twitter、MySpace，还包括 Netflix、VWSupplyGroup.com 等。本书第 9 章电子商务实例部分，对于亚马逊的分析尤为透彻。作者从企业的愿景入手，介绍了企业所采用的商业模式，然后通过对企业近三年财务报表的逐一比较，详细分析了企业的财务状况，再分别从企业采取的经营策略、目前的竞争状况、所采用的技术，以及面临的社会与法律的挑战这四个方面对企业进行全面的战略分析，最后对企业的发展前景进行了展望。应该说，类似这样详细的分析，在其他的电子商务书籍中并不多见。

第三，本书格外关注今天和明天的技术。互联网及相关信息技术仍在持续不断地快速发展。电子商务领域发生的重大变化包括：电子商务基础设施价格急剧下降（开发大型网站的成本减少）；iPhone、iPad 和上网本等移动电子设备爆炸式增长；社交网络技术迅猛扩张。过去曾经短缺的通信容量如今已变得富余，个人计算机（PC）价格日趋下降，新的客户端设备不断涌现，互联网高速连接也已普及，且正在以两位数的速率增长，WiFi 和蜂窝网络在移动网络接入中逐渐起到重要作用。除全面讨论当前互联网环境外，本书还用大量篇幅阐述 Web 2.0 应用和第二代互联网等高端技术，如先进的网络基础设施、光纤技术、无线 Web、3G 和 4G 技术、WiFi、IP 多点传送技术，以及将来的服务质量保障水平等。

第四，本书章节安排精致合理。为便于读者学习并提高大家的兴趣，本书精心设计，每章都包含如下单元的内容：学习目标、章首案例、"透视"案例、企业实例、章末案例、章末学习资料、关键术语、思考题和实践项目。通过这些内容的设计和安排，本书的内容更加丰富、充实，有利于读者全面理解电子商务理论和实践。

　　第五，本书特别关注电子商务相关的社会和法律问题。第 8 章用整整一章的篇幅研究了电子商务中的四类道德问题，即隐私权、知识产权、监管和公共福利保障。此外，还分析了联邦贸易委员会、各级监管部门和一些非营利组织的最新政策动向，揭示其可能对电子商务环境产生的潜在影响。虽然这些内容是关于美国的情况的介绍和探讨，但毫无疑问，对于我们也是有很大借鉴作用和意义的。

　　本书的主要作者劳东是在教材编写方面硕果累累且积累了丰富经验的著名作者，是信息系统与信息技术以及电子商务领域的知名学者，同时又是电子商务企业的亲身实践者。由他和特拉弗呈现的这一经典之作，无疑能给我们带来对电子商务更全面、更透彻的理解。

"八看"报表，诊断企业

——读《从报表看企业》

· 陈永凤 ·

　　《从报表看企业——数字背后的秘密》是过去十几年张新民教授所专注研究内容的一个总结，浓缩的都是他多年在财务报表分析领域理论研究和实践教学的精华。这不是一部纯学术著作，而是能够让广大实际工作者和在校大学生迅速理解财务报表分析精华的一部读物。书中的大多数术语在表达上也许并不一定严谨，但特别易于理解运用。书中的内容在出版前，已经在他为 EMBA 和 MBA 学生的授课过程中与学生们反复交流过，并获得学生们的广泛认同。表面上似乎对专业术语使用的"不严谨"所映衬的恰恰是张教授对整部书的严谨态度！张教授作为一个已经在学术界有相当影响力的学者，仍然能够谦虚严谨地治学、著书，让我深感敬佩。这让我更深刻地体会到了一位学者对大师的评价："大师者，所讲授的内容，在专业人士看来不浅，在非专业人士看来不深。"

　　应该说，国际会计与财务管理学界对财务报表分析的研究已经很成熟了。其主要特征是以财务比率为主，对企业财务状况的若干方面进行分析。同时，相当多的财务报表分析与企业估价联系在一起。这说明，尽管财务信息使用者极其广泛，主流的财务报表分析方法也注意到了不同信息使用者的不同需求，但整齐划一的财务比率分析和企业估价的"主流"内容则明白无误地告诉我们：第一，现有的财务报表分析方法是以投资者尤其是证券市场投资者为主要满足对象的；第二，满足了投资者的信息使用要求，也就等于满足了其他信息使用者（如银行、供应商、经销商、雇员、政府等等）的要求。至于怎样才能满足除了投资者以外的其他信息使用者的需求，则只能靠这些信息使用者自己去感悟。

　　但实际情况却是，当前广泛流行的主流财务报表分析方法，不管比率设计如何周全、比率权重如何复杂，都没有也不可能从根本上解决问题。这种没有关注甚至忽略不同报表信息使用者的差异性需求，而主要从财务指标到财务指标的分析套路，在日渐复杂的商业社会中，已经越来越无法满足更多报表使用者的需求了。

另一方面，主流的分析方法大都是从美国来的"舶来品"。张新民教授经常跟我开玩笑说：这些舶来品，既脱离美国实际，更脱离中国实际！中国企业发展模式、中国资本市场发展状况以及中国会计准则、财务报表结构与体系所发生的深刻变革都深深地影响着中国财务报表信息。这种中国实际必然呼唤从新的视角解读和分析中国企业财务报表的方法。

张新民教授的这部《从报表看企业》从一个全新的视角——管理视角对企业财务报表进行分析。请大家注意，这里所说的管理视角不是管理者视角，而是企业管理视角。按照"企业的财务报表是企业管理过程的结果反映，企业涉及能够货币计量的资源管理的主要方面均会在财务报表上体现出来"的全新思路，作者从八个方面系统性地回答了"面对一张报表，我到底要看什么"的问题。

第一，看战略。

关于战略信息的财务报表解读，该书集中展示了下列内容：

企业通常会有关于自身战略的表达。但是，从财务管理的角度来看，企业的战略不是空的，而是要落地的——需要资源支持。而这些，都会在企业的资产负债表上表现出来。另一方面，企业的扩张，既可以通过自己的经营来完成，也可以通过对外控制性扩张来完成。在企业存在对外控制性投资并形成企业集团的条件下，集团整体在投资管理、筹资管理、营销管理等集团管理的不同模式也会在企业合并报表与母公司报表的比较中表现出来。

企业的行业选择决定了企业资产的基本结构，尤其是存货和固定资产的基本关系。由于经营资产和投资资产对利润的贡献方式不同，因此可以通过比较经营资产与投资资产在资产总额中的占用比例，来分析企业的盈利和扩张模式，分析企业的对外控制性投资的扩张效应。

此外，书中还强调，看战略，不仅要看战略对资产的结构要求，更要关注从不同立场出发对企业战略的不同体会：是站在全体股东立场看战略，还是站在控股股东立场看战略。

上述分析内容，既是对企业实际战略的解读，也是合并报表分析的精髓，堪称本书的最大亮点。

第二，看经营资产管理与竞争力。

这里的经营资产，指的是货币资金、短期债权、存货、固定资产和无形资产等。

经营资产分析的核心往往在于营运资金的分析。在这方面，比较经典的分析方法是考察企业的流动比率和速动比率，并以比率的高低为基础来判断企业营运资金的质量状况。

这种传统而经典的分析方法对于纯经营（即无对外投资）的企业来说通常是比较有效的。但是，对于企业集团管理中特殊管控条件下的资金管理以及处于不同竞争态势条件下的营运资金管理的分析则难以有效进行。

本书明确提出了按照货币资金管理分析、以存货为核心的两种竞争力分析、固定资产利用分析以及经营资产的综合管理分析来对企业经营资产的管理和竞争力进行分析的框架。其中，核心部分为以存货为核心的两种竞争力分析。这部分内容将焦点聚集在与存货有关的收付款过程即上下游关系管理。通过财务报表中与销售回款、购货付款有关项目的分析，重点关注企业对上游企业和下游企业"两头吃"的能力，从经营资产管理的角度分析企业在供应商、经销商的谈判议价方面的竞争力。

第三，看效益与质量。

关于企业盈利的质量，就我所见，现在学术界有两种表述，一个是翻译自英文的"quality of earnings"的盈余质量——往往关注利润表本身的质量因素，另一个就是张新民教授在他的博士学位论文《企业财务状况质量分析理论研究》中首次提出并系统论证的利润质量。实际上，就内涵而言，两者并无实质差异。张新民教授曾说，他之所以提出"企业财务状况质量"的概念，就是受"quality of earnings"的启发。

但是，本书这部分内容则远远超越了单纯的利润表范畴。

无疑，企业的效益或者说利润主要体现在利润表上，传统的分析方法往往只关注利润表，然而这远远不够，必须要结合资产负债表和现金流量表，才能比较完整地得到关于企业效益和质量方面的信息。

《从报表看企业》一书的这部分内容在提出核心利润概念的基础上，分别按照核心利润实现过程的质量、利润结构质量和利润结果质量展开对企业利润质量的分析，并将合并报表与母公司报表结合起来，更加清晰地展示了集团管理条件下的母子公司效益之间的关系。

第四，看价值。

　　这里的价值是指企业股东权益的价值。本书这部分内容区分了入资价值确定和转让价值确定。

　　对于这部分内容的处理，张新民教授说这是他在长期为 EMBA 学生授课过程中逐渐扩展起来的。这部分内容最早的时候融入无形资产分析的内容。后来他发现，这部分内容特别受到 EMBA 学员的追捧，并被学员认为是收获最大的内容。

　　通常，企业价值往往通过证券股价来衡量。但实际上，企业价值的确定有多重表现方式。本书描述了股东入资的三重效应，并详尽说明了评估方法、制度规定、立场与交易价值的底线、小金库等因素对企业估价的交互影响。这些内容源自张新民教授多年的教学与实践的积累。

　　这部分内容对于熟悉企业产品定价、对股权交易了解不多的企业管理人员特别有价值。

　　第五，看成本决定机制。

　　从事会计工作的人都知道，成本核算是会计的一项重要工作。而在管理会计的标准成本制部分，就有专门的内容介绍标准成本的制定、差异分析以及差异解释和降低成本的措施等内容。这似乎在告诉人们，企业的成本是由会计决定的，至少是由会计计算出来的。

　　本书以作者参加的企业管理的实践为基础，在更大的视野范围内对企业的成本形成机制进行了分析。

　　从企业内部管理的角度来看，有三个主要因素决定了企业的成本水平：决策因素、管理因素、核算因素。

　　其中，决策因素主要是由企业的董事会层面决定的。董事会通过制定企业战略、企业的产品质量标准、人力资源政策以及决定企业的技术装备水平等因素决定了企业成本的基本框架。

　　管理因素则主要是由企业的总裁或者总经理以下的各个管理层级的管理质量决定的成本，包括人力资源管理、财务管理以及其他业务管理等。

　　核算因素则是在前述的两个因素基础之上，以企业的财务会计部门的工作为核心的会计核算过程对企业成本的决定。成本核算的核心内容是在恰当地选择成本动因基础之上的成本归集与分配。

　　可见，从企业内部来看，决定企业成本的因素是全方面的。在这众多的因素中，财务会计核算只是因素之一，且是次要的因素之一。

第六，看企业财务状况质量的其他方面。

按照作者提出的企业财务状况质量分析的框架，企业财务状况质量包括资产质量、资本结构质量、利润质量和现金流量质量等。实际上，前面的很多分析已经是对企业财务状况的某些方面进行质量分析了。

这部分内容是对企业财务状况的其他方面进行的简要质量分析，包括对资产质量从整体质量、结构质量和个体质量三个方面的把握，对货币资金、商业债权、存货、无形资产等一些重要的项目进行的项目质量分析，对资本结构的质量分析，从而完成了对资产负债表的整体质量分析。此外，还讨论了对现金流量表以"现金流动"为思路进行整体分析的问题。

第七，看风险。

从以往的财务报表分析的内容来看，一般较少涉及对企业风险的分析。就一般认识而言，从财务报表对企业风险进行研究主要从经营风险和财务风险两个方面来进行。

本书拓展了对企业风险的分析。提出应该将公司股权结构巨变、治理环境变化以及核心管理人员变更的风险、惯性依赖的风险、外部环境变化的风险等纳入企业风险分析的范畴，并认为通过财务比率计算不出来的风险是更加重要的发现因素。

第八，看前景。

从企业发展的持续性来看，通过企业的财务报表是可以对企业的发展前景进行适当展望的。书中提出了以资产负债表为核心，通过基础分析，从企业的经营活动、投资活动以及融资、重组、并购等手段分三步对企业的发展前景进行预测。

在全书的最后，作者还以一个上市公司的真实案例为基础，全面展示了对企业进行系统财务分析的方法。

作者用八个专题，以问题为导向，重构了财务报表分析的框架思路。当然，书中还是运用了必要的财务比率。虽然所涉比率大多仍是传统比率，但由于逻辑和思维方式的创新，使得本书的财务报表分析方法，成为一种颠覆。书中内容逐层深入、文字娓娓道来，读毕深觉打通任督二脉，酣畅、令人拍案叫绝。

张教授这本书，在解决问题和方法创新上，堪称经典之作。该书实现了"四化"，即复杂问题简单化、抽象问题具体化、理论问题案例化和专业问题通俗化。《从报表看企业》能够为读者开启财务分析的深宫大门，让读者能够尽快进入精彩的数据王国，去探寻数字背后的秘密。

研究中国地方政府规模和结构优化的力作

——读《中国地方政府规模和结构优化研究》

· 梁 颖 ·

《中国地方政府规模和结构优化研究》一书是国家自然科学基金专项基金项目"中国地方政府规模和结构优化研究"的最终研究成果，它入选了 2011 年《国家哲学社会科学成果文库》。作为本书的责编，让我倍感骄傲和欣喜的是，本书于 2013 年获第四届"三个一百"原创图书出版工程奖。本书的作者经过深入的调查研究，从多个视角全面考察，运用大量的理论和经济模型进行分析，提出了建立适合我国国情的地方政府规模和结构优化基本理论框架，揭示我国地方政府规模和结构的内生决定因素、发展演进规律及其对我国经济社会发展的重要影响。

改革开放以来，伴随着我国经济体制改革的逐步深化，我国地方政府规模和结构也发生了巨大变化。这些变化呈现出怎样的趋势特征？所体现出的地方政府行为模式与职能定位又有怎样的变化？作者通过数据规划、调研、搜集和处理，构建我国地方政府规模和结构数据库，为我们提供了一个良好的数据支撑体系，进而为这一主题奠定良好的理论和文献基础。

从国家政策角度来说，政府作为国家权力机关的执行机关，不仅是制定国家政策的机构，更是执行国家政策的手段。政府的规模大小，关系到一个国家的行政能力强弱；政府的结构状况，关系到一个国家的行政效率高低。因此，政府规模和结构是否合理，直接决定了国家政策能否得到有效执行，而国家政策是否得到强有力的贯彻落实，又关系到社会稳定、社会进步和社会发展状况。作者在认真总结国内外已有研究的基础上，对我国地方政府的规模和结构进行深入、系统的研究，主要涵盖两大主题：一是中国地方政府规模和结构的演进规律，二是中国地方政府规模和结构的优化策略。

　　伴随着我国财政管理体制的变迁，我国地方政府规模和结构呈现出不同的变化趋势和特点：（1）20 世纪 80 年代财政承包制改革以来，政府规模呈现出明显下降态势，经济性支出比重明显下降，社会性和维持性支出比重持续增加；1994年分税制改革以来政府规模出现了较为明显的扩大势头，经济性支出比重也有所增加，而社会性和维持性支出比重有所下降。（2）不同级次地方政府规模和结构的变化趋势总体上具有较好的一致性，但也呈现出一定的差异性。（3）20 世纪80 年代财政承包制改革期间，我国呈现出强分权化趋势，财政收支分权具有较好的同步性，1994 年分税制改革以来总体上呈现出收入集权化的特点，财政纵向失衡明显加剧。另一方面，20 世纪 90 年代中期以来，我国地方政府组织结构也发生了明显变化。（4）财政管理体制和政府组织结构变革通过财政竞争机制、公共池机制以及偏好和成本信息机制对我国地方政府行为模式具有重要影响，构成了我国地方政府规模和结构演进的重要体制性动因。

　　一般而言，衡量政府规模的大小可以通过三个指标，即政府支出、政府收入和公共就业人数。政府结构是一个较为宽泛的概念，从不同的角度出发有着不同的解读。目前至少涉及四个相关概念，即政府支出结构、政府收入结构、政府组织结构和政府治理结构。本书分别从省级视角、县级视角来阐述地方政府规模和结构演进规律；从经济增长视角、经济稳定视角、收入分配视角、社会福利视角来探究我国地方政府规模和结构优化调整措施。

　　从省级视角来看，以 1978—2008 年我国 29 个省份面板数据为基础考察，用政府支出比率度量政府规模，用预算内外支出比率来刻画政府规模。将政府支出划分为三类，即经济性支出、社会性支出和维持性支出，用这三类支出占预算内支出的比重来刻画我国地方政府结构。其中，经济性支出、社会性支出和维持性支出分别以基本建设支出、科教文卫支出和行政管理支出近似加以度量。可以看出，1978 年以来我国地方政府的职能定位呈现出明显的变化：20 世纪 90 年代中期以前经济性支出比重持续下降，而社会性支出和维持性支出比重持续增加，此后经济性支出比重有所增加，社会性支出和维持性支出比重有所下降。

　　对于规范我国地方政府行为、实现地方政府职能优化，中央政府应主要做好以下三方面工作。（1）进一步完善我国财税管理体制，理顺政府间财政关系，将地区间财政竞争更好地纳入到制度框架内，促进地区间财政竞争更加规范、更加有序。（2）合理确定中央与地方政府收支责任安排，避免过度干预和限制地方政府的财政自主权，鼓励地区间开展良性竞争，以充分发挥财政竞争机制对地方政府的激励和约束作用，从而更好地实现地方政府规模和结构优化。（3）在充分注重中央财政转移支付均等化作用的同时，也要特别强调中央财政转移支付对地方政府的激励和约束作用，通过优化转移支付结构和资金分配方法，更好地矫正地方政府的扭曲性竞争行为，促进地区间财政竞争更加规范、更加有序。

从县级视角来看，1997—2005 年不同时期，我国县级地方政府承担着较重的维持性特别是社会性支出事务，并且这样的支出结构在县级地方政府间呈现出较好的一致性。具体到各类支出比重而言，1997—2001 年间三类支出比重均呈现出持续增加的态势且差异性明显增大，其中以经济性支出比重表现得尤为突出。但 2002 年以后，维持性支出比重增加幅度很小，社会性支出比重略有下降，而经济性支出比重仍保持了 1997 年以来的增加态势。

为了有效地约束地方政府支出行为、优化县级地方政府规模和结构，更好地化解县乡财政困难，中央政府应着力做好以下三方面的工作。第一，继续有序推进我国政府组织结构改革，适当增加县级行政单位数量，大力推行以减少分配政策偏差及其扭曲性影响为核心内容的省直辖行政管理体制和省直管县财政管理体制改革，但应采取有效措施校正改革对地方政府结构的扭曲性影响。第二，进一步理顺省以下各级政府间财政关系，在财力分配上更多地向县乡基层政府倾斜，特别应采取有效措施增强县乡基层政府的财政自给能力，同时也应努力改变目前公共支出特别是社会性支出事务过多依赖于县乡基层政府的局面。第三，政府组织结构改革应与财政分权化改革统筹规划、协调推进，促使地方政府提高支出效率、转变职能，避免支出规模过度膨胀以及支出结构扭曲。

本书还分别从经济增长视角、经济稳定视角、收入分配视角、社会福利视角来探究我国地方政府规模和结构优化调整措施。

综上所述，通过对我国地方政府规模和结构演进规律与优化进行全面系统的分析，我们得出如下结论：

（1）伴随着我国财政管理体制变迁，我国地方政府规模和结构呈现出不同的变化趋势特点。（2）财政管理体制和行政管理体制变迁构成了我国地方政府规模和结构演进的重要体制性动因。（3）财政分权特别是财政收入分权对地方政府规模的影响在一定程度上与政府组织结构有关。（4）我国地方政府间存在着显著的策略互动行为，财政竞争机制在其中发挥了重要作用，导致地方政府规模扩大且更加侧重于经济性和社会性支出事务，但有助于遏制维持性支出规模膨胀。（5）中央财政转移支付对我国地方政府竞争性行为进而对地方政府规模和结构具有显著影响。（6）公共池机制同样在我国地方政府规模和结构演进中发挥了重要作用。（7）我国地方政府规模和结构总体而言不利于地区经济增长，突出表现在财政总支出和维持性支出具有显著的抑制作用，社会性支出则有助于地区经济增长。（8）我国地方政府公共资本投资构成不尽合理，在基本建设等公共物质资本投资与公共教育等公共人力资本投资之间更加青睐于前者，导致中央转移支付进一步强化了地方政府公共资本投资构成对经济增长的抑制作用。（9）我国省级地方政府支出行为呈现出较明显的全国反周期和省份顺周期特征，有助于全国经济稳定但加剧了省份经济波动，这在欠发达省份表现得尤为突出。（10）我国省级地方政府收支规模对居民收入差距的影响具有明显的非对称性。（11）我国地方政府在教育政策的制定和实施时没有很好地将经济增长和收入分配目标有机地结合起来。（12）为了更好地实现我国地方政府规模和结构优化，促进我国经济社会的长期可持续发展，中央政府应着力做好以下三个方面的工作：统筹规划、促进财政和行政管理体制改革的整体推进，减少级次、推进行政管理体制"扁平化"改革，合理分权、深化我国特别是省以下财政管理体制改革。

快乐何处寻

——《七粒种子的秘密》评介

·安 卫·

现代人的生活充斥着忙碌与压力，难有时间驻足停留，检视一下自己到底是否快乐。通常，若不是经历人生中难以承受的痛苦和挫折，人们往往意识不到生命中最重要的是什么、失去了什么、获得了什么。威利（Wiley）出版社出版的大卫·费奇曼（David Fischman）所作的《七粒种子的秘密》（*The Secret of the Seven Seeds*）一书，作者借由书中主人公伊格这个虚构的角色，阐述了人生获得快乐的七个秘诀。

书中所揭示的快乐秘诀，是不假外求，以自我为出发点的，快乐何处寻的答案就回到了个人的身上。42岁的主人公伊格心脏病发作，被医生告知起因源于他每天18个小时的连续工作。他不仅忘了孩子们、忘了妻子，也忘了自己的身体。这样的人生，伊格起先并不觉得有什么不好，他接管了父亲所经营的公司，认为自己有责任维持公司的市场领先地位。然而，不仅公司的一切在迅速失控，他的生命也在快速地失控。医生的诊断似乎宣告：他的人生出局了。

人生能有何快乐可言？尤其在面对疾病的侵袭时，快乐等同奢侈品，奋斗一辈子所换来的竟是如此结局。所幸，伊格捡回一条性命，之后复原状况良好。伊格人在医院，却急切地想回到公司处理压下的工作，然而医生的劝告是：除非伊格改变自己的工作与生活形态，否则难有几年好活。

一、七粒种子的秘密

伊格获得新生之后，决定去找一位心灵大师来学冥想，以增强自己抗压的能力。出乎意料地，在第一次见面时大师问了伊格一个在他看来很唐突的问题：

"告诉我，你快乐吗?" 大师的问题似乎击中了伊格的要害，也开启了大师、伊格与七粒种子的故事。

第一粒种子。当伊格从大师那里带回第一粒种子，就开始悉心照料，期待它的发芽。然而，四周过去，伊格仍等不到种子发芽。于是伊格再度回到大师的住处，质问大师为何种子不发芽。但大师反说这是一粒被压坏的种子，不能发芽。其实，大师意在通过这粒种子表达——认识自己。这粒种子就好像是我们的潜意识，尽管看不到，但是对我们心灵发展却有很大的影响。那么潜意识从哪里来?大部分是受小时候的记忆所影响，而在小时候对我们影响最大的莫过于父母了，这时的父母就是我们生活的中心，所以父母必须是个好榜样，必须尽全力来引导我们。虽然，很多人认为自己已经忘了小时候的记忆，但其实不然，它就存在于我们的潜意识里，时时刻刻影响着我们。

大师告诉伊格一个人不堪的过往会压抑人的潜能，如同被压坏的种子，难以发芽。除非一个人认识自己与了解过去，否则难以获得真正的快乐。

此后，伊格每来一次大师住处，就会领到一粒种子，而种子的故事正是伊格所需要学习的功课。之后的种子依序是：含羞草、玫瑰、芒果树、向日葵、松树、芦苇。

第二粒是含羞草的种子。含羞草的种子代表——冥想，也就是停止思考。因为外在的因素，常使我们的情绪高低起伏不定，所以人遇到外界刺激，不要急于马上反应，我们偶尔要闭上双眼，将琐事和干扰通通放在一边，进入自己的世界里沉淀心灵，免得一时情绪的激动反倒误解当时的情境。

就如同伊格回忆中的童年，父亲以咆哮的方式管教孩子们，造成伊格也无形中吸收了同样的价值观，易于对员工动怒与责备。实际上，伊格将过去家庭中的气氛转移到职场上，伊格的内心仍被父亲过往的虐待所深深地囚禁。

停止思考，这说来容易，做起来却很难，但是当你能够这样做时，你会感觉到一种平静的快乐。

第三粒是玫瑰的种子。玫瑰花很漂亮，当花瓣绽放时，它炫耀自己美丽的样貌来诱惑你，并散发出奇妙的香味，但你只能远距离欣赏。如果你靠得太近，它就会刺疼你。被自我所控制的人就像玫瑰一样，他们穷尽一生来博得赞赏，追寻声望、地位和更多人的接纳。但当你接近他们时，他们会用他们的自私利己来刺伤你。因为他们没有自信、害怕，所以逃避。因此我们要正面迎击，做一个有自信的人，并且放下自我，用谦虚的态度对待每一个人。

第四粒是芒果树的种子，它代表着——不求回报的付出。有很多人都只享受结果，而不会去在意过程，更不会去为结果付出，但是想一想，付出何尝不是件快乐的事呢？付出不仅仅限于老少妇幼，它也是对别人另一种不一样的态度，也就是说付出是对生命的一种态度，它意味着不再只是想着自己，更要想到别人。人在群体中的生活，需要学习倾听他人、了解对方的需要与处境。

第五粒是向日葵的种子，它揭示一个人的道德原则。伊格在面临公司是否需要通过贿赂与裁员达成商业目标的决策上，举棋不定。向日葵所带来的功课不只是道德，而且是能否以更具创意的方式解决问题。向日葵代表心存善念。现在人心险恶，很多人可以为了目的而不择手段，甚至做违法的事情，但是如果哪天被揭穿了，那么可能会身败名裂，而因此一蹶不振。所以人要把目标放远些，应该追求的不是眼前的利益，而是以后的大目标。

第六粒是松树的种子，它的意思是——维持多元平衡。松树的种子则让伊格看到均衡生活的重要性。松树笔直挺立，既不偏左，也不偏右。这意味着生活中大小事情有着轻重缓急的次序，一旦伊格将所有的事情都揽在自己的身上，势必让时间管理出现捉襟见肘的窘境，也就很难顾及其他更重要的事务。所以大师希望伊格能像老鹰妈妈一样，让员工跟随伊格的步伐，训练他们，然后让他们张开翅膀自己飞翔，这样，伊格便有多余的时间可以做更多对自己有意义的事。

当伊格要领取第七粒种子时，才发现大师因一场车祸意外身亡。因此，伊格收到了大师生前借由信件邮寄来的芦苇种子。最后要学习的功课是芦苇所被赋予的寓意。

芦苇具有随风弯曲的特性，它代表——乐于改变。其实人生下来本来就是为了改变，所以不要害怕改变。尽管可能会迷失方向、受伤，但是要勇于挑战现在、探索未来。并且要用无所恃的态度来看待事情，不要对外在事物有所依附，应抱着求新求变的心态，乐于改变。甚至身处逆境、顺境时，要能屈、能伸，人生才会有新的世界。

在我们的人生当中，就是要好好照顾这七粒种子，我们要记住每粒种子所传达的意义，将它们的教诲应用在生命中，如此一来，它们就会在我们的人生中成长、开花、结果。

二、快乐可以选择

真正理解了这七粒种子的秘密与故事并切实执行，人生的快乐就水到渠成。

这样的快乐是人可以选择的，人之所以不快乐，是因为不愿意正视自己曾有的伤痛，并且将之埋藏于心底。而痛苦幻化于表面的伪装，使人戴上了面具，无法与他人真诚互动。于是，过往原生家庭的伤痕就一一展现于人与人之间的沟通中，甚至打乱个人的生活步调，至终就产生了混乱，疾病也就因应而生。

因此，一个人要获得快乐是不假外求的，在于自己的选择。如果我们选择了快乐，意味着我们不再将个人痛苦归咎于环境或家庭，而是愿意让自己重新了解我之所以是我，是因为有个过去。尽管过往阴影伤我是真，现在的我决定不再让过去如影随形伴我前行。我们选择过一个不一样的人生，也就是快乐的人生！

三、坚持不懈

很多人知道运动有益健康但却不付诸实践，那是为什么呢？运动是一件需要坚持才会看到成果的事情。但我们这个社会的特征之一就是缺乏耐心，刚投入一点时间就想立刻看到成果。

在追求个人进步的道路上，不会发生什么奇迹，必须具备坚韧不拔的毅力缓慢前进。刚开始时，不会立即感受到任何好处，甚至会觉得乏味、无聊。但沿着这条道路前进，你的努力就会看到成果。个人进步的道路会帮助我们的生命拥有更多的平和、宁静与平衡。有什么诀窍吗？答案就在这七粒种子里。

作者曾将本书作为秘鲁应用科学大学（The Peruvian University of Applied Science）MBA 课堂上的阅读资料。作者出版本书是希望能引导更多的读者好好思考人生。

青春像花儿一样绽放

——《激扬文字——人大附中学生这样练笔》评介

· 张玉梅 ·

读《激扬文字——人大附中学生这样练笔》一书，好像读的不是一篇篇文章，而是一颗颗跃动的心，是青春的张扬与呐喊。青春，每个人只有一次，那是上天赐予的礼物，自然拥有，却无法多得。然而我们可以让青春更丰满、更茁壮，像花朵一样盛开。

中学生的写作是一种直抒胸臆的表达，少了些规范的拘束和行文的练达，却得以放飞心灵，任意挥洒。虽然技巧上不够熟练，但却有另一种精彩。

写作的源头是生活，是感，是悟；写作的过程是思，是辨。当一篇文章经过这些过程完成的时候，写作的人也得到了升华。

读书是认识世界的一种特殊的方式。每一部作品都是生活的凝练和升华，是作者对生活的感悟和思考。于是读书的过程是读者和作者灵魂的对话，也是读书人体验生活、认识生活的一条特殊的途径。《激扬文字》收录的是中学生的练笔之作，有读书笔记、生活记事、时评杂文、游记等，每一篇都是小作者的真情告白。学生们读的书可真不少，历史的，文学的，时事的，哲理的，等等，无所不读。把读书所得、生活感悟记下来，既记录了成长，又练习了写作。

读《烛之武退秦师》、《荆轲刺秦王》，让他们了解了一个"礼坏乐崩，王室衰微，诸侯乱战"的春秋战国时代，认识了"怀才不遇却心怀天下"、有勇有谋的烛之武，认识了深明大义、慷慨赴死的荆轲，认识了那些在义利冲突、生死抉择中挣扎的形形色色的人，也引发了他们对于义利、生死的思考，悟出了"心中只有利的，是小人。小人可以得志，却不可称雄；小人可以乱国，却不可能独霸一方"的道理。

对义与利、生与死的思考，引着他们去探索人生存的意义和价值。生固然很重要，但有些东西比生命更宝贵，那便是人之为人的根本。他们鄙视见利忘义、贪生怕死，对"舍生取义"、慷慨赴死的壮士心怀崇敬。然而"轻生死"不是认识的至高境界，珍爱生命，探寻生命存在的意义才是目的。"生命固然重要，但是有些东西比生命本身更重要，那是一种精神力。我们要理解什么样才是个'人'，我们要做的是'人'，而不是行尸走肉。有的人活着，可是他已经死了，有的人死了，可是他却还活着。"这话听起来有些熟悉，但从中学生的嘴里说出来却别有意味，年轻的他们已然开始领略生命的真义。对于《活着》中的"活"的意义，是另一个层次的对生命的理解。人生历经磨难，却依然选择坚强、乐观，这本身就是对生命的尊重。"活着"的力量"不是来自于喊叫，也不是来自于进攻，而是忍受，去忍受生命赋予我们的责任，去忍受现实给予我们的幸福和苦难，无聊和平庸"。余华对生命意义的阐释，他们似乎是懂了。

读《药》，读《雷雨》，让他们认识了人和人性。在对人物的剖析中，学生们思考善与恶，对与错，爱与恨，罪恶与正义。他们没有脸谱化地去区分好人坏人，而试图拨开时代迷雾，还原历史必然。对于康大叔的唯利是图，夏三爷的无耻怯懦，华老栓的愚昧无知，他们虽然大多只限于在道德层面给予评判，但也感受到了现象背后无可奈何的"苦"与无法言喻的"冷"，这对于十六七岁的中学生来说，已经很不容易了。他们理解繁漪的痛苦与挣扎，似乎明白了，时代的黑暗才是毁灭的根源。他们甚至看到了，貌似强大的周朴园，在虚伪冷漠的伪装下其实隐藏着一颗"冰一样寒冷脆弱的心"。他不能也不愿走近别人，别人也无法走近他，因孤独而无情而残忍。他是繁漪的地狱，更是他自己的墓园。他其实很可怜。

读老庄，读论语，读魏晋，他们思考关于入仕出世的问题。面对逆境，人的态度往往有不同：有的人选择屈服，有的人选择坚守，有的人则选择退隐山林。选择屈服者，最终与恶俗同流合污，放弃的不仅是曾经为之奋斗的理想，更是做人的根本，是最不可取的。选择坚守者，是愿意为理想献身的人，是把成败得失置之度外的人，那种"知其不可而为之"的执着与勇气，让人敬佩。选择退隐者，表面看是逃避，实则是另一种坚守：不与恶俗为伍，坚持自己的信念。看似是"采菊东篱下，悠然见南山"的闲适与超然，实则依然怀揣梦想，《桃花源记》所描绘的那个自由平等、安宁和乐的世界，表达了作者对美好生活的向往。

学生们对"隐士"的认识是让人惊叹的。他们探讨退隐的利与弊，是怯懦还是高尚；探寻"隐"文化发展的脉络走向及对中国传统文化的影响。思考之深邃，观点之犀利，几乎使人忘了那是出自中学生的手笔。"在他们选择了退隐的同时，便意味着选择了逃避，而不是承担……而只有同时选择了不论境况如何不堪决不随波逐流，与不论时局如何黑暗决不抛弃放任而是担当起天下兴亡的人，才可称之为伟大的。"能把退隐与责任、担当联系起来讨论，说明学生们内心已有了关于责任感的思考，"天下兴亡，匹夫有责"的观念已渗入内心。当他们说"不管隐也好，进也好……我们都要崇尚美好，真正做到'达则兼济天下，穷则独善其身'"时，他们已经有了"为生民立命"的觉悟。

难能可贵的是，学生们把传统观念与现代相对照。"如今，则大不一样，我们实现价值、实现梦想的方式有很多种，我们没必要因一条路走不通而就此止步不前，心如死灰。没有了封建时代思想的束缚，拥有了新时代多元化的选择，我们大可换种方式，变个途径，继续追逐理想，没有必要隐逸。"且不论观点的对错得失，仅就方法而言，学生这种跨越时代的联想与比较是有价值的。在读中思、在读中悟，深得读书与写作的精髓。

对人的认识是《激扬文字》很重要的内容。学生们谈猛士，论英雄，把自己心目中的理想人格用于对英雄的刻画描绘，展示了他们的人生观、价值观。他们不仅评价林冲、庄子，还对鲁迅、郁达夫、朱自清及林则徐等大加评判。当他们说"朱自清的文章虽然很美，却觉得缺少与读者心灵沟通的桥梁"，说"鲁迅，一个矛盾的孤独者"，对人们心目中的大师级人物"品头论足"时，我感受到的，除了青春的张扬和思想的自由，还有风华少年指点江山的锐气。这种青春年少无所顾忌的"口无遮拦"是最为可贵的，相比于被所谓成熟、谨慎的厚厚的外衣紧紧包裹着的矜持和内敛，有着更多的灵性和真实。

对生活的体察，对时政的关注，是一个人成长过程中最不可缺少的元素。缺少了对现实生活的体验，人就不可能真正长大。《激扬文字》内容涵盖广泛，自然少不了学生们对生活的记录。走出课堂的学生，视野更加开阔，思想也更加自由。一篇关于秋天的记事，记录了小作者的成长足迹；一篇餐厅占座经历的描述，展示了只有学校才有的独特风景。一篇篇游记，记录的不仅仅是美景与心灵的交融，遗迹对历史的诉说，更是青春的脚步和记忆。

最让人印象深刻的，是学生们对于时政的评判。对于应试教育，其利与弊，学生有着切身的感受。从对考试方式的困惑，到对填鸭式教育的质疑，再到对"我心中的理想教育"的追寻，学生提出了让人慨叹的问题：我为什么学？当学生说"我们不是越走越远，我们压根连目标都没有"时，惊异之余我深感悲哀与恐慌。教育方法如此失败以至于让受教育者失去了方向，不能不令人反思。百年大计，教育为本。好的教育所成就的岂止是一代人的梦想，乃国家民族命运之所系！当学生喊出"理想教育将遵从以人为本的理念"，"教育的目的是让学生们拥有独立之思想，自由之精神。让他们拥有一双翅膀飞向自我理想之所在"，我们不得不承认：教改，真的刻不容缓了。

年轻人最不缺的是激情，是活力。激情要宣泄，青春要飞扬，正确的引导就显得格外重要。老师无疑就是他们的领路人。从巧设争鸣、激发思维，到引申思考、点拨培养，无不体现了老师的良苦用心。生命不能承受之重是青春的错放。正确的指引下，激情得以释放，青春也会像花儿一样绽放。

文为心声，文章所要表达的，是一种思想的真实。所有的读与行、感与思，都要着落在这上面。他们的文字也许稚嫩，他们的观点也许偏激，但这是他们成长道路上必须穿越的隧道。在读书中、生活中、旅行中，他们观察着，思考着，慢慢成熟了，长大了。这就是《激扬文字》这本书的意义所在。

大师宝典　大众珍藏

——《张道真英语语法》（大众珍藏精装版）评介

·王　琼·

2011 年底，人大社外语分社出版了英语教学界泰斗、著名英语语法学家张道真教授所著的《张道真英语语法》（大众珍藏·第二版）（与此书一同出版的还有《张道真英语用法》（大众珍藏·第二版）以及这两本书的中学生珍藏版）。此书出版至今两年有余，已经加印 6 次，深受外语学习者的喜爱和好评。为了方便更多的读者收藏此书，2014 年 5 月，人大社又隆重推出了《张道真英语语法》（大众珍藏精装版）。此精装版不仅换用了更适合收藏的硬皮封面，还降低了定价，更为重要的是对第二版的内容进行了较为全面的修订，更好地回馈读者。

张道真教授早年毕业于国立中央大学外语系（现为南京大学）。后赴美留学，先就读于华盛顿大学英国文学系，后转往哈佛大学学习比较文学。1950 年回国后，在北京外国语大学任教至 1996 年退休，退休后仍潜心于英语教学的改革研究。张道真教授从事英语教学与研究工作五十余年，在国内外英语语法领域具有高深的造诣和卓越的建树，是国内外英语语法学界公认的权威和大师。其先后出书十余种，撰写、编著了《实用英语语法》、《现代英语用法词典》、《电视英语》、《自学英语》、《英语听说》等多种英语类广为人知的教材、著作，并翻译出版了《包法利夫人》、《乡下佬》、《十九世纪文学主流》等作品。

最新出版的《张道真英语语法》（大众珍藏精装版）是张道真教授五十多年英语教学研究的集大成之作。用张道真教授自己的话来说，这是一部"着眼于新世纪、立足于新观念的全新版"英语语法书。2002 年商务印书馆国际有限公司出版了此书第一版。2011 年，人大社在第一版的基础上修订出版了第二版（平装版），现今又推出了精装版。全书共 700 多页，分为二十五章和两个附录：第一章概论、第二章动词概说、第三章时态、第四章被动语态、第五章虚拟语气、

第六章助动词和情态动词、第七章非谓语动词、第八章动词句型、第九章名词和冠词、第十章代词、第十一章数词和量词、第十二章形容词、第十三章副词、第十四章介词及与之同形的副词、第十五章连词和感叹词、第十六章主语、第十七章谓语、第十八章宾语、第十九章定语、第二十章状语、第二十一章语序、第二十二章省略句、第二十三章句型的转换、第二十四章构词法、第二十五章标点符号、附录一常用语法术语表、附录二常用不规则动词表。此书结构宏富，涵盖英语语法的各个方面，集英语语法之大成。

张道真教授以消除中国人学习英语的障碍为出发点，在编写此书的过程中，力求有的放矢，紧密结合中国人学习英语所经常遇到的问题进行讲解。与其他的语法书相比，此书有一些显著的特点：第一，此书在体例设计上独具匠心，既有清晰的章节结构，又为每个小节分配了一个序号，全书的 476 个小节由 1 到 476 号串起，十分方便读者检索和查找语法点。第二，对动词句型作了重点讲解，用了第二章到第八章共七章的篇幅来讲解动词及其相关内容，不仅讲述了各种句型结构，而且每种结构都列举了大量例句来说明其特点，甚至列举了用于这类结构的所有常用词。之所以对动词句型作这样的重点处理，是因为张道真教授认为动词是语言的核心和脊柱。掌握了动词句型，可以说就掌握了语言的基础和关键。第三，将英语语法和英语词汇紧密结合在一起。不仅讲述了常用词的用法、前后缀的处理、近似词的比较以及表达法的区别等用法知识，而且还提供了大量例句来说明其语法特点。又如，在讲解助动词和情态动词时，也几乎讲到了所有这类词的用法；在讲解各个词类（名词、代词、形容词、副词、介词、连词等）时，对常用的有关词汇都作了简明扼要的论述。第四，本书中提供了数倍于其他语法书的例句。这些例句是在大量资料中精心挑选出来的，是反映现代英语语法、用法的典型例句。通过学习、分析和掌握这些典型例句，大大提高学习、掌握英语语法和词汇的速度与效率，进而更深入地学习和掌握英语。第五，全书以语法为纲，把词汇知识条理化。英语语法复杂多变，英语单词成千上万，在学习时如果只是一知半解或只知其一，不知其二，那就很难对其融会贯通和运用自如。本书以系统的语法知识为纲，把零散的词汇环环连接，融为一体。它们好比是一个网络，把语法与词汇交织在一起，使读者触类旁通、举一反三。

此次《张道真英语语法》（大众珍藏精装版）修订的原则是：保持原书的编写理念、框架结构和体例格式基本不变，但版式重新设计，保留原书精华的同时适当增添新内容；为了便于读者长期收藏，此次特意使用了硬皮封面，同时为了降低定价，使读者更易于承受，将原第二版的双色印刷改为单色印刷。精装版还解决了第一版中存在的若干内容文字方面的问题：第一，对第一版中一些过时、不妥、不确切的语法术语和中英文表达进行了全面修正和规范。如：连字符在第一版出现时，有的地方称为连字符，有的地方又称为连字号，精装版中统一称为连字符；"I am expecting a telegram" 中的电报（telegram）当今已很少使用，因此改为 "I am expecting a letter"。对一些思想性不强、没有上下文关联的例句，也进行了改写或者删除，如 "He drowned his wife"，改为 "He drowned one of the criminals"；"The ruling class was fearful of the uprising"、"He told everyone that he was a lord"（他告诉大家他是老爷）、"Power is what they are out for" 等句子，则不再引用。第二，对第一版所有的例句进行了审核、更新，对例句的中文翻译进行了重点审读推敲，使之更准确、到位和传神。如："He has done Horace into English verse" 改译为 "他把贺拉斯的诗作译成英文诗了"，而不是 "他把荷雷斯译成英文诗了"；"Czechoslovakia" 改译为 "捷克斯洛伐克"，而不是 "捷克"；"Li Min didn't take calculus in college" 改译为 "李敏在大学时没学微积分"，而不是 "李明在大学时没学微积分"；"The soup tasted horrible" 改译为 "汤难喝极了" 而不是 "汤难吃极了"；"She's doing her knitting" 改译为 "她在织毛衣" 而不是 "她在织毛线"；"He is older than any of the other boys in his class" 改译为 "他比他班上其他任何男同学年纪都大" 而不是 "他比他班上任何同学年纪都大"；"The London team, which played so well last season, has done badly this season" 改译为 "伦敦队上赛季打得非常好，这个赛季打得却很差"，而不是 "伦敦队上季度打得非常好，这个季度打得却很差"；等等。第三，对第一版中不当的字、词和标点等进行了全面修正。如：高尔基的名字在英文例句中错写成了 Corky，此版中改为了 Gorky；"heart attack" 改译为 "心脏病发作"，而不是 "心脏病复发"；"the summit of Everest" 改译为 "珠穆朗玛峰"，而不是 "埃佛勒斯峰"；"a part time job"，改译为 "兼职工作"，而不是 "部分时间工作"；"easy-going" 改译为 "随和的"，而不是 "好说话的"；"capital punishment" 改译为 "死刑、极刑"，而不是 "体罚"；有几处英文句子遗漏了句末的句号，修订时补上了；等等。第四，针对第一版中部分音标以及字体不统一的问题，进行了全面的梳理和统一。例如：纠正了单词正斜体不统一的情况；将同时存在于书中的两个音标体系一为了一个音标体系。

《张道真英语语法》一书畅销多年，备受读者喜爱。其第二版自出版以来多次重印，在当当网上获得了高达 99％的好评率。有网友评价此书说："英语语法书太多了，确实不好选择，张道真语法书很有名，买了之后才发现选择太正确了，既全面，又易懂……这本虽然是大众版，但编排合理，也非常适合学生学习用。当然也不否认其他英语语法书也有很优秀的，但买了这一本，就不需要再买其他版本的了。"以第二版为蓝本的《张道真英语语法》（大众珍藏精装版）力图续写第二版的经典。著名语言学家、北京外国语大学刘润清教授评价道："张道真教授一生研究英语语法，潜心向学，心无旁骛。《张道真英语语法》（大众珍藏精装版），是其英语语法研究的总结性成果，弥足珍贵。"正如其书名所示，此书真正做到了面向英语学习的"大众"，值得学习者们"珍藏"。

出书要趁少年时

——读《忧，所以思——一个中学生的观察与思考》

· 李俊峰 ·

我念本科那时候，班里有一位非常自信的男同学。

当时，他说过这么一段玩笑话："那些书比我读得多的，没有我懂社会；那些比我懂社会的，书没我读得多。那些比我有思想的，没我年轻；那些比我年轻的，没我有思想。"

平心而论，在我当时身边的同学里，这位北京的70后确实算是综合素质比较高的。

一转眼，十多年过去了。我开始发现，后起之秀真如雨后春笋，综合素质高的年轻面孔层出不穷。

比如说，我最近看了一本书，叫《忧，所以思——一个中学生的观察与思考》。书是2010年出版的，成书之时，作者张千帆还是南京市外国语学校的高三学生，才十七八岁。

这些年，随着出版门槛一降再降，出书早已不是一件惊天动地的雅事。君不见，某些有钱有闲的人，掏点钱，找某个苟延残喘的出版社买个书号，把敝帚自珍的若干篇文字，凑成一书，也就是一文化人了。

但夜读《忧，所以思》，我有个想法特别强烈——应该把这本书给我当年的那位哥们儿也读一读，让他知道，比他更年轻，比他更有思想，比他更懂社会的"90后"已经冒出来了。

这本书包含多篇文章，是作者张千帆对自己所处社会的观察和思考，除了书名猛，书中的不少题目也很猛。例如，"中国问题的逻辑起点"、"科技救不了中国"、"改革的成果与成本"。乍一看，都是博士论文的大题目。甚至，博士生导师看到可能还会皱起眉头："这位同学，你这论文题目开得大了，怕是不容易驾驭……"

　　书的编辑也写道："忧虑、忧愁、忧患是必须具备的一种意识，这种意识实际上就是危机意识。一个人如果没有危机意识，那总有一天会身陷困境，一个国家和民族如果没有危机意识，那总有一天会直面衰亡。因为忧，所以就必须思。思考的过程也是醒悟的过程，寻根究底的过程，探索和创新的过程。思考不仅是一种品质，更是一种责任，不仅可以改造主观世界，同样可以改造客观世界。"

　　这些信息给我的第一印象是，真是海阔凭鱼跃，这年轻人的这些忧思，究竟能有何出版价值呢？

　　但我转念一想，大有大的难处，但大也有大的好处，年轻人天不怕地不怕，只要有新锐的观点，题目大点也是不足畏的。反倒是我这个 70 后，这些年的种种挫折给了自己很多成见——给自己划定了太多的条条框框，精神画地为牢，思想岂有创新可言？

　　该书的推荐语也写道："这是一位真正的 90 后，一个在校高中生所写的文章，也许不够成熟，也许有失偏颇，甚至可能锋芒过露，但他忧患意识强，直言不讳，而且独立思考，这就很可贵了。"

　　平心静气翻完此书，我讶然了——这位"90 后"观察者、思想者的不少观点，竟是颠覆了公众熟知的"常识"。

　　《见识北京的塞车》一文，对北京"堵车"的病理剖析就很老辣。除了老生常谈的机动车太多、公众不遵守交通规则，还谈到了北京作为全国的政治中心，党政军的机关大院比较多，围墙比较多，让大城市的"毛细血管"不畅通。一些新的小区，也是依样画葫芦，为了治安方便，也都壁垒森严。结果，车都只能走主干道，全堵在主干道上了。

　　应该说，这个观察角度还是蛮独特的。中国市政治理的惯性思维就是，凡事爱从大处着手，上大工程，追求立竿见影的效果。殊不知，一个城市如同一个人，只有主动脉，没有毛细血管，或者毛细血管堵塞，都是会瘫痪的。

　　难能可贵的是，作者还点到了很多国人的痛处，几乎每个人都在骂北京的交通，"可时至今天，我还没有听见哪个人反省过自己的行为，想过自己应该和可能做些什么。而事实上，我们每个人都是塞车祸害的始作俑者"。作者开出的药方也不错，鼓励大家多走路，多骑车。说到这里，我深表欣慰，敝人就是坚持骑车上下班的。

　　更可怕的是，作者兴趣广泛，"说教育、惜人生、聊智慧、侃文化、谈社会、解难事、忧生态、议国是、品世态”，涉猎的问题很多。

我本来挺担心，感觉这年轻人会不会啥都懂，啥都一知半解呢？细细读了第一轮，该书每篇文章竟然都有可取之处。我最欣赏的是“说教育”一章。《希望进去，失望出来》、《本该有多少个丁俊晖》、《我乐意做“第十名”》那几篇雄文，我很想向望子成龙、望女成凤的朋友推荐。

作者身为高中生，深知“分数为本”的甘苦。他对中国“应试教育”模式的观察与反思是我们无法替代的。“没有哪个牛人会次次得第一，门门得第一，永远得第一。既然你不能保证永远得第一，那么在考试面前，在分数面前，失败就随时随地伴随着你。”这种时刻紧张的压力，导致走出校门的中国学子容易变得不自信，放不开手脚。

真希望有更多成年人，能听到这个高中生发自内心深处的呐喊，别再让应试教育“毁人不倦”了。当然，你可能会说，这谈何容易！是的，作者也说了“这谁都清楚，可又谈何容易”。可是，问题摆在那里，总得想法解决吧。

在谈到当前中国社会的浮躁病时，该书《为什么大家都不高兴》一文感叹道：“社会从来没有像今天这样浮躁过！经商的人梦想天上掉下一个大馅饼，渴望一夜暴富；娱乐圈的人不惜潜规则折磨，渴望一演成星；专家教授们不再安心学问，渴望一举成家；人民公仆们不愿脚踏实地，渴望一步登天。”

那么，病根在哪里呢？作者的分析结论是：“浮躁是一种危机，它使中国丧失了精神支柱，迷失了前进方向。中国不需要更不容许浮躁！我们要有信仰。信仰是一种恒定的信念，是比生命还重要的精神寄托。有了信仰，努力的过程就将变得快乐而充满生机。”

除了剖析当前的社会病态，作者也用一个小故事来阐述解脱之道：“外婆给我讲过这样一个小故事：一场意外的矿井塌方事故，让几个老矿工困在了井下极深的坑道中。他们在漆黑的世界里四处寻找出路，但终因辨不清方向而以失败告终。精疲力竭的他们不得不坐下来歇息。一个老矿工打破了沉闷说：‘我们与其这样盲目乱找，不如静静地在这里坐上一会儿，看看是否能感觉到风的流动，因为风一定是从坑口吹来的。’于是大家沉静下来。一段时间以后，他们变得很敏锐，逐渐感受微风在他们的脸上轻轻拂过。于是，顺着风的来处，他们终于找到了出路。在很多情况下，心躁则暗，心静则明。心躁能使人走向死亡，心静能帮人走向新生。个人如此，一个国家也是如此。”

心静则明。对于当前浮躁的出版市场，以此话针砭之，想必药效也是极好的。当然，从出版市场的发展趋势来看，《忧，所以思》一书的出版还有一种风向标的意义。

众所周知，随着互联网的普及，博客、微博等新的传播方式不断涌现，写作正在变得越来越日常化、多元化。第一点是，写作的主体呈现出明显的多元化趋势。不同地域、不同职业、不同年龄的群体都有浓厚的创作欲望，并且有汗牛充栋的代表作品。

第二点，某一特定群体的写作题材也倾向于多元化。例如，不但老中青都会关心国际时政大事，不少爱国的少年也开始上网指点江山。过去的青少年写作，多是从校园、青春文学起步，以书写同龄人的情感与生活为主。最为常见的是，90后的成长经历相对来说比较"顺利"和"幸福"，他们的视野有限、笔触稚嫩，多数是围绕着校园的斑斓、青春的感伤展开，多数走不出自己的个人小世界。

张千帆以一个高三学生的资历，就敢于无畏地思考国家大政，忧虑社会病态，且思有所得，虑有所得，并把自己的见解出版成书，这可以说是帮同龄人拓宽了写作领域。出版界未来也可以多重视这年青一代的思想领域，毕竟，成长的环境变了，没人能代替另一代人思考。

先贤梁启超云："少年智则国智，少年富则国富，少年强则国强，少年独立则国独立，少年自由则国自由，少年进步则国进步。"

张千帆这书说明，给90后贴上"物质化的一代"的标签是多么错误。江山代有才人出，这个国家，这个民族，永远不缺思想独立、勇于表达的青年才俊。只是掌握了大众传播领域话语权的中青年群体愿不愿去发现而已。

面对网络上书评的种种褒扬，作者还是很谦虚的，他说："我的想法并没有什么独到和过人之处，许多方面与同龄人甚至相去甚远，有些也许还是错误的。"够低调吧！

以张千帆的年龄，以及其与年龄不相称的思想深度而言，我的鉴定结果是，作者已经具备了低调的资格。

破除幻象，直面不公正

——写在"阿马蒂亚·森文丛"出版之际

· 高晓斐 ·

作为一名打通经济学、哲学、政治学、社会学等多门人文社会科学学科的大师，阿马蒂亚·森的影响广泛而持久。在中文学界，他已经成为一个广受欢迎的学术人物，不仅评述和引用他的论文随处可见；便是刚入学的大学生，也常常提起他——而且几乎看不到负面评价。现在，我借着出版"阿马蒂亚·森文丛"的机会，系统梳理一下他那等身著作和庞杂主题中的理论脉络。

毫无疑问，森在世界范围内的接受性与他在贫困、饥荒、不平等等现实问题上的深切关注和评估分不开。但其理论之树的枝繁叶茂要求我们必须深入到它的根柢。在我看来，其全部理论的出发点应当追溯到 1970 年他在《政治经济学杂志》所发篇的一篇薄薄几页纸的论文。

一、帕累托自由的不可能：一个幻象的破灭

自由，我所欲也；帕累托原则，亦我所欲也。为什么不可以二者得兼呢？对于这个美好的幻象，许多经济学家所做的工作就是用各种技术手段来进行证明。"看不见的手"，这个斯密在其《国富论》中只是轻轻几笔带过的一小段文字，已经上升为整个新古典经济学的最高理想：一般竞争均衡。在一个完全竞争市场中，每个人不仅是自由的（如其所愿地做出生产、消费和交易的选择，亦即无人干预的消极自由），而且也是理性的（追求其自身的利益）。不仅如此，该模型还认为，在自由的约束环境中，个体理性可以达致集体理性（帕累托最优的市场均衡结果）。这样的理想，堪称是自由市场经济的灵魂，对于这个一般竞争均衡的

存在性证明，出产了众多经济学大师。科斯不客气地说，整个经济学传统几乎全都是干这个事的。

　　森在出道之初，就毫不客气地打破这个幻象。他提出了帕累托自由的不可能性，也就是说，不存在一种可以同时满足无限制域、帕累托原则（即使是最弱的形式）和最低限度的自由这三个条件的社会决策函数。这里，我们不必深入其逻辑过程，而用《查泰莱夫人的情人》阅读一事说明。好色者希望一个禁欲者读它，要不就自己读，但最不愿意谁都不读它；而相反，禁欲者希望谁都不读，其次是自己读，而最不愿意看到好色者读它。在这种情况下，自由原则的结论是由好色者读它，但不管是在好色者看来，还是禁欲者看来，这一结果次于禁欲者读它。如此，二人陷入了一个怪圈，依据自由原则行事将不会得到他们所愿意看到的结果；而如果如二人所愿，却不得不要违背自由原则。

　　这个结论是一个重磅炸弹，其主要的轰炸阵地是经济学。不明就里的读者也许想到的是人类价值冲突的永恒以及自由对于帕累托原则的优先性。确实，企鹅出版社出版该书一案算得上一个触发点，森也经常借此来说明自由的重要性。但是，它的真正所指则是全部新古典经济学的终极幻象——理想自由市场的神圣性与存在性。

　　保罗·萨缪尔森，这位当代最伟大的理论经济学家，在1970年的诺贝尔经济学奖授奖典礼上，在演讲即将结束时顺便提到："最近，我正在读一位新左派作者写的一篇文章。作者尖锐地批评了帕累托最优状态的概念，而当我阅读他的文章时，我似乎感觉到，正是在社会逐渐丰裕，持不同观念的集团在朝着自己向往的生活方式迈进时，给予人们其所求成为一个尤其重要的观念。"萨缪尔森没有说出这位"新左派作者"的名字，但我敢跟所有的读者打赌，他所说的就是阿马蒂亚·森。

　　事实上也是如此，森该文的发表以及同年以该理论作为核心观念的《集体选择与社会福利》迅速奠定了他的学术地位。这一点，他与另一位社会选择理论的前辈肯尼斯·J·阿罗类似，《社会选择与个人价值》的出版立刻把阿罗提升为大师级人物。如果说，阿罗的不可能定理只是对于理想民主这一幻象的戳破，那么，森的结论则击碎了另外一个影响更为广泛的自由市场的幻象。考虑到自由市场在全部资产阶级政治经济学中的神圣地位，有人认为，森的理论要比阿罗更为重要，因为它更具有一般性，阿罗不可能定理只是森的不可能定理的特殊形式。

二、理性：持一颗宽广的心

幻象破灭了，我们应当如何前行？森并未制造出一种新的幻象来供人膜拜。相反，他决定在幻象破灭的地方重新起步，审查并扩展理性与自由这两个基本概念，从而打开一条通往现实世界并致力消灭不公正的坚实道路。

新古典经济学的理性观大抵可以归为三种基本观念：选择的内在一致性、一般最大化和自利最大化。它们都存在着深刻的问题。选择的内在一致性只是做到了形式上的严格，但完全忽略了选择者的动机，这能够帮助我们理解现实的人吗？一般最大化貌似赋予了选择者的动机，但只是一个框，什么都可以装，因此无法发挥建构与解释现实的功能。一个人永远选择自己最讨厌的东西，或者用一把钝刀砍自己的脚指头，这些做法并没有违背这两种理性观念，可是它们是真正的理性吗？至于自利最大化，这种当代理性选择理论的"看家宝贝"，它倒是假定了个人的实质动机，并且确实有助于在某些情况下解释和预测人的行为。问题在于，这种理性观念过于狭隘，通过有色眼镜看到了满世界的经济动物——所有的高尚道德与利他行为都是非理性的，要么是一种基于自私自利的阴谋。

出路何在？森认为，真正的理性未必排斥自利行为，但是理性绝不限于自利，它还有一项更为基本的因素：对于个人价值与目标的合理审查。个人可以思考乃至选择自己的偏好、目标、欲望，他可以思考什么样的生活才是他有理由追求的生活。如果没有这种合理审查，那么理性就完全成为一种工具，并不能够真正指导我们的生活。

人们，本来就具有一颗宽广的心。那种把自私视为人的本质并甚而鼓吹成一种美德的理论，必然导致对现实的严重误解，并最终完全无视社会经济生活的伦理道德维度。而通过强调理性的合理审查功能，森把伦理、道德等精神因素引入了经济学。人不仅是能够享受消费、体验并预期福利、拥有目标的实体，而且也是一个能够审查价值和目标，并根据这些价值和目标进行选择的实体。合理审查并不必然要求人们时时刻刻按照道德伦理要求去行事，但是合理审查的存在就为理解行为中的道德和伦理影响打开了一扇大门。人们也许会为道德关怀和社会理由所动，也许并不为它所动，但人们从未被禁止思考这些问题，形塑他们的价值观，并且如果必要的话，去修正他们的目标和行为。

理论研究是极其艰难的。人们可以审查自己的偏好、价值与目标，这并不是一种崭新的观念。几千年前，苏格拉底就表达过类似的说法。但是现代理论的复杂性、形式性使得要引入这一观念极其困难，这需要在许多个无数的细节上探讨。森的巨著《理性与自由》在这个方面耗费了巨大的精力。其论证的精细乃至琐碎让许多人畏难却步。但是，其收获也是可观的。一旦引入了合理审查这一核心因素，我们的视域也得以扩展：贫穷、剥夺、不平等必须纳入经济学；以GDP作为指标在衡量人类发展方面的不足；个体对于自身身份具有一种选择能力；扩展中立性，实现更为合理的价值判断，如此等等。森在现实关怀方面的全部理论贡献都与这一观念不可分离。

三、自由：从偏好出发的可行能力

如果说合理审查的理性观为森的理论拓展了一个新的维度，那么他对自由观念的扩展则为森深度切入现实提供了另一种武器。

传统的自由观往往着眼于消极自由。自由就是免于强制，哈耶克直截了当地断言。这一断言符合我们日常语言中使用该术语的直觉。事实上，尽管许多学者都明白，自由远不限于免于强制这一维度，但最流行的看法仍然是这种。即使在森的帕累托自由的不可能的理论中，其最低限度的自由的侧重点，也仍然是这种消极自由。

以子之矛，攻子之盾。森用这种消极自由来克服自由市场的神圣性后，并未简单地将自由这个概念抛弃。相反，他重新审视自由。必须要有自由，但这种自由绝不限于人们所关注的政治自由、新闻自由。森并不排斥政治自由和新闻自由，这正是他认为自由民主在某种程度上可以避免饥荒的缘故。但是，仅仅是政治自由和新闻自由，一定是不够的。自由更重要的是一些实质自由。

当哈耶克说自由就是免于强制的时候，他没有看到，我们还有许多其他内容，也需要自由。免于饥饿，免于匮乏，算不算自由呢？森对免于天花（free from smallpox）的语义分析表明，人类的自由必须有更为丰富的内涵：我们渴望自由，因为我们希望摆脱暴政的奴役，因为我们不愿意看到人们因为饥荒而短命，我们不愿意看到……总之，我们的愿意与不愿意，与自由息息相关。用森的理论来表述，一言以蔽之，自由与偏好相关。

自由与偏好相关，这是一个形式上的分析性结论。《理性与自由》中所收录的论文对此给出极其严格的论证，借以说明，那种关注过程不及结果的自由观是不可取的，也是不可能的。我们不会是仅仅为了扩大我们行动空间，就停留在

"孤独、贫困、卑污、残忍而短寿"的自然状态中。不过，森不满足于对于自由和偏好的论证。这一证明，无论如何有力，终究只是一种纯理论上的说辞。森试图将理论更深地介入现实，在这个方面，《以自由看待发展》将基于偏好的自由观向前进了一大步，自由的实质就是一种可行能力。

百姓日用即是道，就是可行能力，即是自由。我们无须把自由看成一种玄学概念，吃、穿、住、行、读书、社会参与，如此等等，我们的行为蕴含了各种机会，也因此构成了我们的自由。这种自由必须落实到个人，落实到他们可实在所享受的提高其可行能力的生存状况。而这种落实的任务自然无法脱离政治。正是在这个意义上，政治制度以及过程的所作所为构成了决定自由的关键因素。而它是否促进自由也构成我们评判其高下的标准。

如此看来，虽然中国在消极自由的某些方面不尽如人意，但在中下层民众的教育、健康方面所取得的成就，是对人类自由的重大贡献。早在改革开放之前，中国的社会保障水平、人口识字率等等已经为后来的社会发展奠定了一个较好的基础，而之后迅速发展的经济又在更高的层次上继续拓展。今天，中国的发展能否摆脱中等收入陷阱，森的自由观对我们的思考提供了一个重要的评价基础。

四、在不完美的世界中直面不公正

一旦对理性与自由这两个最基本的概念做出正确的扩展，我们就可以讨论满目疮痍的世界。森认为，类似罗尔斯那种追求绝对公正的观念未免过于苛求，很难与实践搭上界。更重要的是如何消除现实世界中显而易见的不公正。不公正并非仅仅是一个概念，更是涉及不平等、身份、饥荒、贫困等多个重要的问题。

饥荒。这不仅仅是一个自然所导致的食物私有制，更是政治与市场机制的结果。在埃塞俄比亚饥荒中，大旱使得牲畜数量减少，但农民为了获得粮食而必须出让牲畜，同时牧民不得不依靠出让牲畜来换取粮食，这造成了后者更为悲惨的处境。在这里，粮食的商品化和市场化是推动饥荒的一个重要因素。另一方面，民主与新闻自由有助于传播饥荒信息，促使政府采取行动，有助于解决底层的食物短缺。因此，森断言："从来没有一个独立、民主而又保障新闻自由的国家发生过真正的饥荒"。

不平等。以往的平等理论所要求的平等指标各异，或者要求收入或财富的平等，或者要求福利水平的平等，还有个人效用、法律程序、基本物品等方面的平等。森认为，平等应当关注人的可行能力，同时这一关注还必须考虑人际差异。可行能力的平等要求我们关注个人的生活、教育、医疗服务、政治权利和经济权利等多个方面内容，而人际差异的考虑则提醒我们，在平等政策方面应当因人而异，不可一刀切。

贫困与福利指数。仅仅用贫困线以下的人口比例来说明贫困是不充分的，因为它忽视了穷人之间的贫困程度，也没有贫困线下人口的收入的变动。因此，合理的贫困测量还应当考虑基尼系数、收入分配等指标。森的突破在于，福利比较时不能仅仅着眼于一些平均条件，而应当关注不同阶层获得这些福利的机会，亦即个人的可行能力。

身份认同。一种流行的看法认为，每个人有一种单一的或者说支配性的身份——其最主要的表现形式包括宗教认同、文明认同，这种身份以及对它的认同构成了人们追求目标的主要动机。森认为，这种单一的身份认同构成了暴力形成的因素，不但恐怖主义者利用单一性的身份认同，便是那些与恐怖主义战斗的一方，也何尝不是如此。宗教激进主义者、布什、亨廷顿、社群主义、种族主义、宗教对话，所有这些作者或概念，都自觉不自觉地用一种单一性的身份认同来将现实中具有多重身份的人压缩在小盒子中，从而在思想上构成了暴力的起源。解救之道便在于拒绝这种概念上的混乱。必须明确，每个人具有多重身份，他可以同时拥有这些身份，也可以自己决定更偏重于其中的某一种。

开放的中立性。罗尔斯的正义论局限于一国之内，这种"封闭的中立性"是不够的。全球层次的不公正要求我们持一种开放的中立立场。不仅仅在贫困和饥荒问题上，在民主、自由、文明等方面，这种立场尤其重要。借此，我们可以看到，不存在所谓与西方完全不同的"亚洲价值观"；民主并非西方所独有，东方也有民主传统；富裕如美国也可能会有非常糟糕的医疗保障纪录；抗议西方的强权并不意味着我们必须拒绝民主；中国与印度彼此可以从对方学到许多。

如此等等。在所有这些方面，森在联结基础理论与现实政策方面取得了革命性的成就。当然，森最可贵的，是那纯粹形式理论话语所载的悲悯之情。1985年，阿乔·克拉玛采访阿马蒂亚·森时，森坦承自己属于左翼学术，并认为在思想家中，马克思对他的影响最大。我们不能把森归为一个马克思主义者，但在直面不公正的问题上，他和所有为底层呼吁的人一样，拥有一颗珍贵的学术良心。

当前有关改革的图书综述

· 夏贵根 ·

经过 30 多年的改革开放，中国改革步入攻坚期和深水区，改革再次成为官员和学界热议的话题。2013 年以来，有关改革的图书明显增多，据不完全统计有近百种。其中，《重启改革议程》、《历代经济变革得失》、《变革中国：市场经济的中国之路》、《中国经济双重转型之路》等，还被列入各种年度图书盘点的经济类榜单，在图书市场产生了较大影响力。

从内容上看，这些图书主要围绕改革的各个层面展开，目的是为未来的改革发展提供一种可能的思路。一是评判中国改革的成败得失，思考未来改革的方向和动力。如《重启改革议程》、《改革》、《历代经济变革得失》、《中国改革再出发》、《中国未来十年的改革之路》等。二是对多个领域如经济体制、政治体制、文化体制、社会体制和生态文明体制等的全面深化改革出谋划策，提出意见和建议。如《改革放言录》、《改革意见书》、《改革是中国最大的红利》、《改革共识与中国未来》、《大开局：十八大后中国改革发展趋势》、《改革红利：十八大后转型与改革的五大趋势》、《改革攻坚（上）——改革的重点领域与推进机制研究》、《改革：中国关键十年》、《全面深化改革若干重大问题》、《改革再出发：深化中国改革的若干重大问题》等。三是对某个重要领域和关键环节的改革进行深入解读，梳理来龙去脉，解疑热点、难点、焦点问题；其中，经济体制改革是大家关注的焦点，文化体制改革也有所涉及。如《中国经济改革警示录》、《中国改革高层设计》、《中国未来经济改革与发展路径》、《改革：新经济政策向何处去》、《中国经济双重转型之路》、《改革的逻辑》、《国企改革新思路》、《中国金融改革思路：2013—2020》、《利率市场化改革研究》、《温州金融改革——为中国金融改革探路》、《文化强国之路：文化体制改革的实践与探索》等。四是对中外改革进行比较研究，涉及中国模式、中国道路等话题，以期为世界发展提供可资借鉴的经验。如《变革中国：市场经济的中国之路》、《中国道路：一位西方学者眼中的中国模式》、《南非的启示》等。

总的看，时间上，十八大、十八届三中全会是两个重要的节点，每个节点的图书主旨略有不同：十八大前呼吁重启改革；十八大后主张全面深化改革，明确提出改革的总体规划、路线图、时间表；十八届三中全会后纷纷提出自己的改革思路，重点是如何找准重要领域和关键环节的突破口。

从图书的形式上看，主要有丛书、文章结集和个人著作三种。如《智石丛书》包括《中国经济 警惕黑天鹅》、《中国改革新思维》、《国企改革新思路》、《大国民生》、《直面风险社会》等，内容涵盖经济发展、改革战略、民生建设、产业提升、社会创新等议题。文章结集的作者多为从事改革设计和研究的官员，以及改革意见领袖，他们频繁发声，提出自己的改革意见和思路，希冀影响中央的改革决策。个人著作相对来说学理性强一些，如周其仁的《改革的逻辑》总结了他对中国经济改革历程的基本看法，对产权界定、土地确权等问题提出了自己的思路。

纵观当前有关改革的图书，有一些共同点：

一是论述基本符合十八大和十八届三中全会有关改革的精神。有关改革的图书导向大多正确，坚持在中央精神指导下对改革的方向和具体问题进行探讨。认为今天中国所取得的一切成就应归功于改革，要继续进行改革，改革只有进行时，没有完成时。应加强改革的顶层设计，由具有高度权威性的改革领导机构牵头，进行重点改革项目的方案设计，制订总体规划，明确提出改革的路线图、时间表；积极推进政治、经济、社会、文化和生态文明"五位一体"的全面改革；加强改革的系统性、整体性和协同性。

二是对造成当前改革困局的原因达成了某些共识。不少论著认为，近年来改革的步伐有所减缓，有些领域甚至出现了倒退，造成这种困局的原因有：既得利益集团的阻扰，使一些重要领域和关键环节，比如垄断行业、收入分配的改革迟迟没有进展；没有很好地处理政府和市场的关系，政府对微观经济活动干预过多，导致市场对资源配置的基础作用不能更充分地更好地发挥；政治体制改革和经济体制改革不同步，政治体制改革的滞后阻碍了经济体制改革的进一步完善；作为改革主体的执政党对改革缺乏集体共识或共识不强。

三是坚持市场化的改革方向。在深化改革的过程中，论者基本主张建立和健全竞争性的市场体系，使市场能够在资源配置中起基础性乃至决定性作用。中国社会存在的种种不公，根源是市场化改革没有完全到位。目前，有少部分人把腐败蔓延、贫富两极分化等社会问题归罪于市场化改革，借反思改革否定改革。对这种倾向，主张改革的有识之士明确表示反对。

四是找到了重要领域和关键环节改革的一些突破口。比如垄断行业改革、收入分配改革、土地制度改革、财税和金融改革、要素价格改革、政府改革等。这些突破口可以牵一发而动全身，能够极大推进改革进程。

但也存在一些杂音。

第一，对当前改革的总体评判不科学。《重启改革议程》认为近年来改革出现了停滞甚至倒退的倾向，只有重启改革议程，坚定不移地推进市场化的经济改革和法治化、民主化的政治改革，才是唯一的出路。《改革意见书》认为改革过于强化政府作用，强调国有经济的控制力，已经走向权贵资本主义或国家资本主义的穷途。《南非的启示》认为中国改革开放以后实行的城乡二元体制与南非的种族隔离制度存在某种相似性。

第二，对具体改革路径的选择与中央精神不符。《重启改革议程》认为我国的政治体制改革严重滞后，与全面深化改革的实际不相适应，政治体制改革的目标是建立法治、推进民主和实行宪政。《改革意见书》认为要建立包容性的政治制度，实现从威权发展模式到民主发展模式的转型，唯此中国才有光明的未来。国有企业改革的方向是"国资变社保，国有企业变民营企业"。《求索民主政治——玉渊潭书房札记》甚至提出党政分开、界定清楚党委和人大的关系、实行普选等主张。《中国改革新思维》提出，需要对"过渡型扭曲体制"形成的"权贵市场经济"进行再改革，需要对过于强大的政府、垄断行业和国有企业等进行全面改革，需要通过建设人本市场经济，努力建设中国特色人本社会主义。

第三，对中国模式的评价需引起警惕。《改革意见书》认为，中国模式体现的是政府在经济和社会生活中的强势和国有经济的强力管控，中国模式论对改革开放以来中国经济发展获得的成绩所作的解读，是完全无法令人信服的。如果进一步强化国家对经济和社会的管控，放任行政权力干预市场，并且通过理论包装使其得到某种正当性，将是相当危险的。沿着这条道路前行，中国能够得到的，绝不是什么具有中国特色的社会主义，而只能是国家资本主义和权贵资本主义。

改革只有进行时，没有完成时。有关改革的图书出版必将随着改革的深化而呈现春色满园的局面。当然，对于园子里的杂草甚至毒草，我们要善于识别，进行剔除。

图书在版编目（CIP）数据

出版理论与实务研究 2014/刘志主编. —北京：中国人民大学出版社，2014.5
ISBN 978-7-300-19438-7

Ⅰ.①出… Ⅱ.①刘… Ⅲ.①出版工作-文集 Ⅳ.①G23-53

中国版本图书馆 CIP 数据核字（2014）第 112155 号

出版理论与实务研究 2014
刘　志　主编
Chuban Lilun yu Shiwu Yanjiu 2014

出版发行	中国人民大学出版社				
社　　址	北京中关村大街 31 号		**邮政编码**	100080	
电　　话	010 - 62511242（总编室）		010 - 62511770（质管部）		
	010 - 82501766（邮购部）		010 - 62514148（门市部）		
	010 - 62515195（发行公司）		010 - 62515275（盗版举报）		
网　　址	http://www.crup.com.cn				
	http://www.ttrnet.com（人大教研网）				
经　　销	新华书店				
印　　刷	涿州市星河印刷有限公司				
规　　格	170 mm×240 mm　16 开本		**版　　次**	2014 年 5 月第 1 版	
印　　张	26.5 插页 1		**印　　次**	2014 年 5 月第 1 次印刷	
字　　数	453 000		**定　　价**	78.00 元	

版权所有　侵权必究　印装差错　负责调换